文联版
http://www.clapnet.cn

中国艺术学文库·艺术美学文丛

LIBRARY OF CHINA ARTS · SERIES OF ART AESTHETICS

总 主 编　仲呈祥

艺术"裂变"时代的文化美学

本雅明艺术美学理论研究

张文杰　著

资助项目:安徽省教学质量工程:《特色专业》(课题编号:2015tszy030)

中国文联出版社
http://www.clapnet.cn

图书在版编目（CIP）数据

艺术"裂变"时代的文化美学:本雅明艺术美学理
论研究／张文杰著 .-- 北京:中国文联出版社,2017.12
　ISBN 978 - 7 - 5190 - 3358 - 3

　Ⅰ.①艺… Ⅱ.①张… Ⅲ.①本亚明（Benjamin,
Walter 1892–1940）– 艺术美学 – 美学思想 – 研究　Ⅳ.
①B516.59

　中国版本图书馆 CIP 数据核字（2017）第 319632 号

艺术"裂变"时代的文化美学:本雅明艺术美学理论研究

著　　者:张文杰

出 版 人:朱　庆

终 审 人:奚耀华　　　　　　　复 审 人:曹艺凡

责任编辑:邓友女　张兰芳　　　责任校对:刘成聪

封面设计:杰瑞设计　　　　　　责任印刷:陈　晨

出版发行:中国文联出版社

地　　址:北京市朝阳区农展馆南里 10 号,100125

电　　话:010 - 85923069（咨询）, 85923000（编务）, 85923020（邮购）

传　　真:010 - 85923000（总编室）, 010 - 85923020（发行部）

网　　址:http://www.clapnet.cn　　http://www.claplus.cn

E - mail:clap@clapnet.cn　　　　zhanglf@clapnet.cn

印　　刷:中煤（北京）印务有限公司

装　　订:中煤（北京）印务有限公司

法律顾问:北京天驰君泰律师事务所徐波律师

本书如有破损、缺页、装订错误,请与本社联系调换

开　　本:710 × 1000　　　　　　1/16

字　　数:305 千字　　　　　　　印　张:19.25

版　　次:2017 年 12 月第 1 版　　印　次:2019 年 3 月第 2 次印刷

书　　号:ISBN 978 - 7 - 5190 - 3358 - 3

定　　价:54.00 元

《中国艺术学文库》总序

仲呈祥

在艺术教育的实践领域有着诸如中央音乐学院、中国音乐学院、中央美术学院、中国美术学院、北京电影学院、北京舞蹈学院等单科专业院校，有着诸如中国艺术研究院、南京艺术学院、山东艺术学院、吉林艺术学院、云南艺术学院等综合性艺术院校，有着诸如北京大学、北京师范大学、复旦大学、中国传媒大学等综合性大学。我称它们为高等艺术教育的"三支大军"。

而对于整个艺术学学科建设体系来说，除了上述"三支大军"外，尚有诸如《文艺研究》《艺术百家》等重要学术期刊，也有诸如中国文联出版社、中国电影出版社等重要专业出版社。如果说国务院学位委员会架设了中国艺术学学科建设的"中军帐"，那么这些学术期刊和专业出版社就是这些艺术教育"三支大军"的"检阅台"，这些"检阅台"往往展示了我国艺术教育实践的最新的理论成果。

在"艺术学"由从属于"文学"的一级学科升格为我国第 13 个学科门类 3 周年之际，中国文联出版社社长兼总编辑朱庆同志到任伊始立下宏愿，拟出版一套既具有时代内涵又具有历史意义的中国艺术学文库，以此集我国高等艺术教育成果之大观。这一出版构想先是得到了文化部原副部长、现中国艺术研究院院长王文章同志和新闻出版广电总局原副局长、现中国图书评论学会会长邬书林同志的大力支持，继而邀请我作为这套文库的总主编。编写这样一套由标志着我国当代较高审美思维水平的教授、博导、青年才俊等会聚的文库，我本人及各分卷主编均深知责任重大，实有如履薄冰之感。原因有三：

一是因为此事意义深远。中华民族的文明史，其中重要一脉当为具有东方气派、民族风格的艺术史。习近平总书记深刻指出：中国特色社会主义植根于中华文化的沃土。而中华文化的重要组成部分，则是中国艺术。从孔子、老子、庄子到梁启超、王国维、蔡元培，再到朱光潜、宗白华等，都留下了丰富、独特的中华美学遗产；从公元前人类"文明轴心"时期，到秦汉、魏晋、唐宋、明清，从《文心雕龙》到《诗品》再到各领风骚的《诗论》《乐论》《画论》《书论》《印说》等，都记载着一部为人类审美思维做出独特贡献的中国艺术史。中国共产党人不是历史虚无主义者，也不是文化虚无主义者。中国共产党人始终是中国优秀传统文化和艺术的忠实继承者和弘扬者。因此，我们出版这样一套文库，就是为了在实现中华民族伟大复兴的中国梦的历史进程中弘扬优秀传统文化，并密切联系改革开放和现代化建设的伟大实践，以哲学精神为指引，以历史镜鉴为启迪，从而建设有中国特色的艺术学学科体系。艺术的方式把握世界是马克思深刻阐明的人类不可或缺的与经济的方式、政治的方式、历史的方式、哲学的方式、宗教的方式并列的把握世界的方式，因此艺术学理论建设和学科建设是人类自由而全面发展的必需。艺术学文库应运而生，实出必然。

二是因为丛书量大体周。就"量大"而言，我国艺术学门类下现拥有艺术学理论、音乐与舞蹈学、戏剧与影视学、美术学、设计学五个"一级学科"博士生导师数百名，即使出版他们每人一本自己最为得意的学术论著，也称得上是中国出版界的一大盛事，更不要说是搜罗博导、教授全部著作而成煌煌"艺藏"了。就"体周"而言，我国艺术学门类下每一个一级学科下又有多个自设的二级学科。要横到边纵到底，覆盖这些全部学科而网成经纬，就个人目力之所及、学力之所逮，实是断难完成。幸好，我的尊敬的师长、中国艺术学学科的重要奠基人于润洋先生、张道一先生、靳尚谊先生、叶朗先生和王文章、邬书林同志等愿意担任此丛书学术顾问。有了他们的指导，只要尽心尽力，此套文库的质量定将有所跃升。

三是因为唯恐挂一漏万。上述"三支大军"各有优势，互补生辉。例如，专科艺术院校对某一艺术门类本体和规律的研究较为深入，为中国特色艺术学学科建设打好了坚实的基础；综合性艺术院校的优势在于打通了艺术门类下的美术、音乐、舞蹈、戏剧、电影、设计等一级学科，且配备齐全，长于从艺术各个学科的相同处寻找普遍的规律；综合性大学的艺术教育依托于相对广阔的人文科学和自然科学背景，擅长从哲学思维的层面，提出高屋建瓴的贯通于各个艺术门类的艺术学的一些普遍规律。要充分发挥"三支大军"的学术优势而博采众长，实施"多彩、平等、包容"亟须功夫，倘有挂一漏万，岂不惶恐？

权且充序。

（仲呈祥，研究员、博士生导师。中央文史馆馆员、中国文艺评论家协会主席、国务院学位委员会艺术学科评议组召集人、教育部艺术教育委员会副主任。曾任中国文联副主席、国家广播电影电视总局副总编辑。）

序 一

认识文杰还要从20世纪90年代初的一封来信说起。那时我在复旦大学中文系任教，同时兼任研究生秘书工作。有一次，我收到一封来自西北陇东的来信，写信的是一位青年学子，咨询报考我系硕士研究生的一些问题。我热情地回复了他，并对他加以鼓励，告诉他复旦的大门对于任何有志于深造的学子都是敞开的。只要努力，就有梦想成真的机会。不想因此就和文杰有了交往。后来他经过努力考取了广西师范大学的硕士研究生，毕业后在江西的一所高校任教。但他仍然在工作之余坚持学习，经过不懈的努力，于2006年顺利考取了我系博士研究生，圆了自己的复旦梦。作为他的指导教师，我清楚地知道文杰在求学的道路上，每一步都走得非常扎实，也非常艰辛，十分不容易。他的家庭负担很重，攻读博士学位期间，只有微薄的助学金，但他心无旁骛、专心攻读。在攻读博士学位期间，他就发表了不少有相当学术质量的论文。他的博士学位论文获得了答辩委员会专家的高度评价。每次得知他在学问研究的道路上获得新的成果时，我都由衷地为他感到高兴。

摆在我们面前的这本书是文杰以其博士学位论文为基础，重新修订而成。该书以法兰克福学派的著名理论家本雅明的美学理论为研究对象。平心而论，法兰克福学派美学很早就进入我国美学研究者的视野，这首先是因为该派美学阵容强大，在其麾下，聚集着许多名声显赫的大家，如阿多诺、马尔库塞、哈贝马斯等，他们的美学理论在深度和广度上都令人叹为观止。其次，该派美学在时间跨度上远超其他许多现当代西方美学流派，在其发展过程中，形成了三个清晰可辨的阶段，犹如大海波涛一浪高过一浪，成为西方现当代美学的一个奇观。此外，该派美学对于资本主义社会的现状具有清醒的认识，往往以尖锐、辛辣的笔触直击要害，具有强烈的批判精神，而这恰恰又与我国主流意识形态相合拍。正因为如此，长期以来，国内学界对该派美学的理论兴趣不减，出现了大量的研究著作和论文，其中不少在学术上很有深度。在这样一种背景下，文杰选择法兰克福学派美学中的一个重要美学家本雅明作为研究对象，应该说是很有理论勇气的。因为在一块已被反复开垦的"园地"上耕耘，并有新的收获，这是很有挑战性的。从中也可清楚地感受到文杰对自己学术能力的自信。令人欣喜的是，文杰的研究新意迭出，深化了对于本雅明美学理论的研究，这是很不容易的。

在该书中，作者独辟蹊径，紧紧抓住了本雅明的几个核心概念，以此作为支撑点，构筑起本雅明的美学理论大厦。应该说，作者是慧眼独具的，抓住的几个概念正是本雅明美学理论体系中最为重要、怎么强调也不过分的概念，通过对于这些概念的梳理、分析，不仅可以看到本雅明美学理论的全貌，而且也可以充分认识到他的美学理论是如何一步一步发展起来的。因为本雅明美学理论发展的三个重要阶段正是以其三个核心概念为标志的：以"灵韵"这一核心概念为标志所展开的对于艺术的和谐时代的研究；以"震惊"为标志所展开的对于艺术的裂变时代的研究；以及以"复制"为标志所展开的对于艺术的狂欢时代的研究。这样，作者提纲挈领，既为我们展现了一幅清晰可辨、生动活泼的本雅明美学理论体系的图景，又使我们领略了作者举重若轻、鞭辟入里把握研究对象的学术能力。

作者对本雅明美学理论基本特征和理论意义的把握也十分精准。他指出："本雅明虽然生活在现代主义极盛时期，但他的思想却超越了时代，呈现出鲜明的后现代主义特征，他一方面批判和颠覆现存文化模式，另一方面又试图为建构合理的文化形态而寻找出路。这使他成为各个流派的后现代理论家比较关注的焦点，同时也将他称之为后现代主义的先驱或预言家。"（见本书第3页）作者充分肯定了本雅明的美学理论融合了批判与建构这一基本特征，既批判、揭露了现存社会的虚伪和阴暗，质疑现代资本主义文化秩序的合理性，又肯定了大众文化所具有的正当性。同时，作者花了很大的力气，着重抓住本雅明"艺术裂变"的转型理论和大众接受理论展开论证，注意从跨学科的学术视野中审视本雅明的美学理论，从而揭示出本雅明对于工业时代来临所产生的艺术裂变分析的内在理论路径，阐发了本雅明美学理论的深刻性和前瞻性。

与此同时，作者对于本雅明美学理论存在的一系列问题也有清醒的认识。例如，看到了本雅明忽视大众文化的负面影响的问题，所存在乌托邦式的救赎理想等，可见，作者具有敏锐地发现问题的学术眼光。

一本学术著作的价值如何，最终是由阅读它的读者来判断。我作为一个读者，有幸先睹为快，谈些粗浅的感想，不知当否，尚祈文杰和广大读者指正。

张德兴

2016年9月于复旦大学

张德兴，男，汉族，1950年3月1日出生于上海，复旦大学中文系教授，文艺学专业博士生导师。2001年担任复旦大学中文系副主任，2007年任中文系党总支书记。主要研究领域：文艺学、西方美学、西方文学理论。

序　二

　　最初想写本雅明，是因为2003年读硕士前后看到那本在国内读者手中十分流行的小册子，名字叫《发达资本主义时代的抒情诗人》，这是一本评价法国象征主义诗人波德莱尔以及文学艺术问题的著作，由张旭东、魏文生翻译，三联书店出版。当时读起来觉得文风很奇特，像是谈论文学艺术的随笔杂感，又像是哲学类的充满新的抽象概念的学术文章，但清新优美的笔法与注重内心独特体验的描述吸引了我。但我绝对没勇气把本雅明的东西作为学位论文去慢条斯理地梳理、分析和阐释，因为他的文字描述处处充满着时代体验的复杂寓意和阅读艰涩，会让你望而却步，但又依恋不舍。正如这本小册子的翻译者张旭东在中文本序《本雅明的意义》一文中评价的那样，他的身上融合着一个马克思和一个"现代诗人"的双重特征①，既蕴含着关注历史普遍性的哲学家的思辨分析和批判的风格，又洋溢着对时代困扰所发现的敏锐的直觉感受与想象，因此这本书在当时的国内曾吸引了一大批读者。2008年，笔者曾在上海有幸聆听翻译者张旭东从美国受邀来复旦讲学，才从介绍者的口里得知：据说翻译者张旭东当年在北大读本科时就整天怀揣这本英文版的小册子，雄心勃勃地躲在教室角落没人的地方仔细品读，好像发现宝物似的，被这本书的文字风格所迷惑，也足以想象本雅明艺术批评著作在国内学界的影响，他的文笔有着令人回味无穷的韵味和超验的沉思者的神秘气息。

　　即使在2008年要确定博士论文选题时，我还是没敢把本雅明的理论作为自己选择的研究对象，其实就是担心因其晦涩难懂而不能透彻领悟和把握，搞得一知半解。当时主要是被法兰克福学派的批判理论的磅礴犀利所

---

　　① ［德］本雅明.发达资本主义时代的抒情诗人［M］.张旭东，魏文生译.北京：三联书店，1992：1.

吸引，尤其是对文化工业和大众文化的分析颇有见地，因此我在复旦哲学系选修了几门课程，有俞吾金教授的"西方哲学史"，他的讲座我一次都没有旷过，每次聆听都有新的启迪（大约五年后先生因病逝世，如今复旦光华楼的草坪依然绿茵一片，再也看不到先生散步沉思的身影，令人十分痛惜）；还有讲哈贝马斯的汪行福教授，记得他上课不紧不慢、娓娓道来，对哈贝马斯的交往理论与其他的西方当代思想家的体系、概念阐释得十分透彻，颇见功底；还有对康德"纯粹理性批判"条分缕析的张汝伦先生，他对康德的解读能跟当代人的社会生活问题结合起来，的确深入浅出，让学生获得不少思考（当时每次上课教室总是挤满没座位了。听说华东师大的博士生坐地铁过来，中午不休息只是为了能占到一个位子，因此足见火爆。只是张教授脾气的确不小，记得有一次正发挥得有了劲头和趣味，话题却被一个迟到的博士生敲门所打断，顿时找不到能够继续的语境了。很快一阵雷霆怒喝便劈头盖面而来，令一屋子学生色变而尴尬）。回想起来，这些都是当年听课听讲座的很有趣的事情。

法兰克福学派中那些批判理论家们的"否定的美学"的确很吸引我，但真的作为研究对象来钻研就没那么容易了。而且我准备了很久，也设计了三次撰写思路与提纲，但都没被我的指导老师张德兴老师所同意（他既亲和又严厉），原因是这派思想家有三五个，个个都去阐释分析会陷于一般描述，缺乏深度（此外，张老师认为这种概述国内学界的论著已经很多，难出新意），这足以让我当时迷茫和不知所措了。但是，本雅明的影子在我的脑海里晃来晃去，我开始琢磨：法兰克福学派众多思想星丛中，选取一个写写，不也乐乎？毕竟本雅明的理论也算是这个学派中与文学艺术、文化传播关联最多的，虽然文风晦涩难懂，但只要写好"这一个"也就足矣。于是开始重新收集本雅明的资料，整理新的思路和企图发现新的视角，这样一来就不得已而为之了。

关于艺术的"韵味""震惊"与"裂变"。在本雅明所处的时代，艺术作品的表现风格已经发生嬗变，古典主义独一无二的韵味开始凋落，被晦涩难懂却充满反叛意味的现代主义作品和机械复制的艺术品所取代。富于静态的原创性、纯正性的传统艺术的"韵味"或"光晕"，也许只能被少数具有"远见卓识"的文人雅士所领悟，如今它自身的崇拜价值被随之而来的摄影和电影技术的"震惊"体验所埋葬。本雅明敏锐感觉到了，他把这种文化艺术的嬗变称之为"艺术的裂变时代"①。本雅明从现代主义作家卡夫卡对现代社会混乱和绝望的描写中，找到了传统失落后的虚无感和碎片感，他被小说《城堡》和《诉讼》中的主人公K的迷路的寓意，和K到达的不是自己故乡而是陌生地方，感到震惊和绝望，因为这个虚构的地方的空气会让人窒息而死。摄影与电影的接踵而来更是显示了人们视觉生活中的"裂变"，机器对图像的制作凭借着绝对逼真的传媒把观众带入了"看"的虚拟世界，人们更加沉溺于这种能够带来"震惊"体验的图像世界中，本雅明最先敏锐地嗅到了视觉文化的消费品格和大众文化的复制传播的特征，因此他可以被看作是后现代的预言家。

把艺术看作是最重要的"反思媒介"，也可以说是本雅明文化与艺术批评理论中的独创性思考。就像在本雅明的语言理论中一样，媒介概念在他重构浪漫派批评概念的过程中占据着核心地位，被他纳入反思媒介概念的是全部的创造，包括死寂的自然②。这样一来，把艺术作品和对作品的批评整个看作是"反思媒介"，这就有点像中国古人做学问的立足点和目的，或"我注六经"，或"六经注我"，后者是借他人之酒杯浇自己之块垒。在本雅明看来，德国早期浪漫派的艺术批评是建设性的，它真正阐释出了作品自身的内涵，也就是说它通过批评的尝试对作品中蕴藏的潜能加以现实化，利用"反思"将作品的意蕴演绎出来，因此既是"对艺术品的认识"，也是"利用艺术品的自我评价作出评价"③。显然，本雅明除了理清作品与批评的关系，还认为批评在某种程度上可以重新塑造作品，因为批评增加了作品自身的反思性。可见本雅明的文艺批评思想跟西方读者接受理论、文本开放性理论有着异曲同工之妙。

歌德当年写纪念莎翁的文章标题为"说不尽的莎士比亚"，今天我们评价本雅明也不妨这样称之为："说不尽的本雅明"，因为本雅明的思想里蕴含着古典的灵韵膜拜、现代艺术的反和谐，以及后现代的震惊体验，因此本雅明思想资源本身就是一部挖掘不完的文本。

写到这里，篇幅受限，也该打住了。整个写作过程和修改觉得十分艰

---

① 王才勇.现代审美哲学新探索——法兰克福学派美学述评［M］.北京：中国人民大学出版社，1990：8.

② ［德］斯文·克拉默.本雅明［M］.北京：中国人民大学出版社，2008：54.

③ ［德］本雅明.经验与贫乏［M］.王炳钧，杨劲译.天津：百花文艺出版社，2006：80.

难，断断续续，加上自身才疏学浅和精力不济，理论功底和领悟能力均有限，有点显得力不从心。即使今天匆匆整理成为书稿出版，也肯定会有粗疏和不妥之处，一想起来心里惴惴不安，故多求方家指正。

是为自序。

张文杰

2016年10月于滁州琅琊山下醉翁亭畔

目　录

CONTENTS

第一章　走近本雅明：一个发现艺术裂变的天才

在20世纪前期的法兰克福学派的批判理论家中，本雅明可以说算是一个十分复杂、独特甚至很难归类的思想家，但其独特的天才思想却深刻地影响了几乎每一个法兰克福学派的同仁，乃至其他的批判理论家。本雅明以其敏锐的诗性思维与具有文学色彩的哲学话语，对西方艺术发生重大转型时期的变化特征作出了一个理论家应有的回应和描述。他紧紧抓住即将消失的古典"灵韵"，并把它与复制技术时代到来后造成的"震惊"进行了比较和分析，从而使我们更加了解了现代艺术与古典艺术之间产生的巨大裂变，因此我们可以说本雅明是第一个发现艺术裂变时代出现的另类天才。他对艺术与社会的关系的分析（尤其是关于艺术的商品拜物教性质），对阿多诺等人的理论在鼎盛时期的法兰克福学派中产生了根本性的影响。因此，他把现代主义艺术始终看作是颠覆资本主义社会的内在的政治力量的这一发现，一直成为后来法兰克福学派批判美学的一个重要内容，其独具天才的敏锐发现和理论天赋可见一斑。

本雅明的思想成分复杂，要想走近和了解其思想的深邃地带不是一件容易的事。加上他与法兰克福学派同仁若即若离的关系，尤其是与表弟阿多诺、好友索勒姆和德国戏剧家布莱希特之间的友好关系与分歧，有时让人迷惑不解。其身上的复杂性主要表现在，比如，他对科学技术的进步大声喝彩，崇尚科学，但同时又带有明显的神秘主义色彩；他既主张马克思主义的观点，又有浓厚的宗教意识；他既对现代文明及其技术带来的巨大进步感到欢欣鼓舞，却又对古典艺术的韵味衰落有一股浪漫的怀旧情绪等。悲观主义与乐观主义的两种倾向十分奇妙地在他身上融为一体，当他最终对纳粹法西斯的残暴行为感到极端愤怒，并对未来十分绝望和疲惫的时候，以自杀方式结束了自己的生命①。本雅明和他的法兰克福学派的伙伴们在德国法西斯的压制下，对人类未来和艺术审美并未放弃思考，这引起了笔者很大的兴趣。

本雅明复杂的思想成分和个性也致使后人评价他时，对其身份的扑朔迷离深感难以划定。美籍德国哲学家汉娜·阿伦特（H·Arendt）在《瓦尔特·本雅明：1892—1940》（为英文版本雅明文选《启迪》所作的长篇序言）中认为："正如在1920年把卡夫卡说成是小说家是一种误导，把本雅明说成是文学批评家和随笔作家也是一种误导。如果把他完全说成是我们通常框架里的作家，就得作出许多否定的陈述，例如，他是极其博学的，但他不是一个学者；他的研究对象包括文本及其解释，但他不是语言学家；他不是神学家，他对圣经不那么感兴趣；他是一个天生的作家，但他的最大雄心是创作一部完全由引文构成的著作；他是第一个翻译普鲁斯特（与弗朗茨·赫塞尔合作翻译）和圣·琼·佩斯作品的人，此前他还翻译了波德莱尔的《巴黎风情》，但他不是翻译家；他撰写书评，写了一系列关于活着和已故作家的论文，但他不是文学批评家；他写了一部论述德国巴洛克戏剧的著作，还留下了一个关于19世纪法国的未完成的宏大研究，但他不是历史家，等等。我想把他说成是诗意思考的人，但他既不是诗人，也不是哲学家。"②阿伦特冗长的评价和不厌其烦的措辞，都只想说明：本雅明永远是一个问题，而不是结论③。这一点连美国当代学者所罗门也感觉十分相似，他这样评价说："尽管他兼收并蓄了一大批有创见的思想家的思想和公式，但他却不是任何人的信徒，他简直不'归类'。他并不局限于只用哪一个派别的思想方法——他既不是哲学家，又不是文学批评家，既不是艺术史家，又不是艺术社会学家。最好把他说成是一个把艺术作品'翻译'成格式塔心理学的人，一个说明艺术源泉和'方向'的人，是使人留下深刻印象而抓住艺术'韵味'的人。"④有人说本雅明更像一个后现代主义预言家，那也是因为他的思想充满驳杂性和预见性，与后现代

---

① 周宪.20世纪西方美学［M］.南京：南京大学出版社，1999：134.

② ［美］汉娜·阿伦特.启迪［M］.（英文本序言）导言，转引自刘北城.本雅明思想肖像［M］.上海：上海人民出版社，1998：219—220.

③ 杨小滨.否定的美学［M］上海：三联书店，1999：63.

④ ［美］梅·所罗门编.马克思主义与艺术［M］.北京：文化艺术出版社，1989：580.

理论家的某些思路不谋而合。因此，在任何一个后现代理论家的思想中，都可以看到本雅明的影子闪烁其间，会时时听到本雅明思想的余音。不过本书对本雅明思想与后现代理论的彼此呼应的关系不想展开探究，而只想从其对古典艺术走向"裂变"和转型的敏锐发现中，来阐释他的现代艺术理论和文化美学思想，因此更愿把他看作是一个美学家、批评家和大众文化的预言家。

中国古人早就注意到文与人的关系："文如其人"，孟子也告诫批评家先要弄清作家的身世和喜好，才能深入理解其作品的真正内涵。"不颂诗，不读书，不知其人"，可否？显然不可。本雅明在法兰克福学派的理论家中比较复杂和乖僻，踽踽独行，文风也晦涩零散，十分另类，因此了解其出身经历、个性心理的形成与家庭背景等影响，对我们分析和了解本雅明后来的思想倾向、理论著述和人生选择等给他带来的命运，也许会有更多帮助。

第一节　本雅明生平与著述简论

中国当代美学界普遍认为，本雅明（1892—1940）是德国法兰克福学派或西方马克思主义文艺理论家、批评家和美学家。他于1892年7月15日出生于德国柏林一个富有的犹太商人家庭。而犹太教，特别是犹太文化在他的整个一生中起着不可估量的作用。从本雅明传记来看，虽然他年幼时过着优裕的生活，接受过良好的家庭和学校教育，但在当时充满日耳曼文化氛围的柏林，他总是难以摆脱某种孤独和疏离感，他声称自己是"在孤独的游戏中长大的"[①]。有专家注意到，本雅明与卡夫卡的生活际遇和复杂敏感、忧郁多疑的个性心理有着惊人的相似。本雅明对于当时自己所受教育中的专制、压抑和惩罚，表示极度反感和厌恶，从小就萌生出一种对人群的恐惧，这样的环境促成了他的忧郁、孤独、内向的性格，带有军国主义的学校生活，更强化了他的这种心理。1912年，本雅明中学毕业后，进入弗兰堡大学读书，他对所开课程不感兴趣，却把大部分时间投入到当时

---

① 刘北城.本雅明的思想肖像［M］.上海：上海人民出版社，1998：8.

学生要求的自由和自治的运动中去，曾被当选为柏林自由学生会主席，这种热心参与学生的政治活动的经历，也许对他后来接受和信奉马克思主义社会革命理论打下了政治素养的基础。1916年，本雅明进入慕尼黑大学继续学习，并坚持自学道路，在历史哲学、文学批评和语言哲学等方面进行探索。1919年，本雅明在伯尔尼大学以《德国浪漫主义的艺术批评概念》顺利通过答辩，获得哲学博士学位。

本雅明并未能像法兰克福学派中的其他同仁那样顺利地获得申请教授资格而走上学院生涯，而是先后成为一个自由撰稿人、记者和翻译家来进入写作状态的，这也使他最终过着靠卖文度日并经常手头拮据的文人生活。第一次世界大战期间，他受著名的马克思主义哲学家布洛赫和卢卡奇的影响，接受马克思主义。20世纪20年代，本雅明赢得了政论作家与编外讲师的称誉，可是在1933年到1955年他的文集出版之前，据他的朋友肖勒姆（也有译作索勒姆）说，他的名字在当时的思想界显得"最为默默无闻"①，在当时影响的确有限。1924年，偶遇苏联女导演拉西斯并受其影响，开始关注和阅读马恩原著，并成为一个自觉的马克思主义者。在阅读卢卡奇《历史与阶级意识》和《小说理论》中，他受到了许多新的启示，对马克思主义理论兴趣甚浓。1926年经过拉西斯介绍，本雅明去苏联旅行。这期间，他结识了苏联未来派诗人马雅可夫斯基和许多马克思主义者，尤其是他与德国著名戏剧家布莱希特的交往，使他思想中的马克思主义倾向加强，两人从此建立了终生的友谊。1934—1935年，本雅明为法兰克福大学社会研究所新校工作，并成为该出版物《社会研究杂志》的重要撰稿人。1933年，由于希特勒上台后开始迫害犹太人，本雅明不得不离开德国开始流亡。在最后8年的流亡岁月里，他仍然写出了许多光彩夺目的论文。1940年，纳粹攻占法国。9月，为了躲避盖世太保的魔爪，本雅明准备经过西班牙去美国和他的朋友会晤，但由于他没有获得法国政府颁发的前往美国的出国签证，混身于一批逃亡西班牙的流亡者之中，旅途的劳顿和对纳粹盖世太保的恐惧，以及对人生的巨大失望，最终服药自杀。布莱希特在1941年获悉他的好友本雅明去世后，他以怀念的文笔和沉重的回忆为之写了一首诗，这首诗里提到了两人曾经在丹麦共度美好的夏季时光，以及

---

① ［德］斯文·克拉默.本雅明［M］.北京：中国人民大学出版社，2008：5.

他们俩最喜欢的活动——下棋，也算是对本雅明的一种政治上的评价：

致为逃避希特勒而自尽的瓦尔特·本雅明

> 梨树树荫下，沉浸于棋局，
> 疲劳战术是你的惯技。
> 敌人驱赶你远离书籍，
> 却不为你的惯技所疲。①

本雅明的学术兴趣广泛，但一生短促，著述不多。涉及哲学、历史、美学、文学批评方面，主要著作有《德国浪漫派中的艺术批评观念》（1920）、《歌德的〈亲和力〉》（1924）、《单行道》（1928，1955年再版）、《德国悲剧的起源》（1928）、《启迪》（1961）、《机械复制时代的艺术作品》（1936）、《理解布莱希特》（1966）、《发达资本主义时代的抒情诗人》（1969）、《论文学》（1969）、《柏林岁月》（1970），等。此外，阿多诺曾编过《本雅明文集》（二卷本，1955）和《本雅明书信集》（二卷本，1965）。本雅明生前默默无闻，桂冠是在多年后才落到这位死者头上的。从20世纪50年代中期开始，阿多诺等人编辑出版了其书后，才逐渐被人们认识，一时名声大振，在西方形成了所谓的"本雅明复兴"。在其思想的传播过程中，阿多诺起了相当重要的作用，尽管两人的哲学观点和美学理论大相径庭，且曾有过观点上的分歧，但对其理论著作的整理、出版和重视，总算是尽到了一个学者兼朋友的责任。

本雅明思想独特，才华横溢，文风晦涩而优美，至今仍吸引着当代的许多读者。本雅明思想的奇特、复杂和另类，除了作者信奉犹太教神秘的救世思想、性格孤僻内向和固守个人兴趣的内在品格外，也因生活漂泊，事业坎坷，独特的心路历程与他自身的生活遭遇共同铸就了其深邃的思想。本雅明的思想经历，在很大程度上也体现了20世纪上半期西欧知识分子的艰难选择，这也是他的著作为什么在"二战"后的西方国家曾引起很大轰动的重要原因之一。20世纪60年代，随着法兰克福学派的盛极

---

① ［德］斯文·克拉默.本雅明［M］.北京：中国人民大学出版社，2008：107.

一时，对于作为法兰克福学派最早的文化理论家之一的本雅明的研究也越来越多。直到今天，本雅明的文化艺术批评和美学理论仍受到西方美学家的关注，他的思想对后来的马克思主义理论家，如特里·伊格尔顿（Terry Eagleton）、弗里德里克·詹姆逊（Fredric Jameson）和非马克思主义理论家，如勒内·威勒克（Rene Welek）、J.希利斯·米勒（J.Hillis Miller）、理查德·沃林（Richard Wolin）等人，都产生了巨大影响，甚至还被称为"后现代的理论规范家"①。因此，了解本雅明在国内外的研究现状也是本书首先要涉猎和关注的问题。

第二节　本雅明研究现状综述

生前寂寞的本雅明只有过两部著作问世——《德国悲剧的起源》和《单向街》（而这两部著作并未引起广泛关注），其他发表的多为见诸报刊的评论性文章。从1955年起，本雅明开始被学界重新发现，引起了西方知识界的瞩目。1972—1989年由蒂德曼（Rolf Tiedemann）和施韦本豪泽尔（Hermann Schweppenhauser）编辑的德文7卷本《本雅明全集》陆续推出。研究本雅明的专著和文章也大量涌现，至今已为西方知识界家喻户晓，被认为是"二战"前德国伟大的文学评论家，其著作被称为文化批判的经典②。

在现代学科的领域中，想要为本雅明的基本思想与学术方向寻找一个恰当的定位，也并不是一件容易事。他的生前好友阿多诺和索勒姆（Scholem）都认为他更像一个哲学家，其他一些朋友更情愿称他为文学与艺术批评家。但这些都似乎不足以概括其学术建树。因为本雅明的著述涉及实在驳杂，有美学、哲学、语言学、历史、宗教学等许多领域，具有跨学科性质。诺勃特·布尔茨等人看到了本雅明拒绝传统哲学体系的方式，将经验哲学化、对象直接化，这种不伦不类的思维方式本身就复杂难辨，他指出："本雅明被今天不同的人分别视为历史唯物主义、否定神学或文学

---

① Lash, S. *Sociology of Postmodernism*, London:Routledge, 1990, P11.

② 刘北城.本雅明的思想肖像［M］.上海：上海人民出版社，1998：2.

解构主义的权威学者，但是他本人却没有找到一个政治、宗教或学术的家园。"①的确，很难把本雅明的著作纳入一个明确的划定的框架中去，虽然他可以肯确无疑地被称为是个独特的哲学家或思想家。因为他很少写纯粹的哲学论文，其许多思想总是以隐喻、意向或寓言来表达出来，或者说，他在天生地实践着一种"诗意思维"。阿伦特和桑塔格把本雅明看作是一个思想开放、兼收并蓄的旧式"文人"，或"最后一个知识分子"②。较早把本雅明介绍到中国来的中国学者张旭东则认为，在本雅明身上"融合了一个马克思和一个现代诗人的倾向"等。这些定位都说明他是一个身上有着多种思想元素的思想家，是一个很敏感地发现哲学和艺术真理的另类天才，这样也就有一种朦胧或微妙的"韵味"笼罩在这位文学批评家和美学家的头上。

本雅明进入中国读者的视野是在20世纪80年代的后期。那时存在主义大师萨特、基尔凯郭尔的著作开始风靡中国，接着是尼采、叔本华、海德格尔、韦伯、维特根斯坦、弗罗姆、阿多诺纷纷登陆，本雅明也毫无疑问地跻身其间，与当时涌入改革开放的中国的其他思想流派，如俄国形式主义、阐释学、女权主义和解构主义一起开始影响中国思想和理论界，欣然如一股清新之风。《读书》杂志曾在1988年至1989年连载有关本雅明的介绍，《文学评论》和《文化：中国与世界》也发表了一些长篇评论文章，《世界电影》和《德国哲学》分别刊载了本雅明的名篇《机械复制时代的艺术作品》和《历史哲学论纲》的汉译，最早由张旭东翻译的本雅明的代表作《发达资本主义时期的抒情诗人》作为"西方学术名著丛书"之一在三联书店出版。到了20世纪90年代又数次重印，热销一时。从那时起，本雅明的名字，连同"灵韵""震惊""寓言"等，开始流行于中国思想界和批评界的文章里，并同当时改革思潮所带来的反思和求变的中国社会文化现状产生碰撞，发出了耀眼夺目的思想火花。

近年来，本雅明在中国学术界仍然成为被研究讨论的对象，受到了许多学者专家的广泛关注。最初翻译介绍本雅明的学者张旭东主要关注的是本雅明的寓言式批评。此后，对本雅明的艺术美学理论进行研究者可

① Norbert Bolzand Willem van Reigen. *Walter Benjamin*. p.i.
② 刘北城.本雅明的思想肖像［M］.上海：上海人民出版社，1998：217—277.

谓"蒸蒸日上",或关注其单个美学范畴"灵韵""震惊"等,或涉及其寓言式批评,或强调其电影与大众文化理论的先驱精神,或分析其诗学政治与宗教救赎美学的革命企图,或阐释其现代美学与艺术理论等,不一而足。所以大凡进行西方马克思主义美学和文化理论研究者都会为他留一席之地,如国内学者冯宪光、朱立元、王杰、王才勇、杨小滨、陶水平等,他们在建构"西马美学"体系或"法兰克福学派美学理论"的过程中,都会专章设节来阐述本雅明的文艺美学思想。另外,国内其他研究20世纪西方美学史或文论史的专家也向他"频频行注目礼",如周宪、单世联、牛宏宝、张法等,主要围绕本雅明的一些原创性的美学概念、范畴,并结合现代艺术理论以及后现代艺术理论来切入,虽然角度不同,但都给予了比较全面的评价。同样在文学、艺术、哲学、新闻传媒、社会学等领域的硕士、博士的学位论文中也纷纷开始去挖掘本雅明的文化艺术理论,硕士的论文有10篇左右,博士也有8篇(限于本人查阅的程度)。由此可见,本雅明的碎片化的文风和寓言式的描绘像猜谜一样,让学术探险者如堕五里雾中,迷醉其间,欲罢不能。

可以用句文学批评中的套话来总结,有一千个研究者,就有一千个本雅明。本雅明艺术美学理论思想的原创性、新鲜性、多义性、丰富性,闪烁迷离,不那么容易一下猜透。中国学者沈语冰曾指出:"本雅明的重要性在于,他思想的原创性,理论资源的多元性,以及思想发展的阶段性及其轨迹的歧义性。这一点既可以从本雅明的后继者得到说明,也可以从思想史迄今为止对他没有一个定论这一点得到说明。正如法国学者卢歇里兹(R.Rochlts)所说,本雅明的后裔极其复杂,文学批评与艺术批评持久地参考他的写作。阿多诺的作品是对他不厌其烦的评论,德里达与列奥塔,甚至晚年的福柯也像哈贝马斯和利科一样频繁地援引他。现代主义者与后现代主义者都声称他站在他们那一边,启蒙的宣传家和诽谤者都在瓜分他的遗产。"① 因此,本雅明资源丰盈、深奥多义、充满神秘色彩的艺术美学理论奇妙无限、引人入胜,至今对人文研究者仍是一个充满挑战的课题。

---

① 沈语冰.无边的现代主义——二十世纪艺术批判[M].杭州:中国美术学院出版社,2002:107.

第三节　研究视角与写作主旨

正如上面所述，本雅明思想驳杂丰富，原因在于与他独特的心路历程、土星性格①、文化趣味以及他个人的生活遭际密不可分。研究他的艺术理论与美学思想，即使从他的现代艺术理论与审美观入手，笔者对其文艺美学思想作一个全面的梳理、分析和阐释，虽然不可能面面俱到，但也会从他的理论的基本概念、范畴出发来建构全文，考察和挖掘其中的哲学、美学、艺术、文化等方面的问题，然后从不同视角来阐释其文化艺术观念。因此，本书写作拟将从美学、哲学、社会学、宗教、文化人类学等跨学科视野去透视本雅明的文艺美学思想，阐明本雅明在发现工业时代到来后艺术发生裂变所造成的艺术创造手段和接受方式的各种变化，以及带来的无数"震惊"，因为它标志着西方乃至整个人类的艺术和审美在近代的质变式的转型。本书在论证过程中结合西方艺术史和西方美学思想发展史（甚至中国艺术美学发展史）的特点与共性，来印证本雅明现代艺术美学理论中三个重要阶段的特征：灵韵与艺术的和谐时代，震惊与艺术的裂变时代，复制与艺术的狂欢时代。也许这样结构不是很恰当，或许不能准确地概括本雅明的主要文艺美学理论，但也是一种探索和尝试。

全书结合本雅明原创性的核心概念来建构全文，以西方美学与艺术发展演变的历史为线索来调整全文的脉络，以本雅明提出的"艺术的裂变时代"为主轴来前后分界，因此全书虽然分为六章，但实际上较为重要的是其中的四大部分：

第一部分围绕本雅明的"灵韵"概念的特征，如"灵韵"艺术的膜拜价值、神秘感、独一无二性及其距离感来展开全文，主要结合早期的史前艺术与宗教礼仪、"灵韵"与古典美学的和谐、整一、完美的诗意境界、"灵韵"的神秘感与天才创造的"灵感说"等之间的关系来论证，旨在揭示本雅明所谓的"灵韵"艺术大概与古典美学时代的和谐氛围的诗意境界的吻合一致。而且这种传统的艺术所具有的神圣感、本真性、距离感发展到最后，日益远离了大众接受，不得不走向凋零和消逝，被反和谐的现代

---

① 指本雅明淡漠忧郁的性情，语出［美］汉娜·阿伦特.本雅明文选英译本·导言［A］；［美］苏珊·桑塔格.单向街及其他作品·英译本序言［A］.转引自刘北城.本雅明的思想肖像［M］.上海：上海人民出版社，1998：277—285.

艺术所代替，所以出现了本雅明所谓的艺术的"裂变"时代。

第二部分根据本雅明对德国哀悼剧的"寓言"特征和现代艺术形式的变革的评价，结合西方现代艺术发展对古典和谐规范的反拨，来阐明本雅明对现代艺术的反完美、反整一性、追求"碎片化"的结构，以及制造震惊效果的肯定，主要源于现代艺术本身以扭曲形式来对抗异化现实，具有"破坏"性格和"爆破"因素的革命功能。从而揭示本雅明接受马克思主义历史唯物论、阶级革命论影响之深刻，以及与他想通过艺术形式的变革来批判和揭露资本主义社会现实的救赎企图。

第三部分论及本雅明对复制技术和大众文化的观点。通过分析本雅明关于技术、艺术技巧、文学质量、艺术生产力的论证，来阐明他不仅丰富和拓展了马克思的艺术生产论，而且将艺术技巧看作是一种艺术生产力的观点，无疑是对艺术自律性和作家主体性的一种捍卫。只有分析本雅明的电影理论和对大众文化的立场，才能了解他的大众接受理论中的民主立场和对复制技术下的艺术的政治潜能的诉求。不可忽视的是，本雅明对技术和大众文化的态度，引出了许多分歧性的争议，既表明了他肯定技术发展的合理性预见，同时也为学术理论界带来了更为丰富的思路和启示，对当代中国文艺美学界和批评界也有不少借鉴意义。

第四部分阐释本雅明的诗学政治和救赎美学。分析本雅明的犹太血统出身、弥赛亚的救世主义信仰对其放弃单纯精神层面的"抽象理论"研究，而转向尘世关注的现实情怀的深度影响。本雅明以弥赛亚主义的神学思考方式来确立自己的认识论模式、诗学批评和神学美学，体现了一种与传统完全不同的思考和写作方式，传达了对资本主义社会黑暗的批判精神，其神学美学的救赎企图和政治诉求十分明显。

在重新阐释本雅明的文化理论与艺术美学思想时，笔者也企望有某些突破和创新：

（一）本雅明看到，随着现代信息社会的传播方式的改变和复制技术的崛起，传统艺术开始被一种新的艺术所替代，他把这称之为"艺术的裂变时代"①，实际上宣布了以叙事性为主的古典艺术开始走向终结，迎来的

---

① 王才勇.现代审美哲学新探索——法兰克福学派美学述评［M］.北京：中国人民大学出版社，1990：8.

是艺术发生转型的时代：灵韵艺术走向衰竭，现代艺术走向费解，复制艺术走进大众而形成了一个狂欢的时代，只有通过西方艺术与美学发生、发展与演变的历史角度来介入，也许才能更好地对本雅明预见的艺术裂变、转型的过程和特征展开描述与论证，从而更清楚地阐明他的现代艺术审美观中提出的独特范畴，以及"裂变"前后的艺术审美活动中接受者由个体走向群体，由少数人走向大众的过程。

（二）在分析"裂变"和转型前后的审美主体的不同特征时，借用西方现代接受美学的基本理论分析不同历史时期的接受者的生活条件、审美素养与接受方式，并与"灵韵"艺术时代的贵族精英式的欣赏相对比，突出复制技术到来后，艺术走进大众、激发大众和唤醒大众的革命功能。电影院、展览馆、博物馆、集会广场的开放，使艺术进入了一个世俗化、狂欢化和具有颠覆性的大众时代。这也是本雅明不同于其他法兰克福学派同仁的地方。

（三）把艺术的复制时代的接受主体"大众"，作为进一步深入论证的切入点，来考察与古典韵味艺术时期的接受者相比较，突出复制技术时代的大众作为革命的主体来参与文化艺术的创造的主动性、自觉性和平民性，从而一反法兰克福学派其他批判理论家的远离大众只求文化上的激烈批判的贵族与精英立场，来彰显本雅明受马克思主义社会革命理论和唯物主义影响而形成的具有实践性品格的政治诗学，及其当代启示和价值。

（四）跨学科、多视角地从美学、文艺学、哲学、人类学、宗教、社会学等视野来全面梳理本雅明的现代艺术理论与美学思想，并结合西方和中国文化艺术与美学发展演变的历史来分析和阐释本雅明的主要美学概念，如"灵韵""废墟""寓言""震惊""复制""技巧"等，来勾勒出一幅清晰的本雅明的艺术理论与美学思想地形图。

（五）关注本雅明的艺术生产理论，对他提出的技术生产力、文学艺术的质量，以及政治功能之间的关系加以阐释，分析本雅明对艺术技巧的重视和大众接受的强调的政治目的，阐明其审美思想的实践性、革命性、时代性、大众性的特征，及其宗教救赎美学的乌托邦精神。

（六）在引用相关材料论证时，尽可能还原到作者所处的历史时空和政治环境中去，客观、中肯地对其美学思想与艺术理论作出某些新的评判，对其理论中的局限和偏颇加以廓清。

毫无疑问，国内早已有不少学者专家对本雅明的美学思想和艺术观点做过许多总结性的评述和分析，其中许多思想和看法对笔者启发甚多，因此重新阐释本雅明总感觉好像走不出前辈专家身影的笼罩，犹如在权威"影响的焦虑"丛林中踟蹰前行。在阅读和阐释本雅明的理论过程中，我们发现本雅明的文化艺术批评理论和救赎美学思想也并非完美无缺，比如，他对"灵韵"消逝的态度所显出的对传统的依恋和矛盾心理，他对技术复制和大众文化的过度自信而忽视其负面影响，以及他想用神学美学和诗学政治来实现其乌托邦式的救赎理想，都致使他的思想迷离复杂，文风晦涩难懂。但是本雅明的思想与理论毕竟是一个开放式的复杂结构，并非能在有限时间内用几篇文章或一家之言就能得出一个让所有学者都首肯的恰当结论。笔者对本雅明的现代艺术理论与美学思想的探究也许得到的仅仅是一鳞半爪，也有可能以偏概全，在有限时间内得出的也许是一个匆忙而不全面的结论，真正的艰辛挖掘还在后面等待去不断地继续。

第四节　影像娱乐文化的泛滥与本雅明的当代启示

随着电子时代和复制技术的迅猛发展，人类文化形态发生了翻天覆地的变化。学界给出了不同的命名方式：称其为"视觉文化"者有之（巴拉兹，1913）、描述为"图像时代"者有之（海德格尔，1938）、命名为"景观社会"者有之（居伊·德波，1967）。但大部分学者喜欢使用"视觉文化"概念来揭示这个重大的文化转向。丹尼尔·贝尔下面这一判断被广泛引用："当代文化正在变成一种视觉文化，而不是一种印刷文化，这是千真万确的事实。"[1]我国学者对这一事实也多有阐释，认为以电视为代表的"视"文化的出现，"颠覆了文字的霸权，使文字沦为影像的附庸"[2]；"图像崇拜和狂欢成为新一代的生活方式，视觉僭越文字的霸权几乎无处不在！"[3]人类的文化媒介大致沿着口语主导到文字主导，再到图像主导的轨

---

① ［美］丹尼尔·贝尔.资本主义文化矛盾［M］.赵一凡等译，北京：三联书店，1992：156，156—157.

② 潘知常.反美学［M］.上海：学林出版社，1995：182.

③ 周宪.视觉文化的转向［N］.学术研究，2004（2）：26.

迹演进，上述学人试图阐释的主要是迥异于印刷文化的视觉文化特征。就传播效果而言，印刷媒介尊重读者的阅读速度和静观乐趣，给自主思考留有宽广余地；以电影电视为代表的视觉媒介则不给观众留下阅读印刷品时那种反复思量、回到前面段落从容考察掂量的机会，而把文本的速度强加给观众，不等观众思考就一闪而过，这类似于魔术师的表演，看一眼就盖上，让人没时间缓过神来却看得津津有味。文化版图上出现了新型的视觉文化后①，大众的审美观念究竟有哪些根本性变化？艺术解读方式将被引入怎样一个不同方向？其中，文化传播的"泛娱乐化"现象便是一种典型的描述方式。

本雅明在1931年出版的《摄影小史》中把"韵味"界定为艺术品无论如何接近都会因为其固有的"距离外观"而存在的"非同寻常的时空层"②。对这一颇晦涩的界定，《本雅明传》的作者毛姆·布罗德森把它解释为作家艺术家独特生命经验的有机体现，它像"生命的呼吸……冲破自身而出，又将自身包围"③。在《机械复制时代的艺术作品》中，本雅明把"韵味"明确地概述为"在一定距离之外但感觉上如此贴近之物的独一无二的显现"④。独一无二性、不可接近性和神秘性是理解这个概念的三大关键词。有韵味的艺术是无法复制的，即使勉强进行复制，复制品也不能与原作媲美，因为再完美的艺术复制品也欠缺艺术品问世之后的那种独一无二性；对个人技艺，观赏者不可能亲历作者彼时彼地的氛围，观赏者只能以敬而远之的态度与之保持距离；由于存在距离，艺术品自有一种神秘性或神圣性，容易激发起欣赏者崇奉、敬仰、膜拜的感情。

然而随着机械复制技术的兴起，艺术"韵味"被"震惊"取代了。机

---

① 法国电影之父巴赞与丹尼尔·贝尔一样，认为视觉文化大概是在照相术与电影出现时的19世纪中叶（安德烈·巴赞.电影是什么？［M］.崔君衍译.南京：江苏教育出版社，2005：3；丹尼尔·贝尔.资本主义文化矛盾［M］.赵一凡等译，北京：三联书店，1989：156.；安妮·弗莱伯格则把"视觉狂热"和"影像增殖"的出现时间定得稍晚一点，为19世纪下半叶（安妮·弗莱伯格.移动和虚拟的现代性凝视：流浪汉／流浪女.见罗岗，顾铮.视觉文化读本［M］.桂林：广西师范大学出版社，2003：327.）。

② ［德］本雅明.摄影小史＋机械复制时代的艺术作品［M］.王才勇译.南京：凤凰出版传媒集团，江苏人民出版社，2006：86.

③ ［德］毛姆·布罗德森.本雅明传［M］.兰州：敦煌文艺出版社，2000：213.

④ ［德］本雅明.摄影小史＋机械复制时代的艺术作品［M］.王才勇译.南京：凤凰出版传媒集团，江苏人民出版社，2006：29.

械复制过程使得"韵味"在"震惊"中四散。比如,照相摄影,"用手指触一下快门就使人能够不受时间限制地把一个事件固定下来,照相机赋予瞬间一种追忆的震惊";在电影中,"震惊作为感知的形式已被确立为一种正式的原则",观众像穿越车水马龙的街道,听任"神经紧张的刺激急速地接二连三地通过体内"①。本雅明认定"韵味"是萦绕在艺术品上的完整历史经验,"震惊"则是外部刺激唤起的对瞬刻事件的特别关注,因而"韵味"与古典艺术相关联,"震惊"则归到现代复制艺术的名下。本雅明对现代照相、电影艺术采取了接受和欣赏的态度。复制技术解放了一直高高在上的艺术品:以往艺术品或收藏于某个洞穴、庙堂、建筑里,或秘传于王宫、豪宅和艺术世家内,显得神秘、神圣;现代机械复制方式使之遵循下行的路线,摹本消费成为艺术基本流通方式,看电影电视的人比参观博物馆的人多,足以说明大众"通过占有一个对象的酷似物、摹本或占有它的复制品来占有这个对象的愿望与日俱增"。②大工业摧毁艺术神秘、神圣的氛围,不是说艺术韵味因此凋零,而是说艺术"韵味"融化到了世俗的时尚、居室、物品外观之中,特别是散落到电影和电视等电子媒介上了。大众在自己的特殊环境里就能亲近艺术摹本,主要是体验"震惊",而不是领略"韵味",逐渐转换了文字时代的艺术创作方式和欣赏习惯。

图像信息泛滥的时代,影像符号确实不像文字符号那样具备激发"膜拜"的距离。哈贝马斯注意到,"与付印的信息相比,新媒体所传播的内容,实际上限制了接受者的反应,这些节目将作为听众和观众的公众罗致于自己的魔力之下,而同时,却又剥夺了公众'成熟'所必需的距离,没有这必要的距离,公众的批判性就逐渐让位给了消费者'交换彼此的品味和爱好'"。③批判性功能需要艺术与现实生活拉开距离,但这一预设与当下"韵味"四散的语境已不完全吻合,倒是借"震惊"的感知形式交换彼此品味和爱好的实践,演变成了一种泛娱乐的文化思潮。这一思潮在中国始于何时?一般上溯到20世纪90年代——这是一个躲避崇高(王蒙

---

① [德]本雅明.论波德莱尔的几个主题,见刘小枫.人类困境中的审美精神[M].北京:东方出版中心,1996:597—598.

② [德]本雅明.摄影小史+机械复制时代的艺术作品[M].王才勇译.南京:凤凰出版传媒集团,江苏人民出版社,2006:57.

③ [德]哈贝马斯.公共领域的结构转型[M].曹卫东等译.上海:学林出版社,1999:196.

语）的时代，一个小品的时代、侃爷的时代、明星的时代，"百年来审美风尚在此'转了个弯儿'……审美风尚史上一直隐身幕侧的滑稽、调侃、谐谑、反讽、戏仿、畸趣成为审美文化的主形态主范畴"。① 换言之，没有依托于现代影像技术以及由它熏陶的主体意识，泛娱乐化思潮是无法想象的。电子装置调整了艺术品与观赏者的审美距离，即从内部勾销了领略艺术韵味的费劲劳神，而市场化浪潮又从外部激励这项调整，泛娱乐传播现象就顺理成章地化作大众文化不言而喻的游戏规则。弥合传统经典艺术与观赏者之间的距离，有赖于观赏主体充分调动自身经验，但"大众"中的多数人毕竟缺少相应涵养，这种"距离"往往构成一道难以逾越的鸿沟。距离太大，即鸿沟深得大多数人跃不过去，美学上或许成功，市场上却未必轰动，正如费斯克指出的，"大众文化坚拒美学和日常生活之间的任何距离"②，大众不承诺非功利的美学原则时，青睐的自然是那些充满"震惊"效果的作品。本雅明研究审美距离变异时没有说这必然导致叙事风格的娱乐化，但艺术氛围转换后娱乐风格的突显是不可逆转的。他说，过去没文化或不识字的人们通过"故事"来了解世界，形成教养；现代人则通过"新闻"来做到这一点，摄影、电影、电视等文化工业兴盛后，"老式的叙事由新闻代替，由诉诸感官的报道代替"③，而且，影视文本为争取到更多受众，既要对时间、地点、人物、事件、原因等要素加以描述和罗列，更要对事物和事件的真实感、戏剧性等要素加以提炼与组合。所以，叙事载体从文字主导转向影像主导后，美学追求也从那种以叙事秘方为重，转向以娱乐配方为本。

本雅明在《讲故事的人》中，已经看到现代传媒勃兴，他十分伤感地感觉到：过去讲故事的人所依赖的手工技艺的氛围被驱散了，曾经汇聚着人类最大宗美学经验的传统叙事空间被挤压，神话传说和民间故事等"老式的叙事"被电影电视所磨蚀。学者耿占春这样描述，"叙事虚构和讲故事的能力，是昔日文明的薪火一点隐秘的火种，它曾经被广泛传播，而今

---

① 陶东风，金元浦.从碎片走向建设——中国当代审美文化二人谈［N］.文艺研究,1994(5).

② ［美］约翰·费斯克.理解大众文化［M］.王晓珏，宋伟杰译.北京：中央编译出版社，2001：152.

③ ［德］本雅明.论波德莱尔的几个主题，转引自刘小枫.人类困境中的审美精神［M］.北京：东方出版中心，1996：583.

似乎已经成为一种少数人的密传知识"。①信息社会把叙事压缩成电视上几十秒钟的新闻和豆腐干那么大的报纸消息，表明文化工业所制造的新领域新形式比古典小说戏剧的虚构更有魅力。古人借助虚构故事了解世界、传递消息、交流思想，行吟诗人通过吟唱形式传播艺术、教义和历史，所以篝火旁边、说书场上、戏台前面，都弥漫着故事。可有了电视机后，每天发生的充满震撼力的重大事件频频被搬上荧屏，诉诸感官的报道比比皆是，像阿Q那样回到乡里吹嘘城里见闻的人，基本没了市场，人人都可以说上一堆外界的商业神话、奇闻逸事；爷爷奶奶也不再讲故事，讲故事的是电视、电脑、VCD。电视节目本来就是家庭生活的组成部分，观众一边料理家务一边看节目，要侍候好这些三心二意的人，就更需要活用那些新奇、怪异、不寻常、轰动等佐料来吸引其注意。

电视剧的娱乐配方比新闻更典型。影像叙事本来负荷不了太多抽象而沉重的思想，比如历史题材被装入电视这个魔盒化作大众文化消费品时，首先得刨去历史沉重的一面。学者南帆提醒：历史剧成为一种时髦、猛料而盛极一时之际，历史应有的权威得顺从游戏的观赏，因为"历史剧的主要功能是为'当代'制造娱乐"，"电视与历史的联姻导致了历史的通俗化，这种通俗化不是向更多的人展示历史的深刻内涵，而是按照娱乐的规律予以改造"。②导演处理史料时，学术演变、思想史实、科技进步会被忽略、删除，而争权夺利、结党营私、卿卿我我、争风吃醋、后宫邀宠、红颜薄命则被放大、渲染。这种文本"从叙事功能上讲，并不提供实用性或科学性可靠知识，而主要是给人们提供美感，精神追求上的审美性愉悦和艺术性娱乐……如果需要，他为了获得预期的效果，可以牺牲真实性和可信性"。③意即，传播上真实可信是重要的，可借助叙事配方最大限度地契合欣赏者的思想、情感、经验和癖好，才是影像成为当今最具影响力的艺术种类的主因。

---

① 耿占春.为什么我们要有叙事，转引自韩少功、蒋子丹.失控与无名的文化现实［M］.昆明：云南人民出版社，2003：134.

② 南帆.电视剧：历史的轻佻［J］.南方电视学刊，2002（2）.

③ ［美］戴维·波德威尔，克瑞斯琴·汤姆逊.电影艺术导论，转引自李显杰.电影叙事学：理论和实例［M］.北京：中国电影出版社，2000：27.

第二章　灵韵氛围与古典和谐

本雅明提出"灵韵"的概念，是在论及机械复制艺术时的语境中谈到的，他是把有"灵韵"的艺术作为与复制艺术对立的范畴而提出的。他认为，在生产方式上，有"韵味"（也即"灵韵"，译法不同，也有的译为"光晕"但含义基本接近）的艺术就是个人创造性的产物，它具有一种被神秘化了的内在的"永恒价值"，十分接近古典美学与传统艺术所追求的古典审美原则，如和谐、匀称、适当、完美的价值。所以，本书第一章从宗教、文化学、人类学、艺术史和美学角度，来追根探源，考察"灵韵"艺术与宗教礼仪、灵感创造、巫术崇拜等史前艺术萌芽发展时期的早期艺术，以及后来的古典艺术的关系。

第一节　本雅明的"灵韵"艺术与宗教礼仪

本雅明认为，在最早的艺术中膜拜价值占主导地位，它整个在艺术中抑制了艺术的展示价值。这种膜拜价值首先体现为艺术的"灵韵"。"灵韵"的特点就是若即若离，感觉上如此切近，但实际上不可接近，与接受者保持一种神秘的距离感。接着本雅明就谈到了艺术最初产生时与宗教礼仪的关系，他说：最早的艺术起源于某种礼仪——起初是巫术礼仪，后来是宗教礼仪。在此具有决定意义的是，艺术作品那种具有韵味的存在方式从来不能完全与它的礼仪功能分开。换言之，真正的艺术作品所具有的独一无二的价值根植于礼仪中，艺术作品在礼仪中获得了其原始的、最初的价值。①例如，"石器时代的洞穴人描画在洞壁上的驼鹿就是一种巫术工

---

① ［德］本雅明.机械复制时代的艺术作品［M］（英文版）第Ⅳ节，第Ⅴ节.

具"。①其实，在古老的原始时代，宗教礼仪是全民自发信仰的。在万物有灵论的支配下，原始先民以为整个世界充满了精灵，它们是世界上万事万物的主宰。"对于野蛮人，一切都是宗教，因为野蛮人恒常都是生活在神秘主义与仪式主义的世界里面"。②几乎没有任何东西是与宗教无关的，原始人的几乎所有的活动，无论是吃、喝、耕作、狩猎、战斗，都要举行一定的仪式，原始人的生产与生活都同宗教礼仪联系在一起。

从艺术与宗教的历史发展来考察，我们会发现：举行任何宗教仪式都需要一定的表现形式、表现工具和程序，而早期艺术的各种形式，诸如歌、舞、诗、绘画、雕塑等，就是这种最恰当的表现形式、手段或工具。这主要反映了两方面的主要原因："第一，要使超自然的本质成为群体膜拜的对象，就得以具体的感性映像的形式，即常常在一定的膜拜对象（物种、泥塑等艺术形式）中呈现，抽象的神灵才能具体化、具象化和感性化。第二，举行宗教仪式时，在一切宗教仪式中，对神的召唤和乞求则成为最本质的方面。"③艺术的各种形式（包括本雅明所说的原始洞穴壁画），尤其是舞蹈、诗歌等成为激发宗教情感的最好载体。

一、灵韵与灵感：神灵凭附说

从史前文化艺术史和前古典主义美学的发展来看，艺术与宗教、巫术、神话、习俗等分不开，具有丰富的想象和虚构的成分，因为只有少数具有文化知识的贵族或代代承传某种技艺的人才可能介入艺术接受活动。艺术的这种神秘性、不可接近性往往使普通大众对艺术都怀有一种深深的敬意和景仰，加上图腾崇拜、宗教礼仪和神话传说的大量"拟人化""神人同形同性说"，就难免染上一股神秘的神灵气息。此外，在艺术的创造过程中，古典主义时期的文艺理论家除了关注作者自身的生活实践外，一定程度上还肯定了艺术创造上的天才、迷狂和灵感等因素。如柏拉图的"神灵凭附说"与"迷狂说"就是其中一例。到中世纪神学统治时代，一切艺术都成了宗教的附庸，神学对艺术和美学大举入侵，就更加剧了艺术神秘主义的色彩。本雅明提出的"灵韵"或"神韵"（aura）这一概念，就

① ［德］本雅明.机械复制时代的艺术作品［M］（英文版）第Ⅳ节，第Ⅴ节.
② ［英］马林诺夫斯基.巫术、科学、宗教与神话［M］.北京：中国民间文艺出版社，1988：8.
③ 朱狄.原始文化研究［M］.北京：三联书店，1988：694.

明显地跟他所信仰的犹太教的神秘主义救世思想分不开。

本雅明在论及机械复制艺术时，把有"灵韵"的艺术作为与复制艺术对立的范畴而提出的。他认为，在生产方式上，有韵味的艺术就是个人创造性的产物，它具有一种被神秘化了的内在的"永恒价值"（古典美学将它称为和谐、匀称、适当、完美的价值）。我们不妨先把本雅明在机械复制时代和文化生产语境下提出的"灵韵"这一概念作一个基本的界定，并加以梳理，这样可以使后面的论证明确顺利地展开，也不会造成误解。"灵韵"（aura）是本雅明用来描绘机械复制时代以前即文化工业化之前的艺术特征的独创概念。他一开始就把它跟距离感、本真性、膜拜价值和独一无二性等含义联系起来，在《机械复制时代的艺术作品》里，"灵韵"被看作是"无论有多近的一定距离之外的唯一无二的现象，"①这是从时空知觉力方面突出"灵韵"的无功利和超然的特性。而在《论波德莱尔的几个主题》中，"灵韵"成了"自然地围绕起来的联想"，自然"灵韵的体验建立在对一种客观的或自然的对象与人之间的关系的反映的转换中"。②无论如何，就本雅明而言，"灵韵"是文化工业前传统"古典艺术"或"自由艺术"所特有的那种流动的、韵味无穷的和纯粹的审美感染力的象征。有人把"灵韵"翻译成"氛围"，在某些场景的描述中也许更能说明这一概念的特征，因为本雅明也曾对其作过更为形象的描绘道："现在应当通过自然事物'氛围'的概念，形象地说明此前就历史事物暂时提出'氛围'概念。我们把前者定义为一定距离之外的独一无二的显现——无论有多近。夏日午后，悠闲地观察地平线上的山峦起伏或一根洒下绿荫的树枝——这便是呼吸这些山和这一树枝的'氛围'。"③这实际上是本雅明在《摄影小史》中的一段描述，他结合摄影这一具体的艺术门类，告诉我们什么是韵味，什么是"灵光"（有时也这样翻译，对摄影作品也许更恰当一些），有人把这段翻译得更为地道（也许重复一下，能对比看出灵韵的迷离复杂和神秘性），那是一种时空的奇异纠缠在一起的某种境界："遥

① ［德］本雅明.机械复制时代的艺术作品［A］.参见所罗门编.马克思主义艺术［C］.北京：文化艺术出版社，1989：593.

② ［德］本雅明.论波德莱尔的几个主题［A］.发达资本主义时期的抒情诗人［M］.张旭东译，北京：三联书店，1989：1.

③ ［德］本雅明.机械复制时代的艺术作品［A］.经验与贫乏［C］天津：百花文艺出版社，1999：256.

远之物的独一显现,虽远,犹如近在眼前。静歇在夏日正午,沿着地平线那方的弧线,或顺着投影在观者身上的一截树枝,直到'此时此刻'成为现象的一部分——这就是在呼吸那远山、那树枝的灵光。"①显然,本雅明所提到的艺术的韵味的本真性和独一无二的距离感、神圣性,是与前工业时代甚至史前时代的宗教礼仪的膜拜性和权威性分不开的。当本雅明把全面复制技术看作是资本主义社会文化的特征时,他首先注意到的是传统的和古典的和谐完美的"灵韵"的丧失,这种艺术韵味的丧失又意味着改变了过去艺术接受的非大众化和艺术疏远接受大众而沦为少数人或贵族的玩物的状况。

显而易见,"灵韵"的神秘性、神圣性和膜拜性与古典艺术时代的"灵感"说有关。从古希腊时代开始,许多哲人就对"灵感"已经关注,但那时的哲学家、美学家会用"出神""迷狂""灵感"或"神灵凭附"等原始巫术时期就有的词汇来解释文艺创造中出现跳跃性的思维火花的神秘性,比如写诗的过程,或朗诵史诗的过程中出现的难以抑制的激情状态。这一点与古希腊神话中的缪斯女神、狄奥尼索斯神(即巴科斯神)、阿波罗神等的崇拜密切相关。古希腊的诗人们对缪斯女神的信仰是极度虔诚的,以至于他们创作的伟大的诗篇的开头时,总是要请文艺女神惠赐吟诗创作的灵感。值得注意的是荷马的《伊利亚特》和《奥得修纪》、赫西奥德的《工作与时日》和《神谱》,大都是以请求缪斯女神为开篇的:

> 女神啊,请歌唱佩琉斯之子的阿喀琉斯的致命的愤怒,……②
> 请为我叙说,缪斯啊,那位机敏的英雄,在摧毁特洛伊的神圣城堡后又到处漂泊。③
> 皮厄里亚善唱赞歌的缪斯女神,请你们的父亲宙斯倾吐心曲,向

---

① [德]本雅明.迎向灵光消逝的年代——本雅明论艺术[M].许绮玲,林志明译.桂林:广西师大出版社,2004:32.
② [古希腊]荷马.荷马史诗·伊利亚特[M].罗念生,王焕生译.北京:人民文学出版社,1994:1.
③ [古希腊]荷马.荷马史诗·奥德赛[M].罗念生,王焕生译.北京:人民文学出版社,1994:1.

你们的父神歌颂。①

让我们从赫利孔的缪斯开始歌唱吧，她们是这圣山的主人。②

从诗人们的吟唱祈求和倾情颂扬女神的文字抒发来看，我们可以发现：缪斯不仅赐给他们以创造的灵感，而且还赐给他们以创作的内容，因为文艺女神不仅知晓过去、洞悉现在，还会预知未来。诗人不仅在创作时要吁求诗神的帮助，而且诗神本人也正是创作美妙诗篇的能手。正是这种双重意义上，才形成了"神灵凭附"这样一个创作期待。在当时古希腊的神话和诗歌中，这种认为创作主要依靠神灵凭附或天赋才能的观念在当时比较流行，以至于像德谟克利特这样的唯物论哲学家也认为，诗人只有依靠热情并在神圣灵感的指引下所作的诗句才是美的。苏格拉底，特别是柏拉图，则是大谈特谈"神灵凭附""灵感"，将它和"哲学的迷狂""酒神的狂热""神秘祭奠"（古时的宗教礼仪）等联系起来，认为不仅是诗的创造，而且连诗歌的朗诵也必须凭灵感来发挥朗诵者的激情。只有到了亚里士多德的现实主义理论中，才坚持再现与模仿的学说，开始客观地探究文艺创作的心理活动，反对过分夸大灵感的神秘性和决定作用，强调诗人或艺术家自身实践的重要性，才驱除了"神灵凭附""神赐迷狂"论的仙云迷雾。

二、膜拜功能：灵韵艺术对巫术礼仪的寄生性

人作为一种文化的动物，始终在寻找意义的存在。诉求存在的意义，寻觅安身立命的根据，是人永远不会完结的事业。人对意义的追求，不仅体现在于常识的积累、艺术创造、哲学思索与历史反思等精神活动，而且还表现在对人是什么，人从哪里来，要到哪里去，人存在的根本意义、最高原因是什么，也就是我们常说的"终极关怀"的追寻和求索之中。这种求索与根本意义的追寻在史前艺术的宗教礼仪与图腾崇拜的信仰就体现出来，反映了原始先民对具有灵韵氛围的艺术（如雕塑神像、宗教图画、对神的颂歌等）的神圣性的膜拜心理。

---

① ［古希腊］赫西俄德.工作与时日·神谱［M］.张竹明，蒋平译.北京：商务印书馆，1991：1.

② ［古希腊］赫西俄德.工作与时日·神谱［M］.张竹明，蒋平译.北京：商务印书馆，1991：26.

艺术从一开始就同宗教结下了不解之缘,其关系犹如"你中有我,我中有你"。原始人的想象世界充满了精灵,各种自然现象和生理现象都是精灵作祟所致,这是把自然人化;原始人把想象中的精灵同各种形象,诸如画像、雕像、塑像等固定下来,这就是把人自然化,把关于精灵的想象物化和客观化。各种宗教礼仪都是企图用超自然手段来达到所希望的目的。因此,艺术从一开始产生就把自己依附于原始宗教仪式上。那时的艺术在原始先民的眼中也许并非一种艺术,而是一种力量,一种与原始宗教等同起来的力量,所以在独立地观赏和接受艺术品之前,许多艺术形式几乎都作为形式、手段或工具服务于或存在于宗教仪式之中的,其依附性十分明显。由于那时的意识形态的诸种形式尚未分化和独立,艺术的胚胎或萌芽如科学、哲学等的胚胎萌芽一样,也是包含在原始宗教礼仪这个混沌未开的统一体之中。从这个意义上来说,我们甚至可以认为,宗教礼仪孕育了艺术,原始艺术是宗教礼仪的副产品。

现在我们不妨以史前艺术中的雕塑为例,来更好地了解本雅明所说的艺术对礼仪的"寄生性"。从许多史料考古发现来看,最早的雕塑是原始先民为了巫术仪式的需要而在洞穴雕塑的动物雕像,为了举行祭祀仪式而在山冈、河边、湖边或海岸雕塑的土坯神像或木雕神像。雕塑之所以成为巫术仪式的工具,是因为在原始思维中,塑像被当作赋有神圣意义的活的实体,它们是原始人与超自然力量之间的媒介。因为原始人相信,他们通过这些人工制品所创造的神圣形象就能与某种神秘力量相会合。当然,这并非是说艺术与宗教就没有一点区别,而是说审美艺术一开始也许还不是为了审美活动自身,而是为了某种礼仪的膜拜功能。简·哈里森在《艺术与仪式》一文中指出,印第安人用雕有花纹的圆盘去防止太阳造成旱灾,这个圆盘是"雕刻出来的祷告",也就是带有礼仪的艺术。"雕刻出来的祷告"之中的雕刻显然具有一种无可置疑的艺术创造的成分,但它却不被视为艺术品而被视为"祷告",视为宗教礼仪的礼器。[①]为此,我们可以从费尔巴哈的一段话中看出史前时期艺术对礼仪膜拜的宗教价值及其审美痕迹。他指出:"艺术认识它的制造品的本来面目,认识这些正是艺术制造品

---

① [英]简·哈里森.艺术与仪式 [M].转引自江西省文联文艺理论研究室等编.外国现代文艺批评方法论 [M].南昌:江西人民出版社,1985:129—139.

而不是别的东西；宗教则不然，宗教以为它幻想的东西乃是实在的东西。艺术并不要求我将这幅风景画看作实在的风景，这幅肖像画看作实在的人；但宗教则非要我将这幅画看作实在的东西不可。纯粹的艺术感，看见古代神像，只当看见了一件艺术品而已，但异教徒的宗教直感则把这件艺术作品，这个神像本身，看作实在的、活的实体，他们服侍它就像服侍他们所敬爱的一个活人一般。"①费尔巴哈的这段论述为我们正确认识原始艺术提供了参照，同时也表明原始艺术毕竟是宗教礼仪的副产品和工具，其依附性、实用性和混杂性也可见一斑。从此，我们可以看到，为巫术而雕塑，以及出现在陵墓的墙壁上、佛寺里的佛像、菩萨像与纯"世俗"、纯"艺术"的雕塑作品，显然有不同的审美趣味和价值观。

黑格尔认为雕塑是"以人的形象作为它造型的基本类型"。②最早的人物雕塑是女性裸体雕像，这些雕像被称为"史前维纳斯"。它们看上去似乎是要表达旧石器时代男子对女性的爱和情欲，由此出发把美感与性联结在一起，认为美导源于性。但实际上并非完全如此，研究者普遍认为，美感确实与性有关系，但创作这些"史前维纳斯"的意图却并非单纯为了表示性爱，而是母系氏族社会图腾崇拜和丰产巫术的遗迹，体现的是对人的神秘的"生殖力"的崇拜（也象征着土地或地母的生殖力的强大）。当代著名的美学家沃拉德拉维·塔塔科维茨注意到史前艺术的复杂性和雕塑世界对神的世界的依附性，他指出："雕塑也与祭祀相联系。它把自己限定在诸如人形山头和排档间饰等神像雕塑和庙宇装饰之中……这种雕塑与宗教的联系说明了这样一个事实：早期艺术的性质比人们预想的更为复杂。艺术家所表现的不是人的世界而是神的世界。"③从相关史料可以看出，艺术一开始就跟宗教崇拜与礼仪形式不可分开。

三、模仿与逼真再现：灵韵艺术的"此地此刻性"

本雅明在谈到"灵韵"时，反复强调其本真性（此地此刻性、时空交织性）及其独一无二的氛围，实际上涉及艺术反映现实客观实在的逼真效果和现实事件在艺术形式中呈现出的某种神秘的氛围。这还要从古希腊

---

① ［德］费尔巴哈.费尔巴哈哲学著作选集（下卷）［M］.北京：商务印书馆，1984：684—685.
② ［德］黑格尔.美学（第三卷上）［M］.北京：商务印书馆，1988：684—685.
③ ［德］黑格尔.美学（第三卷上）［M］.北京：商务印书馆，1988：684—685.

时代的模仿说与再现理论说起，因为艺术再现与模仿一直是西方最古老的艺术命题，也是西方艺术史和美学史中延续时间最长的一个问题。希腊语"mimesis"（模仿）这个词出现在荷马以后，在荷马和赫西奥德的著作中尚未出现这个词。作为名词"mimesis"最早出现在喜剧诗人阿里斯托芬（约公元前446—前385年）的喜剧《地亩节妇女》（公元前411年酒神祭祀时的第一次上演）中："人的灵魂渴望模仿"。但作为一种观念时由来已久，不仅可以上溯到宗教神话，而且还可以进一步上溯到巫术。① 因为艺术与宗教、巫术都具有拟人化的特征，并且巫术与艺术所经过的道路是漫长的，但发展为独立的艺术中的拟人化，两者都具有以激愤为目标的模仿特性。艺术理论中的"再现"，"representation"这个英文概念，也来自古希腊时期的"模仿"一词，柏拉图在谈艺术时所用的希腊的"模仿"一词，被翻译成"mimesis"的英语含义，英语和法语中常把它翻译为"imitation"。英语世界普遍认为，模仿（mimesis）这个概念与英语最切近的词就是再现（representation），英国艺术理论家科林伍德（R·G·Collingwood）在谈到艺术再现理论时，就直接把柏拉图（Plato）的模仿概念译成"再现"，他认为柏拉图在《理想国》第十卷的上半部里用"再现"这个词就有50次以上，实际上柏拉图把两者都看作是同义词。②

　　根据一般的文化人类学和艺术人类学的考察来看，最初的艺术模仿与巫术模仿是同时进行的。英国人类学家、民俗学家弗雷泽（1854—1941）在其著作《金枝》中指出：由于原始人对于现实的真实原因的无知而产生误解，他们相信，只要模仿和感应，就能造出他们自己生命所依存的伟大自然现象。他们在林荫中、山谷里，在偏僻的荒野上或风暴喧器的海岸旁所进行的小型操演，通过神灵的同情或神秘的影响，立即会使权威的表演者在一个更大的舞台上接受和重演。他们幻想，如果谁穿戴上树叶和花枝，他就会帮助不毛的大地装点上新绿，通过他演出的冬天死亡和送葬的游行，就可以把那个凄凉的季节赶走，为将来临的春天的轻快步伐开辟道路。③

---

　　① 这里所谈到的有关模仿和巫术的概念和问题，主要根据卢卡奇的《审美特性》第1卷第5章，北京：中国社会科学出版社，1986：294—337.
　　② ［英］科林伍德.艺术原理［M］北京：中国社会科学出版社，1985：49.
　　③ ［英］弗雷泽.金枝：巫术与宗教的研究（上）［M］.北京：中国民间文艺出版社，1987：467.

"模仿"的最初含义，也就是根据巫师所表演的祭祀节目舞蹈、音乐与唱诗。因此，"模仿"这个词在当时只是多用于舞蹈、动作模仿与音乐中，而后来才表示雕塑与戏剧艺术中现实再造，其目的在于引起情感的宣泄和心灵的净化①。如史前的祭祀舞蹈的膜拜仪式和心灵净化祈求，并非只是希腊文化所特有。只有当希腊人达到自己的文化顶峰时，他们才依然保留了这种舞蹈仪式，不仅把它当作一种宗教仪式，而且还作为一种观赏场面而影响着希腊人。最初这些舞蹈就构成了希腊人的基本艺术。当时的希腊人还没有创造出一种与动作、姿势相分离的独立的音乐，也没有单独的诗歌形式。随着人类抽象思维的发达，对模仿本质的探讨也进一步加深。如早期的毕达哥拉斯学派在肯定数是万物的本原的前提下，最后得出事物是由于模仿数而显得美的论断。接着德谟克里特从朴素的唯物主义观点出发，把模仿理解为对自然的功能方式的模仿，如认为人是从蜘蛛那里学会了纺织和缝纫，从天鹅、夜莺和鸣鸟那里学会了唱歌等。到了柏拉图才开始把"模仿"看作是艺术问题中值得深入探讨的问题。

　　柏拉图在他的对话哲学著作《理想国》中认为，画家画画实际上就像人们拿着一面镜子映照现实世界一样，再现性绘画也是如此。不过柏拉图对图像的再现问题的态度十分矛盾，一方面他认为绘画能给人一种神奇的迷惑（有点像本雅明的"灵韵"的氛围），因为它能够像镜子一样神奇地把外在世界的表象复制出来（最早的复制是手工复制）。尽管如此，他对艺术的评价却还是很低的，根据对于真实性的哲学形而上学的看法，认为艺术所模仿和再现的东西，只不过是事物的表面现象，而不是事物的本质，因而另一方面他又极力贬低艺术，认为艺术会让观赏者离开理智的理念世界，沉迷于感性的表象世界。在柏拉图看来，与其说艺术是无用的，毋宁说艺术是堕落的东西。只有到了柏拉图的学生亚里士多德的论证中，理念模仿说才变成了真实模仿说。亚里士多德认为，诗人所描述的事物或情节并不是真实发生或出现的某一事物，而是可能发生或必然发生的事情。艺术的模仿并非像他的老师说的那样只是被动地、忠实地抄录现实中已有的东西，也不仅仅摹写事物的表象，而是使事物或多或少地变得比它本身更美，因为艺术是以典型形式来描绘人类的行为。可见师徒二人的模

　　① ［古希腊］亚里士多德.诗学·贺拉斯·诗艺［M］.北京：人民文学出版社，1988：121.

仿概念有所不同。

在文艺复兴时期，因为艺术家反对中世纪的神学艺术观（艺术模仿的是看不见的世界，故多用象征手法），古希腊时代的模仿自然的问题又进入人们争论的话题当中。"人文主义者都认为绘画根植于文本的再现之中。他们从亚里士多德的《诗学》中借用了格言，认为所有的高级艺术都是以最高典型的方式描绘人类的行为。人文学者所说的所谓'历史画面'与关于模仿（mimesis）的更宽泛的哲学讨论相一致，如'模仿'（imitation）或'再现'（representation），这是从柏拉图和亚里士多德以来就一直讨论的问题"。① 到了15世纪，模仿理论在视觉艺术中也得到了充分肯定和承认，而且一直延续到18世纪。画家达·芬奇（Da Viinci）曾经更为激进地拥护和倡导艺术模仿和再现自然的理论："绘画的确是一门科学，并且是自然的合法的女儿……"②他把自然本身看作是绘画最高的范本，最优秀最美丽的绘画就是逼真地再现和模仿了自然的作品。

到了欧洲浪漫主义艺术风起云涌并日益强盛，视觉艺术中的后印象主义和艺术中抽象化倾向越来越风靡一时的时候，模仿和再现在欧洲艺术理论中的地位开始受到了广泛的质疑。等到20世纪，艺术模仿或再现理论受到了严厉的批判。如20世纪初以克莱夫·贝尔和罗杰·弗莱为代表的形式主义艺术理论，开始对艺术再现论做出了严厉的声讨。接着是克罗齐（B.Croce）、柯林伍德（R·G·Collingwood）为代表的表现主义艺术哲学以情感表现说为基础，通过艺术家的心理动机和创作意图重新阐释艺术创作问题，对艺术再现论提出质疑。20世纪中期以后的欧美分析美学站在本质主义美学立场上向再现论开火，但并未对艺术再现的问题做出系统深入的分析。例如，乔治·迪基（George Dickie）认为，"直到最近，清晰可见的艺术作品的特征要么被判定为显然是再现性，要么假定为再现性的。绘画和雕塑很明显的是如此，音乐在某种意义上也被广泛地假定为再现性的。文学因为描写相似的生活场景也被看作是再现的。这样就很容易把再现视为艺术的本质。模仿理论的关注焦点是艺术作品的稳定的相关性，也就是艺术与主题事件的关系。非客观性艺术的发展已经表明，模仿甚至并不总是

---

① Victor burgin, *The end of Art Theory Criticism and Postmodernity*, Macmillan Education Ltd., 1986, P145.

② ［意］达·芬奇.达·芬奇论绘画［M］.桂林：广西师范大学出版社，2003：5.

与艺术相伴的特征，更不是艺术的本质（本真性）特征。"①

四、灵韵与古典艺术的和谐与秩序

本雅明对"灵韵"的特征的描绘，实际上接近于西方古典艺术所追求的特征：和谐、有序、整一和完美。他认为有韵味的艺术是一种美的艺术，这种美的艺术具有自主性外观和膜拜价值，其本身就具有审美属性。如果我们把本雅明所谓的艺术的"自主性外观"和"若即若离的独一无二性"看作是古典美的特征，就可以结合古典艺术发展史的特征来分析"灵韵"的内涵与实质。

从古希腊时代起，人们就一直把"美"当作研究艺术发展的中心问题。就古希腊而言，从荷马史诗中所讲的神、人外形的形体美，到苏格拉底的具有客观实在性的"美"本身、柏拉图的先于可感事物的独立于存在的"美理念"，再到亚里士多德的第一哲学意义上的"美"，其间经历着漫长的历程。从诗人们的吟咏来看，古希腊人是高度重视美的。源出于东方闪族天神的希腊的爱和美的女神阿佛洛迪忒，在希腊世界得到广泛崇拜，成为美貌、爱情和情欲的化身。希腊崇尚美的最重要的记载，见之荷马的《伊利亚特》。荷马将在历史上可能确实进行过的、历时十年之久的特洛伊战争的起因，归诸于天后赫拉、智慧女神雅典娜、美和爱的女神阿佛洛迪忒之间为争夺"给最美的女神"的那只金苹果。接踵而来的就是特洛伊王子帕里斯拐走希腊斯巴达国王的妻子海伦，从而引起希腊和特洛伊之间的旷日持久空前残酷的战争，从而给特洛伊带来了空前的灾难。荷马的描写无疑反映了当时希腊高度重视"美"的那种传统观念。

首先，在荷马的描写中有形体意义上的可感的事物美是最早出现的美。荷马描写中出现频率最多的是指男子、女子外形的形体美，也有对自然界的景物或植物、衣着的美的描绘和赞叹。其次，将美丑和审美快感与否联系起来。再次，就是将美与美德放在一起。最后也是最重要的一点，就是将美与抽象的数、事物内在的尺度和适度联系起来。如，毕达哥拉斯学派将美与抽象的数联系在一起，赫西俄德的认识更进一步深入到事物内

---

① George Dickie, *What Is Art ? An Institutionnal Analysis, in the Philosiphy of the Visisual Arts*, Philip Alperson（ed.）, Oxford University Press, 1992, P434.

在的尺度和适度，也体现了古希腊人习惯于将美和分寸、适中比较的传统观念：

> 你要把握好尺度，在诸事中适当是最佳原则。
>
> 人生最宝贵的是一条慎言的舌头，最大的快乐是它的有分寸的活动。①

这种将"尺度""适度"相近似的"秩序"与"匀称"看作是美的特征，从毕达哥拉斯一直贯穿到柏拉图和亚里士多德。柏拉图一再申述和论证美的事物之所以美，在于模仿和分有了美的理念，但在晚期的对话篇中，也将人的形体的美丑与尺度联系起来，在讨论到技艺时，将美与尺度、适度联系起来，甚至将这些要素与美本身等同起来。亚里士多德在从第一哲学、形而上学的高度讨论美的同时，又从事物的内在关系（美与善）来讨论美的本质，肯定了秩序和匀称是美的本质。尤其是毕达哥拉斯学派对艺术的产生与"比例"的"和谐"的分析，将比例归诸于数，雕塑、绘画等所以才显得美，这就已经初步涉及到古典美学的和谐、秩序、完美、整一的传统法则。毕达哥拉斯通过音乐认识到对立因素会产生和谐："音乐是对立因素的和谐统一，把杂多导致统一，把不协调导致协调。"②他强调的是一种外在统一，内容的统一。到了亚里士多德的悲剧理论中，一方面要求剧情的整一、一致和完美的形式，要"有头""有身""有尾"，构成一个和谐的整体，另一方面又是悲剧主人公的反抗、斗争和毁灭，两者构成了对立和谐的审美效果。

西方审美文化中对"和谐"强调的是部分或个体，以部分或个体的实体性来形成整体的和谐。毕达哥拉斯派的雕刻家波里克勒斯早就说过："艺术作品的成功要依靠许多数的关系，而任何一个细节都是有意义的。"达·芬奇的《最后的晚餐》并没有损害耶稣十二门徒中任何一个人的实体性，而是为了突出耶稣，画家采取的是把他放在中间，用他身后的窗户和仿佛以他为中心而散开的天花板的放射线条，从视觉上给人以比他

---

① ［古希腊］赫西俄德.工作与时日·神谱［M］.张竹明，蒋平译，北京：商务印书馆，1991：21—22.

② 北大哲学系编.西方美学家论美和美感［C］.北京：商务印书馆，1980：14.

本身实体更高大的感受。拉斐尔的《柏拉图学院》一画为突出柏拉图和亚里士多德也是用同一手段，实际上是利用光线从中心处透过被突出的个体，形成了一种神秘的独一无二的"光韵"或"灵韵"，塑造出了最美最位于中心位置的人体姿态，也传达出了各种意蕴的明暗手段，适合于各种情欲的构图方式。这种重实体和形式、重光线和色彩、重比例和构图、重实在和力的式样……正是西方和谐整一原则由个体形成整体的艺术表现。

第二节　"灵韵"与传统艺术的诗意氛围

长期以来，我们一直用传统的艺术史或美学发展史的观点，把艺术看作是一种"手工"劳动，其实它与机械化流水线的成批生产的工业品截然不同。从原始艺术到古典艺术，再到现代艺术，手工业几乎成为艺术的本性之一。即使先锋艺术，无论是绘画，或是雕塑，莫不如此。马蒂斯也好，毕加索也好，蒙德里安也好，他们再激进的艺术创作，无论与现代绘画观念多么遥远，内容如何前卫，但却无法离开"手工性"（只是到了印刷发达的复制技术时代，艺术才大批量由机器生产，开始脱离了手工性）。最早的诗歌也是离不开手工创作，因为诗歌等文学艺术作品的生产也是特定的个体行为，与当时的时空境况之特殊性分不开，也即本雅明所说的"此地此刻性"与"本真性"。

一、前工业时代的文化传统与灵韵艺术

前工业时代的传统艺术大多为手工制作，因此总是带有艺术家的个性以及它所属的传统的或地域的独特风采，如非洲原始雕塑是原始部族生活独特的写照，唐诗宋词也是中国唐宋时期文人墨客情感生活在某个时期的独特呈现。本雅明认为，传统艺术与现代机械复制时代的艺术有着根本的不同，那就是传统艺术具有一种特殊的"韵味"或"氛围"，也即艺术品生产的此时此地的独一无二性，比如，《蒙娜丽莎》或《红楼梦》，都是特定时代的艺术家的特殊视觉中的特殊世界，如果我们进入这个世界就会接触到这个审美世界的独一无二性。但是随着机械复制时代的到来，本雅明

发现这种独一无二的"韵味"开始四散消失了，一件件作品（如电影或CD唱片）可以无穷复制，无限传播，它一方面打破了传统艺术品传播的时空界限，另一方面又使"韵味"无可挽回地消失。因为，传统艺术品所具有的那种让人膜拜的神圣意味荡然无存。

那么本雅明所感叹的正在消失的传统艺术的"韵味"究竟是什么呢？我们不妨把它理解为"诗意"的氛围，并结合传统艺术的审美特征来比较分析。首先，以传统审美观来看，任何美的艺术品都应该足以有打动人的美的艺术形式和外观，有一种和谐、匀称、恰当的比例关系，也即优美的形式（接近本雅明的"自主性外观"），尤其是造型艺术品。而且，这种美的外观仅仅只是为了人们的观赏而存在的。无论雕塑、绘画还是建筑，或工艺美术甚至民间工艺品，其外观的形式美是必不可少的。因为在审美活动中，一个最常见的看法就是，审美对象是给人以愉悦的，这种愉悦首先来自审美对象悦人耳目的外观形式。就视觉艺术而言，这种视觉快感是必不可少的。美学上讨论这种形式美的原则，从"黄金分割律"，到平衡、对称、对比、反衬、节奏等，几乎都与这种外观的美有关。另外，传统艺术品还应该表达出作者的某种思想或意图，这就是我们据以评判艺术品是否成功的要素。从接受欣赏的角度来看，艺术品自然有某种意义，这种意义也许就是作者的意图，也许是观众、读者等各种身份不同的接受者从艺术品中发现的独特意味。对作为创造主体的艺术家来说，他创造某件艺术品总是有所思所想所感而发，有种想要表达的东西存在，于是艺术形式和符号使得它和作者的意图密切相关，这种符号和作者的特定思想也就构成作品的"灵韵"的本质所在，产生了一种独一无二的享受。

前工业时代的艺术概念，也有一个随着历史变化而变化的过程，并且在不断地提升。在古希腊、古罗马时期，艺术主要是指由奴隶和下层人来操作的手工艺劳动，是被贵族和上层社会所蔑视的一种劳动技能。到了文艺复兴时期，自由的艺术与贵族关系密切，无论文法、修辞，还是算术、音乐，都是贵族修养不可缺少的部分，也是提升人的心智的门径。18世纪，法国美学家巴托提出"美的艺术"之后，艺术的概念便进一步和诸如"天才""才能""创造"等字眼联系在一起。比如，在浪漫主义以前，创造不被用于艺术家，艺术家只是"制作"。浪漫主义把作为神的特权的创造力返还给了艺术家，深刻地揭示了文化艺术观念的激变。而艺术和创造需要的正好是天才和才能，这已不是一般普通人所具备的了。从那时起，艺术的发展就逐渐染上了"精英主义"的色彩。早期艺术的内涵总是与日常生活实践关系交错纠缠，艺术也是手工业时代制作和创造的一部分。随着对审美艺术的强调，艺术逐渐脱离了现实的日常生活，转而成为审美态度和判断的对象，遂也变得日益孤立了。艺术在现代社会中似乎只存在于音乐厅、剧院、图书馆、美术馆、歌剧院，艺术的技艺传授在学校里被专业化了。一言以蔽之，艺术与日常生活脱节了。随着复制技术的到来，本雅明所谓的艺术自身的"韵味"也就逐渐消散了。

本雅明敏锐地感受到了强大的现代物质技术对传统灵韵艺术的本真性的冲击，在一阵阵的"夜来风雨声"中，开始感叹"灵韵"艺术的"花落知多少"了。他本人也知道，尽管自古就有复制技术，如古希腊掌握的两种工艺：浇铸和制模，中世纪的木刻、铜板、蚀刻，但其复杂的规模与范围都不算大，还不足以威胁到艺术创造的本真性的"灵韵"的存在，只是随着19世纪初期工业化的进步，平版术的发明，机械复制技术的时代开始降临。其后的石印术、照相术、声音复制技术，再加上早已有之的印刷术在一起，从文字到图像、声音开辟了全方位的艺术机械复制时代。[①]这种机械复制的技术使艺术作品的副本大规模大范围地诞生，复制品能随时随地出现在欣赏者面前，为接受者所把握、占有，从而满足了大众强烈希望艺术杰作能在空间上和人性上更为"贴近"的意识，对原作所保持的距离感消解了，艺术原作的质的独特性被统计学上的复制品的大规模的量所摧毁。前者具有独一无二性与持续性（永恒性），而后者则是可重复性与暂时性的交织，新艺术用人代替了神，用大量复制发行降低了本真性，"灵韵"只好让位给后来者。

二、灵韵艺术的接受方式：个体式的审美静观

在西方现代美学理论中，一提到艺术欣赏和接受者，人们就会不假思索地想到观众、读者或听众等，显得过于笼统或简单化。因为在西方接受理论中，接受主体的"具体身份"的再度确认已成为引人注目的研究对象。当然，这不是说在以往的有关接受者的理论中这种观念就始终是单一

---

① 北大哲学系编.西方美学家论美和美感［C］.北京：商务印书馆，1980：14.

的和不变的。歌德就曾将读者作过这样的划分，他将其分为三类："一种是没有判断的享受；一种是没有享受的判断；而介乎其间的另一种则是边享受边判断，边判断边享受。"①不妨思考一下，能够真正领悟到本雅明所谓的独一无二的"灵韵"艺术的接受者在现实的周围有多少呢，他们可能会属于哪一类读者，他们有基本的审美判断力吗？这些就需要从研究传统艺术的"接受者"的角度来考虑。从西方古典艺术的发展来看，人们要想对艺术中的优美、和谐、比例、完整的形式感领会和理解，就必须是接受过正统或系统教育的人，一般都是贵族阶层才有可能。任何一个普通人不可能会接受本雅明所谓"灵韵"艺术，必定在接受前要经过文化传承和艺术素养的学习及训练的过程。因此至少应当是懂得艺术创造或艺术欣赏的接受者，才会理解本雅明所说的"灵韵"这种神秘的、有距离感的艺术品。因此我们先了解一些西方有关接受理论的论述。

现代西方接受理论对接受者的区分和厘定之细，实在是过去传统的理论所无法比拟的。由于"读者的接受水平如何，作品就如何存在"②的缘故，接受者的分类研究就具有别一种意义。在一些关于接受理论的材料中，我们可以看到I·A·瑞恰兹的"理想的读者"，燕卜逊的"具有正当能力的读者""合适的读者"，W·斯拉托夫的"普通读者"和"超常读者"，W·布斯和伊塞尔的"隐含的读者"，伊塞尔本人提出的"同代读者"和"后代读者"，斯坦利·费什的"有知识的读者"，M·里法泰尔的"超读者"，N·霍兰的"各人持有自我认同主题的复数读者"，欧文·沃尔夫的"预期的读者"，W·吉布森的"冒牌读者"，彼特·拉宾诺兹的"真实的受众""作者的受众""叙述的受众"和"理想的叙述受众"，G·热耐特和G·普兰斯"叙述接受者"等。从上面这些繁杂的命名中，我们可以选择几个被美学批评中使用率较高的概念。先看"隐含的读者"，W·布斯认为，隐匿的并且最终定夺作品意义的价值和信念的是一种"隐含的作者"，也即真实作者的"第二自我"。与之相对应的便是"隐含的读者"，但这只是一种设定的角色，他与读者共有的不仅是背景知识，而且有一系列的预想、同情心以及快与不快、善与恶、对与错等衡量标准。由此，他同真实

---

① 苏珊·P.苏兰曼等编.文本中的读者［M］.普林斯顿大学出版社，1980：205.
② H.亚当斯编.柏拉图以来的文学批评理论［C］.石家庄：河北人民出版社，1971：1061.

的读者区别就在于他是由作品及其功用所直接创造出来的。布斯对这类接受者作了这样的描述："不管我有什么真实的信念和实践，如果我要完全地享受作品，就必须使我的心意从属于作品。作者……如同把自己塑造成为第二个自我一样塑造了他的读者，而最成功的阅读是在这一过程中被创造出来的各种自我，无论是作者还是读者，都能够获得完全的应和。"显然，布斯在这里推崇的是与真实读者有别的"隐含的读者"。在某种意义上，美国学者吉布森的"冒牌读者"也许是"隐含的读者"的另一个版本。他用自己的文学接受体验区分了这两类读者，首先，是所谓的"真实的人"，膝上摊开一本书，他的个性像任何一个死去的诗人一样复杂，极难言述。其次是虚拟的读者，我们不妨称为"冒牌读者"，他的面目和装束由前一种人穿戴上以体验语言。与Ｗ·布斯稍有不同的是，吉布森似乎更强调接受者的角色意味。毫无疑问，正如作者不可透过缭乱的手稿看到具体而确定的读者一样，读者也不太可能以种种已经定型的作品看到现实的作者。作品总是读者再加上对象化的幻觉客体，他所形成的作者的概念就往往是融入作品中的那个若隐若现的灵魂。因而，作者在作品的创作过程中幻想的读者，不但是更为亲切的叙述对象，而且也必定牵引真实的读者的靠拢。

另一个是斯坦利·费什提出的"有知识的读者"。对这类读者应该具备什么素养，斯坦利·费什作了这样的描述：（1）一个对构成文本的语言运用自如的说话者。（2）一个完全拥有"一个成熟的听者用以理解任务的语义学知识"的人。所包括的知识（也即，既作为生产者也作为理解者的经验）有关于词组、搭配可能性、惯用语、专业的和其他类的行话等。（3）一个具有文学能力的人。这就是说，他具有充足的阅读经验，把文学话语的诸特性，从最局部的手段（比喻等）到整个的体式。因而，"有知识的读者"应当被看作非常特殊的读者，他既非一种抽象，也不是一个实际存在的读者，而是介乎两者之间的人。一个竭力要使自己有知识的真实的读者可以在某种程度上把自己的反应设想为"有知识的读者"的反应。不过，荷马史诗的"有知识的读者"，肯定会不同于普希金的作品的"有知识的读者"。因此，费什的描述只是随意直接的经验，并非严密的符合逻辑的定义。

本雅明描述传统艺术中的"灵韵"的若即若离和历史感时，19世纪上半叶的那个时代的鉴赏者、接受者能否具备一定的文化艺术修养和大部分接受上层贵族教育，这是很值得推敲的。如果真的如此，艺术的原真性和独一无二性才可以像本雅明所谓的那样有闲暇时间去"凝神观照"和被发现。如果这些接受者不是"隐含的读者""理想的读者"或"有知识的读者"，就不可能明白"灵韵"艺术的自律性、距离感、模糊性和崇拜价值。所以在本雅明那个时代，笔者认为传统艺术的接受者毕竟是有限的少数个体（贵族或上流社会的人士），而不是复制技术时代的群体性的普通接受大众。因此，过去的古典和谐的艺术总离大众有一种遥不可及的距离感，不能深入普及到大众接受者的灵魂里去，才显示出其神秘的崇拜价值和贵族意味。

另外，我们要看到本雅明所说的那种对"灵韵"艺术的接受方式。这种接受方式就是将审美客体对象化后变成幻觉性的客体，才能达到那种似远非远、若即若离的神秘感，才能发现艺术的朦胧美和灵韵的闪现。"审美静观"这种接受方式，在西方美学史上是一个关于审美方式的命题，其实质是强调审美无功利性。对审美对象是否采取不关涉功利的静观态度，在康德等人看来，是区分审美和非审美的分水岭。审美的非功利性，是审美静观的前提，同时审美主体的静观所面对的是对象的无目的的合目的形式。静观是不经概念、判断和推理的，是以直觉形式来把握对象的表现。康德在《判断力批判》中所说的"鉴赏判断"与审美无功利的问题实际上对我们讨论的古典的韵味艺术的接受问题有许多启示。他说："鉴赏是凭借完全无利害的快感和不快感对某一对象或表现方法的一种判断力。"①在谈到审美无利害的概念时，康德认为："一个关于美的判断，只要夹杂着极少的利害感在里面，就会是偏爱而不是纯粹的欣赏判断了。"可见康德是在"审美无利害"的前提下来论述审美静观和它所带来的快适的感觉的。到了叔本华的悲观哲学中，这种审美静观更为重要，因为人只有通过理性的"自失"才能消除痛苦，所以要进行所谓的"观审"（也即审美静观）。这种"观审"的接受方式将主客体融为一体，主体忘却现实的烦恼，这就是叔本华所说的"自失"："人们在事物上考察的已不再是'何处''何时''何以''何用'，而仅仅只是什么；也不让抽象的思维、理性的概念

① ［德］康德.判断力批判［M］.宗白华译.北京：商务印书馆，1964.

盘踞着意识，而代替这一切的却是把人的全副精神能力献给直观，沉浸于直观，并使全部意识为宁静的观审如在眼前的自然对象所充满，不管这对象是风景、是树木、是岩石、是建筑物或其他什么。按一句有意味的德国成语来说，就是人们自失于对象之中了，也即说人们忘记了他的个体，忘记了他的意志；他也仅仅只是作为纯粹的主体，作为客体的镜子而存在；好像仅仅只有对象的存在而没有觉知这对象的人了，所以人们也不能再把直观者（其人）和直观（本身）分开来了，而是已经合一了；这同时即是整个意识完全为一个单一的直观景象所充满，所占据"。①

本雅明所谓的古典艺术的"灵韵"，只有在接受者凝神观照的个人陶醉和专注膜拜的状态下，不带任何利害关系去进入无意识的审美状态之中，才能体会到作为审美对象的艺术品的独特魅力。因此，审美静观是接受者的最基本的手段：也即定心安神、冥思苦想，使自己沉浸到作品中去把玩吟咏，从而达到物我合一的境界。中国古典美学中，老子、庄子也有类似审美静观说的看法，如"虚静说"，指的使主体内心世界的空静澄明，排除外在干扰，但不指外在感官的"观察"，而指内在感官的要求。南北朝时期的画家宗炳提出了"澄怀味象"，可以说在精神上与西方的"审美静观"论相通，他主张通过心斋坐忘、虚静澄明来"含道映物""澄怀味象"，才能真正体验到山水的韵味美。宋代大文学家苏东坡把"静观"说发展为艺术创造必须具备的所谓的"空静"的审美心胸："欲令诗语妙，无厌空且静。静故了群动，空故纳万境。"其实对于艺术品和大自然风景的观赏和接受，也必须通过这种审美静观，才能感受到灵韵的真正魅力所在。海德格尔有一段对古希腊神庙的精彩描述，也许可以用来印证本雅明笔下的"灵韵"艺术使接受者在审美心理上产生的静观感受：

　　　　这个建筑作品阒然无声地屹立于岩石上。作品的这一屹立道出了岩石那种笨拙而无所逼迫的承受的幽秘。建筑作品阒然无声地承受着席卷而来的猛烈风暴，因此才证明了风暴本身的强力。岩石的璀璨光芒看来只是太阳的恩赐，然而它却使白昼的光明、天空的辽阔、夜晚的幽暗显露出来。神庙的坚固的耸立使得可见的大气空间昭然可睹

① ［德］叔本华.作为意志和表象的世界［M］.北京：商务印书馆，2006：249—250.

了。作品的坚固性遥遥面对的海潮的波涛起伏，由于它的泰然宁静才显出海潮的凶猛。树木和草地，兀鹰和公牛，蛇和蟋蟀才进入它们突出鲜明的形象中，从而显示为它们所是的东西。①

三、灵韵艺术的崇拜价值与真确性

在西方古典艺术理论的发展演变中，艺术一直被看作是神圣的。因为柏拉图曾经认为诗人是代神立言的，黑格尔将"理念"引入艺术发生理论给艺术加上了神秘色彩。现代艺术理论也确认了艺术与巫术及宗教的密切关系。但在文艺复兴之后，随着资本主义生产关系的确立，艺术逐渐被纳入生产领域。正如马克思在《资本论》中所说的那样，"商品、物质产品的生产，要花费一定量的劳动和劳动时间。一切艺术和科学的产品，书籍、绘画、雕塑等，只要它们表现为物，就都包括在物质产品中。"②在这种物质化的过程中，神圣的意味即告消解，也就是本雅明的现代艺术理论中所说的"韵味"的消失。

事实上，艺术的神圣性与其早期的仪式功能有关，因而艺术所具有的神圣性，既不在于艺术家代神立言，也不在于它是"理念的感性显现"。它的神圣性，与其所发生过程的仪式功能紧密联系。如英国学者赫丽生在记述印第安人祭祀太阳时写道，他们"拿一只泥制的圆盘，在盘子一面上画着父亲太阳的'面孔'，四周画上红的、蓝的和黄的光线，他们称之为太阳的'箭'……"③本雅明自己也看到了石器时代的驼鹿岩画的仪式性价值，这些画显然是艺术早期形成的雏形，由于其起源与仪式同构，艺术被意象性地赋予了"崇拜价值"。同样，神话也是在宗教仪式中发生发展的，如古希腊神话、酒神祭祀中的颂唱最终演变为悲剧，而悲剧则具有某种神圣的意味。本雅明认为这就是艺术作品的原始使用价值。

本雅明为了阐明这种具有对美的崇拜的价值，便对此创立了"真确性"概念。因为在文艺复兴之后，随着艺术的世俗化，其"崇拜价值"

---

① ［德］海德格尔.艺术品的本源［A］.林中路［C］.上海：上海译文出版社，1997：660.
② ［德］马克思，恩格斯.马克思恩格斯全集（第26卷）（I）［M］.北京：人民出版社，1972：164—165.
③ ［英］赫丽生.艺术与仪式［A］.神话—原型批评［C］.西安：陕西师范大学出版社，1987：78.

日益隐没，或者发生了转换。这种转换就是真确性的出现。在本雅明看来，艺术品在问世之时便具有了"现时现地性"，这就是它"在其偶然问世的地点的唯一无二的存在。艺术品的这种唯一无二的存在，决定了它的历史"。[①]换句话说就是，一件艺术品的真确性，包括它实际存在时间的长短和它曾经流传过的历史证据，这些东西逐渐构成了它的本质。例如，达·芬奇《最后的晚餐》，它的本质不仅在于作品所展现的艺术魅力，或作者的巨大名望，同时也在于它存在的时间，也即在于它与现代人存在的距离感。一幅现代作品，无论它具有多大的艺术感染力，你也无法具备《最后的晚餐》的时间本质。或者一幅仿制品，无论它模仿得多么惟妙惟肖，甚至完全可以以假乱真，或其艺术技巧与感染力超过原作，而一旦它被得知了真正的"现时现地性"，其本质就将敞露出来，从而会被退出古典名作的行列，所以，真确性从而便掩盖了艺术品的"崇拜价值"。

在分析艺术品自身的真确性时，本雅明提出了"韵味"这一概念。"韵味"有时也被翻译为"灵韵"，其本质不仅存在于自身，而且存在于它所处的过去的时间和空间中，或者说，它存在于人们对它理解的意向之中。所以有人将"韵味"根据英文的"Aura"译成"光晕"，[②]这样更能体现其神圣性，理解起来也许更为直观。即一盏亮着的灯，它的本质不仅在于其本身的物理性，而且还体现在它所散发的"光晕"之中。真确性的艺术就是靠着它所散发的"韵味"或"光晕"来确定其神圣地位的。只不过到了工业化时代，艺术的光晕逐渐暗淡了。因为随着大量复制品的出现，"真品"取代了"赝品"，而人们对"真品"的观念也随着能接受而逐渐转变过来，因而正是这种复制品驱散了原真艺术品的"韵味"。

四、灵韵与中国古典诗学中的"气韵""神韵"的参照

本雅明除了强调传统艺术中的"灵韵"的本真性（也即独一无二性）、审美功能上的"膜拜价值"外，还注意到了审美心理与接受过程中的距离感。当然，这种距离感也是源于艺术品的前两个特点：独一无二和膜拜价值。在他看来，由于艺术作品存在质的独特性与量的唯一性，有着时间与

---

① ［德］本雅明.机械复制时代的艺术作品［A］载文艺理论译丛（3）.北京：中国文联出版公司，1985：115.

② 赵一凡.欧美新学赏析［M］.北京：中央编译出版社，1996：163—163.

空间的不可完全接受性，使人们不可能设身处地去经历作品的本真性。由于欣赏和接受的时候，接受者始终怀着无意识的膜拜心情，虽然有着与作品相生相契、人融于神、神人合一的情境，但就像人永远不可成为神一样，这一礼教崇拜的态度使接受者和欣赏者与作品始终保持着不可逾越的距离。不可忽视的是，对于灵韵艺术的接受需要接受主体有着基本的或相当高的文化艺术素养，并且还必须对艺术品操持虔诚的心态，安心定神、静思冥想，使个人沉浸到艺术品中去把玩吟咏，达到物我合一的境界。到了技术复制时代，大众可以轻易地占有一幅艺术品（当然是复制品），而不需要带着膜拜的心情对它作遥遥凝视，原来萦绕着艺术品的那种神圣的光晕消失了。不难看出，本雅明所说"灵韵"艺术是前工业时代传统艺术中所特有的那种流动的、韵味无穷的和纯粹的审美感染力的象征。"灵韵"这一概念的出现，多少也可以被看作是对20世纪美学家所钟爱的"诗意"概念的补充。

这里我们不妨把本雅明的"灵韵"概念与中国古典美学中的"气韵""神韵"等类似的概念做一些参照、比较，但并无意于将两个不同时空环境和不同文化语境中产生的两个美学范畴进行比较，最后寻找出相同点（这样显然是雾里看花，隔了许多层，也费力不讨好）。笔者只是想用求异思维，来观照和审视中西艺术理论中比较有趣的相似的美学概念与内涵，以便揭示整个人类在审美活动中的共通性和可参照性。将两者互相参照、对比，虽然显得貌合神离，但也许对进一步深入理解本雅明的概念的内涵不无裨益。

先说中国古代哲学中的"气"的概念，它最初是建立在对宇宙世界的哲学认识基础之上的，因为"气"是人之生命的原始物质。《老子》中说："万物负阴而抱阳，冲气以为和。"[①]"冲气"者，运动之气、生命的阴气和阳气交和的一种状态。《管子·内业》进一步开拓了"气"的生命意蕴与思维空间："流于天地之间，谓制之鬼神；藏于胸中，谓之圣人，是故名气。"[②]庄子的《知北游》也看到了气作为生命之本的重要性，即"通

---

① 宋洁编，老子著.道德经（第四十二章）[M].北京出版社，文津出版社，2004：91.
② 管子著.管子[M].孙波注译.北京：华夏出版社，2004：248.

天下一气耳"。①孟子所言的"浩然之气"②，仅指人之生命的阳刚之气，是一种恢宏、刚健而岿然的生命状态，他把儒家的道德人格学说建构在"气"的哲学基础之上，用生命的阳刚之"气"来证明儒家道德人格的伟大。孟子的"气"服从于仁义，本身是仁义之心的一种表征。但庄子并没有把气看作是人的理想状态，是人超越具体时空限定性的体现，同时也是对"心"的一种超越。虽然，"气"不是文学艺术中的一个元素，是笼盖整体的东西，但艺术描写的是事、理、情、景等，"总而持之，条而贯之者"却仍是气，所写的一切都要"藉气而行"，才能使艺术作品获得真正的生命，也即所谓的"灌注生气"。否则，艺术品所描绘的一切都不过是无生气的僵化的死物。换言之，"气"在文学艺术作品中，不是那种具体可感的可分析的事、理、情、景，而是弥漫于和流动于艺术品整体中的浩瀚蓬勃、出而不穷的宇宙的生命力，它根植于宇宙和艺术家的生命本原之中。

而"神"是早期原始先民感觉到的一种神秘和可敬可畏的对象。在史前巫术文化中，"神"是指神秘的感应，它其实也是"巫"（巫师）的一种人文属性。因为在原始巫术的神秘氛围中，没有人怀疑神灵的力量。巫术之"神"的出现，实际上是人为了达到和完成某种实际的生存目的而扮演的"一种神秘的精神性工具"。③庄子将"神"看作是一种超越肉体外形的人格力量，在他的文笔下，无论是至人、真人、神人，还是残人、畸人、丑人，其美都在于内在的德行放出的神秘光辉。所以庄子要人们舍五官而取神气。到了魏晋时期，画家顾恺之（约346—407年）提出了绘画中的"以形写神"主张，它既建立在以"神气"为主的神骨肉的人体结构的审美对象的基础上，又建立在士人在"人的自觉"的思潮中对人的个性追求的背景之中。他强调作品之神实际上是指作品的个性化。"写神"就是要画家画出对象的个性特征和风格色彩。只有想象的心灵飞动才能通过外在的形象而进入对象的"神"之中，才能获得对象的生动神韵。因此，"神"在中国古典美学和艺术发展史上并非是艺术作品中随便可以分析的元素，而是流动于艺术品的整体之中，并从象外、意外、言外显露出来的具有

① 庄子著.庄子［M］.刘英等译.北京：中国社会科学出版社，2004：248.
② 孟轲著.孟子［M］.王亚丽注译.北京：中国社会科学出版社，2003：53.
③ 王振复.中国美学史教程［M］.上海：复旦大学出版社，2004：41.

超越性的新质。金圣叹把"传神""写照"看作是艺术创造中不可或缺的"二事",认为"传神要在远望中出,写照要在细看中出"。①所谓"在远望中出",就如同我们去看一幅油画,要后退数步,从远处望去,才能通过把握画的整体风采,见出画的"精神"。可见,"神"在艺术品中是一种整体性的东西。

至于"韵",早期多见于中国魏晋时代对人物的品藻之中,如《世说新语》中,曾用"拔俗之韵""天韵""风韵""思韵""性韵""风韵气度"等,多用以评论人物的精神风貌。"气韵"用得最多的是梁齐时代,画家谢赫在《画品》中提出六法,首倡"气韵生动"。可见这一美学概念对绘画中的人物塑造何其重要,"气韵生动"就是要求画家把人物的精神风貌生动逼真地呈现出来。谢赫经常用这个标准来评价各个画家的作品,如评价张墨、荀勖说,"风范气韵,绝妙参神";评价陆绥说,"体韵遒举,风采飘然";评价戴逵说,"情韵连绵,风趣巧拔"。②这些评价赞美的描述,都是因为画家对于人物的"气韵"在艺术品中比较成功的呈现。当然,就单个"韵"字来讲,它也用来指流行于艺术作品的整体风貌中,而且使得作品变得富有情趣,奇妙无穷的东西。因而"韵"不能落实到某个具体的有限的情景上面,而是超越具体情景的无限悠远的某种整体。关于这一点,司空图也说过:"近而不浮,远而不尽,然后可以言韵外之致耳。"③这种境界要求形象真切、具体、可感,谓之近;而蕴含丰富、深刻,谓之不浮;情在言外,故称远,远者方见悠远之韵耳。所谓"不尽"则是指远而又远的无穷之物。宋人范温也对这种"韵外之致"作了界定:"有余音之谓韵","盖尝之撞钟,大声已去,余音复来,悠扬婉转,声外之音"④,他也认为"韵"不是文学艺术中的单个因素,而是整体形象中所显示出来的那种悠远感和距离感。

从中国古典美学的发展来看,由气、韵分开到"气韵"合成一体的演变,在气与韵的关系上,"气"是放在统领一切的首要位置上的,"韵"则

---

① [清]金圣叹.杜诗注[M].上海:上海古籍出版社,1990:339.

② 李泽厚.中国美学史(魏晋南北朝编)(下)[M]合肥:安徽文艺出版社,1999:783.

③ [唐]司空图.与李生论诗书[M].转引自王宜文,路春艳编选.美苑咀华——中国古典美学范畴集粹[C].北京:北京师范大学出版社,2000:168.

④ [北宋]范温.潜溪诗眼[M].转引自王宜文,路春艳编选.美苑咀华——中国古典美学范畴集粹[C].北京:北京师范大学出版社,2000:1176—177.

体现气的精神状态或内在气质。艺术作品、人的精神风貌所表现出来的能为我们所感知的，以"气"称之，其特点为外露张扬，具有阳刚之美；如果以"韵"称之，其特点则较为含蓄蕴藉，具有阴柔之美。气韵既是天人合一的建构和统一，也是文人雅士人格修养的反照，更是作品文章所体现的风骨意味。至于"神韵"合在一起，也是多用来品评人物的精神气质。"神"多指人的神情、外貌和内在精神；"韵"则多指人的风韵、风致、仪态；两者合起来指人的风度、气质与人格。这些人物品藻的术语后来被移用于诗学理论和审美评判的标准，也即以观人的眼光来审视诗歌、绘画之类的艺术品，把艺术品当成一种像人一样的生命形式来看待。"神韵"说要求艺术品表现人格精神、生命意志。在神韵诗学的审美世界中，一切审美对象，如人物、山水、风景都会成为具有精神生命的东西。因为艺术品中所描绘的审美对象都是艺术家的审美情态和人格精神的投射。其实山水泉石在生物学、物理学上并没有生命意识，但经过艺术的情感化、人格化的创造和移情之后，却成为具有生命化的"神"与"韵"。

第三节　"灵韵"与传统艺术的神圣性

本雅明"灵韵"概念，在不同的翻译中有不同的称呼，如"光晕""氛围""韵味""神韵""灵韵"，可以说每种叫法都传达了对古典艺术特征的描绘，因为传统的艺术十分朴素和富于诗意性，并笼罩着一层与自然和谐相处的氛围或气息，因此显得朦胧、遥远，是一种与时空交织的艺术特质，让人不可捉摸，只可意会，但却十分诱人，回味无穷，因此还没有彻底脱离宗教礼仪的神秘性和神圣感。但不可否认，"灵韵"艺术肯定是手工业时代一种独特的艺术形式的存在，并具有诗意的境界。

一、和谐之美：灵韵艺术的诗意境界

在本雅明的艺术理论中，"灵韵"（aura）是一个标志着传统的古典艺术的关键词，它承载了本雅明太多的思想和情感。本雅明在不同时期的著作中，对"灵韵"的阐释会因其审美心态和政治追求的矛盾等因素而前后

不一，但他对灵韵艺术的古典和谐与诗意境界的描述在其艺术理论中是占主导地位的，包括在现代文明冲击下对这种传统艺术的怀旧依恋的情绪。

"灵韵"，最初是被译为"光晕"（这对摄影作品的特征的描述是十分恰当的），以书面形式出现在本雅明1931年写的《摄影小史》之中。在该书中，本雅明认为摄影作为一种技术复制的手段，通过深入到肉眼看不到的细节而能够显现对象的质地、构造和瞬间，并由此取消了与对象的距离感，是一种笼罩着某物、某场景、某时刻的"氛围"，是"一种奇特的时空交织物，无论多么接近都总是带有距离感的表象或外观"。①在这里，本雅明虽然将"光晕"视为摄影过程中的一个特殊现象，但他同时也暗示出事物的"光晕"有着自己的身份，"是事物在特定时空中的自我存在……，向人显现的是自己永远略带神秘色彩的外观"。②后来在《波德莱尔的几个意向》一文中，"光晕"虽然作为一个自然美学的概念，但却被强化了其自身与人的主体间性的关系。本雅明认为，能够体验到"光晕"的重要前提，是"将人际间普遍的关系传播到人与无生命或自然之物之间的关系中去"。而能看到一个事物的光晕，就意味着"赋予它以回眸看我们的能力"。③"人必须先承认物的自我自在且能在一个审美距离之外凝思参悟"。④这样，人与物的关系才可能成为一种审美与和谐的心灵交流。

只有到了《机械复制时代的艺术作品》中，本雅明才把"灵韵"（或"光晕"）一词开始置入艺术领域里，用原来作为自然美学概念的光晕来界定传统艺术中人与审美对象的关系。他明确地指出："关于历史物件的光韵可参考自然事物的光晕来阐明"，⑤而在涉及艺术作品自身的光晕时，他则认为："即使是艺术品的最完美的复制品，也会缺少一种成分：使之具有生命和意义的独特的时空在场，它在其偶然问世的地点的独一无二的

---

① Benjanmin W. *One-Way Street and Other Writings*.［M］.London:NIB（New Left Books），1979：250.

② 郭军，戴阿宝.文化研究关键词之二［J］.读书.2006（2）：150—151.

③ Benjanmin W.*Illuminations*［M］.Arendt H（ed），Zohn H（trans.）Fontana/Collins，1973，P.190 -222.

④ Benjanmin W.*Illuminations*［M］.Arendt H（ed），Zohn H（trans.）Fontana/Collins，1973，P.222 -244.

⑤ ［德］本雅明.机械复制时代的艺术作品［M］.王才勇译.南京：江苏人民出版社，2006：55—57.

存在。……在艺术的机械复制时代凋谢的东西就是艺术品的光晕"。^①由此，"光晕"成为使艺术作品在传统中获得崇拜地位的概念，而基于"光晕"之上也产生了泛指传统艺术的光晕的概念。由于具有灵韵气息的艺术品的独特性和自身深邃的时空交织感，故能对观众和接受者产生强大的吸引力，又因其与大众的距离感而产生的神秘性，使得接受大众对其产生一种膜拜之情。

从灵韵艺术与审美主体的互动性、反观性来看，灵韵艺术与我们对视的一瞬间，也会以凝神微笑来回报我们的注视，达成了人与艺术品的对视交流对话的审美境界，在精神的契合点上达到了一种共鸣状态。有点类似南宋词人辛弃疾写到他对青山绿水进行审美静观时两者达到互动呼应的审美感受："我看青山多妩媚，料青山看我应如此"。^②因此，本雅明所描述的传统艺术的灵韵，实际上是一种古典美学上所说的和谐的诗意审美的境界。

"意境"是中国古典美学中的概念，这里不妨把它与"灵韵"的蕴含加以对照分析，虽然可能貌合神离，但却可以帮助我们更好地理解"灵韵"在审美活动中的独特本质。因为在审美过程中，意境与灵韵的生成都强调审美主体全身心地参与，在凝神观照中，把景物化为情思，并发生移情、通感、共鸣等，达到物我交融的审美境。另外，两者都采用"静观"的审美方式，在审美心理上有一种距离感。因为意境的生成是一种无功利性的审美过程，它要求审美主客体之间保持一种纯粹审美的距离，即所谓的"可望而不置于眉睫之前""可远观而不可亵玩言焉"。而在本雅明的"灵韵"理论中，艺术起源于宗教仪式，神灵的气息进入作者，是作品的神圣性之源。作品因含有神的气息而发出光辉，具有韵外之致，具有神秘的氛围和境界，可以意会但却难以言传。这就有点像中国古典美学中通过禅宗里的"妙悟"来领悟诗意的境界一样，因为艺术的理想境界也是在拈花微笑领悟色相中达到一种微妙至深的禅境。禅境超旷空灵，如羚羊挂角，无迹可求，表现为"皎皎明月，仙仙白云，鸿雁高翔，坠叶如雨"。

---

① ［德］本雅明.机械复制时代的艺术作品［M］.王才勇译.南京：江苏人民出版社，2006：53.
② ［南宋］辛弃疾.贺新郎·甚矣我衰矣［A］.转引自许建平选编.全图本·唐宋词三百首评注［C］.杭州：浙江古籍出版社，2000：265.

而这个层次也同样是"灵韵"艺术中接受者所达到的最高境界，是一种物我交融的状态，也即"得其怀中，超以象外"。

二、灵韵的神圣性与天才创造说

本雅明对"灵韵"艺术做了可望而不可即的神秘性的描述，其实也可能是源自审美主体之间的一种心理距离（无论是欣赏者还是接受者与艺术品保持的时空有多近）。这种距离感除了艺术品自身的独一无二性外，另外还来自艺术品创造者的灵感和天才的智慧，这也即西方艺术史上长期以来形成的天才论的说法。在古希腊时代的柏拉图看来，"一切诗人之所以成为诗人，都是因为受到神的启发。一个人不管对诗多么外行，只要被爱神掌握了，他就马上成为诗人"。而且，"凡是奉爱神为诗的艺术家都有辉煌的成就"。[①] 由此看来，神灵在其诗学理论中占有很高的位置。柏拉图之前的其他哲学家也持此种看法，如德谟克里特认为："一位诗人以热情并在神的灵感之下所作的一切诗句，当然是美的"。[②] 其实这种由神灵把创造灵感赐给诗人或艺术家，已经不再是普通的艺术家，而是神的代言人或工具，也就是西方哲学史和艺术史上经常讨论的天才人物。反过来也因为天才的创造，才使得他们的艺术品笼罩着一层神秘而不可接近的"光晕"，也许就是本雅明所谓的独一无二的"灵韵"。

在西方艺术史和美学史对艺术创作的描述中，艺术天才与创造的理论比较流行。除了柏拉图的"神赐迷狂说"之外，还有康德也十分迷信"艺术是天才的产物"这一说法。康德认为："美的艺术只有作为天才的产品才是可能的。"他把天才和灵感作为一种先验的存在，和柏拉图一样把它看作是神秘的东西。康德甚至断言："天才就是天赋的才能，它给艺术制定法规。"[③] 到了黑格尔时代，他才对天才论的神秘性和天赋性作了较为公允的扭转。他既反对柏拉图的神灵凭附说，也不同意康德的天才论，但他基本上全面客观地对天才论作了感性的评价。

黑格尔并没有否认艺术天才和灵感的存在，也承认艺术创作中天才的

---

① ［古希腊］柏拉图.文艺对话录［M］.转引自凌继尧、徐恒醇著.西方美学史（第一卷）［M］.北京：中国社会科学出版社，2005：154—155.

② 伍蠡甫主编.西方文论选［C］.上海：上海译文出版社，1979：4.

③ ［德］康德.判断力批判.（上卷）［M］.北京：商务印书馆，1964：152.

某些"自然因素"的存在，他说："天才是真正能创造艺术作品的那种一般的本领以及在培养和运用这种本领所表现的天才"。又说艺术家的才能"确实包含有自然的因素。"①他认为人对宗教、思考和科学等方面的才能主要靠文化教育方面的修养和勤勉，而艺术不同，"它需要一种特殊的资质，其中天生的因素当然也起重要的作用"，②这种资质即善于用感性形象去表现心灵的才能。可见，黑格尔也承认天才和灵感在艺术中有一定的地位，承认艺术创造有自然的、无意识的一面。但是，他认识到艺术创造还有更重要的一个方面，那就是要"靠实际创作中的练习和熟练技巧"来完成，"这种熟练的技巧不是从灵感得来的，它完全靠思考、勤勉和练习"。③黑格尔批判了当时消极浪漫派对柏拉图神秘主义的"迷狂说"和"灵感论"的鼓吹，针对有些人认为荷马史诗是"在睡梦中可以得到的"。可以看出，黑格尔把艺术天才看作是先天资禀与后天学习实践相结合的产物，认为艺术创作一方面有先天的自然因素，更离不开后天的感性实践活动，这不能不说是一个很有见地的看法。

另外，针对艺术创造中的"灵感"状态的神秘性，黑格尔也作了独到的解释，他分析了其中的来源，从而揭开了"灵感"的神秘面纱，表现出明显的感性倾向。他认为："灵感就是作用活跃地进行构造形象的情况本身"④"它不是别的，而是完全沉浸在主题里，不到把它表现为完满的艺术形象时决不肯罢休的那种情况"。⑤这一描述就把灵感这种特殊的精神状态体现出来了，并没有像前人那样夸大其神秘性，这比起柏拉图的"神灵凭附说"、康德的"天才灵感"说都更形象、更具体和符合艺术创造的实际规律。黑格尔的天才灵感说除了以往美学家对天才灵感的神秘主义解释，强调了客观的感性材料对天才、灵感形成的重要作用与制约作用，高扬了美学的感性品格，对后人的影响也是十分深刻的。叔本华在谈到天才灵感时，他坚持认为："只有完全沉浸在对象的纯粹观审中才能掌握理念，而天才的本质就在于这种观审的卓越能力"。⑥

---

① ［德］黑格尔.美学（第三卷）［M］.北京：商务印书馆，1979：360.
② ［德］黑格尔.美学（第三卷）［M］.北京：商务印书馆，1979：35.
③ ［德］黑格尔.美学（第三卷）［M］.北京：商务印书馆，1979：36.
④ ［德］黑格尔.美学（第三卷）［M］.北京：商务印书馆，1979：359.
⑤ ［德］黑格尔.美学（第三卷）［M］.北京：商务印书馆，1979：364.
⑥ ［德］叔本华.作为意志和表象的世界［M］.北京：商务印书馆，1977：259—359.

三、灵韵的"距离感"：远离大众接受的贵族品质

本雅明在谈到灵韵艺术的"真确性"和"距离感"时，也看到了它与历史经验的完整性的联系。他这样写道："一个东西的真确性，包括它实际存在时间的长短和它曾经流传过的历史的证据，从它们问世的那一刻起，就是世上一切可供流传东西的本质"。①在本雅明看来，任何一件艺术品，只有当它独一无二地存在时，其真确性才可考究和显得重要。而在机械复制时代，因艺术品大批复制，其真确性就无从谈起，就好像艺术品即使十分完美，也会"缺少一种成分：它的时空存在，它在其偶然问世的地点的唯一无二的存在"。②因为复制艺术既已缺失了这种"时空存在"的"灵韵"，其真确性也无从追问了。

同样，艺术作品与接受大众之间的距离感和膜拜价值，正好就依附在它的独特性上。当这种特性被消除时，其距离感就开始烟消云散。在技术复制时代，复制的神奇魔力"用众多的摹本代替了独一无二的存在，它使复制品得以在观众或听众的特殊环境里被欣赏"。③这样，接受者就比较容易且贴近地拥有或占有一幅艺术品（哪怕是复制的也好），而不需要带着膜拜的心情对它反复凝视，原来萦绕着艺术品的那种神圣的光环已开始散去，"灵韵"也随之消逝。不难看出，本雅明说惋惜的"灵韵"就是前工业时代传统艺术所特有的那种流动的、韵味无穷的和纯粹的审美感染力的古典和谐美，它的出现可以被看作是对现代美学家们所钟爱的"诗意"概念的具体补充。"灵韵"作为"经典诗意"，正可以同20世纪的审美概念，如陌生化、碎片化、文本的快乐、能指游戏或内在的不确定性等，形成有趣的对照。

可以看出，本雅明并没有陶醉在自己所发现的古典和谐时代的"灵韵"艺术的审美境界中，而是清醒和敏锐地感觉到了它的自律性、独立性和距离感所带来的局限。"灵韵"艺术的观赏者和接受者在那个时代必须是受过系统教育和有文化素养的贵族或少数人，因此它并没有将这种古典意味的美妙王国向普通大众开放性地展开出来，而是羞羞答答或朦朦胧

---

① ［德］本雅明.机械复制时代的艺术作品［M］.王才勇译.北京：中国城市出版社，2002：15.
② ［德］本雅明.机械复制时代的艺术作品［M］.王才勇译.北京：中国城市出版社，2002：17.
③ ［德］本雅明.机械复制时代的艺术作品［M］.王才勇译.北京：中国城市出版社，2002：19.

胧、遮遮掩掩地将自己锁闭起来，只能让大众对它作远距离的仰视和膜拜，"可远观而不亵玩焉"。正因为这样，本雅明对"灵韵"艺术的态度也是复杂的，他对之采取了两种叙述策略：其一，与现代"震惊"的艺术相比，他更留恋于"灵韵"王国所带给人的幸福感、满足感和陶醉感，进而把它看作是作为与异化现实相对的诗意王国的表征；其二，与"复制"艺术相对，他更倾向于肯定"灵韵"的丧失，认为"灵韵"凝结着一种拜物教的异化意识，对它的凝神观照所带来的个人陶醉是不利于大众启蒙的，也不利于唤醒大众的革命意识。因此，本雅明在理论上要努力揭示出"灵韵"艺术中所包含的幸福感受，并让这种幸福感能普及到大众中去。显然他想要打破的是"灵韵"的贵族性与仪式性的外壳，重新启动锁闭在里面的社会现实生活关系，让人类对更高的理想生活满怀希望和信念，从而将自己这种美学上的努力转化为政治上的诉求。为达此目的，本雅明则坚持艺术大众化与世俗化，反对个体式的贵族化对艺术创作、欣赏和接受的独尊的霸主地位。

随着现代工业文明的崛起，以电影为代表的技术复制力量正好迎合了本雅明的这一美学与政治上的诉求，他不禁发出感叹："机械复制在这个世界上开天辟地地第一次把艺术品从它对仪式的寄生性的依附中解放出来"。[①]而复制技术时代的艺术所运用的神奇技术，对本雅明来说，是一种文学的生产力，它决定了文学作品中的政治倾向性和文学特质。正由于有了这种看法，本雅明才会十分强调艺术家采用什么样的技术手段对其作品起着决定性的作用："不问一部艺术作品和时代的生产关系怎样；而想问作品在生产关系中处于什么地位？这个问题直接以作品在一个时代的作家关系中具有的作用为目标。换句话说，它直接以作品的写作技术为目的"。[②]本雅明对写作技术手段的这种重视和强调，打破了以往从生产关系出发评价艺术作品的惯例，从而转变为判断艺术作品在生产关系中的地位如何，必须要根据它所使用的"技术"来决定而非其他，因此也就从美学纬度上澄清了长期以来成为德国美学传统的"精神"的理念，而代之以形而下的写作技术。

---

① ［德］本雅明.机械复制时代的艺术作品［M］.王才勇译.北京：中国城市出版社，2002：23.
② ［德］本雅明.作为生产者的作家［A］.中国艺术研究院马克思主义文艺理论研究所.马克思主义文艺理论研究（第十）［C］.北京：文化艺术出版社，1989：303.

四、灵韵诗意的传达：借助上帝的纯粹语言

从上面的论述中，我们看到本雅明所描述的"灵韵"是前工业时代传统艺术所特有的那种流动的、韵味无穷的和具有纯粹审美感染力的古典和谐美的表征，它隐喻着完美和谐、圆通融和的人生生存境况，也即他的语言理论中所体现出来的未被异化的人类生存境况。灵韵自律的时空与氛围，表征了一种神圣的独立外在的态度，一种世外桃源式的理想王国。对照于现实的不合理性，才可以使促使主体对自身的生存状态进行深刻的反思。但"灵韵"的诗意表达首先表现为本雅明对语言哲学的思考。不弄清本雅明的具有神秘色彩和上帝创世说的纯粹语言观，也就无法走近他对传统灵韵艺术描绘的神圣性和权威性，因为理解本雅明的语言观是理解他的文学批评、美学思想和哲学文化思考的前提和基础。本雅明的语言哲学观主要在他的《论语言本身与人的语言》《未来哲学纲领》和《译者的任务》等文章中，其元语言观把语言看作是一种广义的精神表达。

本雅明的思想从一开始就表现为一种语言哲学。他把语言解读为万物的精神传达，赋予万物以"精神"的性质。因为"对思想内容的所有传达都是语言""语言的存在不仅仅与所有的领域的人类思想的表达是共存的，而且与整个大千世界也是共存的。……因为任何一种事物在本质上就是传达其思想内容"。①在他看来，语言并不是人独有的，造化中的万事万物都有自己的精神表达，因为都有自己的语言，比如音乐有自己的语言，雕塑有不同于音乐的语言，甚至一盏灯也有自己的语言，但它表达的不是这盏灯本身，而是这盏灯本身的精神内涵。他强调所有语言传达的直接性，并且还要符合它的思想存在，因为在他看来语言与本身的精神意义同在，语言自身就是精神意义，精神意义也同样是语言。他这样描述道："语言不仅与人类精神表达的所有领域（语言总是以这样那样的形式内在于这些领域）并存，而且与万物并存。无论在生物界还是无生物界，没有一样事物不以某种方式参与语言，因为表达自身的精神内涵正是每一个事物的本质

---

① ［德］本雅明.论语言本身和人的语言［A］.本雅明文选［C］.陈永国等译.北京：中国社会科学出版社，1999：263.

特征"。①本雅明把这种万事万物皆备的精神传达的元语言观称为"总体的语言"。这种语言不仅具有永恒表达的特征，而且还有传达的直接性（非工具性）的特点，也即他本人所谓的语言的"魔力"。语言传达自己的思想存在，而且这个思想存在同语言存在在根本上是同一的。

自文艺复兴以来，西方语言理论就一直存在着两种观点，一种观点认为语言有共同的起源，即神授或天然，另一种则认为是人类行为，为后天的约定俗成。前者在德国大学根深蒂固，后者的典型代表是索绪尔。照此看来，本雅明意义上的语言属于前者，即神启（revelation）。1916年，本雅明写的《论语言本身和人的语言》，已经显示出他对神秘主义宗教理论和神启语言的兴趣。本雅明在1912年进入弗莱堡大学接受教育的过程中，当时的新康德主义西南学派的代表人物里凯尔特（Heinrich Rickert）对他的语言哲学思想方面有很大的影响，如这个学派认为，语言是传递所谓客观性的最适宜的中介，是不顾物质世界消长的意识话语。内在感觉的转移，从一个人的内心到另一个人的内心，只有通过文学语言才能完满地达到传递。当然，在这方面给本雅明影响最大的，是21世纪初德国的一个艺术圈子"盖奥尔格集团"（George Circle）里的理论家路德维希·克拉格斯（Ludwig Klages）的思想。本雅明从他的象征主义（Symbolism）理论那里获益匪浅，这种象征主义不同于本雅明所熟悉的法国象征主义（波德莱尔、马拉美等），它可以定义为对符号（Symbol）的一种信仰。从早期的神学观念来看，克拉格斯认为这种符号同记号（Sign）的区别在于：符号并不指涉（refer）他物，它本身就是某物。这种纯粹的语言也即本雅明的本体语言。在这个意义上的语言就不再是传达客体意义的某种外在工具，它本身就是被传达的客体。

对本雅明来说，语言哲学是其艺术理论与美学批评的基础。他认为，从《创世纪》的故事来看一切皆语言，只不过人类的语言只是一种特殊的和享有特权的形式。本雅明看到万物皆有其自己语言的蕴含，不管它是有机物还是无机物，"因为正是在万物的自然中，万物传达（communicate）

---

①　Walter Benjamin, *Selected Writings Volume Ⅰ*, 1913—1926, ed.by Marcus Bullock and Micheal W. Jennings（Cambridge, Massachusetts, London:The Belknap Press of Harvard University Press，1996，P.62.

第二章　灵韵氛围与古典和谐

它们的精神意义"。①本雅明的意图是想要借象征主义语境（马拉美、斯蒂芬·格奥尔格）与万物皆有语言联系起来，把语言从任何工具主义观念中拯救出来，因而他强调语言只传达其相关的精神存在，但又不是通过语言传达它自身，因为"语言并无言说者"，如果这意味着某人通过语言来进行交流的话。对本雅明来说，事物的语言与人类的语言区别在于：人类的语言以言辞言说，人类的语言存在即命名。两种语言类型的区别在于它们的听众不同。因为事物和自然中的存在"向人类"传达它们自己，而在命名中，人类的精神存在向上帝传达其自身。这种"传达"只有在没有听众的绝对的意义上才会出现。而这个没有听众的交流的绝对性的名字就是上帝。从中可以看出，本雅明的总体性语言的神秘性和抽象性又是建立在对犹太教的上帝的语言创造与传达的基础上。因为人的语言是一种"命名的语言"，而物的语言是一种非命名的语言；物的语言向人表达自己的精神存在，而人的语言则向上帝表达自己的精神存在；正是在"命名"中，人把自己的精神内涵传达给了上帝。上帝是人的能力的创造者，而人只是认识者，人的语言仅仅来自上帝赋予的命名能力。从另一个角度看，人的语言仅仅是上帝的语言的"反映"（reflection）。由此也引出了翻译者与文学批评家的作用问题。因为正如人类通过命名事物把事物从沉默中拯救出来，并把它们包括到创世时的世界中来，本雅明所理解的哲学家也有使命通过剥去事物的物性（thingness）来拯救艺术与诗的精神存在，并把它们带回到纯粹语言的怀抱中去。这也许就是批评家和翻译者的任务所在。

在《翻译者的任务》一文中，本雅明认为一切语言都是翻译。既然上帝的语言，或者说逻各斯，是一种把人的语言与物的语言统一起来的最高形式，那么现存的一切语言就只能是这一最高形式的"翻译"。这样，本雅明的翻译观与他的语言观、艺术观也就不可分割地纠缠在一起了。既然语言不是传达意的工具，艺术品也就不是为任何接受对象创作的，翻译也就不是要转换原作的内容和意义。显然，他否定了艺术品的任何交流功能，而强调艺术的本质是定位人的物质和精神的存在，因此艺术的本质特征不在于它"讲述"了什么，传达了哪些实在性的信息和内容。这种历史

---

① Benjamin, "Refections" in Illuminations, P.314. 本雅明的communicate有特定的含义，依据上下文有时可译为"传达"和"交流"。

的弥赛亚主义神秘概念印证了他所谓的"灵韵"艺术的不可接近和只可意会的境界，因为在本雅明看来，欣赏一件艺术品或一种艺术形式时，只考虑到受众永远都不是一种富有成效的做法……没有一首诗是为了读者，没有一幅画是为了观众，也没有一首交响乐曲是为了听众。这样一来，无论是把一个特别的公众团体还是它的代表作为艺术接受的对象都是错误的，即便是考虑那个所谓的"理想的接受者"，也是有害的。本雅明的这种艺术观既浸染着德国哲学传统中生长出来的神秘主义色彩，也受到18世纪以来带有现代主义气息的艺术思潮和后来的唯美主义的影响，例如启蒙运动中的先驱人物狄德罗的艺术观，就印证了本雅明的具有"韵味"的神秘主义特征的现代艺术观：演员表演如果总是想着观众，就脱离了舞台；同样，画家如果总是想着接受者，就脱离了画布。这就是说，艺术必须以自身的完美创造为对象，而不是以接受者为对象的，这种观念发展到19世纪末，便形成了以戈蒂叶、王尔德和佩特等人为首的"为艺术而艺术"的唯美主义。当然，本雅明虽然明显地受到这种唯美思潮的影响，但他的指向毕竟意义与其不尽相同。唯美主义强调艺术的独特性、目的是要切断艺术与社会、历史、时代的联系，而本雅明强调的这种韵味艺术的独一无二性，意在说明艺术与上帝相通的那种神圣性与神秘性。[1]显然，在本雅明看来，纯粹语言是一种无处不在的精神表达，它只向上帝传达它自身，此外，它没有任何言说的对象或接受者，它的指意方式，或者说表达方式是绝对的，它没有任何世俗的、实用的、或者说工具的功能。

在本雅明看来，艺术和哲学的作用就是要把在人类堕落（the Fall）中改变了的东西再重新复原回来：命名的语言（the language of names）。正如诗歌语言是部分地，如果说不是全部地，建立在人类的命名语言（the name language）之上，雕塑或绘画的语言便建立在某些种类的事物语言（the thing languages）之上。在这些语言中，我们发现了事物的语言被翻译成一种高贵的多的语言，尽管它或许仍属同一个领域。正是通过对艺术品和艺术形式的解释，本雅明实践着他的"哲学的沉思"，通过这种沉思，他希望重新发现命名的原始力量。也即希望诗能回到亚当式的命名语言，

---

① 刘象愚.本雅明学术思想述略［A］.本雅明文选［C］.陈永国，马海良译.北京：中国社会科学出版社，1999：89.

艺术能回到万物在其创世时的世界中去。但是，他发现这种命名的力量已经消失在抽象意义、实证知识以及实用交往之中，正是在这种语境中，本雅明才发现了在当代艺术哲学中至关重要的问题，即艺术与真理的问题。在某种意义上，我们认为：翻译和艺术创造、哲学沉思一样都是在寻找一种独特的、不可替代的发现和表达真理的形式。但对本雅明来说，恰恰与此相反，因为翻译并不一定具有传达意义的功能，如果翻译旨在转换并传达原作的内容，那也只能转换或传达原作中那些非本质的东西，这样的翻译必然是低劣的翻译。难怪俗语说："翻译是一种背叛"，即使好的翻译也只能是为那些不以读者为服务对象，不试图传达什么，也不试图转换并传达难以言表的诗意的作品。显然，本雅明要求以语言为媒介的文学艺术品和翻译要摈弃世俗性、实用性和工具性，就必须追求一种纯粹的精神性。本雅明把语言比作一座森林，说创作，特别是诗歌创作，处于语言森林的中心；而翻译则处于这座莽莽苍苍的森林之外，这座森林在召唤它，但它不进入，只是瞄着森林中某些能够在目标语言（即翻译的语言对元语言的一种回应）中产生回应的局部。翻译和文学创作的区别就在于文学家（诗人）的目的是自发的、原始的、显在的，而翻译者的目的却是衍生了的、终极的、观念的。因为本雅明认为：直接的和最终语言的陌生性和外来性显然是人类能力所不及的，翻译在解决语言的陌生性和外来性方面仅仅是一个权宜的方式。从这个意义上来说，翻译不可能像艺术那样获得永恒的生命，然而，翻译者却始终是指向以一切语言创造的那个最终时刻的，即语言形成纯粹、圆满、和谐的历史终点的。因为在本雅明看来，翻译可以使宗教和语言中隐藏的种子进一步成熟，从而使宗教和语言向更高阶段发展，正是通过翻译，艺术品原作也许能提升到更高、更纯的艺术境界中去。从这一点来看，当我们谈到艺术品的生命力及其对后世的影响时，可以毫不夸张地说，正是依靠翻译，我们才延续了原作的生命、魅力，创造了迷人的审美境界。

第三章　震惊体验与艺术"裂变"

　　本雅明从社会现实的历史变迁和物质生活方式的激变来解释人们的艺术活动。他敏锐地看到当代社会正处于一个重要的历史转折时期，即由手工艺的社会向信息社会的转变，这个转变也使与先前手工社会相对应的以叙事艺术为主的古典艺术走向了终结。艺术从膜拜价值转向展示价值，从独一无二的本真性到可无穷的复制性；从有距离的审美静观到距离消失的直接反应，从个体的品味到群体的共同反应，从永恒性到可修改性，这些都已成为韵味衰落和讲故事的经验的贫乏的历史表征。本雅明指出："如果说叙事性艺术成了很少存在的东西，那么，导致这一现象的决定性原因便是信息的传播。"① 例如，随着对信息报道的接受，使得小说叙事陷入了危机状态。在本雅明看来，随着古典传统艺术在现代信息社会的终结，代之而起的便是与信息这种传播方式相对应的机械复制艺术。如果说本雅明的"韵味"是传统艺术在社会中功能性的总体规定的话，那么新到来的机械复制时代，艺术的总体规定就是"震惊"。因为本雅明认为，震惊是一种现代体验，它和社会的急剧变化以及新事物的层出不穷地涌现有关。由于人们对此缺乏心理准备，因为也就产生了所谓的"震惊"。"韵味在震惊经验中四散"，这是本雅明对波德莱尔描写的概括，也是他对现代文化，特别是对机械复制时代艺术反映的说明②。和传统的有"灵韵"诗意的古典艺术相比，机械复制时代的艺术是一种全新的艺术，因此，本雅明把这部艺术式样发生变革的现时代称为"艺术的裂变时代"（Gebrochene Kunstepocher.）。艺术之所以发生这种裂变，主要是由于现实社会的物质条件发生了变化，本雅明对这一点的分析是建立在他对马克思历史唯物主义信仰的立场之上的。

---

　　① ［德］本雅明.论文学［M］.法兰克福，1969：60.
　　② ［德］本雅明著.发达资本时代的抒情诗人［M］，张旭东，魏文生译.北京：三联书店，1989：132，125—168.

第一节 "灵韵"艺术的凋零：反和谐声音的出现

我们在前面几节中谈到，本雅明的"灵韵"艺术基本是对应于前工业时代传统艺术的那种特有的、流动的、韵味无穷的和具有纯粹审美感染力的表征，并且它和古典美学时代所要求的和谐、整一、完美、自由等非异化的元素分不开，最好能用西方古典美学中和谐与整一等范畴来阐释人与自然的这种未被异化的生存境况与亲和共处的关系，才能理解本雅明对"灵韵"消散时的怀恋心理。正像西方古典美学中长期形成的和谐、秩序和整一性的原则一样，发展到极端的神圣规范也会由令人膜拜走向自我僵化，如古典主义戏剧的"三一律"就是如此。也正如本雅明描绘的那样："灵韵"的审美品格也因为神话的仪式性功能在"灵韵"的审美境界中的延伸所引发的审美崇拜，在现代社会中就衍变成一种商品拜物教意识。"灵韵"所引发的审美崇拜在心理机制上和对商品的膜拜有异曲同工之妙的，都是见物不见人，沉醉于对象而忘却自我的个性存在。正因为这一点，本雅明把技术复制时代的艺术看成是一种艺术革命的力量，它在某种程度上也粉碎了凝结在"灵韵"艺术中的商品拜物教的异化意识。而且，在艺术生产方式和大众接受方式上，"灵韵"艺术始终是个人的创造物，具有一种被神秘化了的内在的"永恒价值"和色彩光环，其距离感和膜拜价值无疑疏远和拒绝了普通的接受大众，成为像古典美学的形成规范和原则一样显得神秘和神圣不可侵犯，因而，反和谐的现代艺术的出现不过是早晚的事情。

一、对西方古典美学规范的质疑：求新变革与两次古今之争

从荷马史诗发展到古希腊艺术，西方古典美学在类型化、定型化、理想化方面是对古希腊神话的承传和发展，这种发展是靠类型概括更高的深广度来实现的，是靠更完整、更丰富的类型化情节和更具体更夸张的类型化来完成的。这种理想的类型是一种有序性、程序化、整一性的特殊体现，也是古典和谐的趣味理想化的结果。从亚里士多德《诗学》中真实模仿论、形式的有机整体说（表现以悲剧情节的整一性与净化说），到贺拉斯的《诗艺》中对"理性""合式"原则的恪守，以及贵族的品味（优雅的形式与高贵的内容的结合），对后来西方文艺美学发展影响较为深刻，

但也因其权威性、神圣性和不可动摇的膜拜性质，对后来的艺术创新变革带来不利影响，例如，亚氏《诗学》中对索福克勒斯的悲剧发生的事件、时间、空间的高度集中的典型性、合理性的肯定，最后导致形成了后来古典主义戏剧所恪守的"三一律"，进而要求一切剧作都必须符合"三一律"的艺术法则，实际上等于给戏剧创新发展套上一层枷锁。西方文艺美学史上的变革求新与争论，以及对这种古典规范束缚的质疑与反叛，都可以看作是从旁印证了本雅明断言艺术开始产生"裂变"并走向现代艺术的正确性。

我们知道，在文艺复兴时期（也即在16世纪初期）的意大利，关于文学体裁类型的变化问题，出现了两次颇有影响的"古今之争"，涉及到的问题有两个：一个是关于"悲喜混杂剧"的论争，由意大利剧作家瓜里尼（Battisa Guarini，1518—1612）的剧作《牧羊人斐多》引发的。瓜里尼在这部剧作中，打破了自柏拉图和亚里士多德以来悲剧人物必须为社会上层人士，喜剧人物为普通老百姓的这一传统界限，使双方同时登上舞台，创造了"悲喜剧"混合杂交的一种新品种。正是因为这种混杂剧作违反了古典传统艺术的常规而遭到保守派德诺尔等人的反对。瓜里尼挺身而出，发表了《悲喜混杂剧体诗纲领》一文，为自己进行辩护，"悲剧和喜剧两种快感糅合在一起，不至于使观众落入过分的悲剧的忧伤和过分喜剧的放肆""可以兼包一切剧体诗的优点和抛弃它们的缺点，它可以投合各种性情、各种年龄、各种兴趣，这不是单纯的悲剧或喜剧所能做到的"。[1]他反问道：马和驴是不同种，可它们可以交配产生第三种动物——"骡子"，绘画是"诗的堂兄弟"，音乐是诗的"同胞兄弟"，它们都可以混合达到和谐一致，产生新的艺术，亚里士多德把"寡头政体"和"大众政体"都可以混合起来，形成一种"共和政体"。既然"两个阶层的人在实践中可以混合，为什么诗艺在戏拟中就不可以呢？"[2]瓜里尼的论辩无疑是有说服力的，也是符合时代变化和人们审美趣味的需要的。事实上，当时英国的莎士比亚和西班牙的维迦都已经采用了这种新型的戏剧，这种戏剧形式反映了新兴市民阶层反对封建等级观念的民主要求。到了18世纪启蒙运动时

① 马奇主编.西方美学史资料选编（上卷）[M].上海：上海人民出版社，1987：287—288.
② 马奇主编.西方美学史资料选编（上卷）[M].上海：上海人民出版社，1987：286.

期，狄德罗、莱辛等人所主张的"严肃剧""市民剧"等，与瓜里尼的观点有着惊人的一致，可见纯属艺术的发展大势所趋。瓜里尼强调悲剧可以和喜剧、市民形象可以和贵族形象混合在一起，打破了长期以来喜剧类型和人物类型的严格界限，大大增强了戏剧的效果，虽然由于保守派的势力强大、影响有限，但其先见之明和革新之勇气在西方文艺史上值得称道。

第二个问题是关于"传奇体"的论争，这是由意大利作家阿里奥斯托的新型传奇体叙事诗《罗兰的疯狂》引发的。这场论争主要是在意大利文艺复兴时期的革新派钦提奥和守旧派明屠尔诺之间展开的。明屠尔诺（Antonio Sebastian Minturno，1500—1574）曾任意大利乌金托地区主教，兼事文学批评，他主张以古希腊、罗马的创作为典范，处处以这些古典原则来衡量当代文学和新型作品。他指责《罗兰的疯狂》："不符合荷马和维吉尔所遵守的、亚里士多德和贺拉斯所认为合适的形式和法度"，而以传奇形式"在一个故事里将许多事情混在一起写""罗兰的恋爱和疯狂既不见史籍，也没有闾里传说可稽"，[1]不像史诗那样"模拟一个著名人物所完成的一件丰功伟绩"。[2]钦提奥则写有反驳文章《论传奇体叙事诗》来为阿里斯奥斯托辩护，认为诗人用传奇体写古时材料，完全可以不限于一个人物的单动作，而应当有许多动作，《罗兰》一剧的多情节描写并没有违背传统（古希腊罗马也有这种多情节的作品）。他并不否认创作需要继承，但"诗人不应迷信古典权威"，若一味跟着古人走，"不敢离开老路走一步"，将会一事无成。因此他指出，凡是有判断力和熟练技巧的作家都"不应该让前人所定下来的范围束缚他们的自由"。[3]钦提奥的这些看法无疑是正确的，因为在文学发展史上，任何一个时代的伟大作家都是既学习前人又超越前人，既遵循传统又突破传统。像明屠尔诺认为的那样，把荷马史诗与亚里士多德、贺拉斯的诗学原则看成永恒不变的真理和圣经，显然保守可笑，毕竟"传奇叙事诗不受古典规律和义法的约束"，他倡导真正的创作真理和体裁应当从当代写作实践中得来，而不是僵化不变的艺术法则："我们也应该从我们的诗那里学到我们的诗艺，谨守我们最好的传奇体诗人替

---

① 马奇主编.西方美学史资料选编（上卷）[M].上海：上海人民出版社，1987：333—340.
② 马奇主编.西方美学史资料选编（上卷）[M].上海：上海人民出版社，1987：340.
③ 马奇主编.西方美学史资料选编（上卷）[M].上海：上海人民出版社，1987：276—277.

传奇体所定下来的形式。"①因为时代发展了，艺术的风格和体裁也应当跟着有所修正、补充、完善和发展，没有什么一成不变的真理，亚里士多德的整一说与净化说毕竟不是万能的圣经。

第二次论争发生在法国的布瓦洛所倡导的新古典主义在文化意识形态中占统治地位的时期。由于借助于政治势力的保护和干预，布瓦洛所倡导的新古典主义在当时风行一时，其论著《诗的艺术》被捧为新古典主义的法典。当然，我们也要看到《诗的艺术》毕竟是对法国17世纪新古典主义艺术实践所做的全面的总结，反过来也在某种程度上推动了新古典主义艺术的发展。而且，它在艺术创作的具体问题上也提出了一些合理的见解，如现实主义原则，因而在西方文论史上占有一席之地。但我们应该同时看到，新古典主义在政治上满足了法国当时的封建君主体制的要求，在艺术上体现了当时封建贵族阶级的审美趣味，客观上扼杀了作家的创造性和开拓精神，因而又是一部充满保守气息的教条主义的论著。为了反对布瓦洛所倡导的新古典主义一手遮天和企图独霸天下的局面，法国批评家圣·艾弗蒙站出来仗义执言、不畏权威、尊重事实，关注当下创作实践，反对当时"厚古薄今"的恶劣风气，表现出了一个批评家相当可贵的勇气和精神。

圣·艾弗蒙（1610—1703年，法国批评家）嘲笑当时一些新古典主义诗人竭力装出一副"想适应古诗的模子，服从一些……已经被时间推翻了的规则"。他直言不讳地宣称："有权力在一切时代都牵着人们鼻子走的东西毕竟很少，想永远用一些老规矩来衡量最新作品，那是很可笑的"。②首先，他反对当时文学创作脱离现实而一味"沉浸在神话和虚构之中"。其次，他批评了古代悲剧所产生的社会心理效果。他对新悲剧提出了一个大胆新颖的构想和尝试，即"在悲剧中加进一点爱情的成分，以更好地消除那些由于古代悲剧中的迷信和恐惧而引起的阴郁观念"。③圣·艾弗蒙大胆地指责亚里士多德一直以来所倡导的古典悲剧的要素和"引起恐惧和怜悯心理的过火的表演"，培养了人们消极避世和不敢面对现实世界的态度，

① 马奇主编.西方美学史资料选编（上卷）［M］.上海：上海人民出版社，1987：277—278.
② 伍蠡甫主编.西方文论选.（上卷）［M］.上海：上海译文出版社，1979：273.
③ 伍蠡甫主编.西方文论选.（上卷）［M］.上海：上海译文出版社，1979：270.

他认为亚氏这样做并没有充分认识到"将剧院直接变成了一所恐惧和怜悯的学校，……会给雅典人带来多大危害"。①所以现代新悲剧的首要目的就是要"完善地表现人类灵魂的伟大"，使人类自身的心智、温情和勇气得到赞赏和鼓舞。最后，他明确地反对盲目地顶礼膜拜古代文学创作，不承认存在永恒的理性法则，其勇于创新和不畏权威的批判精神在当时十分难能可贵。当然，圣·艾弗蒙的这些见解也实际上代表了一个新的阶级力量对于当时文艺创作提出的要求，表现出了现实主义的批评精神。他与布瓦洛的论争使得古典主义与反古典主义之间的强烈对峙更加表面化了，也打破了以布瓦洛《诗的艺术》为核心的法国古典主义文论一统天下的局面，对推动当时法国文学的发展具有进步意义。

二、德国的哀悼剧：衰亡时代的"寓言"

在标志着本雅明思想成熟的论著中，研究德国巴洛克时期的"哀悼剧"体裁的起源和风格的著作——《德国悲剧的起源》，是比较重要的一部。构思这本书花了本雅明十年之久，到20世纪20年代中期才完成。从这本书里可以明显地看到，本雅明的宗教哲学观和社会—历史观的融会与渗透，并且预示了他后来的马克思主义阶段的思想发展。写于1924—1925年的《德国悲剧的起源》，是本雅明在获得博士学位之后为谋求法兰克福大学教职而撰写的"教授资格论文"。为了选题，本雅明几经周折和改变，才决定写巴洛克时期的德国悲剧。在谈到这篇宏大结构的论文主旨时，他指出："这部著作旨在提供一种关于17世纪德国戏剧的新观点。他为自己确定的任务是将当时德国的戏剧——哀悼剧——同传统悲剧（也即亚里士多德意义上的悲剧）加以对比，试图表明德国哀悼剧的讽喻艺术形式的哲学内容，即讽喻（寓言）"。②当然，本雅明选择此题展开探究，可能是出于两方面的考虑：一个是具有哀悼内涵的德国巴洛克文学久已被遗忘，很少有学者论及，为此他感到遗憾地说："以浪漫主义为发端的德国的文学遗产的复兴至今尚未触及巴洛克文学"；另一个是作为犹太人，希伯来文学中与德国巴洛克文学相通的那种哀婉与悼亡精神深深地震撼着他的心灵，

---

① 伍蠡甫主编.西方文论选.（上卷）［M］.上海：上海译文出版社，1979：269.
② 刘北城.本雅明思想肖像［M］.上海：上海人民出版社，1998：97.

使他始终不能释然于怀，因此，在最终获得有关大学教授的同意之后，他才开始着手这一问题的研究。

"巴洛克艺术"产生于欧洲16—17世纪，除了华丽和炫耀的风格外，在当时还具有不合常规的贬义色彩，尤其是它打破了理性的宁静与和谐，具有浓郁的浪漫主义色彩，另外，它又极力强调运动，因为运动和变化可以说是巴洛克艺术的灵魂。因而到17世纪末期时，巴洛克常用于艺术批评领域，泛指各种不合常规、稀奇古怪、离经叛道的新事物。到18世纪，它被用作贬义，一般指违背自然和古典艺术标准的情况。本雅明把巴洛克艺术风格当作一种寓言，或一种美学与政治、文本与历史之间的符号关联方式，而不仅仅只是把它看作一个艺术领域的风格流派来分析。在《德国悲剧的起源》里，本雅明把17世纪德国的巴洛克悲剧（trauerspeiel）界定为一种特殊的"哀悼剧"（也译为"悼亡剧"）（play of mourning, or of lamentation）[1]。本雅明把这种悲剧与古希腊时期以神话为基础的古典悲剧，以及后来的新古典主义悲剧进行了对照，以期重新发掘这种被久久淹没的艺术形式。因此研究巴洛克悲剧并非本雅明为了"发思古之幽情"，而是为了更好地理解和把握当时现实的黑暗现状。

似乎是受尼采《悲剧的诞生》一书的启发，本雅明看到了17世纪德国巴洛克时期的悲剧（trauerspeiel），也即"哀悼剧"，与一般的"悲剧"（Tragodie），也即"古典悲剧"，有所不同。古典悲剧（Tragodie）的内容和风格都表现神话模式，悲剧英雄都是永生不死的人物，具有神的永生性特征（正是在这里产生了一种悲剧性的反讽）。这种悲剧的核心冲突总是表现为有缺陷的悲剧英雄与神的对抗及其献祭式的牺牲。通过英雄的受难和牺牲表明：悲剧英雄在伦理道德上超越了那些万能的神。而巴洛克的哀悼剧则根植于历史时空之中，是人的悲惨处境的展示，是世俗的、尘世的、肉体的，而非神话式模式。巴洛克悲剧包括了社会政治内容，戏剧冲突的核心是君主的堕落和殉难者的牺牲，暴君体现的绝对权威，以及殉难者体现的苦难精神。暴君和殉难者也往往是一体，成为一身两面的亚努斯

---

① 由于本雅明在特殊意义上使用Trauerspiel，故英译或保留原词，或译作Tragic Drama；汉语或可译为"悲情剧""悲苦剧"之类，但似乎仍以"悲剧"的命名较为合适，只是内涵与古希腊意义上的悲剧有所不同。本书把这种悲剧称作德国的"哀悼剧"，把古希腊的悲剧种类泛称为"古典悲剧"。

形象。古典悲剧表达的是史前英雄主义，其内在精神是超验的。而巴洛克悲剧表现的是历史生活与历史事件，其内在精神是尘世的。古典悲剧表达的悲剧情感具有反讽的色彩，而巴洛克悲剧表达的是一种悲苦的和哀悼的情感。从根本上说，古典不要求观众动情，其悲剧情感是由"潜藏的神"，并由亚里士多德、尼采等人增添和丰富出来的，而巴洛克悲剧用一种表情的和夸张的形式让观众参与其中，而非观赏其外。

另外，本雅明在谈到"哀悼剧"时引出了其理论思想中的一个重要概念，就是"寓言"（Allegorie）。本雅明曾经表明，写《德国悲剧的起源》一书是"为了一个被遗忘和误解的艺术形式的哲学内容而写的，这个艺术形式就是寓言"。可以看出，本雅明所谓的寓言与我们日常所说的以道德教训为隐义的故事有着不同。因为在他看来，德国哀悼剧中的"寓言"总是体现了一种赎救功能的东西，它在舞台上呈现出来的是废墟、尸体、死亡与形象，这是17世纪反改革时期的德国社会高度风格化的戏剧，在这样的戏剧中，只有对一切当世俗存在的悲惨、世俗性和无意义的彻底确信，才有可能透视出一种从废墟中升起的生命通向拯救的亡国的远景。从这个意义上来说，死亡的途径是攀上自然生命的巅峰的必由之途。"死亡不是惩罚而是清偿，是一种将有罪的生命归顺于自然生命法则的表现"。① 在"寓言"艺术中，"历史看来并非永恒者之逐渐实现，而是一种必然衰败过程"。② 本雅明相信"寓言"是对世界之"苦难历史的世俗理解"，因而也是"世界衰微时期"的标志。③

本雅明在1917年论托斯陀耶夫斯基的小说《白痴》一文中，讨论过通过死亡获得拯救的观念。他认为，小说只有通过梅希金公爵的死亡（隐喻意义上的），通过他被抛入疯人院，他的灵魂才能获得拯救。用本雅明的话来说就是，"只因为无希望的缘故，我们才被施与希望"。④ 在1924年写的论歌德的小说《亲和力》的长篇论文中，本雅明同样围绕着命运和拯救的主题展开论述。这个关于爱情扰乱了婚姻的不幸故事最后结束于奥蒂丽的自杀——一种"献祭"，当然不是悲剧的或英雄的，而是处于尘世历史

---

① ［德］本雅明.德国悲剧的起源［M］.陈永国译.北京：文化艺术出版社，2001：41—47.
② ［德］本雅明语，转引自卢卡契.当代现实主义的意义［M］.伦敦，1963：41.
③ ［德］本雅明.德国悲剧的起源［M］.陈永国译.北京：文化艺术出版社，2001：45—48.
④ ［德］本雅明.全集［M］.Gesammelte Schriften, Frankfurt a.M.，1972，第一卷（1）：201.

与弥赛亚时代的严峻考验之间的。美丽的奥蒂丽之死还体现了一种宗教观念。本雅明认为，一切世俗美都是幻象，是短暂的、易逝的和速朽的，而本质之美，就像柏拉图在《会饮篇》里所说的一样，只存在于理想王国之中。《亲和力》中的奥蒂丽和爱德华是注定要失去建立在幻象之外的现象，在本质上处于艺术作品的象征型的隐结构中，只有打破这种美的幻象，才能显露出"真理内涵"。因此，17世纪的德国哀悼剧为本雅明提供了其批评观念中的理想对象：它本身就已经是成了"废墟"，它的寓言性的形式就是美的幻象被彻底摧毁。可以看出，本雅明从德国哀悼剧的"寓言"式的表达形式中发现了现代主义艺术反叛的秘密，在把寓言和象征两种表达方式进行了比较和观察之后，他认为寓言比起象征更是追求真实地描述历史时代，而古典主义象征却总是将毁灭与死亡理想化，自然消殒的形象在神秘的瞬间被救赎之光所照亮，而寓言则冷漠无奈地表现世界的黑暗、自然的失败和人性的堕落。这就是巴洛克艺术所表现的真正内涵，也是现代艺术中寓言风格的意义所在。如当时出现的艾略特的《荒原》、卡夫卡的《城堡》等现代主义作品，为我们描述了西方现代资本主义社会精神荒芜破碎的现实。

本雅明的许多著述证明他不是一个研究巴洛克时代德国戏剧的艺术家，而是一个富于时代色彩的理论家。他确实在17世纪的艺术作品和当代的艺术品之间找到了某种同构，这种同构首先是和各自的社会史相对应的。《德国悲剧的起源》通过艺术批评体现了他在这方面的理论思考，这种思考也成为其后来现代艺术理论与美学思想的基础。本雅明的那种寓言式的观察世界的方式，正是"对作为世界之苦难的历史所做的世俗的解释，它的重要性仅仅存在于世界衰微的各个时期"。[1]本雅明之所以重视"寓言"这种表达方式，是因为他看到寓言是古典主义发展出的一个与象征（symbol）对立的思辨概念，然而古典主义却并未提出真正的寓言理论，同时也把象征的概念滥用了。歌德曾经指出两者的区别，认为寓言就是从一般中寻求特殊，而象征则是从特殊中寻找一般，故象征比寓言的艺术价值更高。歌德的这种观点对后人影响很大，叔本华与柯勒律治等人都对此加以采用并进一步阐释。而本雅明却反其道而行之，不赞成歌德等人重视

① ［德］本雅明.德国悲剧的起源［M］.陈永国译.北京：文化艺术出版社，2001：131—133.

象征而轻视寓言，视象征为艺术、寓言为抒情的观点，反对把象征看作一种优于寓言的超越时代的审美形式。因为对本雅明来说，寓言不仅是一个修辞学或诗学的概念，不仅是艺术作品的形式原则，即用类似的观念取代一个观念的比喻方式，而且是一个审美的概念，一种绝对的、普遍性的表达方式，它用修辞和形象表现抽象概念，是一种观察世界的有机模式，它指向巴洛克悲剧固有的真理内涵。

本雅明写作《德国悲剧的起源》的年代是在第一次世界大战期间的1916年，他敏锐地察觉到了17世纪巴洛克戏剧同18世纪新古典主义戏剧的不同与对立，巴洛克悲剧作为对灾难、零散性、不连贯性的时代的表现，同20世纪的资本主义战争年代之后的现实十分类似。巴洛克悲剧当然有其特殊的社会历史背景：当时德国的"30年代战争"带来的真实的社会灾难，使戏剧家们再也无法从残破的世界里找到古典美学时代的规范、完美、和谐、整一的诗意王国，以及亚里士多德式的美学标准和意义，于是他们就通过寓言这种易逝的腐烂与死亡的形式向永恒乞灵。对此，本雅明曾说过，"在思想王国里的寓言，就是在事物王国里的废墟"，①因而现实形式和艺术形式在这里是相呼应的，两者都是弥赛亚时代到来之前的世俗废墟的表征。

三、寓言的片断性：对古典美学和谐与整一性的反叛

在本雅明研究德国哀悼剧之前，学术界一直对17世纪德国的巴洛克艺术基本持否定态度，批评家们从一种主体性的权力意志出发，认为这种艺术形式是一种放纵和堕落，既不符合亚里士多德的悲剧观念，也不具备莎士比亚的悲剧效果，而本雅明却挺身而出为其证明，认为它的审美对象是历史生活自身，植根于历史土壤之中，以历史记事为依据，通过一切世俗事物不可避免的瞬间性揭示历史进程中基本的自然力，并以悲哀性的表演形式来表现命运之轮的无情流转、世事的乖戾无常，展现世俗人的悲惨遭遇，表达一种悲苦哀悼的情感。本雅明从中发现，巴洛克悲剧式的寓言具有文体与内涵相分离的特征，因此它在形式上是离心的，结构上是不完整的，呈现为一系列破裂的碎片。这种具有特殊的片段性的文体形式恰恰能

---

① ［德］本雅明.德国悲剧的起源［M］.陈永国译.北京：文化艺术出版社，2001：133—135.

够把死亡与再生、废墟与天堂、衰败与欣荣等抽象命题结合于自身，它所展示的死亡与衰败的意象能够使人彻底领悟尘世生活的毫无意义，从而在废墟中升起救赎的愿望与动力。这样本雅明就赋予了巴洛克悲剧的高度的隐喻价值：形式破碎，寓意在形式之外，不是客体对象赋予艺术的意义，它的意义有待于主体的给予，表现的正是现代社会事物与意义、经验与知识、人与其真实本质相分离的现实处境，从而成为现实社会的表现。破碎性是寓言的变体，它不是寓言的外在标志，而是其内在规定。因此，破碎性既是对外在世界的描述，也是主体的直观体验，这使得寓言超越了文学、美学乃至于哲学的界限，进入社会文化的领域之中。本雅明的这种寓言思想，在后来伽达默尔、德里达和巴特等人论证的文本特征（如开放性、延异和能指碎片等）中显露了出来，不过德里达和巴特仅仅为本文的能指游戏而欢悦，本雅明则由此转向外在性的革命性救赎。

本雅明对寓言的独特的分析，实际上体现出了一种对西方传统艺术与美学思想中的整一性、和谐式的古典原则的一种背叛。因为，在亚里士多德看来，艺术模仿自然，而自然界充满矛盾和矛盾构成的和谐，因此艺术也必须模仿这种和谐（如绘画艺术中，用白和黑、黄和红来再现原事物的色彩）。对于悲剧创作来说，如果模仿的效果较好，能达到自己的目标，就等于创造了一个完整的有机体。虽然绘画、音乐和雕刻模仿的是人的性格，是赋予有意义的整体，但作为它们创作所依据的"真正理念"，却不如剧情的整一性那样丰富而有加。因为一出构思很好的悲剧，其情节的整一性，总是符合并预示了智慧完美的秩序性。① 悲剧情节表现的范围更大，结构更紧凑，所以它就能最大限度地展现艺术王国中科学的高度理性。在《诗学》中阐释悲剧理论时，亚里士多德又反复强调了悲剧的整体性的特征："悲剧是对一个严肃，完整，有一定长度的行动的模仿。"② 亚氏的整体观影响深远，从古典主义到浪漫主义时期一直延续且臻于成熟，从重秩序、重规范一直到精神的层面上，如歌德也持此看法："艺术要通过一种完整体向世界说话……这种完整性是一种丰产的神圣的精神灌注生气的结果"。③ 这种"整一"论的思想到结构主义那里几乎被推到极致，成为

---

① ［美］凯·埃·吉尔伯特，［德］赫·库恩.美学史［M］.上海译文出版社，1989：88—92.
② ［古希腊］亚里士多德.诗学［M］.陈中梅译注，北京：商务印书馆，1996：63.
③ ［德］爱克曼辑录.歌德谈话录［M］.朱光潜译，北京：人民文学出版社，1978：137.

人们解读文本的期待，甚至是一个预设的理论前提：理解是一个目的实现过程，而完整的感觉是理解这一过程的目的，要阐释文本，就得先假定一个完整性。这种以规律和秩序为基质的"整体"的思想，往往成为后来的一体化的社会意识形态对文化整合与压抑的表征，就此而言，它已不是纯粹的美学规律和艺术结构的问题，而是表征了一种文化偏向，试图用某种价值中心来整合个体，使所有具有个别性色彩的价值纳入一体化的模式之中。这种整体性思想在法兰克福学派文化意识形态理论那里受到了严厉的批判。

首先是阿多诺从哲学层面上反同一性思想，也同时批判了"整体"论，认为这种整体性思想不去反思资本主义现实的压抑和黑暗，不去颠覆一体化的社会体制，而是试图在社会图景之外另造一幅图景，这种制造的幻象的审美乌托邦只能麻醉和销蚀人们清醒反省生存现状和批判现实的理想和决心。与阿多诺不同，本雅明却从主导德国美学的二元对立——象征与寓言的对立的维度，批判了这种"整体"思想。本雅明把象征看作是一种没有矛盾冲突的内在性，意义含于作品之内，代表整体，物质与精神、内容与形式、特殊与普遍一道构成了艺术作品乃至整个社会组织的有机整体，一切异质的东西与碎片被纳入其中。它对应于一部理想的社会历史，是古典主义所追求的目标，而"寓言"则对应于人类的衰败、残破的历史，体现了一个分崩离析的无机世界，物质与精神、内容与形式相脱离，细节和碎片已不在一个整体的规范下而获得自己的意义，可以替换，它瓦解了艺术形式的自足性，消解了人类意义的完整性。

本雅明梳理了古典主义和浪漫主义关于寓言的观念，分析了德国古典学者克洛伊泽尔关于神圣象征（即象征）把形式美与存在的最高现实结合起来的神圣性、圆满性，以及造型象征（即寓言）表达一般概念，下降到世俗的物质世界一般性、世俗性。他还阐发了奥地利学者卡尔·吉洛从历史—哲学角度提出的近代寓言起源的学说。吉洛认为，16世纪诞生的近代寓言与中世纪寓言虽有本质的联系，但也有本质的区别。中世纪寓言在本质上是基督教的、说教式的，而近代寓言的内驱力来自文艺复兴时期的人文学者破译古埃及象形文字的努力。在他们看来，象形文字是神秘的自然哲学的最高阶段，即最自然的表达方式，因此，他们中的许多人都用图形代替字母书写。文艺复兴时期的许多建筑物和艺术品上"都覆盖着谜一样的图案"，许多天才的艺术家把古埃及的模拟自然与古希腊的自由创造精神有机地结合起来，用这种新的造型象征，即寓言手法创作了许多伟大的艺术珍品。但这种象形的表达精神在文艺复兴时期并不占有支配地位，只是到了巴洛克时期才占据了主导地位。到了本雅明的时代，寓言以讽喻的形式表现了自然的黑暗、历史的失败和人性的堕落，以碎片化形式来呈现真理。因此，本雅明用这种"寓言"瓦解了传统艺术的自足性。因此形式与意义之间的分离，成为符号与所指之间"古怪的辩证运动"，是可见的有待解码的画"谜"和隐含的内在理念。"寓言"的物质性和意义二者之间的鸿沟对应于"寓言"的能指和所指之间的任意关系，此时，形式只相当于无所指的能指，由一系列未能捕捉到意义的瞬间时刻组成了一个断续结构；而意义产生于当主体涉及某种作品之外的东西，即作品牵扯到了作品之外的某种独立的、并无依赖关系的对象，这种如伊格尔顿所说的"就像商品一样，寓言对象的意义总是在别处，偏离于它的物质存在；但是寓言比商品更多意，而且创造性地增长着它在译解现实方面的权威"。①其形式渗透着历史和哲学内容，本雅明的这种解读，服务于把意义从形式中分离出来以达到启示救赎的企图。这一点与本雅明的历史哲学思想有着深刻的关联。

　　本雅明乐于采用片断式、格言式的文体从哲学与宗教的观念出发，探讨这一类在面对已经丧失魅力的现代世界时的特殊处境。就方法论而言，本雅明主要继承施莱尔马赫、狄尔泰的阐释学传统，同时也夹杂着希伯来传统中的神秘主义。由于本雅明对犹太传统的依恋，他将犹太教中流行的弥赛亚思想赋予一种世俗政治形式。因此他相信一种弥赛亚的"现世"，反对黑格尔的具有一定目的的理性的辩证总体历史观，代之以片断的、反线性的历史观："历史完全是片断的，历史的天职就是要对这些片断建立起一种拯救关系。"②由于有了这种历史的片断重新整合的思想，本雅明对当时卢卡奇的总体性概念进行了扬弃。他所判断的总体性具有两层含义：一是艺术品中展现出的一种完美形态，内部所具有的整一和谐的关系，即象征；二是这一总体性实际上是一种社会文化、道德政治和经济结构及其运

① ［英］伊格尔顿.审美意识形态［M］.王杰等译.桂林：广西师范大学出版社，2001：332.
② ［英］R.比恩纳·瓦尔特·本雅明的历史哲学［A］.沈建平译.国外社会科学［J］.1987（6）.

作方式共同构成的宏大关系，即卢卡奇表明的那个总体结构。因为本雅明认为，总体性观念束缚在一种错误的、渐进主义的历史观之上，对特殊事物与一般过程采取总体化的观点钝化了关于现实主义之危机性质的清醒认识，因此总体是虚伪的和僵化的，而正是特殊事件与一般过程的分裂有意识地颠覆了资本主义社会关系的再生产与一切先进历史的质的决裂，提供了一个"革命的机会"。与其说导致了人类历史的潜能阐释的释放，不如说导致了与历史连续体的决裂。①

不难看出，本雅明的"寓言"观念并不是抽象的、一般的，也不是局限于修辞学或文体学范畴，而是有着具体的社会、历史内涵的独特美学范畴。他把"寓言"同现代社会及其艺术的残破性紧密联系起来，而同古典主义美学追求艺术的完满性、整一性相对抗。这样一来，他以这种独特的"寓言"式的分裂的方式来观察世界，其结果必然是一种否定的模式，即他所说的"寓言式地看待事物方法的核心"②。依照这种方法，历史的总体的意义，只有从破碎的意象中去寻找，这种理论构成了本雅明"寓言式"的破坏美学，并对后来阿多诺的否定辩证法产生了决定性的影响。阿多诺从哲学清算开始，批判了以黑格尔为代表的古典同一性哲学对整体性的追求，真正的哲学解释不是针对那些早已存在的问题背后的固定意义，而是偶然地和突然地将意义显示出来。③在艺术理论上，阿多诺反对传统艺术的整一性和完美性的原则，认为现代艺术要用不完美、不和谐、零散、破碎的外观来打破这种幻想，实现艺术的否定功能，因此，他和本雅明一道对整体性思想进行了无情的解构。所不同的是，阿多诺用的是哲学层面上的解构，而本雅明则是艺术形式层面上的解构，这种解构把真理呈现的形式指向了艺术，并试图综合知识与经验之间的疏离，从而达到对资本主义异化社会的批判。

四、灵韵艺术的衰落：经验的贫乏与故事的消逝

如果说本雅明在《机械复制时代的艺术作品》中主要是从肯定和赞许

---

① ［德］本雅明.历史哲学论纲［A］.本雅明文选［C］.陈永国等译.北京：中国社会科学出版社，1999.

② ［德］本雅明.德国悲剧的起源［M］.陈永国等译.北京：文化艺术出版社，2001：136.

③ 张一兵.无调式的辩论想象［M］.北京：三联书店，2001.

的立场来论述科技现代化对传统艺术的冲击的话，那么，他在1936年6月写成的另一篇法文文本《讲故事的人》，则主要从惋惜和怀恋的角度来论述机械复制技术对传统艺术的冲击，使传统艺术进一步丧失了权威性和膜拜功能。本雅明曾写信给他的朋友索勒姆，说《讲故事的人》将会是《机械复制时代的艺术作品》的姊妹篇。①《讲故事的人》以评述19世纪俄国作家尼古拉·列斯科夫的故事作为副标题，但其主旨却是论述"讲故事艺术的终结"，从而对"灵韵"丧失的命题做出了某种补充。本雅明写这篇文章时正值"二战"前后，是资本主义发展到巅峰的转折时代。在这个时代里，现代性与传统观念的碰撞是激烈的，况且《讲故事的人》中所论及的"故事"是前文字时代、传统乡村社会的产物，因而随着时代的推移，"讲故事"的人已踪迹难觅，离我们越来越遥远了。因此，故事的衰败，经验的贬值，韵味的丧失，可以说是资本主义发展的代价。

　　站在现代文明社会的瞭望台上反观和回忆早已远去的"讲故事"的叙事形式，本雅明对"讲故事的人"进行了明确的分类和阐释。他认为，讲故事是一种手工匠人式的艺术，流行在前工业的农业与手工业社会中，与农夫、商贾、工匠的生活紧密相关。早期讲故事的人主要有两类，一类是远游的水手和商人，他们讲述来自遥远的空间的生活经历，异国他乡的奇闻逸事；一类是世代定居的农民，他们讲述来自远古时代的祖辈流传下来的逸闻趣事。到后来，手工匠人融汇这两派的传统，成为更有经验的讲故事的人。"讲故事"本来就是一种技艺，它要求把故事讲得生动精彩，以便引起听众浓厚的兴趣，减轻劳作带来的辛苦，驱散单调重复的劳动生产的烦闷。故事的讲述通过口耳相传的形式，不同讲故事的人在重复讲述的过程中，不断加入自己的体会和经验，从而使同一故事在传承中不断丰富，不断更新，因此故事不是个人的创作，而是集体创造的成果。讲故事的目的也十分明确，那就是给听众提出实用的建议和道德教训。不难看出，本雅明所描述的"讲故事的人"是对人生阅历和经验的保存者和加工者，他既是社会的既得利益者，有着丰富的社会经验和人生经历，又扮演着利益维护者的角色，而且乐于拿现实生活经验与他人分享；最后要强调

---

① Walter Benjamin, *Illuminations*, ed. Hannah Arendt, tr Harry Zohn（New York:Schocken Books，1968，P.224.

的是讲故事的人是有实用关怀的和富于智慧的,而且多为民间世俗的人。因而本雅明所说的"讲故事的人"是属于民间的、大众的,而非精英的、小众的。

显然,讲故事的艺术被本雅明包括在他的灵韵艺术之内。当灵韵艺术被泛指为整个传统艺术时,其基础与前提就是人对物、自然和现实世界打交道的过程中所收获的各种灵韵经验。而这种作为高级概念的"真正的经验",本雅明这样解释道:"经验结构存在于知识结构之内,并从中得以发展。因此,这样的经验也包括作为真正经验的宗教。上帝或人类在其中都不是经验的主体或客体。在宗教中,这种经验取决于纯粹的知识。"①也就是本雅明在第十二章中所说的"宗教观念与世俗观念的交融成为故事(即他所提到的'列斯可夫作品')"的又一特征。这就如我们平时所赞赏的中国古代敦煌的壁画、雕塑的美,欣赏文艺复兴时期美术大师米开朗琪罗等人的宗教画、圣画像,宗教观念已经与此时此地的每个人的体验相融合,所感受到的是人性美的光辉与艺术美的魅力,触及到的是古典艺术中的"自然"与"本真",也包含着对无数曾经历过的生活与死亡经验的敬畏,它足以提升此时此地人的眼界,并带来对"智慧"(即生活经验)的领悟。而传统的权威性正是体现在艺术作品的独特性与本真性之中。

本雅明在描述故事、史诗发生的特征时,看到了它与后来的小说、新闻报道的本质不同,因而无不伤感地哀叹"讲故事"的这门艺术不可挽救地衰落了。小说的出现虽然可以追溯到古代史诗的叙事描绘方式,但只有在近代印刷术发明和中产阶级诞生后,它才获得了存在和发展的条件。从传播方式来看,故事主要靠一代代人的口头传承,而小说主要通过书面文学符号的形式流行,与故事的生产和接受方式也不同,小说的创作主体与接受者都是封闭的、孤独的个人。因此,它一方面要仰仗印刷术的支持才能迅速广泛传播,另一方面又要依靠中产阶级的环境与氛围才能繁荣昌盛。从功能意义上来比较,故事总是注重道德教训与深刻寓意,而小说却强调的是世俗化生活的意义,并以复杂的情节、深刻的事件、死亡的经验来构成小说叙事的核心内容。但本雅明看到,语言本身作为信息传达的手

---

① [德]本雅明.经验与贫乏[M].王炳钧,杨劲译.天津:百花文艺出版社,1999:256—258.

段并不可靠，口语和书面语也是如此，而书面语的欺骗作用也许更甚。故事传说虽为口头艺术，但却包含了丰富而复杂的人生经验，也即智慧，是"安然自在"的，而小说就大为不同，为了达到情节生动和引人入胜，它以虚构、改写和添枝加叶使得小说与本雅明所追求的"本真"仍然距离很远。

随着资产阶级的强大与资本主义的进一步发展，新闻报道成了一种新出现的、更为重要的第三种叙事和交流方式。新闻报道不仅同小说一起促成了"讲故事"艺术的退场与消亡，而且反过来也对小说自身的生存构成了威胁和挑战。从新闻报道的接受者之众多来看，它使观者或受众的那种凝神观照而遥不可及的"灵韵"目光，一下子变得短浅而无功利。新闻报道中的那些听起来十分可信的有头有尾的叙述，其实是在一定权力与意志操控下被快速生产和传播的，这样就使得公众或接受者不再有时间、有兴趣去聆听真正有文学与艺术"韵味"的故事了。另外，新闻报道传播的迅速性、有效性和煽动性，也决定了其价值"无法超越它之所以为新闻的那一刻"，新闻报道只属于一时一地，为合一定的目的而产生，因此它具有机械复制创造的产品的特质。而故事则不同，它是具有生命经验的直接性和亲近性，同样是叙事作品它却有着新闻报道所不具有的丰富性，能随时触动接受者的感性经验的神经，具有某种感染力和文学性。这也许就是故事能超越"死亡"界限，在漫长的历史时期里得以流传的重要原因。现代文明社会的一切进程都是追求效率和结果，而对所有活生生的人生过程和经历体验不断缩略和改写，让观者或受众对结局从一开始就一目了然。显然，故事的形成过程被简化到苍白枯燥的程度，其生命力也就濒于消亡了。

本雅明在审视"讲故事"传统的特征时，看到了故事本身的"真实性"程度的可疑。因为故事总是在缓慢的流传过程中不断添枝加叶，不同叙事者的生活痕迹从层层相叠的方式完好无损地流传下来，最后的故事就成为如同经过历史沧桑而不断变化和积淀的艺术品。这里涉及到本雅明对列斯科夫作品的"真实"与真实还原历史的问题。他认为，所谓真实的历史，很多人是想把历史的点、线、面都拼凑起来，以为那样就可以得到历史的真实面目。他这样写道："一事物的本真是从起源开始可流传部分的总和：从物质上的持续一直到历史见证性。"①他驳斥那种照相式的"还原历史学说"，认为历史首先不可能被拼凑，即使这样做了，也不能确认所有的东西都被复原。历史往往因为一个偶然的因素得以发展。本雅明和现代文学大师普鲁斯特都认为，历史的真实只能从个人出发，捕捉个人的经验，真实往往存在于"回想之前从未注意过的东西"或者"因为回忆才初次看见的事物"。②历史是不可还原的，但个人的历史就是这样一次次回忆的集合，而宏大历史都是以个人历史为基础的。因此，可以这样设想：当每一个人都是本人的普鲁斯特，当每一个人都可以写作属于自己的"追忆似水年华"的时候，那么世界就在相互印证和补充的互文性中形成了。

如同"灵韵"的丧失一样，"讲故事"的艺术在现代技术和现代文明社会发展的冲击下逐渐退场和消亡。当本雅明看到这种事实时，他一再感叹讲故事艺术的衰落，经验的贫乏与贬值。尤其在他所处的时代，非常明显的一点就是："公众最愿听的已不再是来自远方的消息，而是使得人能把握身边事情的信息。"在"可信"这一点上，故事与新闻、消息与信息有完全不同，都让人觉得"遥远"不可及。然而，通过讲故事人的"复述"，它却也会变得遥远并不陌生。但它毕竟无法留住，甚至也无法唤起人们心中的那种信赖、亲切乃至依恋的情怀。小说、新闻报道、电影等新的艺术形式在现代技术的催生下无限扩展到人们的日常精神生活中来，它们对故事传说与往日经验的冲击是可以想象的。现代性本来就是一把双刃剑，它一方面催生了新的艺术形式与审美观念，另一方面也毁灭了传统的艺术形式和审美习惯。显而易见，本雅明对现代艺术与现代性的态度也是既爱又恨的。他一方面欢呼现代性在文学艺术领域里带来的巨大变化，认为这种变化是一个不可逆转的进程，另一方面又哀悼现代性造成的文化遗产与传统价值观念的式微。

① ［德］本雅明.讲故事的人［A］.本雅明文选［C］.陈永国等译.北京：中国社会科学出版社，1999：292—295.
② ［德］本雅明.历史哲学论纲［A］.本雅明文选［C］.陈永国等译.北京：中国社会科学出版社，1999：403—405.

第二节　碎片化：和谐整一原则破裂的标志

从前文中我们已经看到，本雅明所关注的德国17世纪的巴洛克悲剧是现代主义与古典主义相对应的前奏，是中世纪基督教思想与人文主义中颓废意识相结合的产物。中世纪末期，随着人文主义对古代象形文字的破译，象形文字对意义的独特性符号表达直接启发了艺术家的书写方式，即以图形符号去诠释意义。在这个创作过程中，古希腊艺术想象自由的观念与古埃及艺术限制条件的要求两者之间出现了不和谐。而基督教精神的介入使后者占据上风，并赋予具体形象以深刻的宗教奥义，从而使万物成为上帝的可能。但是在基督教所理解的寓意中，寓意与形象是对立的，而为了更好地体现寓意，就不得不制造大量的形象，从而造成了形象的堆积和过剩，这反而使意义和形象之间的关系更为不稳定，而且这种不稳定在历史进程中不断被强化，并积极地表现为同一形象既可以指美德，也可以指邪恶，甚至可以表现一切事物。因此，我们不难看到，从古典主义到现代主义的发展过程，对本雅明来说，是一个意义与形象的分裂不断被强化的过程，是从古希腊的史诗走向巴洛克艺术的过程，也是从象征蜕变为寓意的过程，而德国的巴洛克戏剧是这一过程完成的重要中介形式。正是在巴洛克戏剧中，古典主义的象征显示出了衰亡的迹象，而现代主义寓意的萌芽清晰地露出了头角。这也是本雅明反身回溯到17世纪德国巴洛克戏剧，去探索寓言的概念内涵的企图所在。本雅明认为，20世纪的现代艺术与17世纪德国巴洛克悲剧作家一样，都面对着腐朽的历史，面对着处处支离破碎、断壁残垣的社会现实，"寓意在思想领域就如同物质领域里的废墟"[1]，因此处于资本主义精神危机和高压下的现代艺术家所创作出的寓言，必然就表现出世界衰微时期的特点——破碎性。

一、反完美原则：巴洛克悲剧的寓言形式与世俗化

寓意的破碎性，首先表现在其形象的破碎化上。在寓意中，古典象征艺术形象的那种完美、和谐、高雅、整一荡然无存，艺术家们不再热衷于写鲜花、白云、蓝天、碧水，取而代之的是废墟、尸体、死亡的形象。巴

---

① ［德］本雅明.本雅明文选［M］.陈永国，马海良译.北京：中国社会科学出版社，1999.

洛克文学在"无休止地堆积碎片而没有严格的目标限制是常见的实践"①；在现代艺术中，只有那些标志着世界终结生命大限的破碎形象，才能使人们彻悟一切尘世存在的惨痛与无意义，才能促使人们在废墟中升起生命救赎的动力。此外，寓意的破碎性，也表现在结构的零散，以及语言的分裂上。古典时代的艺术品素以完整严肃的结构、优美和谐的语言为基本要求，而在现代寓言创作中，这些原则已经明显地被散漫的结构和破碎的词句所取代。在作品结构的独特变革方面，本雅明以好友布莱希特的"史诗剧"为例展开论证，他认为，采用传统的、古典的、情节连贯的结构形式，借助移情和净化作用而展开情节的亚里士多德式的戏剧，已开始在现代技术时代的电影和广播的冲击下陷入困境。与此不同的是，布莱希特的"史诗剧"却追随时代的要求，吸取了电影、广播、新闻和照相中常用的手法——蒙太奇，采用"中断情节"的原则来抗拒移情。因为在本雅明看来，现代艺术的使命是唤醒理智、启发思考，而不是陷入感情，因此，他对"移情"作了彻底的否定，而对打破情节的一致和完美、破坏"移情"的史诗剧给予了热情的支持。在他看来，史诗剧不是以满足观众感情为目的，而是将日常生活事件陌生化，旨在打破人们过去的审美习惯，引起观众的"震惊"体验，并在"震惊"中保持清醒的头脑，对剧中的事件人物进行理智的思考，进而作出自己的判断。

从西方哲学思考的发展来看，自从17世纪法国哲学家笛卡尔确立绝对权威之后，理性便开始对世界发号施令，使万事万物成为其化身，使艺术成为其感情的显性。这样，理性摇身一变就成了另一个上帝，而万事万物则成为这个新权威的启示。但是，20世纪初西方世界所呈现出的世界末日般的混乱景象终于击碎了理性的神话，理性确立自我的根基也动摇了，同时充满了理性神圣光芒的现象也就枯萎破败了，由此导致古典主义象征的衰落，也为寓言的诞生和成长提供了土壤。本雅明认为，寓意中的形象与本质已经开始断裂，而"本质"只不过是西方资产阶级理性的化身。在寓言的语境中，形象与本质都可以不再依靠对方而存在，二者可以自足地以自我为本质。形象的破碎正是西方资本主义社会进入20世纪初期的真实写

---

① ［德］本雅明.发达资本主义的时代的抒情诗人［M］.张旭东，魏文生译.北京：三联书店，1989：121.

照，也是本雅明寓言所具备的最基本的美学特征。

世界形象的碎片化带来的是语言的碎片化。在本雅明看来，语言的碎片状态具有一种本体价值，它是世界的本真显现，传达着寓言世界中形象与本质分离后的真实。他认为波德莱尔的诗"从不受诗的氛围的约束"，不回避惯用语，"他的诗文对最平庸、最被视为禁忌的词毫不鄙弃"①。而达达主义的诗歌则是"含有一种猥亵词语"和"语言渣滓"的"词语色拉"。②对本雅明来说，这种破碎性的语言特点是为艺术家们改变异化现实而服务的，他认为，当日常生活的语言被现实社会统治所异化，来粉饰和维护现实的时候，破碎化的语言则作为语言的革命，显示出对这种作为谎言的语言体系的爆破，寓言艺术中的语言碎片化，意味着对现实的一种巨大抗议和拒绝。也正是在这种意义上，本雅明才将波德莱尔操作语言的技巧称为"爆动的技巧"。同样，达达主义诗歌的语言碎片也被本雅明比喻为轰击读者的"炸弹"，给人以"震惊"的效果，有着巨大的革命潜能。

另外，本雅明在《德国悲剧的起源》一书中认为，语言碎片的表现形态就是文学的碎片化："文学应该称作设计的艺术（ars inveniedi）天才，即设计艺术大师，就是以高超的技艺操纵模式之人。"③而"设计"来源于材料——即语言的堆积，从而将碎片拼贴在一起，文学的总体性因此而消失，存留的也只有碎片。而天才就是善于拼贴碎片的人，就像达达主义诗人那样，其拼贴的结果就是形成了所谓的"模式"，它反过来又成为一种世界认识和解释的规范，要求世界遵循它的法则。文学的这一特点自然也使其丧失了古典主义作品所谓的"崇高""完整"与"和谐"，而是带有某种强烈的反叛色彩。

在巴洛克戏剧的寓言式的表达中，本雅明敏锐地看到了这种寓言的内在规定，也即碎片化的特征，它既是寓言对外在世界的描述，也是主体的直观经验，这一特点恰恰是与古典主义艺术的总体性相对立的。本雅明认为，寓言使"总体性的虚假表现消失了。由于表现的消失，明喻也就不再

① ［德］本雅明.机械复制时代的艺术作品［M］.杭州：浙江摄影出版社，1993.

② ［德］本雅明.德国悲剧的起源［A］.本雅明文选［C］，陈永国、马海良译.北京：中国社会科学出版社，1999：131—133.

③ ［德］黑格尔.美学（第二卷）［M］.朱光潜译.北京：商务印书馆，1997：95.

存在了，它所包含的宇宙也枯萎了"。①这样，艺术品中的整体性形象就会破碎荡涤一空。在此，本雅明所谈的"总体性"具有两层含义：一是指艺术品中展示出的一种完美形态，内部所具有的整一和谐的关系，即象征；二是这一总体性实际上是一种社会文化、道德政治和经济结构及其运作方式共同构成的宏大体系，即卢卡奇所标明的那个"整体结构"。卢卡奇为的是捍卫古典主义艺术的纯洁性，坚守总体性的预设。而本雅明则看到了现代主义艺术以革新的面孔呈现出来的必然趋势，将卢卡奇的"总体性"斥为一种虚伪，这一观点同样也有力地证明了古典主义象征艺术已开始日落西山。

本雅明将巴洛克悲剧作为研究现代主义艺术的载体，来阐明自己的美学见解，是因为他把巴洛克艺术风格性归结为寓言的一种。因为产生于16世纪下半期和盛行于17世纪的巴洛克艺术风格，最早出现在意大利，它广泛地吸收了文学、戏剧、音乐等领域的许多表现手法，极其强调运动和变化，富于激情，注重各种艺术形式手段的综合使用，目的是打破传统理性的宁静与和谐，因而又具有浪漫主义色彩。到了17世纪末期，"巴洛克"一词被用于艺术批评领域，泛指各种不合常规、稀奇古怪，或离经叛道的事物，正是因为巴洛克艺术追求运动变化和打破传统艺术原则束缚的特点，才使本雅明看到了巴洛克艺术自身的现代性特征。在本雅明看来，德国哀悼剧与古希腊传统悲剧的不同之处，就在于它不仅仅像过去那样把君主、英雄、王公、贵族当作主人去反复颂扬，不只是表现英雄牺牲的仪式，而且还是追求世俗化的描绘和历史性的叙述，将悲剧根植于历史土壤之中，把人的悲惨处境展示给观众，因而它是尘世的、世俗的、此岸的，所以它的主人是世俗的君主。另外，哀悼剧不同于希腊悲剧的地方，还体现在它不把重心放在描写戏剧冲突上，而是唤起观众和接受者的伤感情绪。在传统古典悲剧中展示悲剧的情节冲突是核心内容，但哀悼剧却不惜牺牲情节而凸现情绪的感染力。在表达方式上，德国哀悼剧以其独特的巴洛克风格来展示其追求语言上的华丽与铺陈之美，其剧本不仅可以在台上表演，还可以作为直接阅读的文本。古典悲剧在形式上是完整、统一的，人物在戏剧形式内要彻底被塑造完成，而哀悼剧则不要求内在的统一。

---

① 张旭东.寓言批评——本雅明"辩证"批评理论的主题与形式［J］.文学评论.1988（4）：150.

二、"裂变"的痕迹：反"灵韵"的现代艺术的诞生

本雅明对巴洛克悲剧和寓言形式的探讨，并非出于单纯的怀旧情结，而是具有深刻的现实指向性，其实质是指向现代主义艺术。因为他发现17世纪的巴洛克哀悼剧与20世纪现代艺术，同样具有反和谐的片断性、碎片化的特征，它们各自所属的时代也同样呈现出破碎不堪的废墟景象。按照本雅明的观点，"寓言"是古典主义发展出来的一个与"象征"（symbol）对立的思维概念。然而，古典主义并没有提出真正的寓言理论，同时也把象征的概念滥用了。本雅明不赞成歌德等人重视象征而轻视寓言，视象征为艺术、寓言为技巧的观点，反而把寓言看作是一种优于象征、超越时代的审美形式。

本雅明在阐释"寓言"的形成时，将它与象征进行了对比，并揭示了象征的一些美学特征：其一，象征意指一个整体，这种整体观念产生于古希腊的亚里士多德时期，到黑格尔那里，达到了登峰造极的地步——万事万物都可以统一到绝对观念上，并与之融合为一个完整的统一体。而具体到文学文本上，这一思想所要求的自然应该是内容与形式的和谐统一，形式必须以内容为前提。本雅明看到这种做法使形式与内容都不能得到公正的待遇，因为二者的融合必须依靠某种神圣性，从而使文学最终归于神学。其二，这种对客观世界的象征性追求，实际上是出于主体的要求，也即对个体完美存在的信仰，而这一信仰仍然可以归因于外在的神圣客体，即神。正如黑格尔的绝对精神一样，不外是主体精神的外化罢了。其三，象征的生成，来自神圣主体与神圣客体的结合，结合的结果产生了一种令人难以置信的迷狂，这一点被本雅明概括为"瞬间性"的生成物。其四，象征作为一个古典主义的范畴，只属于过去，这个"过去"之所以拥有辉煌，是以牺牲寓言为代价的，本雅明在这里指明象征的古典主义倾向，正是为了颠覆它，并在对它的毁灭中，催生出了现代主义的"寓言"。对本雅明来说，寓言不只是一个修辞或诗学的概念，也不只是艺术作品的形式原则，而是用类似的观念取代原有观念的比喻方式，而且是一个审美的概念，一种绝对的普遍性的表达方式，它用修辞和形象表现抽象概念，是一种观察世界的有机模式，它指向的是巴洛克悲剧所固有的真理内涵。

在一般情况下，我们经常是从文体学或风格学概念来讨论象征，"象

征"在西方文学史上一直被文学创作者所重视和推崇，正是因为它既是具体的形象，又有形象之外的寓意，但其具体形象本身又是实在的，并非仅仅是寄托意义的外壳。在德国古典美学时代，黑格尔根据理念和形象的差别区分了三种艺术形态（象征型、古典型和浪漫型），他对其中的象征型艺术的特征做了这样的界定："与其说有真正的表现能力，还不如说只是图解的尝试……在这种类型里，对抽象的理念所取的形象是外在于理念本身的自然形态的感性材料，形象化的过程就从这种材料出发，而且显得束缚在这种材料上面。"①黑格尔注意到了象征本身的两个特征：形象与意义的统一以及内在精神与外在形式的统一。所以，象征一般是直接呈现于感性观照的一种现成的外在之物，对于这种外在之物并不是直接从其本身来看，而是就它所暗示的普遍意义来考察，也即象征所要使人意识到的主要不是它本身指示的那样一个具体事物，而是它所暗示的普通意义。所以，它具有主观性、表现性和虚幻性的特征。在象征型文学中，文本蕴含的意义完全被隐藏在艺术作品之中，或者说，象征的艺术包含着一个完整的、自足的世界，即世界是物质与精神的契合，这种契合或直接、或间接，或世俗、或神秘地体现了一种经验的圆满性。我国早期译介本雅明作品的学者张旭东认为："从象征的角度看，个别与普遍，特殊与一般，短暂无常与永恒不朽都可以在经验中结合起来，这就是说，内容与形式构成了艺术作品乃至历史的'有机整体'……因此，在象征中，世界呈现为一种理想状态"。②康德在《判断力批判》中，对象征艺术作了肯定，并提出美是道德的象征。后来经过歌德、席勒，尤其是谢林的进一步探讨，象征、讽喻日渐成为19世纪美学和文学理论中十分重要的概念，但两者仍有区别：象征是文学艺术的本质特征，而讽喻则被贬低为寓言教义的简单的宣传品。

讽喻这种风格学的概念，从古希腊时期开始就成为一种言此意彼的"寓言"形式，它常常用形象的、具体的、生动的艺术形式将文学的深刻主旨隐藏在文学符号的表面意义之中，并且涉及语言结构、多层含义等问题，需要反复地解读才能使读者领会接受。讽喻的语言结构和本雅明时代的主流语言学——索绪尔的结构主义语言学有所不同。索绪尔认为，语言

---

① 杨小滨.否定的美学［M］.上海：三联书店，1999：72.

② Valerie Eliot, *The Waste Land: A Facsimile and Transcript*, London: Faber and Faber, 1971, P. xiii.

的能指和所指具有一一对立的关系，而讽喻则是能指和所指之间有明显差异的作品。这显然和本雅明的语言理论是一脉相承的。在西方，最早的讽喻，来自人们对《荷马史诗》的解读，因为人们在阅读和朗诵荷马的神话故事时，发现其字面意义之外还隐藏着关于宇宙和人生的重要意义，讽喻便因此而产生。那个时期，人们崇拜和欣赏的艺术文本是口传或书面的神话，而寓言则并不被人们所重视。如柏拉图在《国家篇》中对寓言就进行过尖刻的否定，他认为寓言并不反映现实本质，因为它常常使用一些迂回含蓄的表达方式，而不是直接明白地表达自己对现实的态度。到1世纪时，讽喻便被引入对《圣经》的解读，讽喻和经典有了密切的关系，但讽喻对经典的解读总是带着宗教、哲学、伦理或政治的因素，带有很强的意识形态色彩。到了西方近代社会，随着教会力量的衰落，世俗化的不断深入，基督教的讽喻理论也慢慢失去了在中世纪的那种权威性，一直到18世纪末期浪漫主义思潮席卷西方艺术界时，象征型艺术才日益崛起，而讽喻的地位则一落千丈，仅成为本身毫无意义的外壳，指向自身之外的意义。歌德在论及寓言与象征的区别时，曾用"为一般而寻找特殊"和"在特殊中显出一般"来区分，实际上，他否定了第一种作为寓言的表达手段。后来，英国诗界的浪漫主义代表人物柯勒律治等人，也站在歌德的立场上反对寓言的表达形式，认为寓言不过是一种抽象概念转化成的一种构图语言，其本身只不过是对各种感受中的客体进行抽象而已。直到本雅明从17世纪的巴洛克悲剧中，重新发现了寓言的讽喻价值，并认为在现代主义艺术的语境下，讽喻或寓言才成为艺术真正的表达方式。

总的来说，本雅明对寓言形式的探讨，使他发现了"寓言"与古典主义"象征"艺术的不同。他认为"象征"只是世界繁荣时期的一种艺术形式，与它对立的是一部理想的历史，表现的是一个"生机勃勃""明白晓畅"的世界，以和谐、明晰、有秩、整一为其标志；而"寓言"则是人类世界衰落时期的一种艺术形式，它对应的是一部理想崩溃、社会衰颓的历史，表现的是一个"混乱不堪""残缺不全"的社会，以破碎、含混、多义为其特征。显然，本雅明看到人类社会发展到现代文明，人与自然、精神与物质的和谐关系早已消失殆尽，在这样一个支离破碎、人性丧失的时代，追求完整统一的象征艺术只能给人们提供"虚假的幻想"，麻醉人的灵魂，而寓言却不同，它更能深刻地观察到社会现象的背后，捕捉到社会没落的本质特征，从而在日常生活的废墟与死亡中，打破完美的幻想，启迪人们的思考，展现出生命的救赎，显示出艺术的"真理内涵"。这样，本雅明作为一个西方马克思主义思想家和文艺批评家，将文学形式放在历史的维度来考察，指出艺术形式应该随历史情境、时代要求而变化，而寓言正是要从衰微的、充满灾难和痛苦的现实社会中揭示挖掘出黑暗本质的唯一可能的形式。

三、反完美的意向组合："废墟""荒原"与"城堡"

在前文中，我们已经指出本雅明在动笔写作《德国悲剧的起源》时（20世纪20年代），就已经注意到17世纪巴洛克戏剧与18世纪古典悲剧的对立与差异，而前者作为对灾难零散性、不连贯性时代的表现，同20世纪是类似的。因为巴洛克悲剧的出现，有着特定的社会历史背景：由于当时"30年代战争"所带来的现实灾难，戏剧家们无法从残破的世界中找到规范、和谐、完美的意义，于是他们寻求通过"寓言"这种易逝的、腐烂的、死亡的形式向永恒乞灵。本雅明对巴洛克悲剧寓言的思考，除了有现实的时代背景外，还有其对自然—历史关系的理论探讨。"寓言"作为本雅明对废墟的沉思，基于他对历史和自然的认识。在本雅明看来，历史是以自然为背景的人工制品，在衰败的过程中，历史必将重新融入自然，因而历史的废墟能够反映出自然的没落，这也是巴洛克艺术家崇拜废墟的原因。巴洛克艺术家和现代诗人都身处衰败的历史语境之中，他们一手挡住坍塌的柱瓦，一手记下他们所看到的、不喜欢的一切，力图揭示世界的本真，即便他们所要表达和描述的，仅仅只是废墟。虽然巴洛克悲剧表现的是历史的生活和事件，但其内在精神却是尘世的（而古典主义悲剧的精神，却是神性的），是一种悲苦的、哀悼的移情化的情绪，其力图揭示的是自然与历史相结合中所隐藏的神秘含义。

在本雅明看来，寓言废墟的生成来自于历史的衰落，历史的连续性与神圣性被取消了，这历史不仅存在于17世纪30年代战后的荒凉与破败中，更存在于20世纪初期经历了世界大战的空前劫难之后的西方现代社会中，因为这个世界正是一个废墟化的世界并具有高度的寓言指向。首先，"废墟"在寓言中是一个历史背景，世界的衰败是古典历史理性的衰败，它所呈现出的僵死的一切，正是"寓言"得以生成之地。历史之死切断了它与现实的联系，同时只有在历史之死中，现代主义寓言的精神本质才得以生成。从这个意义上讲，寓言中的"废墟"又是一种形象的废墟、价值意义的废墟。本雅明认为，身体在死亡中传达出来的意义正是废墟的显现。这种意义已经失去了古典主义完美中的一切要素，带来的主观感受只能是惊惧、忧郁、不安、痛苦、焦虑等一系列只有现代人能清晰把握的感觉。进而言之，我们还会看到：本雅明对寓言"废墟"状态的强调，带有强烈的直观感受性与非理性特征，这显然与20世纪初各种强调人的直观感受的哲学艺术思潮不无关系，同时又是怀疑理性、怀疑科学思潮涌起的结果。本雅明既对古典哲学的认识功能衰退表示感叹，同时又看到科学性、准确性、明晰性的哲学规范，与形而上的理性的逻格斯并未给人类带来福祉，其展示的现实景象是灾难性的。这样，当传统哲学对美的认识观念被破败荒凉的现实景象所打破时，世界的面孔展示给人们的就只能是一种废墟状态。

我们无法确切考证本雅明写作《德国悲剧的起源》的年代，但几乎与美籍英国诗人T.S.艾略特创作《荒原》的年代十分接近，并且两人在对当时欧洲所处的两次世界大战后的社会现实的感受也有极其相似的地方，如对死亡和恐惧、对废墟和悲剧的关注和挖掘，都成为两位显然来自不同国籍却身处于同样的文明现实的悲剧中的文学家的共同体验。在某种程度上，艾略特的一些震撼人心的诗作，如《空心人》《普鲁弗罗克的情歌》《荒原》等作品，可以被"看作是本雅明的美学理论在文学实践中的样本"。① 只不过本雅明写作《德国悲剧的起源》是为争取教授资格而写作的，而艾略特写作《荒原》除了对社会现实的悲剧和历史的衰败进行思考外，直接引发创作灵感和构思的却是诗人生活的压力（经济拮据），感情上的内疚（父母去世），事业上的不顺与劳累（白天工作，晚上写作）以及糟糕的精神状态，使诗人在观赏和描绘周围世界时，也不免带有悲观色彩。艾略特曾在1917年写道："每一个人的生活都如此地被吞没于一个巨大的悲剧之中，以至于个人几乎不再产生个人的思想和个人的感情……我有很多事情要写，如果人们顾及这些事情的时间到来的话"。② 如果艾略特

① T. S. Eliot. Essays. *London:Faber and Faber.* 1932, enlarged. 1951：386.
② 张文杰，王昌树.象征、写实与宗教色彩的神秘混合体——论T.S艾略特诗歌中的"荒原"世界和先锋精神［A］.兰州学刊［J］.2008（3）：190—191.

的这些话是完全发自内心,他很有可能把个人的思想和感情写进社会的悲剧之中。这也就是为什么在他看来,历史仅仅是"一堆支离破碎的意象";现实也仅仅是一片干枯的沙漠:不但大地龟裂,万物枯竭,而且观星占卜取代了神灵启示,象棋游戏代替了严肃的生活,人们无聊地"睁着没有眼皮的眼睛,等待着那一下敲门声音"①。显然,诗人用这些特殊细节和暗示为读者描绘了一幅极可怕的图画,而其中大部分画面也反映了诗人当时的悲观心境和痛感心理,其复杂的心境不能仅仅简单归结为反映西方的病态文明和文明世界中人们的反常心理。

艾略特写作《荒原》时和本雅明所处的时代(20世纪20年代)正好吻合,诗人虽然不赞成评论家把自己的诗理解为具有专门的社会意义的企图,或者认为它表达了"一代人的幻灭",但《荒原》却不自觉地从客观上表现了真正衰败和具有死亡意象的"现代荒原"世界,因而也成为现代主义诗歌的里程碑式的作品。全诗在题材上抛弃了传统浪漫派喜欢写田园风光、英雄美人的俗套,选用不毛的荒原、冰冷的石头、阴暗的城市等可以感知的形象,来象征西方文明的腐朽没落和人们的精神空虚、道德陷落的绝望感。艾略特对传统题材的重大突破,就在于他不像浪漫主义诗人那样直接抒发感情,而是用"客观对应物"来加以象征,把意象、情景、事件、典故等搭配成一幅幅图像,让读者自己去领悟其中的含义。另外,《荒原》中运用最多的是隐喻的手法,诗人应用了六种不同语言的引文,三十多个不同作家以及好几种流行歌曲,都具有暗示性。其中用"水"作为整个诗里的隐喻,并多处运用象征的手法描写了贫瘠的荒原、冰冷的岩石、灰暗的城市、凄凉的钟声、淫乱的狂笑、慈母的哭泣等,但是诗中经常出现的这些意象却是对社会现实的真实写照。②正是因为艾略特的诗作揭示了现代这会的堕落、贫瘠、污浊和现代人的荒诞、空虚无聊,作品中的破碎的诗句与意象,拼合式的场景和呓语体现了本雅明所谓的"再生的基础,在其瞬间即逝的美被彻底剥去,作品形如一堆废墟"。③于是,艾略特笔下的现代"荒原"世界和本雅明关于巴洛克悲剧中的"废墟"理论,两者的寓言特性达到了根本上的一致。当然,这种一致性部分原因可能根

① [德]本雅明.德国悲剧的起源[M].伦敦,1977:182.
② 吴勇应."星丛"的秘密——本雅明与布莱希特简介[A].国外理论动态[J],2006(12):55.
③ 吴勇应."星丛"的秘密——本雅明与布莱希特简介[A].国外理论动态[J],2006(12):56.

源于本雅明和艾略特相近的宗教观念：原罪和救赎，犹太教与天主教的相同之处。因而，艾略特在他后期的诗作《四首四重奏》中写上帝的黑暗的降临和荒凉破败的人类情感世界，与本雅明理解的巴洛克悲剧中的场景形成了对应。

除了艾略特的《荒原》外，卡夫卡的《城堡》、乔伊斯的《尤利西斯》、庞德的诗歌作品，都可以被看作是本雅明"废墟"理论在现代创作实践中的具体体现。因为这些现代艺术家的作品，将现代社会的枯朽、破碎以及丑恶的现实，用反传统、反和谐、反整一性的不协调的形式呈现出来，而这种现代艺术表达的形式，也都在本雅明《德国悲剧的起源》中作过理论描述。例如，在卡夫卡的笔下的人物总是一种灵魂受难的隐喻形式，人物的变形越夸张，人物承受的痛苦就越深刻，人物就越可以展示出一种赎罪精神。因此，卡夫卡小说里的人物形象是一种宗教的受难者形象，他们所承受的实际上是人类的原罪，而这种受难只能期待弥赛亚的降临和拯救。小说《城堡》是卡夫卡离世前的最后一部长篇小说，小说里名字叫作 K 的主人公，不知从何处来，没有任何背景，踏着积雪、乘着黑暗来到伯爵管辖下的村庄，K 想进入伯爵的权力中心——"城堡"，请求在村庄的居住权，但是就在 K 在一个客店安顿下来时，城堡却派人来查他的证件，因为"没有伯爵的许可，谁都不能在这儿耽搁"，K 倒还算沉着镇静，胡乱编造了一个借口，说他是城堡招来的土地测量员。第二天一大早 K 就上了路，企图进入矗立在山上、近在咫尺的城堡，可是去城堡的路总是"巧妙地转到另一个方向去了，虽然并没有离开城堡，可是也一步没有靠近它"。[①]虽然城堡没有请过任何土地测量员，却还是给 K 派来了两个滑稽可笑的助手，来监视 K 的行动。城堡里拥有无数的大小官员，为了管辖这么一个小村子，他们忙着处理汗牛充栋的文件，但人们却很难见到他们……这种讽喻式的生存处境，不正是现代官僚社会文明机构的写照吗？小说中并没有交代那个被黑暗和积雪所笼罩的村庄之外还有什么样的世界，似乎它就是整个世界了，K 从何处来也没有任何明确交代，他似乎就是所有精神浪游的现代人。而这个世界对于他来说，是奇大无比的敌人，他对于这个世界，则是完完全全的陌生人。而个体的人如果要生存，又不

---

① 吴勇应."星丛"的秘密——本雅明与布莱希特简介［A］.国外理论动态［J］, 2006（12）: 56.

能不得到社会的承认，并需要在其中找到一个适合自己的位置。K的经历让我们看到了现代人的生存困境，他们与传统的一切联系割断了，既无法与过去融合，又无法重新建立自己的存在，显得迷惘孤独、无所适从。

卡夫卡笔下人物的生存世界永远是灰暗的、肮脏的、陈腐的、压抑的、让人透不过气的，其实作品里的世界，也是卡夫卡自己生存的世界——一个"寓言"式的破败世界，或废墟的世界，它以碎片化的形象展示出来。本雅明在论及卡夫卡时进一步指出，这种破碎、衰败，不仅展现在作品的意象构成上，同时还表现在艺术形式上。首先，卡夫卡始终拒绝让其作品中的主人公以一个完整的形象出场，他们从未被描述过，甚至他们的名字都仅仅只是一个字母，这恰恰暗示了人物形象的完整性遭到了破坏，他们已经丧失了具体可感性，而只是一个抽象化的符号；其次，卡夫卡有许多作品以未完成的形态呈现在读者面前。本雅明认为，作品的未完成性正是作品的完整性、连续性丧失的暗示，它使作品变成一个片断，这个片断与作品内在世界的破败相辉映，这自然是寓言的栖居地，正是在这里，真理的清晰性丧失了，它孤独地渴望着一个被无限推迟了的希望降临。

四、布莱希特的"史诗剧"：反卢卡奇的总体性

关于本雅明与布莱希特的关系，在学术界一度成为学者专家关注的焦点。本雅明的生前好友大多对二人的交往怀有激烈的抵触情绪（如索勒姆、阿多诺夫妇、布洛赫、克拉考尔等人对本雅明与布莱希特关系的不同评价）。另外，他们对两人关系的看法也有不尽客观之处。2004年，德国艺术学院档案馆布莱希特档案所所长艾德穆特·维茨斯拉出版了《本雅明与布莱希特》一书，书中以大量翔实而具体的史料（不少资料属于首次披露）客观公正地还原了本雅明与布莱希特关系的本来面目。该书作者指出："本雅明与布莱希特的相遇远远超出了他们的传记的事实意义"。[①]德国著名的哲学家阿伦特也这样认为，"本雅明、布莱希特的友谊独具特色，因为这是其时德国最伟大的作家和最重要的评论家的际会……他们之间独特的知音之情居然不仅在当时，而且在他们死后都一直不能为（本雅

---

① ［古希腊］亚里士多德.诗学［M］.陈中梅译.北京：商务印书馆，1996：63.

明的）好友们所理解，实在是奇怪而罕见"。[1]但本雅明本人，却十分珍惜与布莱希特之间肝胆相照的友谊，虽然两人交结的最初阶段，本雅明一厢情愿地想结识布莱希特，而布莱希特则反应冷淡，但等到逐渐了解了彼此的才华与思想后，两人却成为讨论关于"人类社会的习惯和行为方式的共同兴趣"的友好伙伴。尤其在流亡岁月期间，布莱希特全权委托本雅明料理出版和剧院的事务，本雅明为布莱希特作品在法国的出版积极筹划翻译事宜；反过来，布莱希特为本雅明所花费的心血也毫不逊色，他多次想办法敦促瑞士的一家出版社出版本雅明的作品，并在他参与创办的流亡杂志《言论》上发表本雅明的文章。在布莱希特流亡到丹麦以后，经常邀请本雅明吃饭，还定期地给他送去书刊和香烟，他们在丹麦的斯科夫斯博海滩那里共同度过了11个月，作为非亲属关系的两个人在那样一个政治环境极为动荡险恶的年代里，一起生活时间这么长久，也是空前罕见的。从他们两人的书信记录中可以了解到，他们两人是如何下象棋打发无聊的时光，本雅明与布莱希特的子女是如何亲如一家的，等等。尤其是在他们初次相遇时，布莱希特的"史诗剧"理论正处于至关重要的研究阶段，这一理论恰好为本雅明的文学实践提供了理想的载体。同时，这种"史诗剧"理论在后来西方戏剧艺术发展史上的影响也十分深远。

我们知道，整个20世纪初的西方舞台艺术表演，经历了一个从易卜生的自然主义、斯特林堡的表现主义，向先锋派戏剧过渡的历史过程。此时，戏剧技术随着科技的变革也有了极大的发展，如大量采用机械装置、幻灯、电影等，而且戏剧家的政治态度也日趋激进，他们纷纷从自我孤立处境中走出来，加入到对现实生活和社会变革的实践中去，布莱希特就是这样一位将戏剧艺术作为变革现实的工具的戏剧家。他提出的"史诗剧"也被称为"叙事剧"，他本人甚至把它称为是"非亚里士多德式戏剧"。因为"史诗"是欧洲文艺发展史上最早与抒情诗、戏剧并列的文学体裁之一，它主要表现那些重大历史题材或英雄故事，结构宏大，叙事多用韵文。15世纪以后，韵文体史诗逐渐发展成散文传奇，在莎士比亚历史剧和流浪汉小说中，史诗又被理解成为一系列松散地联系在一起的事件。后来，凡是能够广泛而深刻地反映一个历史时期社会风貌的作品，往往会

---

① Willett .John .ed .and trans . *Brecht on Theatre* . London :Eyre Methuen .1978，P71.

被誉为史诗性的作品。而在亚里士多德的《诗学》那里，史诗和戏剧被看作是两种性质完全不同的文学体裁。亚里士多德认为，史诗靠叙述来进行模仿，而戏剧则靠动作进行模仿，它们之间在模仿方式上是完全对立的。①后来的西方戏剧理论家都滥用亚里士多德的这一观点，并在此基础上提出了关于戏剧情节要完整、集中、紧凑等一系列看法（新古典主义戏剧提出的"三一律"就是如此）。而布莱希特的戏剧理论和创作与此有所不同，它立足于传统史诗艺术的叙述手法，在舞台上要表现的是既有广泛又有深度的现代社会生活的真实面目，并展示其发展变化的趋向。在这种戏剧情境中，史诗与戏剧相互交织，并且技术的发展与突出使戏剧可以将史诗的叙述成分整合到戏剧演出中来，"舞台开始了叙述，丢掉第四堵墙的同时，却增添了叙述者，不仅是背景对舞台上发生的事件表示态度……甚至欣赏也不完全转变为表现者的角色，而是同它们保持一定的距离……"②布莱希特史诗剧的这种叙述方式，乃是为了去除传统戏剧的神秘氛围，使观众保持冷静，正如他所说，史诗剧的首要意义在于诉诸理智；而在亚里士多德的定义中，"史诗"是以旁观者的口吻来展开叙述的，这种叙述的客观性不同于抒情诗的主观态度。

布莱希特的"史诗剧"注重于将新的技巧和形式手段引入戏剧，使其成为一种不同于亚里士多德以来其他戏剧的风格样式。这种"史诗剧"的演出，即在戏剧作品中加入一些叙述性因素，而这种叙述性因素在演出中只能是片断的和次要的，它不可能代替演员"化身为角色"的表演行为，否则将导致戏剧自身形式的瓦解。在运用这些叙述性因素的时候，必须做到将之与角色行动、剧情的进展有机地融为一体，否则就可能导致图解政治概念和空洞的道德说教。布莱希特的高明之处就在于，他在运用这些叙事性因素时，其分寸把握恰到好处。从而保证了戏剧作品的思想倾向性和艺术形式完整性的统一。

在布莱希特看来，传统戏剧追求逼真的舞台幻觉效果，因此舞台演出对现实产生了一种"催眠"的作用，观众在不自觉中被动地接受了舞台施

---

① 这篇文章的英文名称为"*Realism in the Balance*"，中文译名有"问题在于现实主义"或"问题的实质是现实主义"等。

② 亚里士多德在这里将史诗与戏剧的不同表达方式作了区分，突出了史诗的口头叙事特征，而戏剧毕竟是以刻画人物形象的行动、语言和表情来叙事，虽然两者都模仿现实的逼真性。

加的影响，甚至丧失了对舞台的生活场景进行理性判断和采取有效干预的能力。特别是自18世纪以来，欧洲戏剧一直致力于追求某种舞台幻觉的效果。到了19世纪末20世纪初，随着舞台机械装置的不断完善和自然主义戏剧的兴起，"第四堵墙"的演剧观念更是深入人心。"第四堵墙"认为舞台不仅只在演出区域的三面被包围，而且还有虚拟的第四堵墙挡在舞台和观众席之间。舞台演出发生在一种假想的真实时空里，这样就造成了一种假象，舞台上发生的也就是生活中的真实事件。"第四堵墙"最大弊端就在于，舞台演出的逼真性使观众完全被其同化，将自己置身于剧情之中，把虚拟的演出作为真实生活来体验。舞台上的演出独立于观众的意志之外，观众无力对之施加影响，也无力改变它，只能被动地接受，丧失了对舞台演出予以评价和想象的权力。而布莱希特倡导的"叙事性戏剧"，恰恰是要打破传统资产阶级戏剧对于观念所施加的这种意识形态暴力。让观众在剧场中能够始终保持清醒的判断和理智，在剧场演出与现实生活之间建立一种有效的联系，从而完成戏剧的现实政治意图和意识形态使命。为达此目的，布莱希特在舞台上采用了许多"叙事性"的形式和技术手段，这些手段涉及到剧本、导演、舞台、美术等各个方面。从舞台呈现的角度来看，布莱希特的"史诗剧"主要继承并发展了皮斯卡托的戏剧中所使用的各种舞台形式因素和技术手段，如投影、幻灯、歌唱、评论等。通过这样的方式来对戏剧中的人物和剧情发表评价、议论，从而将某种叙述性的因素引入舞台。布莱希特不是一个只注重宣传鼓动效果的戏剧家，他在舞台呈现中所使用的各种叙事性的因素决不是作为宣传手段而存在的，而是被化为作品形式和结构的有机组成部分，这就造就了布莱希特戏剧独具魅力的风格特征。

从上述的观点来看，布莱希特显然是把艺术看作一种生产，这就是意味着艺术不仅是一种理性力量，即面对自然和社会的批评态度，同时也是一种改变现实的实践：这种生产的态度也就是一种批评的态度。艺术因此不是对世界的反映，而是对世界的改造和建造，同时也是一种不能对世界进行理性认识的行动。当布莱希特把艺术看作是一种生产的时候，实际上是他发现了艺术具有某种与直接物质生产相类似的内在结构，如同对于物质生产来说，劳动工具有着重要的意义一样，在艺术生产中，艺术技巧决定着生产的成功与否。在《戏剧的小工具篇》中，布莱希特详尽地谈论了戏剧的工艺技术。受此影响的法兰克福学派的另一成员——本雅明在《作为生产者的作家》一文中将其发展为如下观点：文学技术决定文学中的政治倾向和文学特质，技术的进步是现代社会的政治条件，能否获得这种进步是衡量文学作品革命功能如何的重要标准。艺术作品的政治倾向不在其文本意义和教化内容，而在于其合乎时代的生产技术。这样一来，艺术作品的革命意义便突破了文本的框架，而与合乎时代的技术手段，以及与整个生存的历史事实相一致，也即作品的革命内容不再表现于它的文本意义之内，而是表现在是否合乎时代的表现技巧上，直接以作品的写作技术为目的。因此，作家便不再是孤立的创造者，而是整个社会生产的参与者；艺术作品也不再是封闭的，而是开放的和未完成的，它期待着读者或观众的参与。这样一来，艺术生产论也就成了美学上的形式本体论。这便是布莱希特的《戏剧工具篇》中体现出的"艺术即生产"的思想，它不但是布莱希特对自己创作经验的总结，而且是马克思主义艺术理论和现代主义艺术运动双重影响的结果。在这一点上，布莱希特与本雅明的艺术生产理论不谋而合。

1937—1938年，德国马克思主义理论家之间发生了一场影响广泛而深远的论争，也即"表现主义之争"。参加这场论争的作家、艺术家和文学评论家大致有15人。争论的焦点仍然是关于现实主义。在这场争论中，作为一方代表的卢卡奇（匈牙利著名的马克思主义文艺理论家），他从莎士比亚到巴尔扎克、托尔斯泰、托马斯等古典作家那里，找到了体现他的现实主义美学理想的楷模，认为应该继承这些现实主义大师塑造整体性的方法，来发展现实主义的文学；而争论的另一方代表布莱希特，则吸取了现代主义的创作手法，并认为贝恩、乔伊斯、艾略特等人也是现实主义作家，是现代派的现实主义。从表面上看，这似乎是两种现实主义理论之争，其实并非如此。20世纪的世界文坛，尽管在那个时期有莎士比亚、巴尔扎克、托尔斯泰等文学巨匠的作品光芒闪烁，但卡夫卡、乔伊斯、艾略特等人早已升上了21世纪文坛的星空。因此这场论争不是简单的创作方法之争，其核心问题是：如何对待和以怎样的态度对待文学遗产，尤其是怎样对待"当代遗产"；在文学创作与批评方面，如何理解现实主义理论，其争论的实质是理性和非理性的问题，还有如何理解现实主义的问题。1937年9月，莫斯科的德国流亡者的杂志《言论》刊登了两篇批判戈特弗雷德·贝恩的文章，作者是里克劳斯·曼和齐格勒·克劳斯·曼。里克劳斯·曼（1906—1949）是托马斯的长子，一位极有才华的作家，而齐格勒·克劳斯·曼则是阿尔弗雷德·库莱拉的长子，资深的德共负责人。这两篇文章最终成为这场论争的直接导火线，论争的一方以卢卡奇、库莱拉为首，他们纷纷发表文章批判表现主义和先锋派文学，认为表现主义是导致德国法西斯主义产生的主要原因之一；论争的另一方是以布莱希特、布洛赫等人为代表，他们对卢卡奇等人的观点进行针锋相对的批驳，并举出希特勒在慕尼黑大肆攻击表现主义是"堕落艺术的事实"，来封住论争之口。1938年第6期《言论》杂志发表了卢卡奇的论文《问题在于现实主义》①，阐明了这场论争的性质。在论争过程中以及后来，布莱希特针对卢卡奇的观点写了大量的笔记和论文，把卢卡奇看作是"莫斯科帮"的首领，但当时并未公开发表；而在卢克奇心目中，布莱希特是"颓废文学"的代表。其实，布莱希特与卢卡奇的分歧由来已久，甚至可以追溯到魏玛共和国时期，而这次《言论》杂志发表批判表现主义的文章只不过是以前的争论公开化而已。布莱希特的有关论争文章直到60年代中期才同他的文章一起露面，于是再次引起人们对30年代那桩历史陈案的关注，而且跨越了国界，于是被称之为"卢卡奇布莱希特之争"。

当我们再去回头历史地看待这场论争时，卢卡奇的思想明显是过于保守的，他的许多观点在现在看来，显然也是不合适的。他对现代主义艺术的整体否定态度，把19世纪的批判现实主义视为亘古不变、永恒适用和具有普遍性的理想艺术模式，显然是十分片面的。卢卡奇在政治上的革命理想和艺术上的保守趣味结合在一起，构成了西方现代批判理论中一种独特的类型。但问题在于，如果没有卢卡奇作为争论的一方，没有他的保守主义趣味与激进的政治态度的结合，恐怕后来的许多批判理论，如阿多诺的现代主义美学主张等，就不会是我们所看到那种形态。从这个意义来说，虽然卢卡奇的美学趣味和观念具有保守性，但是这种保守主义除了在他的理论结构中有其合理性和存在的理由外，它对于整个西方的现代批判理论的发展，也具有重要的解构力与推动力。

作为马克思主义的文艺理论家卢卡奇，对艺术与社会的复杂关系是十

① 于扬忠等译.布莱希特论戏剧［M］.北京：中国戏剧出版社，1990：54.

分重视的，在他的美学理论中，具有强烈批判哲学特征的应当是他的总体性概念和有关异化的理论。众所周知，相对于封建社会，资本主义社会已经出现了一系列巨大变化，其中一个最显著的变化就是古代那种完整的、统一的社会似乎已经不存在了，取而代之的是一个破碎的、分裂的、零散的社会。面对这样一个社会，艺术家似乎失去了整体把握的能力，呈现在他们面前的各种纷繁复杂的现象支离破碎，社会的本质也被这些复杂多变的现象给掩盖住了。于是在现代艺术中，我们不再看到一个完整的通过现象揭示出其本质的资本主义社会，相反在表现主义文学、超现实主义文学和意识流文学等的发展过程中，扑面而来的只有破碎的局部现象。这个问题，其实早已在斯宾格勒和齐美尔著作与思想中露出了痕迹，在21世纪初就已经提出来了。也就是说，西方现代艺术明显地体现出一种不完整的、碎片化的形态，这与古典艺术的那种整一性、和谐性的形态迥然有别。卢卡奇从马克思主义关于资本主义社会分歧的理论出发，认为从表象上看资本主义社会似乎变得四分五裂，没有共同的本质了，但这其实只是一个假象。他在和布洛赫的争论中，坚持认为资本主义社会不但不是一个分裂的社会，而且比历史上以往任何时候都鲜明地体现出"总体性"。更进一步来说，卢卡奇发现在这个越来越整体化的世界上，一方面经济部分越来越独立；另一方面，它们的统一性也越来越显著，特别是在爆发经济危机时，这种整体性体现得非常明显。因为如果一个经济部门或者一个国家发生经济危机，就会很快波及到其他部门，乃至整个资本主义世界。在卢卡奇看来，如果我们忽略了资本主义发展过程中的这种总体性，那就无法正确认识它的真正的本质。卢卡奇认为，不仅社会本身具有整体特征，甚至连审美思维也应该是具有整体性的。而他揭示资本主义社会的"总体性"目的，并不只是仅仅说明一个现实情况，从美学意义上看，更重要的是涉及对这个社会特征的认识和艺术的表现问题，这就意味着卢卡奇对西方现代主义中普遍存在的那种支离破碎的艺术形式的担忧，不只是一种美学上的忧虑，同时也是一种政治上的忧虑。另外，卢卡奇对艺术总体性的解释，也和他关于艺术创造的审美思维的基本观点一致。他认为，审美作为一种独特的思维形态，是由于劳动使之从原始的巫术中分化出来，在这个过程中，人和自然的模仿关系依然存在，其内在逻辑是能动的反映论。艺术通过某个中介以一种拟人化的反映来揭示现实的真实面貌，所以，反映社会历史的总体性是艺术的基本要求和规律。

另外，到了资本主义时代，"异化"现象日益突现。卢卡奇是一个十足的人本主义者，他十分关注资本主义的异化现实。他发现，由于资本主义的发展，交换关系遍及各个领域和生活的各个角落。在这种条件下，"物化"以及随之而来的"拜物"倾向也开始向社会中普遍蔓延开来，不是人统治物，而是物统治人，人和物的对立在资本主义社会达到了空前的程度，于是拜物教开始变成我们的日常生活意识形态。这样一来，阶级矛盾被淡化，阶级意识也随着之消失了，人们沉溺在一种物质的享乐主义潮流之中。更重要的是艺术在这样的历史条件下，也逐渐变得失去了对异化的反抗，而演变成为对现存社会制度的一种维护和默认。历史地看，关于资本主义社会的这种异化问题，马克思也曾出色地论证过，而斯宾格勒对现代社会的商品化和拜物教的批判，以及齐美尔对现代文化的悲剧——物质的、客观的文化对精神的主体的、文化的压抑的论证，或韦伯关于文化的合理化及其分化，以及审美带有救赎性质的论证，都从不同方面深刻地触及这个问题。卢卡奇继承了马克思思想传统和德国批判理论的精髓，他有所领悟地发现，在资本主义社会中，人的理性化（又称为合理化）和机械化（the rationalization and mechanization）已经呈现为一种商品的形式，甚至劳动力的分工也呈现为一种商品的抽象形式。生产的产品不仅是一种消费品，也是一种价值抽象载体，一种经济运动和交换的工具。在这样的社会中，一种拜物教普遍蔓延开来，体现出来的是一个人类社会及其生活的"物化"状态。卢卡奇的"物化"概念是一个具有强烈批判的范畴，他是在马克思的异化概念的意义上使用"物化"概念的，旨在说明主体在劳动中与劳动及其产品的对立。

卢卡奇的"物化"理论和其总体性理论之间，存在一种深刻的联系，也引起许多争论。如果说卢卡奇对艺术家提出揭示总体性的基本要求是一个基础或前提的话，那么，他对总体性的揭示同时也包含了对"物化"现实的反映和批判，卢卡奇通过揭示社会的总体性，进而揭示社会发展的历史自然趋势，也体现出对人类异化现实的关注。因此，总体性在他的理论中是一个含义复杂的概念系统，主要包含以下几层意思：其一，总体性是社会各个部分或系统的内在联系，是社会矛盾构成的基本细节，是一个社会之所以如此的根据。其二，总体性还包含一种用统一的、运动的看待社会的方法，它与那种片面的、静止的形而上学的观点相对立，也即总体性同时也是一个历史观，一种历史唯物主义。其三，总体性又是一个反映了事物本质的范畴，它与现象和假象相对立。换言之，社会的本质规律和趋势就反映在总体性概念中，而事实上，许多分离的无关的现象掩盖了这种本质。艺术之所以有必要存在，其目的既不在娱乐，也不在于为艺术而艺术，而在于发现、解释并表现这样的社会——历史性总体，卢卡奇既不满足于古希腊以来的模仿论，对各种镜子说或机械的反映论更是不满，也对斯大林主义的艺术观存有看法，他希望找到一个艺术反映社会的辩证道路——揭示总体性。从这种理论里可以看到德国批判论深刻影响的痕迹，以及对后来法兰克福学派以及新左派理论家，无疑有着深刻的影响（如对本雅明和阿多诺等），尽管这些人中有不少人并不完全赞同卢卡奇的理论。

卢卡奇的总体性理论运用到艺术创造中之后，其强调整体性和宏大叙事反映社会本质的方法遇到了怀疑和挑战。他认为现实主义艺术能够揭示总体性，并反抗 "物化" 现实，而现代主义艺术就不会具备这种功能，并且现代主义已经成为现存资本主义制度的辩护者。这种看法到了阿多诺、马尔库塞、本雅明那里，很快得到反驳，恰恰相反，后来的大多数批判理论家们都主张现代主义艺术具有对资本主义异化现实的颠覆和造反的功能。布莱希特在与卢卡奇关于表现主义 "诗史剧" 理论的争辩中，布莱希特对卢卡奇的这种艺术反映社会本质的整体性理论作了否定性的批判。他认为，在资本主义社会商品交换无所不在的条件下，在 "物化" 现实越来越严重的条件下，传统的现实主义已经失去了揭露和批判现实的生命力，现代艺术必须采取与传统美学截然不同的批判策略，而卢卡奇却主张在传统模仿论之下的艺术反映现实的合理性，就在于艺术典型地反映了时代的总体性，因此到了 "后现代阶段" 的利奥塔那里，也同样遭到了怀疑和批判。利奥塔认为，在后现代文化和社会中，所谓的 "总体性" 早已不复存在，知识进一步分化为细致的具体的部门，因此形成了一种所谓的 "局部决定论"，于是利奥塔提出的口号就是 "向总体性宣战"。[①]这些都同样印证了本雅明和布莱希特等人对总体性的虚假的揭示和批判的合理性。布莱

---

① ［美］拉曼·塞尔登编.文学批评理论——从柏拉图到现在［M］.刘象愚等译.北京：北京大学出版社，2000：68—69.

希特主张的"诗史剧"反对传统艺术所表现出的整一和谐的关系，认为这种总体性实际上是一种社会文化、道德政治和经济结构及其运作方式共同构成的宏大总体，也即卢卡奇所表明的那个整体结构。卢卡奇为了捍卫古典主义艺术之纯洁，坚守总体性的预设；而本雅明、布莱希特等人则看到了现代主义艺术必然崛起的趋势，将卢卡奇的总体性视为一种虚幻，这一点也有力地证明了具有古典主义的完整统一性的象征艺术的最终不可避免的衰落。

第三节　走向费解、制造震惊的现代艺术

在向古典艺术告别挥手之际，本雅明已明确看到走向终结的韵味艺术的不可避免性，古典艺术以一目了然和确定性主题带来的膜拜性和神秘性被新的艺术模式所打破。经过转型到了现代艺术之时，艺术品完全失去这些和谐、完美、明确特征，而走向了"费解"与"震惊"，因为现代艺术所提供的文本并非一目了然，而是迫使接受者或观赏者要经过一番探讨或思索后，才能领悟其中三昧。布莱希特把表现主义流派看作是20世纪艺术家们对艺术形式的新探索。他指出："表现主义是艺术对生活的一种反叛，它所反映的世界仅仅是一种幻想，支离破碎，一种恐惧情绪的劣质产品。表现主义大大地丰富了戏剧的表现手段，它创造了不少至今尚未被人们充分利用的美学效果"。①布莱希特并没有否定19世纪现实主义的创作方法和优点，但他对卢卡奇的那种把文学理解为"酷似生活"和再现生活本质规律并不赞同，而是认为艺术应当不断地寻求形式上的努力："我们不应该从某些现有的作品中仅仅只抽象出一个现实主义，而是利用一切手法，无论是新的还是旧、已经证明的或未证明的、来自于艺术或其他渠道的，以便把生活中的现实以及可被掌握的方式交给生活中的人民。"②他所倡导的"间离现实"的叙事剧，就是通过抽掉一个剧作中的一个过程或者一个人物形象的理所当然的、众所周知并明白无误的因素，而产生一种令人费解

①　[美]丹尼尔·贝尔.资本主义文化矛盾[M].北京：三联书店，1989：93.
②　[德]本雅明.论文学[M].法兰克福，1969：39.

的艺术，使观众对它产生惊异和好奇心，从而引导接受者对所表现的过程或人物采取一种探讨和批判的态度，进而更好地把握剧情所展现的真实。丹尼·贝尔也这样认为："开头费解是现代主义的标志。它故作晦涩，采用陌生的形式，自觉地开展试验，并存心使观众不安——也就是使他们震惊、慌乱，甚至要像引导人皈依宗教那样改造他们"。①

一、形式变革与现代艺术的祛魅

面对古典艺术的衰微和现代艺术的崛起，本雅明对新到来的现代艺术在总体上是采取肯定和支持的态度，因为他看到并承认文学艺术这种发展趋势的必然性和深刻的历史原因，他从马克思深入分析资本主义生产方式做出资本主义最终创造出消灭其自身的预言这一点出发，提出了"上层建筑的变革要比基础的变革来得慢，它用了半个多世纪使生产条件方面的变化在所有文化领域中得到了体现"，②但现行的生产条件下艺术发展方向的纲领所具有的辩证法，在上层建筑中并不见得就不如经济中那样引人注目，现代艺术观念与"创造力、天才、永恒价值和神秘性等传统概念"相对立，体现着进步的"革命要求"。③这就从根本上阐明了现代艺术发生革命性转变的社会经济原因，说明了本雅明在理论上清醒地站在变革传统艺术观念的立场上。当然，这并不意味着他的心灵深处不带有任何对传统古典艺术的一往情深的"依恋情结"。早在的《德国悲剧的起源》一书中，本雅明在讨论德国17世纪巴洛克悲剧的同时，就已经涉及到了现代艺术的转型和走向费解的趋势，他看到现代艺术与巴洛克哀悼剧的共同特征，也即零散性、片断性、残破性，以及高度的风格化和隐喻性特征，及其由此形成的晦涩费解的特点。

现代艺术的这种费解性，以一种不确定的姿态和祛魅的追求表现出来，使得这种艺术成为美学史或艺术史上最令人头疼的现象。有时候当我们把一种颇有影响的现代主义原则拿来作为佐证论述一种关于艺术观念的问题时，它却会悄然从你手边溜走，然后变成一种截然不同的东西冒出

---

① ［美］托马斯·门罗.走向科学的美学［M］.石天曙，腾守尧译.北京：中国文联出版公司，1984：373—374.
② ［德］本雅明.试论布莱希特［M］.法兰克福，1966：110.
③ ［德］本雅明.试论布莱希特［M］.法兰克福，1966：110.

来，使你的理论无暇自顾。近代哲学与文化思想偏偏患上了一种寻找规定性的毛病，它对任何一种现象都想用一套精确化和简约化的定义，加以程序化和整一化，这就使得现象的丰富性和多样性一旦进入思想视野便不可避免地走向"祛魅"，也即去神圣化、去神秘化之意。我们知道受技术理性的影响，近代思想在反思现象时，总是把一种客观的、精确化和简约化的程序加之于各种在场的事实之上，于是事实脱去了在场事物的丰富性，变成了被代码整合的定义。近代哲学与文化思想把这一程序用在对各种艺术现象的考察中，它尽力用某种简约的规定性为艺术套上普适性的范式。殊不知在审美文化出现自我失落的时代里，艺术最担心的就是被僵硬地定义，因为被定义就意味着艺术受到了一种形而上的预设通则，而受这种通则规定和限制的艺术显然会失去更多的自由。尤其是这种制定通则的权力一旦掌握在他者手中，艺术将变成哲学、社会学或心理学的传声筒。追求自为的现代主义艺术总是采取一种反抗定义的策略，在出场方式、意义表达，甚至在与其他文化形态的差异性方面，作出一种不确定性的和故作费解的姿态，让这一切都溢出定义的容器。可见从通则性的定义的角度来看，现代主义艺术充满了不确定性和反传统性的费解因素。例如，在海德格尔对艺术的描述中，艺术品之所以成为在场与世界冲突的产物，其中一个重要的原因就是艺术品的器物性质。但是，战后的行为艺术取消了艺术品的物性呈现方式，它把艺术展示为一种活动的过程，而且它不对大地言说，它只是一种关于言说的言说。而行为艺术的这一做法，让海德格尔的艺术观念陷入被证伪的境地。

　　费解与不确定性并非后现代艺术的专利，早在现代主义形成的时候，这种以超越定义为策略的方式，就为现代主义者们所采用。因此从19世纪末到20世纪初，英国的弗莱等人为艺术制定了"纯形式"的规定以后，很快就在艺术领域里出现了以形式的随意乃至抛弃形式的倾向，杜尚用小便池当作艺术品，查拉等人以任意性为特征的达达主义诗歌等，都把形式的考虑置诸脑后。现代主义艺术用以反抗定义和确定性，首先表现在艺术出场方式的不可确定上。从印象派到野兽派，欧洲绘画大都强调艺术按人对光影变化中的物体的视觉印象进行表现，但在这几乎要形成规范的时候，主体派登场了，它不再执意于视觉感应，而是要强调一种形体观念，甚至是一种与物象无关的纯形体。而当蒙德里安要把造型制度化时，战后的抽象艺术摆脱原有的范式，抽象表现主义将绘画的行动推到前台，造型成了无关轻重的事物。马蒂斯之所以后来几乎被人遗忘，就是因为他把自己确定在野兽派的范式中，而没有去搜索超出野兽派艺术观念的新的不确定性。从参加野兽派到30年代《格尔尼卡》的完成，毕加索经历了立体派、古典绘画派等几个阶段，使他成为一个最无法定义和不断求新的现代艺术家。

现代艺术的费解与模糊性表现在：艺术与非艺术的差异的不明确性。艺术与非艺术的界限是一个艺术本体论的问题。只有建立了关于艺术是什么的准则，才能鉴别艺术与非艺术的差异。但是拒绝意义的现代主义艺术绝对不愿意获得某种"本质"，因为这会造成艺术的祛魅。唯美主义的出现，就王尔德、佩特等人的原旨而言，是要在艺术与生活之间划出一条清楚的界限；俄国形式主义者也主张文学不跟"城堡上飘扬的旗帜"发生联系；李维斯的"英国文学村"更是具有文学与世隔绝的意思。但是这些早期的现代文化人并没有想到，他们努力于艺术自为的同时，有人却不断地把日常物品引入艺术范畴，以至于弄乱了艺术世界的规则。从杜尚到复制的现成品，艺术家乔治·迪基（George Dickie）无奈地用"惯例论"来阐释艺术品的艺术属性，即当一个人工制品被一种社会生活的语境视为艺术时，它就是艺术。事实上这种解释缺乏力度，因为艺术与非艺术的区别不在于博物馆或艺术沙龙。现代艺术在属性上的游移不定，乃是艺术抵抗祛魅的一种策略。而只有在生存方式的边界上趋于模糊，这种抵抗祛魅才能实现。当我们说艺术是一种造型时，现代艺术转向行为；当我们说艺术是一种行为时，现代艺术又转向物品；当我们说艺术是一种物品时，现代艺术又转向概念……现代主义也故意向非艺术靠近，使人无法清楚地予以界定。日常行为和日常物品都被现代艺术引入其活动，甚至不惜让这些被认为与艺术无关的东西充当艺术主角，这样一来，限定艺术本质的一切努力都徒劳无益了。在后现代文化中，艺术的统治权更是被颠簸得所剩无几，从而使"艺术性"转而渗透在日常生活中去，凡所有物品、行为、代码等多少都染上了一些审美形象的色彩。由此看来，现代主义者借模糊不清的艺术边界的做法来抵制给艺术定义的策略，终于取得了某些成功。

现代主义艺术的不确定性和费解性还表现在艺术意义的多元化。托马斯·门罗（Thomas Munro）认为，在理性主义和实用主义盛行的时代，确定性变得令人反感了。相反，模糊多义却显示出诱人的魅力①。在整一性思想统治艺术领域的时代，艺术的意义是明确的，这种明确的意义表现为观念与实在的统一，即艺术家关于宇宙人生的理解与世界状况的统一体。比如，在新古典主义的悲剧中，理性与宫廷生活相互契合。整一性思想把一个统一世界原则赋予客观现象也赋予主观意识，因此就有了艺术中的理解方式、价值准则与生活世界状况的统一，无论在指称的层面，还是在表现的层面，古典艺术都能为我们提供一个明确清晰的中心意义，但是现代主义的出现以费解的方式和面孔打破了这种意义的确定性。而且，现代主义艺术有时把艺术的意义仅仅视作观念的表现，为此甚至可以对生活世界的状态做变形、夸张处理，如表现主义、荒诞派；有时候现代主义又极端性地压抑主体的观念，把指称的客观性当作唯一的原则，如超级写实，新小说等；有时它回避一切生活世界的现象，转而言说艺术自我的呈现方式，如概念艺术，大地艺术；有时它不关心任何艺术形式或属性的问题，而是偏重于坚持介入社会生活，如存在主义文学、女权主义艺术。即便同一部作品，我们也会常常感到无法对它的中心意义作出判断。现代主义艺术家在意义问题上摆出一副拒绝阐释的姿态，他们仿佛希望写出一部宇宙之书，包括一切意义，但就是不让你确定其中的任何一种意义。

我们再以西方的现代主义文学的发展状态为例，来看看现代艺术对传统美学原则的继承与反叛。首先，就思想内容而言，现代主义文学作品（以小说为主要示例）对传统的反叛表现在人与社会、人与人、人与自然，以及人与自我的关系上的尖锐矛盾全面扭曲、严重异化或畸形脱节，以及由此产生的人物内在的精神创造和变态心理，悲观绝望与虚无充斥其间。其次，在人与社会的关系上，现代文学作品全面地表现出个人反社会的倾向，这与18至19世纪的现实主义作家仅从社会人的角度去揭露和批判具体的社会现象有所不同，现代作品则从个人与社会游离的角度，向西方中产阶级体面社会的传统价值观念进行全面的攻击，因此这种反社会倾向总是带有个人的、抽象的、无目的和令人费解的特征。再次，在人与人的关系上，现代主义小说揭示出一幅极端冷漠、残酷，以自我中心，人与人无法沟通思想感情的可怕图景，正如萨特在《门关户闭》（又译作《禁闭》）

① ［法］布吕奈尔等.法国文学史［M］.巴黎：博尔达斯出版社，1981：478.

中所说的那样:"他人就是我的地狱!"在现代资本主义社会中,人与人的信任几乎完全丧失,人与人的关系只能是矛盾冲突的关系,现代小说从本体论哲学的角度对人性沟通作了彻底的否定。然后,在人与自然(人与大自然、人与人的自然本性、人与物质世界)的关系上,现代文学作品同样作了出色的揭示和批判。在现代文学家眼里,自然是丑的、恶的,只有艺术才是美的。对于人本性的非人化现象的揭示更是令读者感到震惊。在卡夫卡的笔下,人不过是个可怜兮兮的小虫子;在法国新小说家那里,人的地位早已被"物"所代替。人对物质世界的敌视态度在现代艺术作品里比比皆是,这一点与浪漫主义者歌颂自然,肯定人的价值,现实主义者重视物质世界的态度显然是背道而驰的。最后,在人与自我关系上,现代主义作家受心理学影响,他们一反传统文学的写法而对自我的稳定性、可靠性和意义等产生了强烈的质疑,力图在作品中表现人物意识的复杂变化。如英国意识流小说家沃尔夫的小说《浪漫》中一家几个兄弟姐妹,以独自的方式畅论"自我是什么"以及"以自我为中心"的一系列问题,但最终对"自我"不得其解,丧失自我的悲哀,寻找自我的失败已经成为现代文学作品的主题。

在艺术技巧与表现手法上,现代主义文学作品更加呈现出与传统作品迥然不同的面目,给人日常阅读习惯以震惊与冲击。就叙事技巧而言,现代主义小说一反传统小说的叙述视角和手法,不再把人物当作唯一的叙事对象,也不再把推动故事情节发展,决定人物命运的权利交给作为叙述者的作者本人,而是采用隐退的态度,让现实自身说话,把自己作为主体的地位隐藏起来,把叙述权交给作品中的人物。这样就给人一种好像不是作者在讲故事而是人物在讲故事的感觉,从而更真实地揭示了现实世界的漂浮性、不可模仿性。另外,传统作家总是热衷于采用介绍、白描、分析、评价、夸张、对比等技巧,而现代作家们却乐于运用象征,怪诞、意识流、时空交错、变形等歪曲客观事物的方法,曲折地展示人物内心世界的真实性。如卡夫卡的《变形记》和《城堡》,把现实与非现实,合理与情理,常人与非常人糅为一体,构思奇特,时空不明,象征寓意深广。在人物形象的塑造上,典型论的原则让现实主义作家把英雄与恶棍的界限与性格划分得十分清晰,若是塑造英雄,就把许多人身上的优点集中到某个身上去,使其成为一个整体优美的典型。而现代主义作家笔下的人物既不是传统作品中的威武英俊，能惩恶扬善的英雄，也不是阴险狡诈，会玩弄法律、道德乃至致他人于死地的恶棍，他们的性格和特征并不典型或鲜明，有时连姓名也没有，只用人称代词或字母来代称，这种人物只是一种委顿无能的生物和荒诞的存在，是反映内心活动的道具，而本身并不具有独立意义。在情节结构方面，19世纪以来以巴尔扎克为代表的现实主义小说总是有一个贯穿始终的完整故事情节，结构上也大致呈现为一种有序的直线性格局。而现代主义作品已不受此结构模式的限制，不再遵循客观的时间顺序和空间格局。在时间安排上，作家们将过去、现在、将来这一时间序列随意交错，事物也是按人物心理的时间概念重新组合；在空间处理上，他们主张以最大自由对空间加以选择和运用，因此现实、回忆、梦境、幻觉、想象等交织在一起，可以同时在作品中交叉出现。这样的本文使情节似有似无，章法结构变化突兀，时间随着主人公的思维变化而展开。小说分十八个章节，各自构成一个系统，作者将无数的回忆、假想、潜意识的萌动巧妙地串联在一起，把不同的系统交织起来，使小说构成一个多层次的复杂整体，从而使作品产生多层次的意义。小说通过人物的意识流，表现了现代西方社会中有才能的艺术家和社会之间的冲突，揭露了现代西方社会现实的腐朽和堕落。黑色幽默小说家海勒的《第二十二条军规》，以夸张荒诞的情节讽刺了战争的荒谬与悖理，反映了西方资本主义社会荒诞的人生状态。这种不同于传统的怪诞、夸张的手法往往给读者带来一种心灵震惊和反思现实的重要启示。

本雅明敏锐地感受到艺术在现代社会所经受的"裂变"，他在自己的著作中，花了不少笔墨来论述现代艺术走向费解的特点，如《德国悲剧的起源》，并且对布莱希特的史诗剧、卡夫卡的小说和波德莱尔的诗歌的阐述与评价，都表明他十分关注现代艺术家对创造形式的变革追求。本雅明对现代艺术走向费解的十分关注，是因为他看到：也许只有通过这种费解（夸张、扭曲、变形等）的描述和展示，才能使被日常生活和异化现实压抑、折磨得已麻木不仁的读者得到一个心理上的震惊，从而激发他们积极参与艺术欣赏和反思异化现实的态度，因为费解的作品只有通过观者、接受者一番思索和反省后，才能领悟其中的寓意和暗示。本雅明自己也曾主张，作家不仅要对美的创造者起主导作用，而且文学还必须更理想地具备这样的性质，即对读者产生影响①。因此本雅明期待的是干预型的作家，也就是作家有激发和唤醒读者反思社会责任，这一点也与本雅明信奉马克思唯物主义理论、强调文艺的政治功能，以及宗教上的救赎企图不无关联。

二、游荡者的孤独与忧郁：波德莱尔反审美的诗

本雅明对19世纪的法国诗人波德莱尔有着十分浓郁的兴趣，他除了在其著述中经常提到这位后期象征主义大师外，还专门写了一本书叫《发达资本主义时代的抒情诗人》。此外，他亲自把波德莱尔的作品译成德语，介绍给德语地域的读者看。因为19世纪中期的法国乃至欧美诗坛上，波德莱尔的文学地位是划时代的。正如一位法国评论家所说："波德莱尔先前受到种种攻讦，但在1867年之后继之而来的是赞颂的合唱②。"他是颓废派的偶像，象征派的大师，被兰波称为"真正的上帝"，被安德烈·布勒东视为"道德观上的第一位超现实主义者"，保尔·瓦莱里把他看成是法国"最重要的诗人"，英国诗人T.S.艾略特把他说成是"现代和一切国家最伟大的诗人"③。1945年，法国作家让·柯克多这样评价波德莱尔："他的目光逐渐地落到我们身上，就像星光照射到我们一样④"。当代评论家雨果·弗里德希也指出："随着波德莱尔的出现，法国诗歌具有欧洲的规模。从他此后对德国、英国、意大利和西班牙的影响来看，可以证实这一点。再者，波德莱尔的作品在法国促使不同于浪漫派的诗歌流派的产生，这些流派具有更大的创新性，渗透在兰波、魏尔伦、马拉美的作品中。"⑤由此可见波德莱尔影响的巨大，他的诗歌在艺术手法上大刀阔斧地创新更让读者耳目一新。

本雅明认为，波德莱尔的抒情诗走向费解的形式是由于他不同于传统地使反思性在他的抒情诗歌中占有了主导地位。本雅明认为"波德莱尔考

---

① ［法］布吕奈尔等.法国文学史［M］.巴黎：博尔达斯出版社，1981：483.

② ［德］胡戈·弗里德里希，著.现代诗歌的结构［M］.周宪主编，李双志译.译文出版社，2010：32.

③ ［德］胡戈·弗里德里希，著.现代诗歌的结构［M］.周宪主编，李双志译.译文出版社，2010：28.

④ ［德］胡戈·弗里德里希，著.现代诗歌的结构［M］.周宪主编，李双志译.译文出版社，2010：108.

⑤ ［法］波德莱尔：发达资本主义时代的抒情诗人［M］.法兰克福，1969：120—123.

虑到了那些面对抒情诗显得难堪的读者"①，他毅然决然地抛弃了传统抒情诗的表达方式，而将使人们称之为"反思性"的经验方式占了主导地位。因此，他进一步指出以"反思性"为主导特征的波德莱尔的抒情诗展现了现代人的震惊体验。他这样评价道："波德莱尔把震惊体验置于其艺术创造的核心②，"而这种震惊具有突发性和陌生性，因此它的意义不是一目了然的，需要反复咀嚼和消化才能领会其中的含义。本雅明指出消化这种震惊体验十分重要："对有生命的机体来说，消化震惊是一个要比获得震惊来得重要的任务"。③所以，在本雅明看来，波德莱尔的抒情诗具有一定的费解性、突发性和陌生性，需要读者进行仔细体味和思考，才能消化这种"震惊"体验。我们不妨以波德莱尔《忧郁之四》这首诗为例，看看诗人是如何用象征等富有表现力的手法来描绘"忧郁"这种十分抽象、不易捉摸的心理状态的。首先诗人别出心裁地用各种意象来表现"忧郁"这种心态，在诗中应用了大量的意象。第一个意象是他把天空描绘成一个锅盖扣在地平线上，这就立即造成了一种压抑感；既然是锅盖，那就不会发出白光，而只能是黑光。这里写的是自然，又写的是脑壳（圆锅形）和精神；黑光同忧郁的精神感受密切相连，因此，"黑光"同忧郁的、悲伤的、沉闷的感受是相同的。第二和第三个意象是：诗人把大地比拟为一个牢狱，而把人的希望写成一只蝙蝠，关在这牢狱中，无法飞出去，只能困顿在里面。第四个意象是：写雨水如同铁窗护条，永远无法走出这种密布的障碍，与前面的牢狱意象相呼应。第五个意象是：一群无声的卑污的蜘蛛在脑壳深处结网，网能产生封闭的感觉，加强了忧郁之感。第六个意象是：大钟吼叫起来，就像游荡的鬼怪在呻吟哀号。大钟可以看作是形容精神紧张。第七个意象是：一长列柩车没有鼓乐作为前导，从诗人的心灵上缓慢经过，丧仪车队是悲哀的象征，而且是没有鼓乐相伴，更凸现其悲哀，写出了诗人心灵的悲戚感，氛围深切而沉重。第八和第九个意象：希望因战败而哭泣，烦恼却得意地插上了胜利的黑旗，不是插在地上，而是插在诗人低垂的脑壳上，多么专制和残忍！诗人为我们描绘的是一幅凄惨的画面！这一连串的意象从各个角度来描绘"忧郁"的震惊体验，使一种难以捉摸的情

---

① ［德］本雅明发达资本主义时代的抒情诗人［M］.法兰克福，1969：113.
② ［德］本雅明发达资本主义时代的抒情诗人［M］.法兰克福，1969：120.
③ ［德］本雅明发达资本主义时代的抒情诗人［M］.法兰克福，1969：123.

感获得具象的形态，以实写虚，以有形写无形，但又不是实在的有形，这就使读者需要反复思索，发挥想象去理解作者的良苦用心。这些意象所起的作用不是一般的简单的比喻和图解，其含义是丰富的、复杂的、深邃的和具有哲理性的，因而也是令人费解的。

另外，本雅明对波德莱尔的关注，并没有满足于仅仅指出波德莱尔抒情诗展现偏激经验和带来震惊效果的特征，而是用马克思主义的唯物论的立场分析了这种特点所具有的社会根源，即把波德莱尔的抒情诗与当代人的经验方式相联系，由当代人的经验方式去说明波德莱尔抒情诗的特点。他认为，波德莱尔的抒情诗植根于当代人的经验方式中，即植根于当代人的惊颤体验之中。他指出大都市中的人流就表明了这种惊颤体验，在大都市的人流中"行走，对单个人来说，是以一系列惊颤和信息冲击为条件的。在危险的交叉路口，行人马上获得一系列惊颤信息并迅速发生一系列神经反应"。[1]所以本雅明指出波德莱尔"把注意力投向了市场，他的观察是为了找到市场，为了找到买主，即使真理也是如此"。[2]在本雅明的心目中，展现震惊经验的波德莱尔的抒情诗，是与现代人的惊颤体验十分一致的，因为现代人的体验方式就是它赖于存在的条件。显而易见，本雅明用唯物主义的原则来研究波德莱尔创作的具体社会条件，而且对诗人的代表作《恶之花》中的场景描绘结合现代人的惊颤体验，给予了精辟而独特的分析，描写丑表现恶是波德莱尔的美学追求，也是《恶之花》中给读者以震惊体验的独特的诗学价值之所在。像坟墓、蛆虫、枢车、裹尸布、枯骨、幽灵、腐尸、情欲这样丑陋粗鄙的字眼，在《恶之花》中随处可见，贫穷的景象，社会的罪孽，人生的苦难，忧郁悲观的情绪也可以说比比皆是。其"恶"所涉及的范围之广泛、内涵之丰富，令人叹为观止。

从欧洲文学史来看，波德莱尔是第一个大规模写丑写恶的"反审美"的诗人。在欧洲文化中，诗歌一向被看作是庄严崇高的文学体裁，诗歌表现的对象往往是典雅美好的事物，抒发的往往是人类美好的情感。如果说有谁集中表现人类黯淡情绪和丑恶事物的诗，也当推英国18世纪中后期出现的"墓园诗派"，其中杨格的《哀怨或关于生、死、永生的夜思》充满

---

① ［德］本雅明.波德莱尔：发达资本主义时代的抒情诗人［M］.法兰克福，1969：139.

② ［德］本雅明.本雅明文选［M］法兰克福，1969：195.

对宇宙人生的悲观失望情绪；格雷的《墓园哀歌》是谈夜、说死、话坟墓的名篇。可以说，"墓园诗派"首开了写坟墓吊死人的风气，但即使这派诗人写丑恶事物，抒发对现实的不满的悲哀伤感情绪，也依然体现了古典诗歌的优美、雅洁、缠绵的文风。美国诗人爱伦·坡在写恶的领域又有所推进，其诗歌多写古怪、奇特、病态的形象，多表现死亡、幻灭、哀悼的主题，他的诗歌背景几乎全是黑夜，充斥着死亡的恐惧与刺激，其凄凉、阴暗，流露出浓重的阴郁绝望的情绪。坡的诗歌已具有表现丑恶和病态的色彩。波德莱尔师承其旨，他视爱伦·坡为同病相怜的兄弟，精神上的导师，这种认同感使他接受了坡认为"诗歌应离开真实，从忧郁中表现诗意"的诗歌理论。

波德莱尔对坡的美学原则响应，也体现在他的《恶之花》的序言中，他写道："在我看来，把恶之美提炼出来是有趣的""丑恶经过艺术的表现可以化丑为美""从人性的恶中抽取美"，因此提炼恶之美，把现实中恶的东西上升为艺术的美，是波德莱尔的艺术追求。它冲破诗歌只写真善美的流行法则，为后期象征主义以及后来的现代主义宣泄个人忧愤忧闷之情，以及表现社会的病态本质开辟了道路。《腐尸》是一首公认的写"恶"的作品，它写的是一具横陈在石子路上的腐尸："两腿翘得很高，像个淫荡的女人/冒着热气腾腾的毒气/显出随随便便、恬不知耻的样子/敞开充满恶臭的肚皮。/……苍蝇嗡嗡地聚在腐败的肚皮上，黑压压的大群蛆虫/从肚子里钻出来，沿着皮囊/像黏稠的脓一样流动"。[①]这首诗虽然写的是丑恶的腐尸，但反映的却是人生的"深重的苦难""触目惊心的境遇"。其死境之凄惨足见死者生前处境之艰难，死后身世之荒凉，死于街头的只能是生活于社会底层，贫困之至，为疾病缠身的饿殍。诗人越是对死尸腐烂溃败的丑恶情景的描绘得详尽，就越能凸现出人生境遇的触目惊心；死尸越是丑陋得令人恶心，诗人的不平之气和忧愤之情也就越见深沉。诗人不是为写恶而写恶，而是借恶与丑的表象来揭示社会现实的弊端，从而抨击世道人心的冷酷丑恶。诗人虽写的是恶，但表达的却是善良的情怀，正如黑格尔所言，"恶的结果是创造善的力量的一部分"[②]。波德莱尔之所以写丑恶，

① ［法］波德莱尔.恶之花［M］.杨松河译.南京：译林出版社，2003：51—53.
② ［德］黑格尔.美学（第1卷），商务印书馆，1997：241.

目的还是为唤醒世人、疗救社会，其愿望是良好的。正是《恶之花》中那些令人生厌的描写，才能引起读者的震惊和反思，从而认清那个时代社会的肮脏和腐朽。这种写法给本雅明的文学批评带来了新的思考。

朱立元先生主编的《法兰克福学派美学论稿》一书的第四章中，专门谈到了本雅明的寓言式批评和现代主义美学观。作者认为本雅明的文艺美学中一个具有独创性的思想，也即他与其他德国新马克思主义美学家的重要区别之一，就在于他的“寓言式批评”理论，这一理论最初在《德国悲剧的起源》中提出和实践，20世纪30年代在对波德莱尔等人的作品的研究中趋于成熟。[①]寓言概念在本雅明作品里，已经成为一种把基本经验的形式的潜在性确立为分解固有的历史现象和建构新的意义空间的方法。寓言结构本身就是对非精神的历史具体的、现象式的再现。作为一个形式与内容相分离的世界的代表，寓言结构在自身中完全分解了内容与形式的界限。也即，内容只能以形式的面目出现，而形式则完全成为内容的内容，这就从根本上消除了内容与形式的传统界限。但是，本雅明寓言化了的形式只是诸多意象的原型，在赋予对象一种寓言时，就不可避免地带有某种隐喻的色彩。而隐喻又是这种寓言得以形成的材料，也是寓言层次相互联系之间的媒介。在对波德莱尔的研究中，本雅明以19世纪巴黎的城市景观为社会背景，以“波西米亚人”与“游手好闲者”两大隐喻作为切入点，由此引出密谋家、流浪诗人、捡垃圾者、醉汉、妓女、人群、大众、拱廊街、商品、百货商场等一系列更为具体的隐喻意象，通过对这些意象的描述直接深入到了波德莱尔其人与其作品的深处，使他意欲论述的主旨与观点在寓言的深度与广度上得到呈现。在对资本主义物化现实的研究中，本雅明抓住了拱廊街、透景图、世界博览会、中产阶级居室等典型的梦幻场景，分析了资本主义商品世界的本质。他在这些梦幻场景中看到对商品的新的展示，并在街道人群中的“闲逛者”身上看到了商品陈列与消费者之间的新关系的寓言表征。

这些“游手好闲者”被爱伦·坡称为“人群中的人”，被波德莱尔称为“浪荡子”。对于本雅明来说，这些游手好闲者也是一些逍遥法外者，他们既抗议劳动分工也不愿勤劳苦干，于是任何一个工场都不是他们的合

---

① 朱立元主编.法兰克福学派美学论稿［M］.上海：复旦大学出版社，1997：111.

适场所。街道成了他们的去处，市场成为他们最后一个场所，而人群"不仅是不法之徒的最新藏身处，而且是社会弃民的最新麻醉剂"。①闲逛者就是被遗弃在人群中的人，在这一点上，他们与商品的处境相同。这种处境使他漫无目标，这反而使他关注偶然事情和毫无联系的物体之间的"交流"，把精神和物质共鸣联系起来，把平凡之事变成不平凡之事。本雅明认为这个群体的主体实际上是职业密谋家、文人和流氓无产者。在19世纪资本主义高度发达的物质文明面前，这个群体只能处在社会的下层和边缘，他们是社会的弃儿，除了流浪和密谋外别无选择。在波德莱尔的作品里，"闲逛者"是设立于城市风景线上的现代英雄姿态之一。他们在那个庞大的、物化的资本主义机器面前产生了一种"震惊"的体验，这种震惊又进一步导致了他们的厌恶、恐惧和孤独感。他们总是以异化的眼光凝视着巴黎这座物化的城、梦幻的城。当然，他们的反应不仅是闲逛、浪游、厌恶、恐惧，他们还要求克服资本主义异化的出路。

三、"异化"现实中的荒诞意象：卡夫卡笔下"扭曲的原型"

本雅明对现代文学文本的寓言式批评，同样也集中体现在他对卡夫卡作品的评论上。在他看来，卡夫卡是一位天才的寓言家，他的作品所展示的就是一个"寓言"的世界。本雅明这样评价晦涩难懂的卡夫卡的小说世界："遮蔽小说的费解是卡夫卡的费解。这办公室和登记处的世界，这发霉的、破旧的、阴暗的房间的世界，就是卡夫卡的世界"②，其小说中的人物"地位无论可能处在多高，他们总是已沦落或正在沦落的人，虽然甚至他们中最低贱、最破落的人，如看门人和老朽的官员，有可能在其充分权力之时突如其他令人惊讶地出现。他们为何过着呆板的生活？他们可能就是那用肩膀支撑着地球的顶头巨神阿特拉斯形象的后裔吗？……"③显然，在本雅明看来，卡夫卡的作品是两个方面所决定的，其一是"神秘主义的体验"，其二是现代城市居民的体验④。从后一个角度看，卡夫卡与波德莱

---

① ［德］瓦尔特·本雅明.巴黎，19世纪的首都［M］.刘北城译.上海：上海人民出版社，2006：96.

② ［德］本雅明：弗兰茨·卡夫卡——他逝世十周年纪念［A］.启迪［C］.纽约，1968：112.

③ ［德］本雅明：弗兰茨·卡夫卡——他逝世十周年纪念［A］.启迪［C］.纽约，1968：112.

④ ［德］本雅明.启示［M］.纽约，1969：133.

第三章　震惊体验与艺术"裂变"

103

尔既有共同点，也有一些差异：如果说波德莱尔感到他自己成为巴黎充满时尚的拱廊街上的游荡者，那么卡夫卡则是在奥匈帝国巨大的官僚机器的体制下，体验到受专制制度统治的人的无能和异化。从这个意义上讲，卡夫卡小说里的主人公是严肃化了的"好兵帅克"，总是被呈现为某种令人惊异的"姿态"，而这种姿态似乎是特意出示给人以恐惧、羞辱、冷漠和荒诞。卡夫卡的叙述方式和表现手法都是因为打破了现实主义作家的常规，而显得不合情理，或荒谬怪诞。确切地说，是因为"他习惯用虚构、怪诞的比喻、象征性的寓言，或用一幅图像来表达他对现实的认识和他自己在生活中的体验，在平淡的故事和荒诞的情节背后往往隐瞒着很深的寓意"[1]。

本雅明认为，卡夫卡笔下的人物是遭到精神放逐的。无论《变形记》中的格里高尔·萨姆沙，还是《城堡》和《诉讼》中的K，他们来到了一个不为人知的世界，也无法知道自己，也讲不清周围的一切，而这个世界似乎也不准备接纳他们。如《城堡》中K的所有努力都是为了进入城堡，但最终也无法到达，他找不到任何原因，同时也没有任何人告诉他。城堡并非遥远，就在前面的山岗上，晴天时一眼可见，似乎条条道路均可以通达。然而，那条道路却是为别人而设的，对于K来说，那不过是一条死胡同。K想进入城堡却处处受到城堡官僚机构的阻拦，K能用的办法（包括勾引克拉姆的情妇弗里达，结交巴纳巴斯一家）都试过，却都一无所获。疲惫、失望、孤独，伴随着这位异乡的陌生人。K走投无路，最终无可挽回地走向悲剧性的结局。K所面对的是一个绝对孤独状态的符号——城堡，及其所辖的小村子。在其中所有的仅仅只是孤独、不幸、污浊和罪恶。人人都有很多不顺，每个人所扮演的都是悲剧性的角色。弗里达、旅馆老板娘、巴纳巴斯一家、助手，甚至城堡官员，每个人都显得疲惫、紧张，生活于机械、呆板和毫无意义之中，而主人公K尤甚。因为他在这种荒诞与无聊中，他遇到的和追求的都归于虚空。城堡是一种绝对存在，是神秘莫测的超现实力量，是"一片空洞虚无的幻景"。

卡夫卡的中篇小说《变形记》更是充满着象征和寓言式的梦幻世界，荒诞的情节和凡俗常人的人物形象，都似乎发生在我们身边的日常

---

① 余匡复.德国文学史［M］.上海：上海外语教育出版社.1996：547.

生活中。小说一开头就表现出典型的卡夫卡式的特征，一天早晨，格里高尔·萨姆沙从不安的睡梦中醒来，发现自己躺在床上变成一只巨大的甲虫。接着主人公萨姆沙的身体变化也是让人匪夷所思：面对突如其来的这个厄运，萨姆沙并不像一般人那么有恐惧心理，而是异常平静地在琢磨他作为一名推销员的艰辛，惦记着他得赶紧上路工作，思考着如何替自己找一个迟到的理由。他实在觉得"身体挺不错，只除了有些困乏"。这对我们来说，很荒谬不合情理的行为，恰恰是卡夫卡用反传统的思维方式给予我们一个"非理性"的真实——主人公萨姆沙骨子里还真是希望自己能成为一只虫，因为只有成为一个寄生动物，才能摆脱作为人应承担的责任和烦恼，他才能获得彻底自由。就此卡夫卡曾说过："人类回归动物，这比人的生活要简单得多。"除了小说荒诞的形式外，在《变形记》里卡夫卡把西方现代人所遭遇的几近极限状态的生存困境展现得纤毫毕露。

其实，20世纪初的卡夫卡就有了对人与社会关系的深刻体会，他感到："不断运动的生活细节把我们拖向某个地方，甚至拖向哪里，我们自己是不得而知的。我们就像物品、物件，而不像活人"。[1]这是我们理解萨姆沙一觉醒来成为甲虫的最好潜台词。而在我们所生存的当今社会中，在现代文明的进程中，也同样越来越充斥着"亚健康"之类的时髦语，我们依然可以在我们周边的人，乃至我们自己身上找到一些萨姆沙的影子！这就是我们几代人所向往和追求的现代文明，追求竞争和效率的现代社会无法回避，现代人的心理和精神不可能不遭到扭曲和伤害。有的人也许比萨姆沙更为懦弱面对来自工作、外界的压力，或是社会对自己的过多要求，他们甚至用极端的手段——死亡来逃避这种压抑和折磨。岁月已逝，但卡夫卡的这些警示，依然回荡在我们生存的现实上空。

本雅明对卡夫卡笔下的这种极端变形的人物这样解释说："卡夫卡之所以最不惜笔墨来描写变形——这很能说明卡夫卡的世界——正是由于，只要曾经存在的事物还没有被看穿，被承认，被完全泯灭，伟大的新事物和解放性事物就表现在赎罪形象上"。[2]因此人物遭受的折磨正是灵魂受难的隐喻形式，人物变形越夸张，人物承受的痛苦就越深刻，人物也

---

① ［苏］扎东斯基.卡夫卡真貌［A］.现代文艺理论译丛.第五卷［J］.1965（5）：71.

② ［德］本雅明.评弗莱茨·卡夫卡.建造中国长城时［A］.经验与贫乏［C］.王炳钧，扬劲译.天津：百花文艺出版社，1999：344.

就越可以展示出一种赎罪的精神。因为本雅明认为，卡夫卡笔下的人物的悲剧命运几乎是无法抗争的，是命中注定的，似乎他们生下来就是去承担这种痛苦的人。因而卡夫卡笔下的人物形象是一种宗教的受难形象，他们所承受的实际是人类的原罪；而这样受难只能期待弥赛亚的拯救了。卡夫卡笔下这类人物均以独特的方式来体验生命的短暂：格里高尔在瞬间发现了自己的变化，《诉讼》里的K也是在瞬间被判定有罪——也就是从那一刻起，他们所能做的就是等待死亡的来临。他们的全部历史也都凝缩在了那个叫作"瞬间"的点上，他们也似乎在等待这个点；甚至他们自己就是那个"瞬间"，使那个"瞬间"成为全世界赎罪的形象。这些形象不是在地上爬行的，就是在地缝中求生存的，因为在作者看来，只有这种"爬行"状态才能贴切地表现出生活在他们这一代，及其历史环境中的人们的孤立无援的生存状态，才能表现出那个世界的残破、衰败的废墟状态。格里高尔永久地将自己粘贴在了地板与天花板的角落里，甲虫的渺小形象与灰色而巨大的地板与天花板形成鲜明的对照，似乎整个世界都压在了这个弱小的身体上。K则永远背负着沉沉的不知名的罪孽，他弱小的身体在整个世界的灰色中被压缩成一个点。而这个外在世界永远是灰暗的、肮脏的、陈腐的，让人透不过气。这不仅是人物形象的世界，也是卡夫卡的生存世界——一个"寓言式"的破败世界，它丧失了古典美学所倡导的优雅与宁静，陷入了冷落与孤独，并成为20世纪初期西方世界的真实写照。

当代学者杨小滨在《否定的美学》一书中论及"卡夫卡的神学意味"时，他认为本雅明对波德莱尔的"游荡者"的解释多有社会批判的倾向，而对卡夫卡的评价同本雅明早期"否定的神学"有关[①]，并推断出这一时期的本雅明的确被两种文化传统：马克思主义思想和犹太教神学思想纠缠在一起[②]。在本雅明的论著中，马克思主义思想占有相当地位的著作有：《作为生产者的作者》《技术复制时代的艺术作品》《什么是史诗剧》《爱德华·福克斯》等篇，而在《讲故事的人》《论波德莱尔的某些母题》《弗朗茨·卡夫卡》（1934）和《马克斯·布劳特的卡夫卡传记》（1938）等篇目

---

① 杨小滨.否定的美学［M］.上海：三联书店，1999：92.
② 杨小滨.否定的美学［M］.上海：三联书店，1999：92.

中，犹太神秘主义和弥赛亚救世说的思想深刻地渗透于其中。在评价卡夫卡的作品时，本雅明多次谈到一个犹太法典中的故事，这个故事自然就是具有启示性的，又有寓言性的："有人问拉比，为什么犹太人星期五晚上大吃大喝？拉比就讲了一个传奇：一位公主被流放了，远离国民，与当地人语言不通，生活过得苦不堪言。有一天，她收到一封信，信中说，她的未婚夫没有忘记她，已动身来到她这儿了。拉比说，未婚夫就是弥赛亚，公主是灵魂，而她被流放的村子是身体，由于听不懂她的话，她为了表达自己的快乐，灵魂就只能为身体设宴。"①卡夫卡的小说《城堡》里的K所滞留的那个村庄同样是一个象征，它的原型也可以从这个犹太法典中的传奇故事里找到。本雅明认为，犹太法典里的这个村庄正是卡夫卡世界里的那个地方，人似乎被放逐到他们肉体中，这个异化的肉体甚至会变形为虫豸。卡夫卡的小说就是通过这个散发着腐烂气息的村庄的寓言，暗隐着灵魂在肉体的放逐中得救的启示。

我们可以推断出：本雅明试图以理论形式加以阐明的观点，在卡夫卡的文学作品里被以艺术化的形式完成了。本雅明这样写道："卡夫卡的作品是一个椭圆。它的遥遥相隔的焦点，一个是神秘主义的体验（这种体验首先是对传统的体验），另一个是现代大城市人的体验"。②这种神秘主义的体验实际上是指对古老的救赎观念的渴望，以及对这一渴望能否实现的绝望；而现代城市的体验不正是个体生存的机器化、流水线化乃至寓言化了的感受吗？这种对生存感悟的矛盾及其荒谬性，难道不同时属于本雅明自己吗？因而我们可以这样说，本雅明在阐释卡夫卡的同时，也正是在阐释着他自己。只是两者不同在于：卡夫卡以对世界拒绝的态度完成了自己的一生，他看到了对世界救赎的不可能性，就最终放弃了世界。本雅明则不然，他是寓言世界的守护神，并一直期待着那个弥赛亚的降临，从而实现对寓言的救赎，最终这个世界却抛弃了他，使他终于以未完成的碎片姿态告别了现实世界。

---

① [德]本雅明.评弗莱茨·卡夫卡.建造中国长城时[A].经验与贫乏[C].王炳钧，扬劲译.天津：百花文艺出版社，1999：342.

② [德]本雅明.致格尔斯霍姆·索勒姆的信[A].经验与贫乏[C]，王炳钧，杨劲译.天津：百花文艺出版社，1999：383.

四、反“共鸣”与“陌生化”：布莱希特的“间离效果”

贝托尔特·布莱希特（1898—1956）是20世纪最有影响的戏剧理论家之一，他创建的“史诗剧”及其理论，冲击了欧洲传统戏剧的观念和方法，对现代戏剧的创作和发展方向产生了巨大的影响。“世界戏剧从此走向了亚里士多德戏剧与非亚里士多德式戏剧并存与互补的新纪元”。①布莱希特还在年轻时，就对“一战”中伤兵的痛苦写过反战诗歌《死亡之兵的传说》，并在1918年巴伐利亚起义时，他写下第一部剧本《巴尔》，以对抗“一战”时期流行的“为国捐躯”的义务观，在这个剧本已显示出他独创的才华及高明的掌握语言的能力，那时他就宣称，他的剧本不是写给在文艺沙龙中的高谈阔论的夫人先生看的，而是给平民百姓看的。可以说，他的这部成功的剧本《巴尔》，从内容到形式都是对传统戏剧艺术的反叛，为后来形成他的戏剧主张奠定了基础。

本雅明与布莱希特相识是在1929年5月，此后两人便结下了终生的友谊。自此他们之间的亲切关系也引起了人们的广泛兴趣，特里·伊格尔顿曾说过，本雅明和布莱希特之间的合作是亲密朋友，也是他的第一个支持者。据说本雅明在自己的日记中曾经像中国古代孔子的弟子记载老师的言行一样，记下布莱希特每次同他谈话的细节。同样，布莱希特在本雅明的思想难以被人接受的情形下，却给本雅明以赞扬，把他称为“本世纪最伟大的文学心灵之一”。当他后来得知本雅明在西班牙边境自杀身亡的消息后，他沉痛地说：“这是希特勒给德国文学界造成的第一个真正的损失”。②从本雅明与布莱希特两人的理论和实践来看，他们的思想中都闪烁着马克思主义的光辉，他们依据时代的发展变化，在各自的艺术与美学理论批评实践中都创造性地拓展和深化了马克思主义的艺术原理，在西方马克思主义艺术与美学理论批评发展史上，乃至现代西方文论史上，都有着重要的地位和影响。本雅明的“寓言式”批评理论、现代艺术美学、艺术生产理论等，均是受到布莱希特的影响后才自觉地运用了马克思主义的基本原理。对布莱希特来说，马克思主义世界观更是深深地渗透于他的戏剧创作之中。他曾说过：“今天不探究马克思主义和他的历史观点，是不可能写出

① 王晓华.论非亚里士多德戏剧产生的历史过程［A］.戏剧艺术［J］.2001（2）.
② 刘北城.本雅明思想肖像［M］.上海：上海人民出版社，1998.

理想性的剧本的。"在马克思主义唯物论指导下，两人的理论和实践都有着共同宗旨，就是对资本主义异化现实的深度揭示与批判。布莱希特之所以创立史诗剧，就是因为他看到一切美好的东西在资本主义社会中遭到毁灭，而亚里士多德以来追求"净化"与"共鸣"为核心的传统西方戏剧，严重阻碍了人们认清资本主义社会的真实面貌，人们在这样的剧院里竟然"把一个充满矛盾的世界，当成一个和谐的世界，把一个不怎么熟悉的世界，当成一个可以梦想的世界"①。因此，布莱希特提出以"陌生化"为核心的史诗剧，其目的就是让人们保持独立思考的能力和理性，对资本主义给予批判，唤起人们反思现实弊端和改造社会的激情，这与本雅明的寓言式美学思想表达了同样的愿望。

那么布莱希特为什么要用"陌生化"的手段和间离技巧来建构自己的史诗剧理论呢？众所周知，亚里士多德最早在其《诗学》中有关戏剧的论述，特别是以"净化"说为其特征的悲剧学说，奠定了西方古典戏剧的结构与特征，后来经过贺拉斯、布瓦洛、黑格尔等人在理论与实践上不断丰富和发展，到20世纪早期，俄罗斯戏剧家斯坦斯拉夫斯基使之进一步体系化。两千多年来，这种戏剧观一直在西方传统戏剧创作中占有独霸地位，长期支配着西方戏剧界。其主要特征就强调戏剧对生活的模仿，演员是其角色的模仿者，并且在表演中要化身为角色，最大限度地使观众与剧中的主人公产生"共鸣"（也叫"移情"）。到了斯坦斯尼拉夫斯基那里，则把亚里士多德的戏剧体系沿着"情感"的方向进一步发展，提出演员应当"当众孤独"和"死在角色中"，认为舞台上发生的一切就是正在"进行中的生活"，观众只不过是偶然的目击者而已。这种戏剧在布莱希特时代产生了世界性的影响。但是布莱希特对此却并未给予认同，他认为，亚里士多德式的戏剧的娱乐表现在两个方面：即获得娱乐的方式和以娱乐为目的。就前者来说，这种娱乐只是借助于"戏剧的手法创造出来的具体故事的紧凑过程之幻觉"而获得，这一幻觉世界形成的主要原因就是演员与角色的混同为一，演员把明显的是一个幻觉的情节要演得像真的一样，这恰恰是幻觉对观众的欺骗之处。为了打破这种幻觉，布莱希特认为演员要

① 童道明.现代西方艺术美学文选戏剧美学卷［M］.沈阳：春风文艺出版社/辽宁出版社，1989：16.

与角色分离（即"间离"），要将演员与角色的"同一化"变为"陌生化"。这样，尽管站在舞台上的演员既是自己又是表演者，但他可以时刻保持清醒的意识——"一刻都不允许使自己完全变成剧中的人物"。甚至还可以对角色加以反思、批判以保持距离。就后面的娱乐表现来说，亚里士多德式戏剧的娱乐目的在于，使观众与戏剧幻觉达到共鸣，但幻觉共鸣这种催眠术却使观众把一个充满矛盾的现实世界当成了一个和谐的世界和梦想的世界。在这种梦想中，观众——变革社会的力量，被异化成了畏缩的、虔诚的、"着魔"的人。因此，布莱希特提出第二种陌生化手法，即把观众与角色分离（也即"间离"），使观众看戏时，不会落入理性松懈的迷狂，时时都保持清醒的头脑——这是某某人在演某某事。这样观众就会对事件提出自己的看法，对其中的矛盾也会重新反思和寻求解决的途径。更为重要的是，布莱希特认为在资本主义社会，这种制造幻觉共鸣的亚里士多德式的戏剧完全成了意识形态的工具，具有维护资本主义制度的功能。亚里士多德式的戏剧通过制造幻觉共鸣使得观众的理性批判、行动意识的枪械被统统收缴，在共鸣中甚至还放逐了原有的自我意识而去和戏剧角色同一。因而布莱希特在自己所倡导的新型戏剧观中宣布："更注重诉诸观众的理性，而不是观众的感情。观众不是分享经验，而是去领悟那些事情"。[①]借此来达到对社会现实的反思和批判，以实现戏剧的真正的社会功能。

布莱希特在反对推崇"移情"与"共鸣"的效果的亚里士多德式的戏剧时，就开始建构起自己以叙事为特征的"史诗剧"。主要原因有两个：其一，基于一种社会学的考虑，要求打破传统戏剧给观众造成的幻觉，重铸戏剧的社会功能。因为当时的德国正处在德国资产阶级走向法西斯主义和两次世界大战相继爆发的年代，人民生活在死亡的边缘。而这时期的布莱希特经历了1918年革命及其失败过程，有着长达15年的颠沛流离的生活体验，使他对现实社会与统治者的残酷认识更加深刻，改变现实世界逐渐成了他为之奋斗终生的目标。另外，这也源于他自己对马克思主义历史唯物论和辩证法的理解以及强烈的使命感，要求"文学理论要把现实主义同它的各种社会功能联系起来"[②]。他在《戏剧小工具

---

① 张黎编.布莱希特研究［M］.北京：中国社会科学出版社，1984：23.
② 张黎.表现主义之争［C］.上海：华东师大出版社，1992：3.

篇》中写道:"一切进步,在生产中导致社会改造每一次摆脱自然束缚的解放,人类按照新的方向所从事的一切改变他命运的尝试,不管在文学中作为成功或失败加以描写,都赋予我们一种胜利的和信赖的感情,带给我们对于一切事物的转变的可能性的享受"。①所以,布莱希特要求自己的戏剧不仅是解释世界,而且还要改造世界,把娱乐的目的改变成教育目的,突出戏剧的宣传机构的社会功能。其二,变革社会先要变革戏剧,以陌生化的手段进入戏剧美学的新探索。既然传统戏剧是以模仿、移情、共鸣和净化为目的和特征,但却妨碍和麻醉了人们去清醒地认识现实和改造世界,那么寻找一种能够帮助人们改造现实的艺术样式的责任自然就落到了戏剧理论探索者肩上。布莱希特写道:"戏剧艺术这种社会作用的转变使得有必要改变戏剧艺术的手段。"②因此他不得不从社会学的反思转向对戏剧美学自身的探索。

布莱希特看到西方传统戏剧妨碍了人们认识反思和改造现存世界的能力,是因为那种只追求演员与角色产生共鸣作用,这无疑阻碍了观众的批判能力,因此提出了"反共鸣"可以用"陌生化"代替"共鸣"的理论,使得观众看到舞台上表现的人可以改变,可以被施加影响,可以主宰自身命运。这样就可以阻断观众现存自我意识的无意识化,阻断观众在资本主义意识形态氛围中产生新的自我意识,又可以培养、强化他们真正变革世界的行动意识。因为布莱希特对亚里士多德式的"共鸣"和观众接受艺术表演的方面观察得十分透彻,因此批判的锋芒也十分犀利。布莱希特不忍看那些麻木的观众被虚幻的世界的假象所迷惑,因而他对追求"共鸣"式的传统戏剧做了深刻的揭露和批判。他看到人们走进剧院时,"只要我们向四周一望,就发现处于一种奇怪状态中的、颇为无动于衷的形象:观众似乎处在一种强烈的紧张状态中,所有的肌肉都绷得紧紧的,虽极度疲惫,也毫不松弛。他们相互之间几乎毫无交往,像一群睡眠的人相聚在一起,而且是些心神不安地做梦的人,像民间对做噩梦的人说的那样:因为他们仰卧着。当然他们睁着眼睛,他们在睡着,却并没有看见;他们在听着,却并没有听见。他们呆呆地望着舞台上,从中世纪——女王和教士的

---

① 童道明主编.现代西方艺术美学文选,戏剧美学卷[M].沈阳:春风文艺出版社/辽宁教育出版社,1989:15.
② [德]布莱希特著,布莱希特论戏剧[C].丁扬忠等译.北京:中国戏剧出版社,1990:176.

时代——以来，一直就是这样一副神情。看和听都是活动，并且是娱乐活动，但这些人似乎脱离了一切活动，像中了邪的人一般"。①显然，布莱希特发现在这里，亚里士多德式的戏剧借助"一种关于世界的残缺不全的复制品"，把观众带入身临其境的戏剧世界中去打动观众的情感，使之产生共鸣。把观众"变成"一群畏缩的、虔诚的、"着魔"的人。从而使观众"能够把一个充满矛盾的世界，当成一个和谐的世界，把一个不怎么熟悉的世界，当成一个可以梦想的世界"。②当观众失去任何判断和批判力时，主体意识也就失去了，一切都被虚幻的假象所迷惑。显而易见，这种"共鸣"不仅是观众接受艺术的方式，而且也是被发达资本主义所利用，资本主义世界正是利用"共鸣"的艺术形式来美化现代资本主义社会，来使观众认同于现成的社会秩序。因此，布莱希特发出了庄严的呼喊："让我们创造另外一种艺术吧！""这另外一种艺术"就是他倡导的"史诗剧"——反亚里士多德式的戏剧。

1930年，布莱希特在《关于歌剧〈马哈哥尼城的兴衰〉的说明》一文中，第一次从理论上阐明了史诗剧，提出了"现代戏剧应该是史诗剧"的主张，并将两种不同的戏剧列表作了对比，然后发现"戏剧式的戏剧（传统戏剧）的观众的感受是：确实，我也感觉到了这一点——就像我这样——这确实很自然——从来就是这样——这个人的痛苦感动了我，因为他没有出路了——这真是伟大的艺术，因为一切都是那么自然而然——他哭我也哭，他笑我也笑"。③而"叙事剧（也即史诗剧）的观众感受则是：这一点我可从未想到过——人们可不能这样干。——这太奇特了。简直太难以置信——这样的事必须得停止。这人的痛苦感动了我，因为他是会有出路的——这真是伟大的艺术，因为这一切都是那么不可思议——我对哭者笑，对笑者哭"。④由此可见，布莱希特的史诗剧理论是个独立、完整的戏剧体系，是对传统的亚里士多德式的戏剧的内在结构、表演手法、剧场效果及相应的社会功能、价值取向、审美形态以及表现题材的美学观等方

---

① 童道明主编.现代西方艺术美学文选，戏剧美学卷［M］.沈阳：春风文艺出版社/辽宁教育出版社，1989：15.
② 童道明主编.现代西方艺术美学文选，戏剧美学卷［M］.沈阳：春风文艺出版社/辽宁教育出版社，1989：16.
③ 伍蠡甫，胡经之主编.西方文艺理论名著选编［M］.北京：北京大学出版社，1987：318.
④ 伍蠡甫，胡经之主编.西方文艺理论名著选编［M］.北京：北京大学出版社，1987：318.

面的挑战和超越。

在西方文学理论中较早提出"陌生化"理论的是俄国形式主义理论家什克洛夫斯基，他认为人对现实生活中的各种事物总是保持着一种"熟视无睹""视而不见"的态度，因为人在感觉事物时总是受前经验的制约，如果没有新的信息，人就会把它"虚无化"，因此，"为了恢复对生活的感觉，为了感觉到事物，为了使石头成为石头，存在着一种名为艺术的东西……艺术的手法就是使事物奇特化的手法"。也就是说，艺术可以通过陌生化来反叛现实，打破现实生活中的感觉的机械化规律，来恢复人对事物的原初感觉。什克洛夫斯基思考到这样的问题："如果有谁回忆他第一次手握钢笔或第一次讲外语时的感觉，并把这种感觉同他经过上千次重复后所体验的感觉做比较，他便会同意我们的意见"。[①]的确，现实生活既为人的感觉提供了无限的"第一次"，但又残酷无情地消失了这些"第一次"，随后的是重复又重复。在重复中，人的感觉被磨平了、磨光了，变成了无意识。因此，文学艺术必须用"陌生化"的手段来反叛现实生活的铁的法则，来重新恢复人的感觉。布莱希特看到传统戏剧的观众对现实生活的周遭环境的认识总是重复着原来的感觉，其观察和反思的能力拘于资本主义意识形态的国家机器，并受其包围而化作他们心理的无意识，这就使得观众——这个变革世界的主体成了"常人"。布莱希特用陌生化手段来建构自己的"史诗剧"，就是想用这种陌生化手法来打破意识形态国家机器。尽管作为国家机器的意识形态，不仅包括人的意识观念，还包括强化这种意识观念的无意识化，而这种无意识化会阻断他们新的自我意识的产生，用弥漫着行动的"感觉""见解""冲动""思想""感情"，来重构观众变革世界的意识。这种陌生化手段就在于：采用一种表演方式以阻止观众将自己简单地与剧中人物认同。对人物行为和话语的接受或拒绝必须要上升到理性的层面，而不能让迄今为止的做法，停留在观众的意识中。[②]这就是说，"史诗剧"就是要对人们已经熟悉的事件进行陌生化，使现代人对之感到震惊，从而引起他对戏剧事件的反思和批判。这种"陌生化"

---

① ［苏］维·什克洛夫斯基.艺术作为手法［A］.托多洛夫编，俄苏形式主义文论选［C］.蔡鸿宾译.北京：中国社会科学出版社，1988：65.

② ［英］拉曼·塞尔登编，文学批评理论——从柏拉图到现在［M］.刘象愚等译.北京：北京大学出版社，2000：64.

也即"对一个事件或人物进行陌生化,首先很简单,把事件或人物那些不言自明的、为人熟知的和一目了然的东西剥去,使人对之产生惊讶和好奇心"①。显然,布莱希特借助于"陌生化效果"是要向人们暗示:"没有任何东西是一成不变的、唯我独尊的、牢不可破的,世界非但可以改变,而且应该改变"。②

正是由于对戏剧的政治使命的诉求,使得布莱希特反对传统戏剧,要求戏剧的"非亚里士多德化"。在他看来,亚里士多德的"卡塔西斯"(净化)是基于移情作用,即观众对戏剧所造成的幻觉的认同,观众沉浸于剧情之中,丧失理智和基本的现实感,从而有利于维护既定社会现实,观众成了被动的接受器具。而布莱希特所指导的戏剧的理想形态是追求"陌生化效果",主要现在两个方面:一是演员和角色之间的间离,二是演员或舞台和观众之间的间离。这就要求演员与角色保持距离,驾驭角色,而不是"死在角色中";观众和剧情、舞台和角色之间也要保持距离,不要被剧情和角色所迷惑,观众应该清醒地意识到他是在剧场里看戏而不是在幻觉中生活。而传统剧总是观众"像投河那样一头扎进剧情而难以自拔",产生被动的"共鸣",布莱希特恰好要把这种共鸣颠倒过来,把观众变成真正的观赏者和批判者,变成一个平等的角色和主动的参与者,使观众与舞台展开对话,这样也就要求演员与角色、观众与表演之间保持必要的距离,必须破除舞台上发生的一切都是"正在进行的生活"这一幻觉,从而打破舞台的"第四堵墙",把观众从自然主义的"催眠术"中拯救出来,使观众始终保持独立地观赏艺术、评判生活的立场,而不受角色和演员的支配。与亚里士多德戏剧强调"动之以情"相反,布莱希特的戏剧主张是"晓之以理",最终的目的是使戏剧演出有益于社会变革。布莱希特使用陌生手段对现实进行彻底反叛这一点,也许被阿尔都塞一语道破:"当布莱希特不再用自我意识的形式来表达剧本的意义和潜在意义时,他推翻了传统对戏剧的总问题。我想说的意思是,为了使观众产生一种新的、真实的和能动的意识,布莱希特的世界必定要打消任何想以自我意识的形式充分地

---

① 丁扬忠等译.布莱希特论戏剧[M].北京:中国戏剧出版社,1990:62.
② 张黎.布莱希特研究[M].北京:中国社会科学出版社,1984:362.

发现自己和表现自己的念头"。①因此可知，"陌生化效果"力求拉开生活真实与艺术真实的距离，辩证地处理演员、角色、观众三者之间的关系的一种特殊表演方法，同时也是表现生活、认识生活的原则，其目的就是实现戏剧的社会批判功能。布莱希特的这种创造性发现显然是独树一帜的，也正像他朋友本雅明所评价的那样："（布莱希特）以其史诗性戏剧同亚里士多德的戏剧理论，就像利曼创立了非欧几里得几何学一样。"②本雅明所作的这个类比也许说明了这样一个问题：他把史诗剧除去共鸣看成是机械复制时代艺术作品"灵韵"的丧失在戏剧艺术领域的集体体现。"灵韵"丧失的艺术可以建立在政治实践的基础上，而史诗剧正是体现了这一政治意图。本雅明始终认为作为生产者的作者的职责，就在于生产工具、就在于形式技巧的创新，而布莱希特的史诗剧的创作正是这方面重要的体现。因为，本雅明看到随着现代科技的进步和生产力的飞跃，艺术也由古典时代走向衰微，现代艺术的"费解性"正是体现在它的"反思性"上，布莱希特的史诗剧的创造性实践，也实际上为本雅明的革命艺术理论提供了实验场所，他们之间的友谊合作也促进了其各自关于现代艺术的思考和美学理论的发展。

第四节　现代艺术的"破坏"性格与革命潜能

从上一节我们可以看出，本雅明从布莱希特的史诗剧中发现了现代艺术的"费解性"和"反思性"，并且布莱希特的戏剧实验与本雅明现代艺术理论上是相互启发和呼应促进的。所以，在本雅明的思想中，有一种力图把共产主义和无政府主义结合在一起的破坏性观念，具有反叛资本主义文明的强烈批判色彩，这同法兰克福学派其他美学家的方向基本一致。尤其在谈到机械复制艺术时，流露出对表现主义、超现实主义和达达主义艺术的崇拜。甚至他有时简单地把革命与破坏两者混同起来，追求尼采式的疯狂的破坏的性格。在1931年《破坏的性格》一文中，本雅明竭力鼓吹怀

---

①　马生龙.论艺术陌生化反叛现实的功能［A］.西北工业大学学报（社会科学版）［J］.2006（6）：35.

②　张黎编.布莱希特研究［M］.北京：中国社会科学出版社，1989：13.

疑一切、蔑视创造的"破坏的性格",他宣布:"破坏的性格只有一个口号:腾出空间;只有一个行动:扫除障碍",主张彻底否定现实,破坏现实。他把历史唯物主义看成是一种同无政府主义、虚无主义近亲的、破坏一切的武器。因而,对现代社会的具有反叛现实的先锋派的各种艺术自然就情有独钟。

一、无节制的反叛与否定:超现实主义与达达主义

本雅明把艺术看成是一种"生产—消费"的辩证运动的过程,并试图把生产力决定生产关系的唯物观运用到艺术生产领域中去,这种倾向无疑是正确的和符合现实的。如他重视艺术技巧,反对把内容与形式机械地割裂开来,这些看法既具有马克思主义历史唯物论影响的痕迹,又有超越性的思考。他对机械复制时代的艺术和电影的考虑与肯定,是他在艺术生产力理论方向的一个具体应用。他从技术进步的角度,充分肯定了现代摄影、电影等新兴的艺术的成就与价值,是其唯物主义思想原则在艺术理论中的体现。另外,本雅明把共产主义和无政府主义融合在一切进行大胆实验的动机,体现在他的论文《超现实主义:欧洲知识分子的最后快照》之中。这并不是因为本雅明看到那些超现实主义的倡导者们(如布勒东、艾吕雅、阿拉贡等)在当时都是共产党人,重要的是超现实主义这种创作实践与他本人当日益浓厚的"激进共产主义"思想十分契合。因为,当时的超现实主义所发展起来的正是那种无节制的批判和否定的能量,也即本雅明所说的"革命虚无主义的力量"。因为超现实主义运用语言的神奇力量打破了西方传统的形而上学和人道主义的核心。另外,在本雅明的思想中,一直有着残酷的一面,也即他把意识形态中的似乎不是实践中的革命、暴力看作是净化历史的必要手段。在文化观念上,他同苏联未来派诗人马雅可夫斯等人的倾向极为相似,主张将古典主义作家与作品从现代的轮船上推下去或清除掉,认为这是对资产阶级艺术的根本性的破坏。他写于1931年的《破坏的性格》中的思想,与哲学家尼采当时怀疑和激烈否定传统权威和呼吁破坏一切秩序的口号十分接近。因为,在本雅明看来,"破坏的性格"带有对一切的不信任和怀疑态度,永远站在十字路口。显然,这种"破坏的性格"是他对达达主义、超现实主义产生强烈兴趣的主要动力。这种对于破坏性的关注,让人自觉地想起他早年的理论思路:那就是

对于废墟的赎救功能信仰，正是他说的"历史唯物主义的破坏能量"①的思想根源。

他的好友索勒姆认为，在本雅明的思想里，破坏性是启示录式的因素，它的力量成为救赎的一个方面。②尽管这种破坏的激情在本雅明看来，是政治革命的一种表现，但它无疑更接近于无政府主义的热情而不是清醒的实践，因而它更多地带有某种浪漫主义色彩。当代希腊超现实诗人埃利蒂斯就指出，超现实主义从本质上说是一种浪漫主义，而本雅明对这类先锋派文学的迷恋，同他的浪漫主义精神是分不开的。因为浪漫主义是本雅明思想的一个决定性的起点，也是他基本的感情之源，包括后来他在1913年写的短文《浪漫主义》，以及他对荷尔德林、施莱格尔和诺瓦利斯等浪漫主义诗人的研究，并且把弥赛亚主义的救赎说看作是"浪漫主义的核心。"显然，后来本雅明则把浪漫主义的那种否定现实的热情，同马克思主义的革命理论融合在一起，就不免带有乌托邦主义和无政府主义的色彩。

本雅明十分推崇超现实主义，其原因也在于他认为它符合激进共产主义的彻底否定性和批判精神。在他看来，超现实主义是一种"革命虚无主义"的力量，它运用语言的力量来打破西方传统人道主义理想；他相信超现实主义艺术能作为"诗歌政治"来破坏现实世界，能将其文学词语转化为"文学以外的东西：抗议、标语、文献、恫吓、伪造物"，这是对现实社会的"伟大的拒绝力量"。他把超现实主义作品的梦、幻觉、迷狂，说成是"为了革命赢得迷狂的能量"，它具有"世俗启迪"的功能，"是一种唯物主义的人类学的灵感"。显而易见，本雅明对现代主义先锋派艺术的倾斜，跟他强调艺术的政治功能有关，在《机械复制时代的艺术作品》中，本雅明把达达主义看作是用文字和图片的手段创造出那种公众在电影院里找到的效果，它拥有的新艺术形式正是在这个时代里改变了技术水平所要求的。他甚至把在超现实主义流派之前出现的达达主义作品比作是轰击读者或现实的炮弹，因为在这种不断引起震惊效果的艺术中，车票、汤匙、棉花和烟蒂被拼凑在一个画框内，成为激怒公众的工具。它似乎是在

---

① ［德］本雅明:《全集》, Benjamin Gesammelte Schriften［M］. Frankfurta, 1972, P1240-1241.

② ［德］Gershom Scholem .On Jews and Judaisn in Crisis, New York, 1976, P.194.

告诉观众:"看,你的画框撕裂了时间;日常生活中最小的真实碎片都比所谓绘画说了更多的东西"。①本雅明看到达达主义艺术作品的革命强度,体现和包含在它对艺术本真性的考验之中。由于达达主义的目标在于通过随意的创造物摧毁传统的艺术"灵韵",因此达达主义诗歌就成为"猥亵话和一切能够想象的语言废品的'词语凉拌'。"②在这一点上,本雅明将"破坏的性格"转变为"粗野的思维",对这种"粗野的思维"理解,也同样体现在他评价布莱希特的《三便士小说》的文章中,他认为这种"粗野的思维"是布莱希特对辩证法的伟大贡献,它的功能就是将理论指向实践。因为布莱希特在20世纪20年代的戏剧作品中到处充斥着各式各样的罪犯和恶棍,他自己也声称他的文学角色就是"剽夺者,和平的搅乱者,劫掠者。"③本雅明认为,"对他来说,他们确实是自我主义和反社会的典型。但把这些流氓和反社会的典型描写为潜在的革命分子正是布莱希特的恒久的努力。……布莱希特要在卑贱性和粗俗性的蒸饭器中衍化出革命者"。④显然,本雅明所希望是在达达主义、超现实主义和布莱希特的这种艺术创作的美学力量中,寄托上自己的"诗学政治"并以期达到改变世界的"乌托邦"理想。

在20世纪西方艺术思潮中,"达达"运动与超现实主义美学关系十分紧密。可以说,"达达"在精神上和艺术手法上,为超现实主义艺术的出现做了必要的准备。没有达达,超现实主义几乎就没有可能发展。达达运动是第一次世界大战的产物。1916年2月,在瑞士苏黎世的"伏尔泰酒店"举办了一场音乐、戏剧、诗朗诵及造型艺术展并行的独唱晚会。晚会上,一把裁纸刀在一本法德词典中碰巧点中的名词"达达"(法语原意为"玩具小木马")成为他们一切活动的代名词。很快地,"达达"这个被玩世不恭者找出来的偶得之词,一时名声远扬——成为这场与破坏、疯狂、虚无主义、愤世嫉俗密切相关的运动的标签。我们不妨听听"达达"的第一位倡导者,雨果·巴尔所提炼成的达达成员的行为准则(当然他是将个体的内容加于这个运动之上的):

---

① Walter Benjamin. *Reflctions*, New York, 1978, P.229.
② Walter Benjamin. *Slluninations*, New York, 1969, P.239.
③ Walter Benjamin. *Gesammelte Schriften*(Ⅱ:2)[M]. Frankfurta, 1972, P.666.
④ Walter Benjamin. *Gesammelte Schriften*(Ⅱ:2)[M]. Frankfurta, 1972, P.665.

我们所谓的达达就是一种疯狂的虚无游戏，其中融汇了世上一切最大的问题，这是斗士的姿势；这是带有可带的残余物的一种游戏；这是对日久月深的道德性的和广为炫耀的高贵尊荣所执行的死刑。达达成员喜爱异乎寻常的，甚至是荒谬绝伦的事物。他们知道，生活是在矛盾和冲突中展开的，或者干脆地说，生活本身就是矛盾和冲突。他们也知道，他们的时代跟其他任何时代一样，许许多多清静平和的事物都将毁灭。因此，他们兴高采烈地欢迎不管任何假面具，不管任何的捉迷藏的游戏，只要允许他们继续愚弄人们……①

　　从《达达：一部反叛的历史》的作者高利·贝阿尔和米歇尔·卡拉苏的分析来看，既然达达在促使美学、宗教甚至思想意识的总溃败方面助了一臂之力，这便意味着达达成员的所作所为都只是从破坏性的意义来说起到了推动的作用，或者说都只是在对灾难做的消极的关照中自得其乐。第三者的态度，也即小丑或吹牛者的态度，是可能存在的。他们装着是悲剧事件的直接受害者，为了不至于因此而痛哭流涕，不得不嬉皮笑脸地将那些事件重新编排过。理查德·许尔森贝克就是以这种态度向"伏尔泰小酒店"的公众发表他们的演说，这篇演说还戏拟《共产党宣言》的口吻："苏黎世市的贵族们和尊敬的公民们、学生们、艺人们、工人们、无业的游民们、来自各国的漫无目标的漂泊者们，团结起来！……我们找到了达达，我们就是达达，我们拥有了达达。达达是从一本词典中找到的，这并不意味着什么。这并不意味着什么的含义，就是不意味着某种东西。我们要用'没有什么意味的东西'来改变这个世界，我们还要用它来改变诗和画，而且我们要用它来结束这场战争。我们在这里的所作所为都毫无目的，我们丝毫也不想跟你们打趣或者取悦你们……"②正如达达的这些不胜枚举的宣言，我们看到的是它所展示的杂乱无章和惊世骇俗。总的来说，达达是

　　① ［法］雨果·巴尔.逃离那个时代［A］.12VY，1916，转引［法］亨利·贝阿尔·米歇尔，卡拉苏著.达达：一部反叛的历史·导言［M］.陈圣生译，郭宏安校.桂林：广西师范大学出版，2003：10.

　　② ［法］理查德·许尔森贝克.从一种启示到其他［M］.259—260，转引自［法］亨利·贝阿尔·米歇尔，卡拉苏著.达达：一部反叛的历史·导言［M］.陈圣生译，郭宏安校.桂林：广西师范大学出版，2003：11.

从无政府主义和虚无主义出发，以各种讽刺手法甚至恶作剧的形式对一切艺术形式的挑战和攻击，它产生于混乱，在破坏一切的同时，也完成了它的历史使命——打破现成品与艺术品、创造者与欣赏者、艺术与生活之间的界限。从1922年起，达达派的内部分歧变得日益明显。1923年，达达宣布解体，应验了他们自己所述的预言，"达达派也要消灭自己"。正是在达达主义艺术的无节制的反叛和制造的震惊效果中，本雅明才看到艺术媒介与效果对否定传统艺术的神奇力量和达达艺术的"破坏性格"中的革命强度。

比"达达"主义稍晚，超现实主义是盛行于两次世界大战之间的文学艺术流派，对于视觉艺术产生的影响较为深远。与"达达"主义的始乱终弃不同，超现实主义的理论根据是法国的主观唯心主义哲学家柏格森的"直觉主义"与奥地利精神病理学家弗洛伊德的"潜意识"学说。它主张放弃逻辑、有序的经验记忆为基础的现实形象，而呈现人的深层心理中的形象世界，尝试将现实观念与本能，潜意识与梦的经验相融合。超现实主义的哲学意义是纯精神的无意识行动，运用这种无意识行动可以表达思想的真正机能，并摆脱理性的控制和审美上或道德上的偏见。超现实主义者确信，一向受忽视的某种联想形式具有超现实性，这种超现实性使得思想的梦幻能自由飞翔。这是超现实主义者梦寐以求的世界。超现实主义不像象征主义或抽象派那样把生活现象加以意象化、形式化地符号处理，而是要去创造一种新的现实，一种高于现实生活秩序的纪实，即超现实。超现实主义的惯用创作方式就是怎样打乱知觉的正常秩序，在直觉的引导下，用一种近似于抽象的语言来表现心灵的即兴感。因此在它的作品中会有象征的符号和简化的形象，使作品带有一种自由的抽象感，有儿童的天真气息。在超现实主义的作品中往往表现出一种得到启示的状态，它通过非现实中司空见惯的物象的重新组合，寻求现实秩序之外的神秘性、思想性、非人的潜意识和内在的无意识的知性上取得情感上的一致。

在从达达主义向超现实主义的迈进过程中，纽约的达达派的代表人物马塞尔·杜尚（M arce Duchamp）是一个极具魅力的人物和令人瞩目的反叛先例。他的作品总是独特、大胆，充满想象，他用玻璃、锡片、铅丝、油彩、粉末等非传统材料和全新技法进行创作，还用自行车轮、铁锹、梳子等现成品做雕塑，甚至让现成品直接成为艺术作品。如果说达达与超现实主义的破坏是有限的，一时情绪化的，是摧毁一切的战争中不满情绪的彻底发泄，那么杜尚睿智的反叛和嘲讽则是深入骨髓的，是切实的身体体验面对现实性做出彻底的颠覆。与达达的想入非非所表现的急功近利相比，杜尚的作品呈现出一种稳定性和持久性。他的艺术经验的方式与生命活动联系在一起，让观者亲临事物、真理、价值为他们构成的那一时刻，创作的关键成为一种在身体知觉中的领悟。在小说创作上，超现实主义作家主要有布勒东、阿拉贡、菲利蒲·苏波、罗贝尔·德恩诺斯等人，他们采用"自动写作"（又叫"下意识写作"），小说描写的对象是，注重探索现代资本主义社会压制下人的精神潜意识的梦幻与情感；有的调动各种形式的想象因素和自由联想，甚至采用"集体联句游戏"的形式，从各个方面接近世界的本质。超现实主义者极为推崇精神病般的"胡思乱想"，认为它是人类所能达到的最高标准的想象方式。这种小说虽然与意识流小说相似，但却具有一定的故事情节，并掺杂了超现实主义运动的体验和体会。超现实主义运动的领袖人物布勒东，曾当过精神病助理医生，对精神病人的心理有相当深入的了解。他和苏波合作的小说《磁场》写于1919年，鲜明地体现了"自动书写"的特点。这部作品在创作时，两位作家各写各的，没有互相商量，在写完之后再拼凑起来。小说充满大胆的想象，生动的比喻以及奇妙的联想。例如，小说中有这样一段："我们是水滴的囚徒，我们都永远是动物。我们在无声的城市里奔跑，令人喜悦的海报和我们再也没有的关系。这些强烈的、脆弱的激情和我们这些乐观的、枯燥无味的跳跃有什么用呢？我们从此只知道死去的明星；我们彼此相望；我们高兴的叹息。"超现实主义的先行者、著名诗人罗贝尔·德恩诺斯写的唯一的小说《酒已打开》，主要描写作家本人服用毒品的亲身体验和服药后处于迷幻中的离奇想象，体现了超现实主义者的"集体游戏"精神和对疯狂状态的着迷。

本雅明在1926年前后写成了《德国悲剧的起源》和《单向道》，前者为他早期玄奥风格的认识论画上了一个句号，后者则是一部超现实主义版本的历史唯物主义作品。之后在1928年，他写了《超现实主义》一文，则标志着他从早期的形而上学向后期唯物主义的转折，从而也开始对激进共产主义政治进行关注。《超现实主义》与本雅明的大部分作品一样，具有某种思想自传的性质，并借此以转型时期的超现实主义立场来折射了自己的立场建构。历史危机——两战之间的年代里——是他自身生存的处境，给予本雅明思想以独特魅力的是他的犹太思想背景，所以内在于超现实主义中的革命与行动主义立场也给了他将历史与弥赛亚主义相互关联的灵感。正好他在这个时期里写给雨果·冯霍夫曼的信中所言："在德国，就我的兴趣而言，在同时代人中间是茕茕孑立的，（而在法国）有些情形，如作家希拉多，特别是阿拉贡，还有超现实主义运动——从中我看到了正在进行着我所关怀的事情"。①本雅明用"世俗的启迪"（Profane Illumination）②这一术语来概括超现实主义的经验论，并对其进行了一番扬弃之后才建构了自己的方法论，以便通过把超现实主义和他自己早期的思想带入了一个聚合点来追求更有成效的世俗启迪。正如他在论文中所说的"世俗的启迪"或超现实主义本身发现超现实主义并不是总能称职的，那些最强有力的声称可达到这一目的的作品，如阿拉贡的无与伦比的《巴黎城里的乡巴佬》和布勒东的《娜嘉》，都表现出许多令人不安的不足。"世俗的启迪"的方法秘诀在于"将醉的能量用于革命"③，即从"非同一性"的角度去重新审视现实。超现实主义在这方面的实践具体表现为布勒东的"无与伦比的发现"，即布勒东第一个从已经"过时"的东西中，如第一批钢铁建筑、最早的厂房、最早的照片、已经濒临绝迹的物品如钢琴和五百年前的服装、生意已经不再红火的酒店等事物中，看到了革命的能量。在本雅明看来，这种革命的经验在超现实主义的早期还只是一种带有无政府主义色彩的"革命虚无主义"，一种"贪婪的否定"④和叛逆的经验。"他们使埋藏在这些事物中的'气韵'的巨大能量达到爆破的顶点"，⑤这种埋藏的"气韵"只有通过陶醉的体验才能使之爆破出来。他们借助大麻、鸦片进入这种新的体验，尝试着自由记录式的写作。所以在《巴黎城里的乡巴

---

① Scholem & Adorno, *The Correspondence of Walter Benjamin*, P.315.

② 这个术语并不是本雅明最先使用，而是源于法国发行的一系列导游手册中的一本集子的标题。而在这里是指"宗教的启迪"，religious illumination 的相类似的概念，正如理查德·沃林所指出的：如同宗教启迪，世俗的启迪也利用精神陶醉所产生的能量以便制造"显灵"，revelation，即一种超越经验现实的平淡无奇状态的远见或洞见，本雅明称之为"唯物主义、人类学的灵感"。

③ Walter Benjamin, *One-Way Street and other Writings*, trans. Edmund Jephcott, Kingsley Shorter, NLB，1979，P.229.

④ ［法］布吕尔.20世纪法国文学史［M］.郑克鲁译.成都：四川文艺出版社，1998：81.

⑤ Walter Benjamin, *One-Way Street and other Writings*, trans. Edmund Jephcott, Kingsley Shorter, NLB，1979，P.229.

佬》和《娜嘉》中，巴黎的街道被描绘成如同突然出现的梦幻世界。他们的目的不仅是对传统理性的矫枉过正，也是对资产阶级心安理得的态度的批判，因为梦幻给人们提供一种不同的视角。

二、展示现代人的孤独心理：爱·伦坡小说里的震惊体验

从本雅明的《拱廊街计划》的宏大构架和打算对社会文化展开广博研究来看，他希望通过对生活形式的寓言式的解读，使这个时代的真理内容透过其物质内容的表象和碎片显现出来。本雅明在这些笔记中想把蒙太奇的原则带入历史："这个项目的方法：文学蒙太奇。我不评述，只是展示。我不会偷走任何有价值的东西或挪用任何独到的理论。但是那些破布、废品——这些我不会将之存盘，而是允许它们以唯一可能的方式，合理地取得属于自己的地位、途径，是对之加以利用"。[①]本雅明意欲通过从现实表面提取历史的方法，去利用历史的"琐碎和垃圾"。作为与破碎的真理传统状态对立的"碎片"，它是从历史的废墟中拯救真理本身，而不是再现历史全部的、线性的物质面貌，因此每块"碎片"都是对许多"永恒的时刻"的表征，它们的互补必将指向原始的整一。本雅明想努力找到一种尽量与传统哲学概念化没有近似性的知识表征方法，因此便有了"以形象为目标"而接近真理的方法，基本原则与超现实主义蒙太奇的原则极为相似：放弃传统的哲学叙事，而采取一种要求将洞见直接并置的途径。因而他试图通过一系列具有代表性的"辩证意象"来捕捉现代资本主义社会的内部矛盾。基于以历史唯物主义的立场对历史的理解，他指出"辩证意象"的概念结构，也即对每一个社会形态来说，在集体意识中都存在着相应的形象，在这里新的和旧的东西互相交织，过去与现在总是辩证地结合在一起。就历史空间来说，历史是各种力量的交织，任何一个当下历史时刻都是辩证的现实，都映现着时代的总体形象，它们之间存在着相互呼应的关系。作为一个文化范畴，"辩证意象"是一个时代的文化符号体系，它既是由经济体系决定的，同时又是这个时代的幻象。在这里，既有被压抑的欲望，又包含乌托邦理想。本雅明把这种文化表达的辩证意象说成是集体的梦幻意象。

---

① 汪民安主编.生产（第一辑）[M].桂林：广西师范大学出版社，2004：312.

　　基于马克思主义历史观和社会生产方式的理论，本雅明用"文学蒙太奇"式的方法来辩证地分析历史。他写作的《拱廊街计划》，既要展示意象，又要把各种意象拼贴在一起，蒙太奇式地展示19世纪的社会文化。在对资本主义物化现实的研究中，本雅明抓住了拱廊街、透景图、世界博览会、中产阶级居室等典型的梦幻场景，来分析资本主义商品世界的本质。他在这些梦幻场景中看到了对商品的展示，并在街道人群中的"闲逛者"的身上看到了商品陈列与消费者的新关系的寓言表征。这些游手好闲者被爱伦·坡称为"人群中的人"，被波德莱尔称为"浪荡子"。对本雅明来说，这些游手好闲者也是一种逍遥法外者。他们既抗议劳动分工也不愿意勤劳苦干，于是任何一个工厂都不是他们的合适场所，街道便成了他们的去处。闲逛者就是被遗弃在人群中的人，在这一点上，他们与商品的处境有点相同。因为这种处境使他沉浸在幸福之中，一如商品陶醉于周围潮水般汹涌的顾客。本雅明从对都市人群中的游手好闲者的存在及其"变成了不情愿的侦探"[①]这样一种社会现象出发，将爱伦·坡的侦探小说与波德莱尔的思想加以比较研究。

　　本雅明发现，波德莱尔从侦探小说文体中吸收爱伦·坡小说的一些有效因素，并且爱伦·坡对有关人群问题的思索启示波德莱尔写成了那首有名的十四行诗:《给一位交臂而过的妇女》。本雅明认为，坡的小说《人群中的人》表明，"游手好闲者"独自一人时就会感到孤独和不自在，所以他要躲藏到人群中去，而波德莱尔则"喜欢孤独，但他喜欢的是稠人广众中的孤独"。[②]其实，爱伦·坡小说中写人物孤独的异化与人格分裂远远比本雅明所看到的要令人震惊得多，而且爱伦·坡笔下的主人公基本上都是远离社会尘嚣的孤独人物，而这样的人物早已成为现代主义作品中常见的典型。卡夫卡的小说《变形记》中的主人公格里高尔·萨姆沙一觉醒来发现自己变成了一只甲虫，最后受尽白眼与歧视，孤独死去。伍尔芙的小说《达罗夫人》中的年过半百的女主人公，虽然生活富裕，精神上却极度空虚。乔伊斯的小说《尤利西斯》里的主人公小市民布鲁姆整日无所事事，过着空虚无聊的街头流浪生活。福克纳的长篇叙事《喧哗与骚动》中的昆

---

　　① ［德］本雅明.发达资本主义时代的抒情诗人［M］.北京：三联书店，1989：69.
　　② ［德］本雅明.发达资本主义时代的抒情诗人［M］.北京：三联书店，1989：68.

丁整日陶醉在往昔的荣誉里，当他失去了想象中的情人和家族自豪感时，只能靠自杀来结束这孤独、虚妄的一生。爱伦·坡的小说对这种现代人的孤独更是有着深刻的挖掘和开拓，因为他的作品总是充满了对人类生存状态的深刻关注。其小说《人群中的人》（*The man of the Crowd*，1840）就是一个表现孤独的典型范例。

《人群中的人》不像作者其他侦探小说那样有令人发指的死亡与暴力，也没有扣人心弦的神秘和惊险，只是讲述了一位老人在大街上游荡的故事。小说题记中"不幸起因于不能承受孤独"一句，一语道出了故事的真谛。虽然小说写于一百多年以前，但却表达了现代人们仍然具有的情感和悲哀，读后感触深刻、令人震惊。原来老人喜欢到都市的人群中去，正是为了逃避孤独。就精神学分析来说，当个人意识到自己是一个孤独的个体，意识到他与外界隔绝，人生就会变成难以忍受的牢笼，令人痛苦不堪。倘若不能逃脱出去，"以这种或那种方式与他人、外部世界相沟通"，就会使人丧失理智，陷入疯狂与绝望[1]。故事中的无名老人为了反抗孤独的折磨走到熙熙攘攘的大街上去观看人群，而街上的每个人也都想从人群中找到慰藉，但却永远得不到人群中的了解和认识，因此更加陷入更大的孤独状态之中。老人在人群之中，却时刻在人群之外。借用坡的一个比喻，也即老人就像一本"不允许自己被人读"的书，这就决定了他根本无法与他人沟通和交流[2]。他扑向人群，但是又对人群保持着高度的警惕，"他的下巴垂到胸前，眼睛在皱紧的眉头下飞快地转动，扫视围在他身边的人群"。[3]他与外界保持距离，不言不语，不与任何人交流，对外界充满戒心。他隐藏着真实的自己，破旧肮脏的衣着实际上是质地精良的亚麻，在二手货的大衣的裂缝之间却掩藏着钻石，而衣服中的匕首随时准备防范外来的一切侵扰。他始终封闭在自我的硬壳中，这就注定了老人的孤独，这是何等的悲哀。存在主义者萨特曾在他的剧作《禁闭》中道破了这种现代人的典型心态："他人是地狱。"这一结论实际上揭示出了现代社会中人与人的关系的症结所在，正是这种心态导致了人与人之间互相防备，无法理解、无法沟通，使得人们即便近在咫尺，也仍然无法逾越彼此心中的那堵

① ［美］弗罗姆.弗罗姆文集［M］.北京：改革出版社，1997：34.
② ［美］爱伦·坡.爱伦·坡集［M］.北京：三联书店，1995：441.
③ ［美］爱伦·坡.爱伦·坡集［M］.北京：三联书店，1995：447.

高墙。

爱伦·坡是人类精神领域的探索者，他的作品撞击的是整个人类的精神世界。他首先把心理学的方法引入文学创作，因此有学者认为："坡的伟大之处在于他是第一个开掘人类意识最深处幽暗领域的人"。①他把笔触深入到人物潜意识的昏暗里去探查，目的是想找到一种挖掘人类灵魂深处的方法，因而他也成功地刻画了一系列意识分裂、精神变态的双重人格者，克罗齐称他为"神经病体裁的真正开拓者"。②爱伦·坡在19世纪初敏锐地觉察到了人类将面临冷酷的社会现实，并以人的精神世界为对象，真实地表现了人类的内心世界和压抑的心境，描绘了现代人所共同患有的精神病症。跻身于人群就成为故事中的老人排遣孤独的独特途径，因为对他来讲，生存的唯一方式即跟随人群、躲避其中。人群散去时，他面色发白、焦虑不安，脸上浮现出"比绝望还绝望的神情"③，甚至他再次寻找到新的人群，才能使极度的痛苦得以缓解。他不吃不喝、不分昼夜地追逐着人群，无论是最繁华的市中心，还是剧院散场的人流，乃至郊外酗酒者的廉价酒店，只要身在其中，他就会精神振奋，步伐飞快。但小说中的老人无姓无名，显然这是一个极具代表性的个体或象征整个人类的某种精神符号，他的独特行为代表了现代社会中人类的一种特性——逃避孤独。驱之不尽的孤独，正是现代人内心的真实写照："意识到自己是个分离的存在物"使人类"感到无法忍受的孤独、失落与无能为力"。④如何克服因孤独而产生的痛苦，如何摆脱因分离所造成的孤独，这是长期以来人们不断探究的方向。对现代人来说，逃避孤独在一定程度上也就意味着逃避自由，当代西方著名心理分析学家弗洛姆（Erich Fromm）曾在《逃避自由》一书中指出自由对现代人的双重意义，以及现代人所陷入的既追求自由又逃避自由的困境。

"自由"作为一个令人向往的美好字眼，它与人类个体化的发展程度不无关系。从最早的原始社会开始，人类就与自然紧密相关，他依存于自

① 常耀信.美国文学简史［M］.天津：南开大学出版社，1995：87.
② Joseph Wood Krutch. *Edger Allen Poe, A Study in Genius*［M］.London Alfred. A, Knopt.1926：204.
③ ［美］爱伦·坡.爱伦·坡集［M］.北京：三联书店，1995：449.
④ ［美］弗罗姆.弗罗姆文集［M］. 北京：改革出版社，1997：446.

然，同时又被自然所束缚。随着人类的成长和科技的发展，人类控制自然的能力大为增强，物质产品也日益丰富，生活水平也不断提高，同时也加快了社会文明的进程。人类逐渐摆脱愚昧、迷信和落后，在物质和精神两方面得到解放。在文艺复兴和宗教改革的冲击下，人们获得了个人的尊严、意志和自主精神，并在宗教信仰方面得到了自由；资本主义的发展又使人们进一步在经济和政治上获得了自由。人类个体化和自由程度越来越发达，但是这空前广泛的自由将人类的乐观情绪推向了反面。现代社会文明的许多悲剧性因素表明：在解除了自然与社会所强加在个人身上的种种束缚的同时，个体也失去了安全感和归属感，感受到了从未有过的孤独。从根本上来说，人类的灵魂需要贴近他的根基。人类自幼儿时期起就与自然连为一体，土地、动物、植物是人类世界不可缺少的一部分。依照弗洛姆的观点，随着人类"逐步挣脱自然纽带，他与自然相分离的程度日益加深，寻求逃避分离的新途径的要求也就越来越迫切"；在另一方面，作为自由个体的人在解除了在原有社会秩序中扮演的角色之后，也相应地失去了这一固定角色所带来的安全保障。[①]与此同时，自由所带来的责任和挑战又给个体以压力，使其陷入了茫然和焦虑的境地。此外，个体化的发展越发地导致了人与人之间关系的淡薄和敌对，个体在孤立无援的情况下更为孤寂与凄凉。由此可见，人的个体化的过程也是人的自由与孤独并存的过程，人类获得的自由是以丧失与自然的原始统一性、与他人逐步分离为代价的，而这一分离所引起的孤独、焦虑与不安又并非个体所能承受。因此，现代人所面临的问题是：在个体化的过程中，如何克服因自由所导致的分离，"如何克服分离以实现融合"。[②]

爱伦·坡在他的小说《人群中的人》里，呈现了现代人的精神困境，同时也提供给人们一种逃避自由、克服分离的途径——"融合"。"企求与他人融为一体，这是人身上最有力的冲动、最深沉的激情"[③]。老人害怕孤独、渴望融合，他追逐人群，试图在人群中获得安全感和充实感，但却陷入了一种更加无助的孤寂失落中。人类被社会现实折磨的苦痛，在绝境中挣扎，渴望与人沟通、被人理解，可是为何在苦苦挣扎之后，依然跳不出

---

① [美]弗罗姆.弗罗姆文集[M].北京：改革出版社，1997：342.
② [美]弗罗姆.弗罗姆文集[M].北京：改革出版社，1997：342.
③ [美]弗罗姆.弗罗姆文集[M].北京：改革出版社，1997：348.

自我的狭隘，打不破人与人之间的隔阂。爱伦·坡的先驱作用就在于他对人类的精神困境的这种前瞻性的关注给其他现代主义作家以巨大的启迪，他的小说反映了现代主义文学作品中现代人的精神病症，并对其进行了深刻的剖析。这一主题到了20世纪才引起了人们的广泛关注，其他作家也开始对此类问题展开探究。例如，现代主义大师海明威在《一个干净明亮的地方》中描述了一位家境富裕但精神空虚，甚至企图自杀的人。老人终日借酒消愁，每日到一个固定的餐馆喝酒是他的生活核心。这家餐馆干净明亮，给人舒服和安全感，这使得他每天迟迟不愿离去。麦卡勒斯在《心是孤独的猎手》（1940年）中，以同样的笔触刻画了工业社会中的孤独者。在剧作家爱德华·阿尔比的《动物园的故事》（1958年）里，现代社会中人的异化和面对工业化世界的绝望心情被勾画得更为淋漓尽致，杰利对生活感到厌倦与绝望，在公园的长凳上，千方百计与陌生人彼得搭讪，而后，他拔出匕首与之决斗，结果故意将匕首塞进彼得手中，自己扑到彼得的怀里自杀身亡。毫无疑问，这些作品都是现代工业与科技文明发展所造成的社会危机并由此引起的精神危机在文学艺术上的反映。这些故事较之坡的《人群中的人》或更为荒谬，或更为极端，但却都记述了人们为了摆脱孤独，寻求心灵安慰所做出的努力和尝试，它们表达了融合与沟通已是人类精神的渴望。

三、“波希米亚人”的隐喻形象与寓言式的文学批评

“寓言”（Allegory）是本雅明《德国悲剧的起源》中的一个核心概念，他的“寓言式批评”理论也是建立在对德国巴洛克时期悲剧的肯定分析之上的。这里的“寓言”与宽泛意义上以道德训诫为隐义的故事有所不同，因为本雅明写作《德国悲剧的起源》是用现代意识来观照戏剧历史的美学思考，其目的是“为了一个被遗忘和误解的艺术形式的哲学内容而写的，这个艺术形式就是寓言”。[①]本雅明在这种尝试性的批评实践中，提出了一系列新的思想原则，拓展了“寓言”的范畴，并赋予其新的美学内涵。虽然其内容相当晦涩难懂，并未在当时受到重视，但到了30年代的文学批评实践中，也即本雅明自觉地接受了马克思主义历史唯物论之后，其“寓言

---

① ［德］本雅明.德国悲剧的起源［M］.陈永国译.北京：文化艺术出版社，2001：94.

式批评"的思路更为清晰。尤其在对以波德莱尔为代表的现代抒情诗的评论中，使之形成了自己独特的批评风格。在《发达资本主义时代的抒情诗人》一书中，本雅明把对波德莱尔及其作品的马克思主义分析，同隐喻性的寓言式批评结合得十分完美。尤其在《波德莱尔笔下的第二帝国的巴黎》一文中，本雅明用"波希米亚人"与"游手好闲者"两大隐喻作为标题，大量引用马克思主义的言论，对波德莱尔及其作品进行深刻独到的分析。

"波希米亚"的词根是"Bothemia"，来自法文中"La Boheme"，原意是法国人对居住在捷克国家西部以布拉格为中心地区的吉普赛人的称呼，但19世纪以后，波希米亚超越种族称谓转型为文化语词，被当作一个普遍形容词，和不同的艺术、学术社群产生关联，用来喻指那些贫穷落魄却自由流浪的年轻文人艺术家以及他们的生活。如美国大学辞典中所定义的"一种具有艺术思维倾向的人，他们的生活和行动都不受传统行为规则的影响"。[①]发展到今天的"波希米亚"概念，尽管已经拥有了许多其他意蕴，但主要仍是指19世纪以来那些不满现状、喜欢游荡、具有创新才华的艺术家，以及他们的生活及其特异生活方式的形象代名词。至于像本雅明那样从文化学、社会学、艺术学角度来关注"波希米亚"现象（本雅明在《发达资本主义时代的抒情诗人》中对波德莱尔的"闲逛者"一节的描述，就是对波希米亚文人生活状态的关注）的著作片断也有不少，如皮埃尔·布厄迪厄的《艺术的法则：文学场的生成与结构》，书中有一小部分谈及波希米亚文人，认为是个值得研究的现象。[②]罗伯特·米歇尔（Robert Michels）于1983年在 *On the Socielogy of Bothemia and Its Conection to the Intellectual Proletariat* 一文中提出了"波希米亚社会学与下层知识分子"的问题。安娜·马丁·菲吉耶著有《浪漫主义者的生活：1820—1848》[③]一书，该书中将波希米亚视为浪漫主义运动的一段组成部分，作者认为40年代的生活放纵的波希米亚艺术家，相比于30年代受难诗人形象显得现实平庸，是浪漫主义运动萎缩的症候，等等。而本雅明在描述波德莱尔和19世纪的

---

① 维基百科大辞典［EB/OL］.http://wikimannia.wikimedia.org/wiki/.
② ［法］皮埃尔.布厄迪厄.艺术的法则：文学场的生成与结构［M］.刘晖译.北京：中央编译出版社，2001：68—92.
③ ［法］安娜·马丁·菲吉耶.浪漫主义者的生活:1820—1848［M］.杭零译.济南：山东画报出版社，2005：71.

巴黎时,用他特有的那种飘忽不定的线条勾勒出了19世纪初期"文人"轮廓。他先是在密谋者策划起义的烟雾弥漫的小酒馆里发现了文人,接着他把他们一同归入了"波希米亚人"之列,因为这些人生活动荡不定,由偶然事件所支配,毫无规律可言,他们是"种种可疑的人"。而且,文人与"波希米亚人",与那种流浪汉一样享有一种自由,但这却是失去任何生存空间的自由,一种被抛弃的自由。本雅明认为这便是摆脱作为一件商品、一个符号的存在所付出的代价。

马克思曾经在一段揭露性的文字中,谈到了"波希米亚人",他把职业密谋家也包括在"波希米亚人"之中。他认为那些让波德莱尔着迷的密谋家看来无异于一群"革命的炼金术士",他们无条件地发动起义,把革命变成一首"即兴诗"。本雅明把波德莱尔本人就看作是一个"同语言一道密谋策划的人,他在诗行里调遣词句,计算它们的功效,像密谋者在城市地图前分派暴动的人手"。[①]而且,本雅明进一步把波德莱尔的朝三暮四的艺术宣言同密谋者突然的举动,以及第二帝国令人猝不及防的政令联系起来,这种逃脱与落网有点接近文人的实际处境。本雅明写道:"要回想起波德莱尔的面孔,就得说出他显露出的与政治类型的相似之处。"[②]他引用马克思、恩格斯写的《评谢努"密谋家"及德·拉·沃德"一八四八二月共和国的诞生"》一文对"职业密谋家"的论述,认为"他们生活动荡不定""生活毫无规律","这就使他们列入了巴黎人所说的那种La Bothême(流浪汉)之流的人",而且这类人的生活状况"预先决定了他们的性格"。同样这种反复无常、令人难以捉摸的性质也体现在波德莱尔的作品中,本雅明用反讽和滑稽的口气写道:"1850年左右,他宣布艺术不能同功利分开;几年后他又鼓吹l'art pour l'art(为艺术而艺术),这一切并不比拿破仑三世在议会大厦后面一夜之间把保护关税变为自由贸易更让公众猝不及防。"[③]本雅明认为波德莱尔的政治洞察力并没有从根本上超出那些政治密谋家。无论是他在同情宗教反动,还是在同情1848年革命,其表达都是

---

① 〔德〕本雅明.发达资本主义时代的抒情诗人〔M〕,张旭东,魏文生译.北京:三联书店1989:5.

② 〔德〕本雅明.发达资本主义时代的抒情诗人〔M〕,张旭东,魏文生译.北京:三联书店,1989:29.

③ 〔德〕本雅明.发达资本主义时代的抒情诗人〔M〕,张旭东,魏文生译.北京:三联书店,1989:30.

生硬的，其基础都是脆弱的，他所表达的不如叫作"煽动的形而上学"，"甚至马克思在密谋者身上遇到过的恐怖主义的白日梦也能在波德莱尔身上找到相应的东西"。十月革命爆发时，"街垒"才是密谋者活动的中心，而"在总结《恶之花》的那首残缺的'致巴黎'一诗中，波德莱尔在告别这座城市前并没有忘记参拜一下街垒，他记起了'筑起街垒的神奇的石头'"。①波德莱尔的这种破坏性的热嘲冷讽和"压抑着的暴怒"，十分接近半个世纪的街垒战在巴黎密谋者身上培育出的激情。马克思用讽刺的口吻评价了这些职业密谋家，包括波德莱尔本人。马克思这样写道："他们是革命的炼金术，完全继承了昔日炼金术士的邪说歪念和狭隘的固定观念"。本雅明认为这些话用来概括波德莱尔的形象也十分恰当：一方面，他是个高深莫测的寓言家，另一方面他又是个专事密谋的人。

如果说本雅明评价波德莱尔时，采用的第一个隐喻形象是"密谋者"，那么第二个隐喻形象就是"拾垃圾者"。他十分滑稽地把诗人形象同另一个意想不到的形象联系在一起，甚至在更广的意义上作为文人的形象的隐喻。波德莱尔在《拾垃圾者的酒》一诗中这样写道："常看到一个拾垃圾者，摇晃着脑袋，碰撞着墙壁，像诗人似的踉跄走来，他对于暗探们及其爪牙毫不在意，把他心中的宏伟意图吐露无遗"。②本雅明在分析这首诗时看到，当新的工业进程拒绝了某种既定的价值，拾垃圾者便在城市里面大量出现，他们为中产阶级服务并在街头构成了一种家庭手工业。拾垃圾者总是对自己的时代十分着迷。本雅明从波德莱尔的散文中发现了这种"拾垃圾者"的形象，不过他概括得更为仔细："……他在大都会聚敛每日的垃圾，任何被这个城市扔掉、丢掉、被它鄙弃、被它踩在脚下碾碎的东西，他都分门别类地搜集起来，他仔细地审查纵欲的编年史，挥霍的日积月累，他把东西分类挑拣出来，加以精明的取舍；他聚敛着，像个守财奴看着他的财宝……"本雅明一眼便在这个形象里认出了文人的身影，"每个属于波希米亚人的人，从文学家到职业密谋家，都可以在拾垃圾者身上看到自身的影子，他们或多或少地过着一种朝不保夕的生活，处在一种反抗

---

① ［德］本雅明.发达资本主义时代的抒情诗人［M］.张旭东，魏文生译.北京：三联书店，1989：31—33.

② ［德］本雅明.发达资本主义时代的抒情诗人［M］.张旭东，魏文生译.北京：三联书店，1989：35.

社会的低贱地位上"。①本雅明一眼看出了波德莱尔的意图——把拾垃圾者的活动夸张地看作是诗人的活动的隐喻，他这样描述了两者相似性：两者都是在城市居民酣梦沉睡之时孤寂地操作着自己的行当；甚至两者的姿态都是一样的。"诗人为了寻觅诗的战利品而漫游城市的步子，也必然是拾垃圾者在他的小路上不时地停下捡起碰到的破烂儿的步子"。甚至本雅明还发现了拾垃圾者的阶级立场和革命性，"在适当的时候，拾垃圾的人会同情那些动摇这个社会根基的人们"。②在分析波德莱尔的另一首诗《反抗者》（组诗）时，本雅明指出其诗一方面"带着一种亵渎神明的调子"，他表明波德莱尔"在任何时候都能保持一种忤逆的不恭不敬的立场"，另一方面又包含着某些"神学的内容"。他在面对"使什么对波德莱尔把自己对当权者的激烈反抗置入一种激烈的科学形式中"的问题时，做了认真的分析和精彩的回答，他看到了波德莱尔诗中所体现的撒旦式的反抗情绪和革命精神，以及神权与共产主义的强大吸引力。

"游荡者"是本雅明评价波德莱尔诗歌作品的又一个寓言性的隐喻概念。在《超现实主义》一文中，本雅明就已经显露出对那种同巴黎城市变幻不定的客观风貌合拍的主观迷乱抱有独特的兴趣，并且把这种无政府主义色彩的精神幻异看作是"世俗的启示"。"游荡者"从某种程度上说，也是以边缘化的姿态来反叛一体化城市的典型。从本质上来说，他与社会的格格不入，是以自我为中心的，他的反叛当然不是理性的，也不是社会革命的，但他从无产阶级那里获得了情感上的反抗力量。正是在这个意义上，本雅明告诉我们："波德莱尔是个特务，一个对他的阶级及其统治心怀不满的特务。把波德莱尔同这个阶级相对应来看的人，将比从无产阶级立场认为他无味而加以摈弃的人，能从他那里得到更多的东西"。③对本雅明来说，波德莱尔（也包括超现实主义艺术家）是通过那些飘忽闪烁，引起震惊的现代形式来实现自己的文字"暴动"。而作为市场的旁观者，"游荡者"以威胁的姿态作为一场社会运动尤其是作为一场革命运动而不受欢

---

① ［德］本雅明.发达资本主义时代的抒情诗人［M］.张旭东，魏文生译.北京：三联书店1989：37—38.

② ［德］本雅明.发达资本主义时代的抒情诗人［M］.张旭东，魏文生译.北京：三联书店，1989：10.

③ ［德］本雅明.启迪［M］.Illuminations, New York，1969：144-145.

迎。但是，作为消费群体，他们更愿意参与到商品交换和流通的迷宫中去，因为"市场是游荡者最好的去处"。①本雅明意识到了"游荡者"的转型，这种转型伴随着大众消费主义的发展，也伴随着大众本身作为商品和消费者的转变。"游荡者"浓缩着现代生活本质中的新的东西，游手好闲者的东张西望代表着现代人的现代生活的一种标志。

显而易见，本雅明的"寓言式批评"明显地受到了马克思主义唯物史观的影响，阶级分析、社会存在决定思想意识等原理的痕迹也随处可见。他对波德莱尔的社会地位、思想矛盾及其在作品中的体现都做了精辟和细致的分析，显示了马克思主义文艺理论与美学思想的强大生命力。这一点在朱立元先生主编的《法兰克福学派美学思想论》一书中已有概括性总结和描述。本雅明这种"寓言式批评"是对波德莱尔笔下的"波希米亚人"以及"闲逛者"等隐喻切入论证的，然后引出了一系列隐喻意象，如密谋家、流浪诗人、拾垃圾者、醉汉、妓女、人群、大众、拱门街、商品等，通过对这些意象的描述直接深入到了波德莱尔作品的主旨和思想。这一系列的隐喻最终交织组成了本雅明"寓言式批评"的总体，而在这些寓言总体中，各种隐喻意象交织重叠，互相渗透和敞开，并与作者、作品的意象极为紧密地融合在一起。通过这样一系列理性思考，同具体与特殊的蕴含丰富的隐喻意象不假逻辑推演就直接结合起来，暗示出事物深层的复杂关系，极大地拓展了审美思维的空间。早期翻译本雅明著作的学者张旭东也这样评价说："寓言与隐喻无疑是本雅明风格的两个方面。如果说寓言是本雅明风格的心理学，那么隐喻便是它的语言学。两者是相辅相成的：在赋予对象一种寓意时，不可避免地带有隐喻的色彩。可以说隐喻是寓言得以形成的材料……隐喻还是领悟本雅明的寓言的一把钥匙"。②由此可见，本雅明的"寓言式批评"在20世纪30年代开始走向成熟，这也和他所评述的对象诗人波德莱尔观照世界的独特方式分不开，因为他看到波德莱尔总是以寓言的直观方式来透视资本主义商品经济所造成的事物贬值的现象世界，而"寓言的直观方式总是建立在一个贬值的现象世界的基础上，商

① ［德］本雅明.巴黎，十九世纪的首都［M］.刘北城译，上海：上海人民出版社，2006：96.

② ［德］本雅明.发达资本主义时代的抒情诗人［M］.张旭东，魏文生译.北京：三联书店，1989：17.

品存在于其中的事物世界的特有的贬值现象,是波德莱尔寓言意图的基础。"①当然,本雅明这种隐喻式的描述和直观方式并非铁板一块,他的表兄阿多诺就直言不讳地指出了这种直观方式的不足,就在于"缺乏体系和一种严密的理论基础",采用了"直觉"逼真或"非逼真"的观看方式,缺乏辩证的"中介",使这种隐喻的"人为的成分"表达不明确等②。朱立元先生的编著也指出了本雅明这种批评方式的美中不足,也即"它常常以无过渡的、跳跃的隐喻意象作为思维脉络的纽结,来回穿梭,如过眼烟云,稍纵即逝,其寓意丰富,一方面使人目不暇接,另一方面有时却使人觉得晦涩,模糊,不易捉摸与把握,带有某种神秘色彩。这也许与他接受的犹太神秘主义影响不无关系"。③但不可否认,本雅明的"寓言式批评"正是通过审美直觉特有的诗学方式超越了理论阐述的"中介",把"隐喻"的因素引入了"辩证法",他从内心事物出发,在一个隐喻的意义上捕捉到了世界的关系,这完全符合马克思关于上层建筑与经济基础的关系模式,也符合审美直觉和寓言形象表达的美学原则。

四、非同一性的批判立场:本雅明、阿多诺对现代艺术的看法比较

当本雅明用"寓言式"的分裂方式来观察世界时,他得到的必然是一种否定的模式,也即他自己所说的"寓言式地看待事物"。按照这种看法,历史的、总体的意义,只有到破碎的意象中去寻找,这种理论也构成了本雅明的寓言性和隐喻性的破坏美学,也对其后的阿多诺的否定辩证法的思想产生了重要的影响。因为,对于早期的法兰克福学派来说,从艺术形式中获得一种否定的意味,正是他们对现代主义艺术的基本看法,毕竟艺术是对现实世界的否定的认识④。艺术否定现实的这种特质,不在于它作为某种美化既存的社会意识形态的超验性载体,而在于它自律的形式所蕴含的同社会统治体系或现实的意识形态之间的张力。而本雅明在"寓言式批

---

① [德]H.佩佐尔特.新马克思主义美学[M].杜塞尔多夫译,北京:商务印书馆,1974:34.
② 参见阿多诺在1938年11月10日致本雅明的信,[德].斯文·克拉默.本雅明[M].鲁路译,北京:中国人民大学出版社,2008:165.
③ 朱立元主编.法兰克福学派美学思想论稿[M].上海:复旦大学出版社,1997:121—122.
④ 杨小滨.否定的美学.法兰克福学派的文艺理论和文化批评[M].上海:三联书店,1999:32.

评"中把文学文本或艺术作品与意识形态、意识形态与生产方式的关系以及意识形态与潜意识的关系在一种隐喻意义上联结起来，使之在一种寓言的意味上向现实世界展开，这样一来，其现代主义艺术形式的表达也就凸现出来。因为现代主义艺术总是极力地强调创新和自我，试图以新鲜活泼的审美经验来抗拒越来越物化的日常经验，进而使其激进主张带有明显的批判和否定的功能。在本雅明看来，现实主义认可艺术与生活的同一性，进而主张"现实主义"描绘现实，这种行为本身基于一个错误的前提，即现实是能够被视为联结主客体之间的破碎的连续体，社会和个人是能够调和在一个完整的形式系统中的，然而事实并非如此。在资本主义商业社会中，主体与客体、社会与个人之间的断裂和对立始终存在。在特定资本主义时代，经验现实在很大程度上是在社会的意识形态伪饰下的，在整个现实的物化空间里人无法直接把握原生态的现实，这个基本的社会事实表明人自身是处在异化社会中，并不能跳出社会去审视它，他必须带着自身所有的被异化的性质去试图从内部捣碎这种异化，而不是依旧去调和过程中的假象作为对现实的认识，因此，在作品的文本中也即内容上建构生活的同一性和整体性，而不同时诉诸创新的艺术手法，只能营造"同一性"和"整体性"审美幻觉，根本无法揭示人们内心世界的孤立无援、荒诞离奇和人与世界相分离、人的生活及其知觉均已日益原子化的无情事实。从艺术形式中获得一种否定和批判的姿态，这也是早期法兰克福学派成员整体对现代主义艺术与美学的基本看法。因为在这里，社会批判理论成分占据了重要位置，它也决定了阿多诺和本雅明等人对艺术的社会的批判功能的坚持。

批判"同一性"和否定"整体性"一直是法兰克福学派的核心思想，它不但是客观历史的发展形势，也是作为中介的主体的参与形式。社会批判理论在法兰克福学派那里已变成一种否定的实践，它是通过对社会的批判来否定虚假的同一性和整一性的存在状况，并且只有在这种批判的过程中，才能揭示现实世界的异化状态。阿多诺在《否定的辩证法》中阐述了"非同一性思维"，就是要把客观的不调和性认识发展到一个极点，借此来加强批判的意识。现代主义艺术作为对社会现实的一种认识和介入，正是以呈现分裂的、不和谐的、零散化的形式成为对现实的批判和否定，这样一来，法兰克福学派就建立起了一种反和谐、反同一性和整一性的批判美学。因为，对批判理论家们来说，审美和谐如果不是短暂平衡的话，一定是肤浅的伪饰。本雅明的理论伙伴阿多诺曾明确指出：真正的和谐是永远不可能获得的，它只有通过艺术的否定的反向形式来不断地趋向，因此，只有 "不谐和" 才是 "关于和谐的真理"。①阿多诺认为乌托邦绝不是某种能够具体化的实在，确定地呈现在艺术的乌托邦中，无疑只能作为幻觉存在，除了成为异化现实的纱幕之外，不可能有任何其他效用。阿多诺指出："只有通过对世界的绝对否定性的媒介（这个世界的形象由所在现代艺术中描述的丑和令人厌恶的东西所组成），艺术才能说出那些不可言说之物，即乌托邦"。②这就是说，艺术必须通过不谐和的形式语言来揭示现实世界的异化状态，从而否定这种异化状态，开辟出美的境界。从这个意义上来看，现代艺术实际上是用丑学驱逐美学，正是用这种审丑的方式才呈现了现实真实的废墟状态，通过展示丑来揭示异化现实的本质特征，因而现代艺术不是逃避而是正视社会现实的本质，它是对灾难的一种抵御和清偿。

本雅明在论及布莱希特的史诗剧时发现，布莱希特通过制造一种 "间离效果" 来使观众和舞台产生了一种距离，从而认识到戏剧与现实的不混同，以此来激发起观众的批判意识。阿多诺也看到了这种艺术与接受者之间的 "距离" 感，他在《美学理论》中指出："审美领域与作为实践之目的的距离恰似在艺术本身中审美客体与观察主体之间的距离"。③实际上，这种批判意识呈现在这种距离感的建立中，戏剧不再是被掩盖了其幻象性和欺骗性的观赏活动，因此布莱希特要求戏剧使观众不时地意识到表演的存在，以加强艺术的批判功能。因为在传统美学里，艺术是作为一种被信以为真的幻象，只能让读者或观众忘掉现实的存在而陶醉在其中。本雅明的理论伙伴马尔库塞也意识到这一点，他把艺术看作是仅仅提供当下满足的幻想性艺术，它只能通过使接受者成为它一时的俘虏而不顾异化现实的压抑，把自己的痛苦虚假地升华掉。这就是说，身处现实社会的人和艺术作品必须充分地拉开距离，才能获得一种批判的姿态，也只有这种批判的姿态，才是艺术作品应当和必须唤起人们清醒地面对现实的责任所在。法兰克福学派批判美学中所谓的 "距离"，也正是指一种批判的意识对依顺性

① ［德］阿多诺.美学理论［M］.（英文版）.Aesthetic Theory, London, 1984: 161.
② ［德］阿多诺.美学理论［M］.（英文版）.Aesthetic Theory, London, 1984: 48.
③ ［德］阿多诺.美学理论［M］.（英文版）.Aesthetic Theory, London, 1984: 429.

的审美情感的弃绝：资产阶级的艺术通过审美的手段使人们在陶醉中忘记自身的异化，从而使异化永恒；而批判的姿态正是要求审美接受者清醒地去正视、思索和质疑这种异化现实。从这个意义上来看，本雅明和他的理论伙伴们都认为，现代艺术的否定性体现在它对传统的艺术形式、语言和意味的反叛中。阿多诺曾提出过"反艺术"的概念："如果艺术要保持对它的概念的忠实，它必须过渡为反艺术，否则它就会必然产生一种自我怀疑的感受，这种自我怀疑是来自艺术的继续生存同人类过去和将来的毁灭性灾难之间的那种道义上的裂隙"。[①]实际上他想要指出的是，艺术的幻想性的本质意味着在它自身中就蕴藏了作为目标的自我否定的功能，传统意义上的艺术实际上已经消亡，那种仅仅复现和肯定现实世界的同一性、整一性的现实主义艺术和那种用幻想的乐园逃避现实的浪漫主义艺术也似乎证实了黑格尔关于艺术终结的预言。运用现实的语言绘制美好的世界蓝图的艺术已经是僵死了的，这样一来，艺术就必须从对自身概念的反叛中寻找出路。于是贝克特的荒诞剧作所呈现的虚无性、荒诞性和无意义性被阿多诺看作是反叛艺术的代表，它们无情地嘲讽和否定了现代人生存的困境。贝克特的戏剧取消了传统戏剧的一切要素：没有情节冲突和高潮、没有人物性格，充满独白的呓语，单调乏味，场景还原到最抽象的程度。且不说这种内在形式如何成为外在现实的隐喻，它首先把传统戏剧的艺术语言法则推翻了。而这个颠覆性的过程，也就是拒绝与当代已融入大众日常惯例中艺术媚俗的意味相应和。

现实主义的调和性文学形式在早期的法兰克福学派看来，其本身就是对社会的一种维护，因为这种形式承认被社会操纵了的主客体同一性这样的虚假意识的确存在。另一位批判理论家洛文塔尔在《文学和人的形象》一书中指出："艺术家创造的艺术应当比现实本真更真实"。这种真实就意味着否定了现实伪装的真实，也就是阿多诺在其著作《否定辩证法》中所说的卸除了同一性假象的客观性。艺术必须是用自身的独立拒绝接受而不是现实主义地认同于现存现实："不管是否被仪式化，艺术包含了否定的理性。在它的先进立场上，艺术是'大拒绝'——对所是的一种抗议"。[②]

① ［德］阿多诺.美学理论［M］.（英文版）Aesthetic Theory, London，1984，P464.

② ［美］马尔库塞.单向度的人［M］.（英文版）One-Dimentional Man, Boston，1964，P71.

本雅明在揭露现实主义对同一性的虚假意识的承认时，对现代主义艺术流派的标新立异做了美学上的辩护：现代主义于艺术以其混乱、刺耳、荒诞的形式闯入了艺术的领域，虽然它们相异于传统艺术的优美、和谐、雅致的情调，但却蕴含着否定的形式与现实相对立，凝聚着把人们从异化现实的栖居状态中震醒的力量。而这种震醒的力量，来自于通过"内在形式"，否定地表现和谐观念。从这个角度来看，现代主义艺术不仅是形式的花样翻新，它还把形式的不和谐推向极端，通过对现实异化的诉诸形式的模拟，翻转了异化的逻辑，成为对异化现实的尖锐控诉。本雅明"寓言式批评"奠定了它的现代主义艺术思想的实践意义：不是对艺术或美的本质抽象进行探讨，而是把艺术放在一个社会历史背景的位置上，因为艺术是从现实中异化（对象化）出来的，自律的艺术和外在现实的距离感使艺术不同于经验现实，成为对现实的一种批判，这种批判正是以呈现出分裂、不谐和、零散化、碎片化的形式构成对现实的否定和批判。换言之，艺术正是通过不谐和的形式揭示了现实世界的异化状态，成为现实的"他性"，从而在形式领域里成为现实世界的对立面，并从反面否定这种异化状态。也正是从这个意义上，本雅明把艺术作为哲学理性丧失认识真理后呈现真理的媒介，而艺术在现时代呈现真理的现实性只能是"寓言"，即形式与内容的分离。这种"寓言"，可以说是现代艺术的隐喻，其目的是指向异化的现实，实现人类自身的拯救。在随后的现代艺术（包括布莱希特的戏剧、卡夫卡的小说、达达主义、超现实主义等先锋艺术）具体的文本批评中，本雅明努力发挥革命因素，从心理学角度进行这样的分析：现代主义艺术通过"震惊"撕裂了日常具有拜物教性质的"经历"模式，使人们重新获得"经验"真理的能力，并在最终的历史哲学论的更高层面上实现对人的终极存在的关怀。

和阿多诺一样充满悲观、迷茫和虚无，本雅明经历了两次世界大战的动荡历史，面对着西方社会和文化的内在深刻变化，本雅明是怀着一种十分复杂的心态来看待这个世界的。悲观主义和乐观主义、虚无主义和技术决定论、马克思主义观念和宗教历史哲学、怀旧情绪和对未来的乌托邦幻想等多种因素，错综复杂地交织在他的思想发展的历程中。他认为资本主义世界面临着深刻的危机和衰落，在这种境况下，"当代现实性""破坏"和"重建"等概念，成为他的历史哲学思考的核心。所以，在他的历史哲学中，始终贯穿着尼采式的"破坏"的欢乐和马克思式的摧毁旧世界的冲动。本雅明对历史悲观主义甚至是虚无主义的看法，也体现在他对资本主义艺术和文化的失望之中，因而他期待一种可以加速破坏的资本主义艺术，一种类似于阿多诺那种带有救赎和乌托邦性质的新型艺术的到来。就他的这种历史观而言，毫无疑问，波德莱尔象征主义式的愤世嫉俗、布勒东的超现实主义式的疯狂否定和布莱希特反戏剧式的史诗剧，正是他所寻找的理想出路。在这一点上，本雅明和阿多诺在总体显得较为一致，即在现代主义或先锋派的艺术实践中寻找救赎的途径。但他们两者选择的理想的艺术家的类型却有差异。对阿多诺来说，卡夫卡、贝克特和勋伯格才是理想的最有颠覆性的艺术家，因为这些艺术家更具有思辨性，以一种片断的谜一样的方式揭露现存社会中的谎言。而在本雅明那里，真正有力的艺术家则是波德莱尔、布勒东和布莱希特，他们具有明显的政治指向，具有强烈的思想上的造反性和破坏力。由此也可以看出两人在观念上的差异。阿多诺认为艺术的力量不在于它直接的政治承诺和倾向性，而在于其内在的艺术形式力量；而本雅明却主张，在两者之间保持某种必要的张力是不可避免的，政治倾向性并不影响艺术表现力和艺术品质，当然也就不会削弱而是反过来加强了艺术的"破坏"力量。

第四章　复制技术与大众文化

如同人们制作的东西总是可以仿造的一样，艺术作品原则上也是可以复制的。在漫长的艺术史上，每隔一段时间复制的技术就会出奇翻新，人们会不断创造出新的样式，而且创造的欲望一次比一次强烈。木刻、镌刻、蚀刻，继而"随着平版术的出现，复制技术达到了一个全新的阶段。这一工艺要简便得多……这一工艺首先使版画不仅能（像以前那样）大量生产，而且能以日新月异的造型将产品投入市场。平版术使版画形象伴随着日常生活，并开始与印刷术并驾齐驱"。不到几十年的光景，照相技术便超过了石印术。"随着照相术的产生，在图像复制的过程中，手第一次从最重要的艺术职责中解脱出来，完全被现在通过镜头观察对象的眼睛所取代。由于眼睛的捕捉速度要比手的绘制来得快，所以图像复制的速度大大地加快，以至于可以与说话同步"①。技术的进步使量变为质，照相摄影的出现孕育了有声电影，"技术复制所达到的水准，不仅使它把流传下来的所有艺术品都变成了复制对象，使艺术作品的影响经受最深刻的变革，而且它还在艺术的创作方式中占据了一席之地②。从这些论述来看，本雅明已注意到当代艺术越是投入可复制性，就越是不把原作放在中心地位，就越能产生更大的作用，这也同时意味着艺术的社会功能将发生重大的改变：即公众对艺术的接受，从礼仪式的膜拜转向对社会事务的关注和参与。艺术作品的机械复制性改变了大众与艺术的关系，最保守的关系也激变成最进步的关系，因而使复制技术在艺术传播中，引发了艺术史上的巨大变迁。同时，复制艺术品的制作与接受也具有广泛的公众基础，成为日

---

① ［德］本雅明.可技术复制时代的艺术作品［A］.经验与贫乏［M］.王炳钧、杨劲译.天津：百花文艺出版社，1999：261.

② ［德］本雅明.可技术复制时代的艺术作品［A］.经验与贫乏［M］.王炳钧、杨劲译.天津：百花文艺出版社，1999：262.

益民主化的公共日常生活的一部分，从而推进了社会民主化的历史进程。本雅明从技术复制的过程中看到了传统"灵韵"艺术衰落的社会意义，即对传统创作与欣赏习惯的动摇，而且他也注意到了电影所带来的社会意义，也即对文化遗产中的传统价值的铲除。本雅明吸取马克思主义关于文学艺术的倾向性的观点，站在大众的立场上来考察文艺的社会功能与作用，他认为机械复制技术让艺术品的展示价值走向了前台，这无疑会让大众有机会打破"沙龙"艺术的堡垒，自由地进入欣赏的领地，促进大众的觉醒与进步。在本雅明的许多法兰克福学派的同仁贬低大众的作用时，本雅明的这一肯定艺术与大众的结合的观点无疑是对精英知识分子的贵族立场的一种反拨。

第一节　技术技巧与艺术生产力理论

在法兰克福学派所处的政治风云变幻和文化悲观虚无的时代里，本雅明和他的同仁都把理论探索的目光投向了对社会发展产生巨大影响的科学技术上。而且，"技术"在本雅明的艺术生产论美学思想中占有重要的位置，其技术观与艺术生产理论在整个法兰克福学派中显得突兀奇崛，不同凡响，加上马克思主义历史唯物论与社会革命理论的影响，使得本雅明的艺术生产理论与以阿多诺、霍克海默为代表的主流观点形成了鲜明的对照，其独特的价值立场和思考方式，使本雅明技术与艺术生产的关系的思考充满了许多睿智而深刻的发现。由于本雅明对工具理性和技术生产的重视，使他的美学思想显然有别于其他同人，因为只有他本人对现代科技以及与之相关的大众艺术给予了热情的肯定，这样就使得他的理论具有某种特殊的实践意义，又引发了许多不同的争论。

一、艺术、技术与艺术生产的概念

从古希腊时代起，人们就开始探索艺术与现实的关系问题，也涉及到艺术与技术（技艺）、自然（现实）的关系问题。如赫拉克里特在论及艺术对现实的关系问题时，他坚持朴素的现实主义观点，认为绘画、音乐和书法等艺术都是"模仿自然"的结果。柏拉图在《法篇》中讨论到自然和机遇及技艺设计时，提到当时的某些哲学家及其弟子对自然、艺术与技艺的特点与差异做了区分，他认为元素是存在的，而天体则是凭自然和机遇产生于元素，而艺术则出自机遇，有时仅凭技艺，有时则是艺术和自然相结合才能制造出来。"他们认为最伟大和最美的东西，都是自然和机遇的产品；稍次一些的是技艺的产品，我们都称之为人工制作技艺的产品"。①

当时的哲人们认为，自然界的水、土、气、火等元素都是由于自然（本性）和机遇而存在的，其中没有什么是靠人工技艺的产品。从地球、日、月、星辰到整个宇宙，乃至动植物，四季都是以此种方式被创制出来的，而不是理智的计划，或任何神或人工制造的技艺（技术）所能创造出来的。但是人工制造的技艺产品和音乐、绘画等美的艺术产品则不然，关于这一点，也许还是柏拉图描述和区分得更为细致，他这样写道："艺术是这些有生命的动物头脑的产儿，是后来出现的可朽的人的可朽的产儿；艺术是后来阶级产生出来的，各种各样娱乐的人的小物件根本不是实在的，仅仅是同一序列真理的十足部分的模仿。我的意思是指绘画技艺和音乐技艺的产品，以及所有它们的姊妹艺术。但要使实际上有某些艺术产生值得耗费时间的结果，它们就是指那些与自然合作的东西，如医学、农耕和体育训练。这个思想学派坚持，特别是政府，在较少程度上是与自然合作，在更大程度上与技艺有关的；同样情况，立法也绝不是一切自然过程，而是建立在技艺基础上的，法律的制定是完全人为的、不真实的"。②柏拉图所记载下来的这些智者的言论，充分表明了人们当时对艺术和技艺的朴素的看法。自然事物包括水、土、气、火、日、月、星辰、地球等"完全凭机遇"（这里的"机遇"大概是指灵感）的人工制作的带有技术性的产品，如音乐、绘画等美的艺术品，以及法律等；人工技艺和自然合作的产品，应该包括文学、艺术在内的艺术品，它是满足人们生活中精神需要的有用的目的而被制造出来的。从亚里士多德、伊壁鸠鲁学派到斯多葛学派，都把艺术的制作或创作同服务于人的生活所必需的目的联系起来，因此丰富了人们对技艺（艺术、技术）的实质性的理解，也从而规定和发展了这个概念。

---

① 这段话，各种英译本彼此差别很大，这里参考各家的英译原文译出，转引自范明生.西方美学通史（第一卷）[M].上海：复旦大学出版社，2002：189.
② 转引范明生.西方美学通史（第一卷）[M].上海：复旦大学出版社，2002：190.

到了马克思时代，艺术生产与物质生产以及人的现实存在的问题日益受到关注，所以对艺术和技术的问题的探究不可回避。马克思并没有专门论述艺术生产理论的著作，但他的物质生产理论却对于后来的艺术生产理论有许多启发。谈到生产，马克思总是离不开现实生活中的个人问题，"说到生产，总是指在一定社会发展阶段上的生产——社会个人的生产"。①讨论的前提总是："一些现实的个人，是他们的活动和他们的物质生活条件，包括他们得到的现成的和他们自己的活动所创造出来的物质生活条件。"②马克思从现实生活中的人出发来研究生产理论，最终目的还是回到了人自身，来探究如何解决人自身的问题，因为人是"一切社会关系的总和"。另外，马克思论及艺术生产，也是为了从另一个角度来分析人的存在和解决现实中的人的异化问题。因此，马克思关于艺术生产理论主要涉及到两个主要方面：（1）艺术生产主体所具备的物质生产条件以及物质生产决定的精神生产条件，即艺术生产主体的主体状况；（2）艺术生产主体与外部世界的关系，其中包括把人与自然、个体与社会联系起来的各种文化机制。对于艺术生产来说，主要是艺术生产与物质生产的关系，这两者关系较为复杂，马克思引入了意识形态理论作为中介来探究这两者的关系。马克思看到古希腊艺术的辉煌成就（称之为"高不可及的范本"）和永恒魅力，他把古希腊的艺术生产与现代艺术生产进行了比较，他认为："就某些形式，例如史诗来说，甚至谁都承认：当艺术生产一旦作为艺术生产出现，它们就再不能以那种在世界史上划时代的古典形式创造出来；因此，在艺术本身的领域内，某些有重大意义的艺术形式只有在艺术发展的不发达阶段才是有可能的。"③在这里，"艺术生产一旦作为艺术生产出现"中的第二个"艺术生产"指的是伴随着印刷技术发展时代和大工业机器的出现而出现的，可以像工业生产一样大规模的复制和加工的现代艺术生产。当然在现代艺术生产中，艺术生产主体及其与环境之间的关系与古希腊时代相比，都发生了很大变化，其运行机制更为复杂。正是在这种背景下，本雅明把马克思的艺术生产理论进一步拓展和深化。本雅明从马克思关于生产力一般决定生产关系、经济基础一般决定上层建筑的唯物主

---

① ［德］马克思，恩格斯.马克思恩格斯选集（第三卷）［M］.北京：人民出版社，1972：88.
② ［德］马克思，恩格斯.马克思恩格斯选集（第三卷）［M］.北京：人民出版社，1972：23.
③ ［德］马克思，恩格斯.马克思恩格斯选集（第三卷）［M］.北京：人民出版社，1972：113.

原理中，为创建自己的独特的艺术生产理论和赞成现代机械复制的艺术生产理论找到了理论依据。

本雅明面对艺术在现代社会所经受的"裂变"，看到以叙事性为主的古典艺术开始走向终结，而现代艺术走向费解和令人震惊，他自觉地钻研和学习马克思恩格斯的理论著作，以历史唯物主义的立场来描述人类艺术活动中的矛盾运动，探究为何作为个体的人在现代化过程中日益孤立化和异化的问题。他引用瓦莱里的话说："住在大城市中心的居民已经退化到野蛮的状态中去了——就是说他们都是孤零零的，那种由于生存需要而保存的依赖他人的感觉逐渐被社会机器主义磨平了"。① 这种机器主义一方面使主体孤立化，另一方面又反过来压迫和束缚主体，分化主体的内在统一性。本雅明引用马克思的话来作为阐释："在用机器工作的时候，工人学会了调整他们自己的运动以便同一种自动化的统一性和不停歇的运动保持一致"。② 显然，本雅明在这里想要指出：现代主体就像神话时代的主体一样不自由，虽然从共同体的束缚中解脱了出来，却受制于一些更深层的结构——伊格尔顿把这些结构称为语言或存在、资本或无意识、传统或生命、原型或西方的命运③——它们对主体的思想和行动的束缚越来越厉害了。主体调整自己的行动以适应机器获得的统一性是一种荒谬的同一性。本雅明称之为"行为和打扮的统一性，以及面部表情的统一性"。④ 这种统一性，是以主体的内在统一性的分裂和破碎来实现的。既然主体是断裂的，那么主体所面对的世界就不可能成为自身活动的产物。在这个破碎的世界中，一方面它是彻底理性的，它的每一分钟的运转都非常符合逻辑；另一方面，它又与主体自身的理性投射非常不同。本雅明认为哲学自身形式的法则是作为真理的表征而不是作为获得知识的导引，而真理的本真属性是以整一性或同一性的特征表现出来的。在远古时代，这种同一性是通

---

① ［德］本雅明.发达资本时代的抒情诗人［M］.张旭东、魏文生译.北京：三联书店，1989：146.

② ［德］本雅明.发达资本时代的抒情诗人［M］.张旭东、魏文生译.北京：三联书店，1989：147.

③ ［英］特里.伊格尔顿.审美意识形态［M］.桂林：广西师范大学出版社，2004：339—344.

④ ［德］本雅明.发达资本时代的抒情诗人［M］，张旭东、魏文生译.北京：三联书店，1989：147.

过神话达到的；而在神话中，每一个现象都隐藏着一种普遍法则，而且神话在任何场合任何个性都充满着宇宙整体的重负。在中世纪，这种同一性的获得来自神学。本雅明在《德国悲剧的起源》中写道："（中世纪）若没有神学，真理就是不可想象的"。①然而在现代社会，大规模的工业化生产打碎了古典时代的独一无二的"韵味"，科学技术的迅猛发展使神学无处藏身，在这一境况下，真理又如何表现呢？本雅明受犹太神秘主义的影响，提出了"星座化"的理论。简单地概括一下："星座化"就是在现代社会的分化状态中，通过把碎片化的现象聚集起来，像神话时代的亚当给事物命名的行为一样，重新建立起一种秩序，并使无意义的碎片化的现象得到拯救。通过"星座化"把崩溃为废墟的碎片聚集起来，重新赋予它以一种意义，从而使人有可能把握这个破碎的现实。本雅明的"星座化"理论具有浓厚的犹太神秘主义因素和乌托邦色彩，但他在对现代主体的分化状况的分析把握还是比较准确的。

马克思在他的经济学著作中，是把生产方式当作分析包括资本主义社会在内的不同阶段的重要尺度。马克思在《政治经济学批判大纲》中曾从生产方式——即从艺术生产最终受物质生产关系支配的历史唯物史观出发，对古今艺术的发展与差异做过富于启示性的分析。尽管如此，经典马克思主义在使用生产方式这一概念时，还是主要把它运用到物质范畴之内的，只是偶尔运用这一范畴来考察艺术生产。可以说，真正有意识地把生产方式的概念创造性地运用于艺术领域，应当说是本雅明。本雅明与主张艺术自律的阿多诺和马尔库塞不同，他强调的是艺术必须具有政治倾向性。在《作者作为生产者》（1937）一文中，本雅明不同意将政治倾向与艺术倾向相分离的见解，他说："作品正确的政治倾向包含了它的文学质量，因为它包括了文学倾向"。②不难看出，在本雅明的眼里，文学的质量取决于其政治的内涵和诉求，作家的创作手法和技巧都跟政治企图要结合在一起，否则就不是高质量的文学作品，其文学倾向也就不怎么鲜明。另外，本雅明的特点还在于，他所说的政治倾向不仅是指思想的倾向，而且包含着更为丰富的内容。正如本雅明所指出的，"社会环境是由生产环境

① ［德］本雅明.德国悲剧的起源［M］.陈永国译.北京：文化艺术出版社，2001：2.

② ［德］本雅明.作者作为生产者［A］.刘小枫.现代性中的审美精神［C］.上海：学林出版社，1997：105.

决定的",因此,唯物主义美学批评就应该考虑艺术作品与时代特有的生产方式有着怎样的关联,这种联系在他看来,是有着进步与落后之分的。

二、技术理论与艺术生产力

本雅明受马克思艺术生产理论的启示,他把艺术创作看作同物质生产有着共同规律的一种特殊的生产过程,即它们同样由生产与消费,生产者、产品与消费者等要素构成,它们同样受到生产力与生产关系的矛盾运动的制约。按照本雅明的理解,在艺术生产过程中,文学艺术家是生产者,艺术作品是产品或商品,读者观众是消费者,艺术创作是生产,艺术欣赏是消费。艺术创作的"技术"(Teounik)即技巧,代表着一定的艺术发展水平。同物质生产中科学技术是生产力一样,艺术技巧就构成了艺术生产中的艺术生产力,而艺术生产者与消费者之间的关系,则构成了艺术生产关系。显而易见,本雅明对艺术活动的理解是依据马克思主义美学生产关系决定于生产力的原理,他认为决定人类艺术活动特点和性质的就是艺术生产力和艺术生产专家的矛盾运动。这样一来,在人类艺术活动发生过程中,当艺术生产力与艺术生产关系发生矛盾时,就会产生艺术上的革命。本雅明在这里十分强调"技巧"在艺术中的主要作用,因为技巧因素决定了艺术的性质和特点,它是分析和把握艺术作品的关系所在。他在《试论布莱希特》一文中指出:"我称技巧为这样一个概念,这个概念使文学作品能为直接的社会分析所把握,由此也就能为唯物主义分析所把握。同时,技巧的概念也展现了这样一个辩证的出发点。由此出发,形式和内容的无益对立就得到了克服。此外,技巧概念也包含有对正确界定倾向与质量关系的说明"。[1]而且,"只要一部作品正确的政治倾向包括了其文学质量……那么,这种文学倾向就能存在于文学技巧的某种进步或倒退之中"。[2]这样一来,技巧就成为艺术创造成败与否的关键所在。本雅明要求艺术家应该像布莱希特那样,不断革新艺术创作技巧,只有如此,才能推动艺术生产力发展。

在本雅明看来,具有文化含量的技术不仅是艺术生产的手段,而且

---

① [德]本雅明.试论布莱希特[M].法兰克福,1990:10.
② [德]本雅明.试论布莱希特[M].法兰克福,1990:98.

本身还带有政治意味，它在特有的社会关系中是带有进步或落后的因素的。本雅明的"技术"（Ttchnik）的中文也有人译为"技巧"，用它来表达文学艺术的内涵，让人想起早期艺术发展时代那种"技术"与"艺术"难以分开的状态，艺术的个体性、手工性和天才创造性的特征。但本雅明的"技术"（或技巧）却内涵更为丰富。因为本雅明把技术进步的与否看作是衡量艺术作品革命功能的标准，而且艺术的技术因素也可以说是艺术生产力，它具有改变艺术的形式功能的作用。这样一来，艺术的政治倾向不再是一个政治观点的问题，还应包括采用何种技术的问题了。因为在经典马克思主义那里，生产方式或生产关系与生产力的变革有着十分紧密的关联。正是对技术的重视，才使得本雅明对以现代技术为基础的新的现代艺术（摄影、电影等）采取了一种欢迎和开放的姿态。同样，正是因为对技术的高度重视，才使得本雅明对艺术生产有了不同于以往的新的视界与认识。如果说艺术是生产，那么就不难发现艺术生产与物质生产同样有个生产的流程，这个流程自然就是由他们说的生产与消费生产者、产品与消费者等多种要素共同构成，与物质生产中的生产力与生产关系相似。本雅明指出，艺术技术构成了艺术生产的艺术生产力，而艺术生产中的生产与消费关系，即艺术家与观赏者的关系，则构成了艺术生产的关系。显而易见，艺术生产关系无疑要受生产力即技术的影响和决定，一旦艺术生产打破原有的生产关系，艺术生产就不得不发生变革作用。

在本雅明的现代美学思想理论中，关于艺术生产和技术决定论占有核心的位置，可以说，他的现代美学思想都或隐或显地体现出这样一种思路和精神。本雅明对艺术生产与发展的见解主要集中在他的三篇论文制造之中，它们是《讲故事的人》（1936）、《机械复制时期的艺术作品》《作者作为生产者》（1937），在这些文章中，本雅明以艺术生产中的技术因素为参照系，为人们勾画了人类艺术生产的重大变迁：首先是以乡村为特征的农业社会，这里存在着一种"手工劳动的关系"，由于那时还没有技术媒介的介入，艺术只有靠人的口头来传播，当时最具代表性的艺术样式就是史诗，史诗所传达的是集体的经验；而在以城市为特征的近代工业社会，艺术则以印刷为传播媒介，叙事艺术受到了重视，并得到了发展，这时最具代表性的艺术形式就是有"近代史诗"之称的小说；而到了技术高度发达的现代社会，传播的方式主要转换成为机械复制，这时最具代表性的艺术形式是电影，于是经验的内容被经历的内容所代替。从以上本雅明所勾勒的带有宏观性质的艺术变迁图来看，无疑是以技术因素为主要参照的，或者说本雅明敏感地注意到了技术因素对艺术生产与转型所起的关键性的作用。正是在这一点上，也造成了本雅明与其他法兰克福学派同仁在一些有关现代艺术问题意见分歧的原因所在。比如，阿多诺就不同意本雅明把电影艺术作为现代艺术来肯定，而是更推崇卡夫卡等人的创作，认为这才是真正的现代艺术。阿多诺显然是反对把艺术生产的技术因素当作衡量现代艺术的重要标准的。

本雅明生活的时代是欧洲从传统向现代的文化转型时期，一方面现代主义艺术花样翻新、层出不穷，以其激烈的反叛姿态对古典主义艺术原则进行了颠覆性的冲击；另一方面伴随着工业化、城市化进程而出现的以复制为特征的大众传媒艺术也渐成声势、风起云涌。站在左翼政治立场的本雅明对此作出了自己的理论回应。从"技术"进步的视角，他肯定了现代艺术的寓言表达中面对颓废、残破的现代社会的必然选择，而大众传媒艺术也代表着先进的艺术生产力。他认为只要是坚持马克思主义的艺术家，就不应该墨守成规，固守旧有的形式技巧，而应采用新型艺术形式，积极推进艺术生产力的发展，促进生产关系的变革。本雅明以报纸为例，阐明了媒介艺术的特征。他说报纸可以辩证地解决诸如政治与教育、科学与文学、作者与读者之间的矛盾。苏联的新闻上就充分利用报纸的特点进行了一场艺术生产关系的革命，每一个读者都有成为作者的可能，他们在报纸上发表自己的工作经验，"文学的界限不再仅限于专门的训练，而是在多种技术训练中建立起来"①，生活境况日益文学化，文学不仅是被某个阶层所垄断的专门知识，而成为大家的共同财富。本雅明认为新闻报道是一种具有巨大政治潜能的艺术手段，因为在苏联它已成为重要的艺术形式。

在《作为生产者的作家》一文中，本雅明的艺术生产理论中的政治色彩和"技术主义"似乎十分强烈。"技术"是其艺术生产理论的核心范畴，本雅明试图通过它来探索物质与精神、内容与形式、政治倾向与文学质量之间的关系。通过这个有丰富内涵的概念，我们可以看到本雅明对经典马克思主义的坚持和突破。与通常意义上的"技巧"不同，本雅明直接把艺

---

① 刘北城.本雅明思想肖像［M］.上海：上海人民出版社，1999：176.

术生产、传播中的技术、媒介等物质因素引入"技术"概念，"艺术像其他形式的生产一样，依赖某些生产技术——某些绘画、出版、演出等方面的技术。这些技术是艺术生产力的一部分，是艺术生产发展的阶段，它们涉及到一整套艺术生产者及其群众之间的社会关系"。[①] 这种独特的思路显示了本雅明对唯物主义的自觉坚持，及其对物质与意识之间辩证关系的创见性思考。在本雅明看来，技术是影响和决定文学发展的重要因素。他引用保罗·瓦莱里的话说，现代科学技术的飞速发展极大地改变了人们的时空观念，这种变革不但会"改变艺术的所有技巧，并以此影响创意本身，最终或许还会魔术般地改变艺术概念"。[②] 他认为史诗是手工业生产方式的产物，小说则对应于大机器生产时代。随着科学技术的发展，报纸、广播、电影等媒介艺术将代替史诗，小说则成为时代的主角。在《机械复制时代的艺术作品》中，本雅明指出，复制技术的发展史构成了艺术自身发展史。古希腊只有两种复制技术：铸造和制模，艺术的不可复制性造就了其独一无二的、权威本真的、永恒珍贵的"灵韵"。

20世纪的机械复制技术，不仅催生了新的艺术形式——摄影、电影，还改变了艺术的审美特征与整体观念，造成了对传统艺术颠覆性的冲击。机械复制时代的艺术以社会性的生产代替了个体性的独创，以"震惊"的审美效果打破了传统艺术的神韵，"以展示价值代替了膜拜价值，从而也改变了观者的接受方式——以群体性的'消遣式'接受代替了个体性的凝神静思式的接受"。本雅明认为这是一种革命性变革，本雅明关于艺术生产力和艺术生产关系的基本矛盾运动是符合马克思主义基本精神的。而且，从艺术发展史及其演变过程来看，对艺术创造影响的外部原因是由社会存在自身的演变和发展所决定的；而从影响的内部原因来看，则无疑是由艺术自身的矛盾运动所决定，即由艺术生产力和艺术生产关系的矛盾运动所决定，所以，本雅明的艺术生产理论中的这一论述无疑是符合马克思主义精神的。然而，他对艺术生产力和生产关系的界定，尤其是对艺术生产力的界定，则是无法自圆其说的。因为技巧在艺术生产力中固然起着决定作用，但决不是唯一的决定要素；作为创作主体的人在艺术生产力的

---

① ［德］本雅明.作为生产者的作家［A］.马克思主义文学理论研究［C］.北京：文化艺术出版社，1986：76.

② ［德］本雅明.经验与贫乏［M］.天津：百花人民出版社，1999：259.

构成要素中才是最重要的，即艺术者的自身素质无疑是更为重要的决定因素。技巧本身是由艺术家来掌握和运用的，艺术生产力的发展水平离开艺术家自身素质的发展水平就无从谈起，技巧离开艺术家的能动性作用也就毫无意义，而且在不同的艺术家那里，即使使用同样的技巧，也会出现不同的情况，所以，决定艺术生产力发展的不仅有技巧，还有作为艺术家个人素质的影响。

三、艺术技巧、文学质量及政治倾向性

值得注意的是，艺术生产概念并不是本雅明的思想专利，马克思早在19世纪就发现了艺术所具有的生产特性。他说："宗教、家庭、国家、法律、道德、科学、艺术等，都不过是生产的一些特殊方式，并且受生产的普遍规律的支配。"①显然，马克思在这里明确地阐述了艺术受生产规律的支配是一种特殊生产活动。随着马克思晚年把主要精力集中在研究资本主义经济生成和完成《资本论》的写作上，因而他更加注意从经济学的角度来考察，艺术生产问题便成为一个独立的、比较完整的美学命题。他考察了人类一般生产劳动的特点，研究了艺术生产在资本主义商品制度下分化为生产性劳动和非生产性劳动的具体情形。马克思是从经济学角度出发来考察艺术生产问题的，但并未涉及到艺术生产中作家的政治倾向，而本雅明却做到了这一点。

本雅明认为，艺术创作是一个生产的过程，这个过程是由生产者、产品、消费者等因素构成，其中艺术创作就是生产，艺术欣赏就是消费。艺术创作的技术就是技巧，由此而构成某种艺术生产关系。艺术活动的特点、性质和艺术发展的阶段是艺术生产力与艺术生产关系，以及矛盾运动的结果。艺术生产力是艺术发展中最活跃的因素，它的发展必然产生与之适应的生产关系，并从根本上塑造着生产关系，先进的艺术生产技术必将带来进步的艺术生产关系。在本雅明的理论中，"技术"的含义十分宽泛，包括艺术生产、传播的方式、技术手段、一定技术下的艺术形式，以及作家的技巧。本雅明指出："技术是这样一种概念，它使文学作品接受一

---

① ［德］马克思，恩格斯.马克思恩格斯全集（第42卷）［M］.北京：人民出版社，1975：121.

种直接的、社会的，因而也是唯物主义的分析"。①同时它也可以辩证地克服内容与形式、政治倾向性与文学质量之间的对立。通过这个概念，本雅明试图解决文学发展中的许多现实问题。我们知道，写作自由是西方艺术界较为普通的观念。但本雅明却认为精神生产和物质生产一样，是受社会要求制约的。在当时法西斯主义十分猖獗，国际工人运动蓬勃展开的社会形势下，进步的诗人不再拥有想写什么就写什么的自由，他们必须做出究竟为谁服务的选择，"他们的写作活动以对无产阶级在阶级斗争中有利为目的"②，也就是必须具有政治倾向性。本雅明并不认为文学的政治倾向性会损害文学，他说"只有当诗在文学倾向性上是正确的，它才可能在政治倾向性是正确的"，"这种文学倾向或隐或显地包含在每个正确的政治倾向里"③，而借以消除二者对立的中介就是"技术"。

本雅明用"技术"（也即"技巧"）的概念把艺术在作品的政治倾向统一到技巧这个代表生产力水平的范畴去。在他看来，文艺作品的政治倾向即所谓内容，并不在"技巧"即所谓的形式之外；政治倾向也不仅在于作品的教化内容，作品正确的"政治倾向"一词包含着它的"文学内质"，即技巧（生产力），因此，他提出用"文学倾向"的新概念来取代"政治倾向"的概念，把内容与形式统一起来，"这种文学倾向，能够存在于文学技巧的进步与倒退之中"，这样"技巧概念也展示了这样一个辩证的出发点，由此出发，形式和内容的无益对立便被超越了"。同样，"对于作为生产者的作者来说，技巧的进步也是政治进步的基础，换句话说，只有通过超越生产过程中的专门化（按资产阶级的观点，正是这种专门化构成其秩序），人们才能使这种生产在政治上有益；由专门化加强的种种障碍必须靠种种生产力联合起来加以突破"④。另外，遗憾的是把技巧看作决定艺术生产发展的艺术生产力，导致了本雅明不重视文艺的内容、思想、意义，而单纯从技巧的先进与否来评判。其积极意义在于对艺术技巧、形式

① ［德］本雅明.作为生产者的作家［A］.马克思文艺理论研究［C］.北京：文化艺术出版社.1986：77.

② ［德］本雅明.作为生产者的作家［A］.马克思文艺理论研究［C］.北京：文化艺术出版社.1986：78.

③ ［德］本雅明.作为生产者的作家［A］.马克思文艺理论研究［C］.北京：文化艺术出版社.1986：79.

④ ［德］本雅明.作为生产者的作者［A］.反思［J］.纽约，1978：220—238.

上努力革新现代主义艺术，从布莱希特的戏剧到卡夫卡的小说、从达达主义到超现实主义等先锋艺术，给予高度评价，对现代机械复制艺术，如摄影、电影等新兴艺术手段也给予了充分支持。这样，也就为新的“为艺术而艺术”的技巧论泛滥制造提供了依据。

本雅明不把艺术作品的社会姿态看作是作者的政治倾向的直接表现，他用“文学倾向”来界定作品的社会性。这样，作品的政治倾向就不是某种政治意义的表述，而是取决于文学形式向度本身。这样形式向度，也就是本雅明强调的“文学技术”，它的进步性也就意味着“文学倾向”的进步性。受马克思关于经济基础和上层建筑的关系的论述的影响，本雅明认为，文学的生产力（也即“文学的技术”）是决定文学中的政治方向和文学特质的。于是，文学的生产关系，即一个社会的艺术生产方式，很大程度上就制约了生产者（艺术家）和消费者（读者、观众）等之间的社会关系，这样一来，艺术生产方式就成为“文学技术”——也即形式的构成方式。在对具体的艺术评价上，本雅明与阿多诺不完全一致，他用电影艺术、布莱希特的史诗戏剧和达达主义等实例将自己的理论具体化，因为他看到这些艺术的形式是“蒙太奇”方式，涣散了传统艺术欣赏者的沉思默想。这种效应便是“文学技术”（由文学作品形式构成的）所造成的政治倾向：它打破了社会僵化的意识形态，用“震惊感”摧毁了“物化”的日常心理，从而激励了一种革命的能量。关于技术对文学的影响是法兰克福学派所有成员比较关注的共同点，只不过本雅明却是以其对技术文明的坚定乐观的态度显得特立独行、与众不同。从阿多诺、霍克海默到马尔库塞，都强烈地批判工具理性对人性的扭曲和异化，技术理性扼杀艺术创造性，压制个性自由，造成了文化工业单面化、标准化、商业化的特性。而本雅明却站在执着的“技术主义”立场上自信无比：认为科学技术必将促进文学的发展，先进的文学“技术”必将带来进步的生产关系。他认为复制艺术打破了少数阶层对艺术的垄断，改变了生产者与接受者的关系，具有强化群众意识、激活主体创作、激发群众革命热情的功效。本雅明在这种文化的现代转型中看到了革命的希望。

显而易见，政治倾向与技术诉求体现了本雅明艺术生产理论的诗学政治的实质，也是他的美学理论的始点和终点。阿多诺批评本雅明受了布莱希特的“不良影响”，正像美国学者所罗门所说的：“列宁主义通过布莱希特和本雅明的友谊影响了法兰克福学派"。①确实，对马克思主义和无产阶级政治的自觉诉求是本雅明的特色，《作为生产者的作家》可视之为本雅明提出的革命文学创作纲领。他认为革命作家必须以具有强烈的政治的创作投入无产阶级斗争实践。但他又不同意苏联"拉普"把文学当成政治图解的观点，于是试图在文学与政治之间寻找一种更有效的沟通。从而使"技术"成为他想要弥合文学质量与政治倾向的桥梁："只有当诗在文学倾向上是正确的时候，它才可能在政治倾向上是正确的"。②由于"文学艺术中的技术进步的成果最终会改变各种艺术形式的功能（以及知识生产手段的功能），因此也是判断艺术作品的革命功效的一个标准"。③这种思路显得十分突兀，让人一下子难以捉摸。究竟在什么意义上使本雅明把文学、政治和技术联系到了一起？是不是像他的批评者所说的那样，这是在经济基础与上层建筑之间建立了一种缺乏中介的，非辩证的隐喻性的关系，还是一种"左翼功能主义"的政治天真？无论是《作为生产者的作家》的简捷突兀，还是《机械复制时代的艺术作品》的神秘晦涩，都反映出了本雅明的"寓言"式思维：在现代世界的废墟中，去捡拾意义的碎片，在那些毫无联系的孤立的断裂的事实中，去寻找救赎的希望。然而，对我们更有启示意义的却是在这种"寓言"背后本雅明的努力，他试图在最远离政治的艺术形式领域寻找政治的立足点，他以精细的美学分析进行了卓有成效的意识形态批评。

在本雅明的艺术生产理论中，艺术的"技巧"（技术）是艺术生产力的代表，并且在文学创作的质量和政治倾向的要求方面占有重要的地位。因为，在本雅明看来，技巧直接关系到对文艺作品的分析评价的唯物主义原则。他认为，"我称技巧为这样一个概念，这个概念使文学作品能为直接的社会分析把握，由此也就能为唯物主义分析所把握"。④把技巧看成是决定艺术生产发展的艺术生产力，单纯从技巧的先进与否来评判，其积极意义在于对艺术技巧，形式上有大胆探索和突破的现代主义艺术的充分肯

①　［美］梅·所罗门.马克思主义与艺术［M］.北京：文化艺术出版社.1989：579.
②　［德］本雅明.作为生产者的作家［A］.马克思文学理论研究［C］.北京：文化艺术出版社，1986：68.
③　［德］本雅明.现代美学新维度［M］.北京：北京大学出版社，1999：57.
④　［德］本雅明.作为生产者的作者［A］.反思［J］.纽约，1978：220—238.

定，走过了头就为形式主义的片面性生存提供了肥沃的土壤。可以看出，本雅明把艺术当作一种生产与消费的辩证运动过程，并力图把生产力决定生产关系的唯物史观应用于艺术生产领域，这在方向上无疑是正确的、值得重视的，包括他对艺术技巧的重视，反对把内容与形式机械地割裂开来的主张，也不无启示意义。但是他把艺术技巧抬至艺术发展中至高无上、决定一切的地位，并用技巧的先进与否来取代艺术作品思想内容的进步与否，显然是十分偏狭的。首先，本雅明把艺术生产力仅仅归结为生产的技巧或手段，而把作为生产力首要因素或关键因素的人，也即艺术生产者或消费者排除在外，这种"见物不见人"的考察方式，无疑是对马克思唯物主义的曲解；其次，把作为精神生产的艺术同物质生产完全等同起来，取消了文学意识形态性和阶段性，犯了简单化的错误。但是，我们必须看到，本雅明提出艺术生产理论的独特性是不可否认的，它一方面体现了本雅明主观上努力学习和尝试应用马克思主义的强烈愿望，另一方面也为他在20世纪前期古典艺术向现代艺术转型的历史大变动中鲜明地向现代主义倾斜的艺术观提供了理论基础。

四、对本雅明技术理论的一些思考

按照本雅明的艺术生产理论，技术就成为艺术与社会关系中起决定作用的因素，它的内在力量是推动艺术和社会的关键，而形式是自立的，当社会关系成为一种物化关系时，艺术的先进形式便能依靠它的生产力冲破这个关系。但艺术技巧的运用是否成功或具有革命性，关键要看它能否将读者或观众转化为合作者，将消费者转化为生产者。因为，依照本雅明这种生产模式，接受者是一个不能排除的项，他把艺术的生产者、接受者纳入统一的生产性阅读活动中，并成为一种关注艺术生产的社会功能的"艺术政治学"——或政治诗学。而现代艺术的长处就在于它能够改变原有的艺术生产关系，承担起批判资本主义社会的政治任务。在这里，技术的基本指向被本雅明规定为否定的功能，它不是试图建立某种社会理想，也不是对某种确定的政治斗争的从属和参与，它仅依靠自己对异化的社会及其意识的揭示与否定来达到对社会的批判。面对传统艺术的崩溃和现代艺术的崛起，本雅明把技术作为社会性、政治性的解读，恰如美国学者杜赛·沃特斯所说："在30年代末期，许多艺术家和批评家都为了政治而自愿地放弃了艺术，但是本雅明没有这么做。他尝试着寻找一条微妙的道路，从而能够兼顾艺术和政治两方面的要求"。①这个独特的构思，不但把技术和技巧、手段和形式等传统美学的边缘问题置于美学的中心位置，也使他与霍克海默、阿多诺和马尔库塞等人对工具理性的否定和批判相异，（正是这一点，使之与后现代主义联系起来）。在后者，审美感性与技术理性是对立的，技术的工具理性对主体造成极大的压制和统治，而在本雅明那里则是同一的，技术也具有某种颠覆的功能，可以作为一种救赎的手段，正是这种不同的技术观念，引发了阿多诺与本雅明关于技术复制与艺术使命的争辩。

批评本雅明的技术决定论者，大都因为他对技术与艺术的政治潜能太过于做出乐观的估计。比如，后现代主义理论家詹姆逊就指出这一点："从本雅明的思想中我们显然可以看出一些技术决定论的影响"。②博恩斯也认为，"本雅明将技术条件从其经济和政治基础中抽象出来的倾向，就他关于它们对艺术影响的分析来说，包含了两种危险。首先是冲淡了作为商品的新地位，并且也没有足够强调资本主义制度同化和利用机械的、大规模的复制技术服务于自己利益的程度……无论如何，本雅明崇拜技术的第二个危险是这样的：他对工具、技术与形式的强调，潜在地瓦解了媒介与信息、形式与内容、艺术与政治之间的关系"。③尽管如此，但我们仍有理由追问："技术决定论"能否全部概括本雅明的真实意图？这个问题值得进一步思考。应当看到，技术决定论的确是本雅明丰富思想中易于导向的结论，但如果仅仅这样说，有可能把本雅明简化为先锋派。因此，我们必须注意到技术决定论在本雅明这里的特殊性。他把掌握艺术生产的手段看作是"进步知识分子"的中心任务，前提是如何使用，也即"倾向性"的问题。本雅明认为，具有倾向性的艺术家必须从统治阶级手中夺取技术手段从而实现工具的政治潜能，围绕"技术"，本雅明提出两个问题：一是提供生产器械，二是尽可能改变它。出于前者，他提出文学的倾向性可以存在于文学技术的进步或倒退中；出于后者，他提出为了社会利益去改进生产器械，使之疏远统治阶级。本雅明的意思是，对于作为生产者的作家来

---

① ［美］林赛·沃特斯.美学权威主义批判［M］.昂智慧译.北京：北京大学出版社，2000.
② ［美］詹姆逊.晚期资本主义的文化逻辑［M］.陈清桥等译.上海：三联书店，1997.
③ 王鲁湘等编译.西方学者眼中的西方现代美学［M］.北京：北京大学出版社，1987.

说，技术的进步也是政治进步的基础。

从本雅明对技术的态度来看，他的确带有非批判地、直接把技术力量拜物化的痕迹，忽视了技术在现实中操纵性的社会运用，并对大众的革命倾向持盲目乐观态度，直接诉诸他们的真正觉悟。因为在后来的发展中，文化工业通过“明星崇拜”，通过高度技巧制作和对现实之理想的虚假需求，以及迎合消遣与娱乐趣味，为大众树起了另一种拜物教。阿多诺正是以此来质问电影是否真正适合培养一种积极的批判意识，银幕形象的转瞬即逝，事实上使观众更为被动，或更少有机会做出批判性反应，电影虚幻的矫饰——它所呈现的富有迷惑性的现实形态——使其自适于已被建立的强权诱导性和操作性的运用。艺术不可遏止的商品化以及对审美经验传统主题的根除，使得艺术从最新的和传统的作为使用价值、作为审美感受对象的身份中异化出去，成为一种变换价值，进而退化成一种十足的、图腾意义上的崇拜，成为“商品拜物教”的一部分。这一过程，按阿多诺的解释，与出于操纵目的对技术手段的运用紧密相连。“一种技术能否被认为是进步的和‘合理的’，取决于它的环境的意义，和它在社会整体及特定作品结构中地位的意义，一旦诸如此类的技术进步将自身作为物神树立起来，并以其登峰造极的表现使那些被忽视的社会任务显得是已经完成了的，就会充当赤裸裸的反动力量”。①阿多诺主张技术为艺术引入“否定性”的要素，因为恰恰是追求自律艺术的技巧法则改变了这一艺术，不是使之成为禁忌或拜物教，而使之接近于一种自由状态。但阿多诺并没有意识到这一点。对本雅明来说，恰恰是审美合理化的那些具体的积极的方面需要被强调，这个疏忽也源于阿多诺没有理解本雅明方法上的独特性——从本体论意义上分析技术（技术本身）。也就是说，技术进入社会领域而诞生的新的艺术形式，在本体论的意义上并无善恶之别。这个独特性与本雅明艺术批评中坚持客体向度的原则一致，它是在说明技术对艺术的内化，它改变了艺术的形式，由此带来了审美崇拜的崩溃。

大多数对本雅明的技术理论持批评态度的人，客观地讲，他们多少带有自己所处的时代语境下浓厚的社会批判色彩，因而也或多或少地遮蔽

---

① ［美］R.沃林.艺术与机械复制：阿多诺和本雅明的论争［A］.李瑞华译.国外社会科学［J］.1998（2）.

了他们对这一力量所可能产生的价值和意义的认识。从更深层的意义上说，他们的批判更多地着眼于庸俗社会学的一面，将技术仅仅作为外在于艺术本体的操纵工具，甚至可以说他们所批判的只是隐藏在技术之后的体制，也就是马丁·杰所说的帷幕背后的东西，并不是作为艺术媒介的技术所内在的必然规定性，尽管技术后来的发展并未如本雅明所预期的那样，而是越来越被意识形态化，但就本雅明以技术复制艺术来对抗异化的艺术批评，恰如哈贝马斯认为的"救赎论的批评"多于"意识形态批评"。技术复制艺术所造成的传统的崩溃、美感的异化，事实上隐喻了本雅明对传统实施爆破的意图。由于当代资本主义制度下的社会生产破坏了关于过去和现在的行为之间的整合关系，技术复制时代经验的丧失允许了一种意识的形成，这种意识把"现在"视为一直统治着人类历史的状态，它带来了连续的重复灾难，而技术复制艺术有可能导致一种和传统的根本断裂。按照本雅明的逻辑思路：任何对文明发展的记录，同时也是对野蛮展开的记录，那么技术复制艺术就是用野蛮的方式，用打破经验完整性的暴力来对抗野蛮现实。所以，技术促进艺术的政治功能不应在历史进步、技术发展的意义上来理解，而只能在它以不和谐、非审美的异化形式来终止野蛮历史的进一步延续的意义上来理解。本雅明曾说，人的"自我异化达到了这样的地步，以至于人们把自我否定作为第一流的审美享受去体验"。在这种政治暴力的审美化面前，自律艺术显得微不足道。本雅明提出的对策是以牙还牙，即"以艺术的政治化作为回答"。[①]这种指向真正的社会存在的企图，可以看作本雅明的技术社会学，因为它提供了一种克服异化的可能性。

本雅明主张技术在革命过程中发挥强大的作用，可以说在法兰克福批判理论家中是非常独特的，他的思路在某种程度上和阿多诺正好是互补的，是一枚硬币的两面。阿多诺对启蒙的反思和批判，使他得出了技术的工具理性对主体的压制和统治，因此必须有所警惕。而本雅明则在技术的新发明中备受鼓舞，并把这些新技术手段视为美学救赎的主要途径。在阿多诺那里，审美的新感性和新形式是和技术的工具理性截然对立的；而在

---

① ［德］本雅明.机械复制时代的艺术作品［M］.王才勇译.南京：江苏人民出版社，2006：75—76.

本雅明那里，两者则是同一的，他对科学技术新发明向艺术领域的渗透和移植特别感兴趣。另外，本雅明坚持政治倾向性和文学倾向性的统一，这一点也十分重要。但是，他假定了技术的进步，或者说新的进步的技术运用，必然保证艺术的审美品质，进而保证政治倾向的正确，这种说法似乎过于简单化了。因为他自己也发现，技术的采用实际上是一个比较复杂的过程，毕竟某种技术既可以用来为无产阶级事业服务，也有可能被资产阶级所利用。正如美国本雅明研究专家理查德·沃林所说，本雅明对马克思主义非辩证性的解读，使他有点夸大了技术在审美中的作用。

第二节　复制技术与大众接受的可能性

本雅明在肯定机械复制技术引起艺术产生的创造性变化的同时，也肯定了由这种复制技术引起的现代大众的艺术接受方式的自然变革。他敏感地意识到，技术进步可以带来整个人类生存方式和感动方式的变化，而现代大众在基本感知方式上，有着一种通过占有一个对象的摹本或复制品来占有这个对象的强烈的需求。大众的这种心理需求和机械复制技术一样，也是引起艺术原作的"韵味"艺术凋敝的社会条件之一。本雅明所欢欣鼓舞的，正是因为他看到艺术品的可复制性在历史上第一次把艺术品从它对礼仪的寄生中解放了出来，因而具有革命性地推进了艺术品与接受大众的关系。显然，本雅明要把艺术从素为人们尊敬的神圣的祭坛上拉了下来，使人们认识到原初的艺术创造活动只是艺术作品得以产生的前提，是艺术产生活动的正常运行的基本因素，而复制活动则是艺术创造活动的技术化和扩大化，它大大增加了艺术品传播的范围和影响，也改变了艺术原作与受众的传统关系。

一、大众时代的到来与大众理论

一般情况下，我们所谓的大众社会（mass society）是相对于传统而言的工业社会和后工业社会，最早出现于西方资本主义社会，是传统社会在经历了工业化之后，社会关系、社会秩序因之逐渐改变而呈现的一种新的社会形态。"大众"（mass）则是一个与"精英"（elite）相对的历史性概念，特指普通的、大多数社会成员的地位、身份及其在社会关系中的位置。需要说明的是，最早沿用"大众"这一词汇的理论家们，大多都对其满怀鄙视和不屑的姿态，并"从心里面怀着贵族式的生活观与价值观，排斥资本主义的意识形态"。①大众社会是大众文化诞生和存在的基础，由于在大众社会中，大众迫切需要有一种文化来表现、满足和代表他们的精神需要，也要求从消费的领域进入社会文化生活，这就使以大众为主要受众对象的大众文化应运而生。因此，对大众与大众社会的了解与认识，成为我们理解本雅明的技术复制理论以及大众文化理论产生的社会语境的重要前提。

依照一般的大众社会理论（mass society theory）来讲，大众社会和大众的产生是工业化（indurstrilization）和城市化（urbanization）进程所造成的必然的、破坏性的后果。②这里要说明的是，大众社会理论最初的政治意图是捍卫统治阶级的社会地位，企图压制中下层大众追求民主的精神，"他们重新伸张死板而僵硬之社会阶层的必要性，他们想要让精英稳固地掌握决策权，永远享有特权"。③19世纪中叶，伴随着工业化和城市化的历史进程，经济和社会状况的大规模变化使资本主义到来之前的种种社会关系四分五裂，从而在社会实践层面上形成了"大众社会"和"大众"的概念。也正如英国学者斯特里纳蒂（Dominic Strinati）所剖析的那样：推动大众社会和大众文化出现的是乡村社会群体的瓦解、宗教的衰落，以及与科学知识的增长相联系的世俗化，是机械化的、单调的、异化的工厂劳动的扩展，是在拥塞着毫无个性特征的人群、庞大杂乱的城市中建立的生活模式，以及道德整合作用的相对缺乏。无论如何，社会的基础已不再是"人们"（people），而是"大众"（mass）了。

从"大众"（the mass）概念的出现来看，它的诞生是因19世纪中产阶级启蒙知识分子对社会主体的重新认识和命名。在中产阶级民主实践的现实基础上，无法回避的现实是：首先，个体意识并非全然理性的，民意也并非全然理性的；其次，个体之间的利益并非完全可以凭借公共利益而协

---

① ［英］阿兰·斯威伍德.大众文化的神话［M］.冯建三译.上海：三联书店2003：3.

② See Dominic Strinati, *An Introdution to Theories of Popular Culture*, London:Routledge, 1995，P5-6.

③ ［英］阿兰·斯威伍德.大众文化的神话［M］.冯建三译.上海：三联书店2003：4.

调，阶级斗争的残酷现实反而证实阶层利益是不可调和的；第三，在底层民众和以民主的名义进行决策的人之间依然存在着巨大的鸿沟，民意表达采纳的渠道并非畅通。①从这一点来看，古典民主主义理论从一开始就显露了它的空想性。到了19世纪中期，个人主义被政治经济生活中的集体主义形式所取代，利益的和谐被阶级之间组织起来的压力集团之间的不和谐所取代，对复杂问题的理性辩论受到专家的重视，受到对利害偏见的重视的削弱，同时也受到公民非理性欲求有效发现的削弱。公众的决定权与国家权力的运作分离开来②，"公众"概念的虚构性开始暴露在资本主义现实的光天化日之下。资产阶级知识分子开始了话语转型。1859年，约翰·斯图亚特·米尔（John Stuart Mill）发现了"多数人的暴政"，即群众的非礼性盲动的现实图景；弗洛伊德发现了大街上行人的非礼性；法国政治家托克维尔（Charles Alexis de Tocqueville）发现了"美国民主"中的"盲目的本能"，进而怀疑"我们将要建立的是民主的自由还是民主的暴政"。③伯克哈特·加塞特、尼采、阿多诺和勒庞等人也相继开始踏上了"大众"批判之路。④

另外，工业化的发展程度对大众社会结构的影响也不可忽视，因为工业革命毕竟明显地改变了人们的工作关系，劳动者不再是负责整个生产和流通过程的农民，而只是负责中间的生产环节，与此之前的原材料生产和之后的商品流通区分开来，这样的工作关系导致了严重的社会学意义上的劳动异化。在新的工业化社会秩序中，工厂或公司制度的结果是建立一个缺乏历史传统的新社区。这些新社区内外的居民来自不同的文化背景，彼此间缺乏认同感。值得注意的现象是，大量的农民离开农村和土地，来到城市成为工人和移民。在新的社会环境中，结合在一起的众人的力量不再来自传统亲属、朋友之间的关系，而是现代生产关系中契约制度和合同关

---

① ［美］查尔斯·赖特·米尔斯.权力精英［M］.南京：南京大学出版社，2004：383.
② ［美］查尔斯·赖特·米尔斯.权力精英［M］.南京：南京大学出版社，2004：384.
③ ［法］托克维尔.论美国的民主（二）［M］.北京：商务印书馆，2006：489.
④ 在诸多有关"大众"人格的论述中，德国哲学家尼采对"大众"的描述与评价不但刺耳，而且名声也不佳，他将社会主体划分为"超人"（精英）和"庸众"（也即我们一般情况下所讨论的"大众"），他对"庸众"的攻击理由除了愚昧之外，还在于他们易于盲从，可能被动员起来压制天才，被故意煽动的舆论所影响，甚至会成为非理性暴动的源泉；同时，民主政治的制度设定，使得人们不是追求真理，而是屈服于"民意"，真理往往会被民意所取代，从而偏离了真相。参见尼采.权力意志［M］.桂林：漓江出版社，2000：65.

系。从城市化的角度看，作为大规模的人口向城市迁移，是在近代工业化过程中逐步加速的，而在19世纪初期，全世界只有3%的人口居住在大约5000个城市，后来的现代化极大地加速了城市化的人口扩张。城市化的社会意义在于它改变了生活素质，将不同的人聚集在一起。各地农村涌入城市的人口形成了新的城市人口，使得城市居民的异性增大。他们和城市原来的居民在社会及心理上存在明显差别，这就使城市生活混杂着不同的习俗和规范，存在着就业、教育等方面的社会差异。在社会学研究中，这种现象被称为"迷乱"（amomie）①。有些研究者也发现和注意到工业化和城市化对大众社会结构和人际关系产生的影响，如中国当代学者司马云杰就作了这样的描述："工厂、仓库、公寓、新式住宅，湮没了贵族的官邸和美丽的宫殿；联邦、国会、各种联合国组织的争吵代替了沙龙、行会、宫廷的亲密气氛；市场的喧闹、交换的价值代替了中世纪以来宗教的虔诚，骑士的担忧、贵族的亲情以及小市民的伤感，连家庭教育也为学校一类的社会机构所代替了"。②

19世纪法国著名社会心理学家古斯塔夫·勒庞（Gustave Le Bon）对作为"乌合之众"的"大众"进行了毫不留情的攻击，他认为在资产阶级民主政体下，"民众就是至上的权力"，群众的无意识行为取代了个人的有意识行为，是这个时代的主要特征之一，群体精神极端低劣，群体中累加起来的只有愚蠢而不是天生的智慧。可见社会现象可能是某种巨大的无意识机制的结果，因为群众的特点在于：（1）群体是个无名氏，因此不必承担责任；（2）易传染；（3）易于接受暗示；（4）有意识的人格的消失，无意识人格的得势。③由于群众拥有庞大的势力，因此，只要一种意见赢得了一定的声望，使自己得到普遍接受，那么它很快就拥有强大的专制权力，使一切事情都全要屈服于它，自由讨论的时代便会长久地消失了。④在他看来，文明是少数智力超常的人的产物，这些智力超常者构成了一个金字塔的顶点。随着这个金字塔的各个层次的加宽，智力相应地也越来越少，他

① 陈卫星.传播的观念［M］.北京：人民出版社，2004：67—680.
② 司马云杰.文化社会学［M］.北京：中国社会科学出版社，2001：40.
③ ［法］古斯塔夫·勒庞.乌合之众——大众心理研究［M］.北京：中央编译出版社，2004：20.
④ ［法］古斯塔夫·勒庞.乌合之众——大众心理研究［M］.北京：中央编译出版社，2004：128.

们就形成了一个所谓的民族中的"群众"①。勒庞因此得出了异常悲观的结论:"当一种文明让群众占了上风时,它便几乎没有多少机会再延续下去了"。②勒庞对大众的感情、道德观念以及心理特点作了全面的剖析。他认为易冲动、易变化及易急躁是大众群体的共同特点,他们的行动完全受着无意识的支配。不过这种对"大众"的攻击所形成极端理论偏见是与对"公众"的颂扬分不开的,这就引发出了"公众"与"大众"的概念区别问题。

按照古典的主义理论建构的"公众"(The public)的概念,一般的定义是指一个政治性主体形象;作为现代资产阶级的人格典范,"公众"是对"奴隶"和"农民"这些历史人格的否定。按照古典民主主义的理论设定,公众是一个理性的政治主体,他们能够理性地表达自己的需求和意见,形成民意表达,并且通过自由辩论、协调意见、平衡利益,最终形成公共决策。"公众"是资产阶级民主国家公众共同体的法理主体,国家权力的合法性建立在"公意"的基础上,政府只不过是公众的代理人,是按照民意准则来管理国家及其社会事务的机构。因此,"公众"作为资产阶级的理想人格类型,一般认为具有如下几个主要特点:首先,他们是理性的专家,能够理性地批判自身的利益;其次,他们能够畅通无阻地表达自己的个人意见并为他人所知晓;再次,公众共同体通过充分的意见形成决定;第四,作为代理人的政府部门及代理人,根据公众的利益并采取行动。在这种情况下,资本主义民主政体获得了合法性的根基③,但是我们必须看到,资产阶级理论家们所建构的"公众"原型正是他们自身——知识精英,或者可以进一步扩张为整个中产阶级,而不是社会现实中的任意的真实个体,也正因为如此,"公众"才成为古典民主主义的一个虚构的、神话的理想人格类型(ideal—type),古典民主因此具有强烈的理想主义和乐观主义色彩,知识精英们乐观地认为,通过教育可以将资本主义社会的

---

① [法]古斯塔夫·勒庞.乌合之众——大众心理研究[M].北京:中央编译出版社,2004:158.
② [法]古斯塔夫·勒庞.乌合之众——大众心理研究[M].北京:中央编译出版社,2004:129.
③ 关于这一点可参见后期法兰克福学派的掌门人哈贝马斯的论点,他曾在《公共领域的结构转型》一书中阐述了资产阶级"公众"的特征及其交往形态。在他看来,资产阶级的理性主体——"公众"——曾经出现在咖啡馆、沙龙、宴会等场所的资产阶级公共领域,具有批判精神的资产阶级公众通过理性的协商来形成公众舆论,并以公众舆论为媒介来对国家(公)与社会(私)的需求加以调节。正是建立在"政治公共领域"的批判理性的基础上,民主国家才享有法理上的合法性。参见尤根·哈贝马斯.公共领域的结构转型[M].上海:学林出版社,1999:35.

底层民众塑造成典型的"公众"。但是，资本主义的残酷历史实践不久即摧毁了古典民主主义的乐观气质。从19世纪开始，资产阶级开始清醒地认识到理论与现实之间具有无法回避的巨大鸿沟，民主上难以兑现的资产阶级革命诺言，从而开始宣告"公众"的消失和"大众"的出现。"民主"即"人民主权"，其中的"民主"首先被乐观地建构为"公众"的理想人格，继而被悲观地建构为"大众"的消极人格，因此，民主的问题不是体制设定的问题，而是一个主体性的问题。在当代西方的理论家们的视野中，对"公众"的颂扬和对"大众"的攻击形成了理论偏见的两个极端。但是，现实中的"民众"既非全然理性的自律主体，也非全然被非理性冲动所引诱的他律主体，或者说，作为一个复数概念，民众并非全然是千人一面的理性主体，而是集合了"公众"和"大众"的双重特征，具有含混的特点。因此，被赋予特定内涵的这两个概念都必须被重新评估，它们已成为一个被污染的概念，被强加了不同的价值内涵，而不再是一个中立的描述性概念。

然而问题在于，如果我们把"大众"视为历史的一个主体类型，它到底是指劳工阶级，还是中产阶级？"大众"到底是一个具体的阶层，还是一个虚拟的群体形象？它到底是一个同质群体，还是充满异质的群体？大众到底是一个消极、被动的群体，还是它本身也体现出充分积极的、主动的素质等，对这些问题的追问将会颠覆我们曾经赋予大众的一些"刻板印象"，冷却文化批判学派的激情，而去追寻经验中的真实的大众群体。英国文化研究学者雷蒙德·威廉斯指出："实际上没有大众，有的只是把人看成大众的那种看法。"我们应当"把大众一词的意义再现于经验"，大众就是"普通人"，它是一个"集体意象"，依赖于特定的语境①。尤其在使用这一通行概念时，必须警惕它们本身含混的语义史，它们所指的对象是共同的、社会中的特定群体，而且依照雷蒙德·威廉斯的理解，"大众是社会化、工业化的大生产集中形成的大众社会后的工人阶级，主要是指无产阶级，也即，由工人阶级派生出大众行动"。②这样，我们就可以把"大众"定义为由工业化生产方式创造出来的规模庞大的、自由流动的城市化平民和

① ［英］雷蒙德·威廉斯.文化与社会［M］.吴松江译.北京：北京大学出版社，1991：379.
② ［英］雷蒙德·威廉斯.文化与社会［M］.吴松江译.北京：北京大学出版社，1991：379.

劳动者，包括了多数社会群体和社会阶层，与精英有着明显的区别。这里的"精英"（elite），是与"大众"相对的概念，主要指居于社会各个领域中具有多种身份和资源的重要人物，包括知识分子和上层管理者。

二、复制艺术的展示价值与接受的群体性

本雅明因为受马克思的经济基础与上层建筑关系的理论影响，他始终坚持把文化现象纳入经济关系中考察，从而得出结论：文学是社会生产的一个组成部分；文学并非处在社会的经济关系中，而是内在于其中；文学生产力的先进与否，取决于文学工艺技术的先进与否（这一点在上一章中已有充分的阐释，此处且不展开）。在此基础上，本雅明对新的生产条件下艺术的发展变化及其政治功能性给予了一定的关注，他指出："低估这些论题所具有的斗争价值将是一种错误。这些论题漠视诸如创造力和天才、永恒价值和风格、形式和内容等一些传统概念——对这些概念不加控制的运用……就会导致法西斯主义意识处理事实材料"。[1]本雅明这段话的写作目的首先在于对法西斯主义的反击，由于法西斯主义依赖旧的艺术概念（如形式、风格、永恒价值，等等），因而，对法西斯主义的反击首先要从对艺术重新定义开始。乔尔·斯奈德（Joel Snyder）曾经明确地指出，本雅明的机械复制时代的艺术作品所涉及的一系列问题都涉及到在一个革命时期对艺术的重新定义。[2]这个重新定义事实上强调文学是社会生产的一部分。在本雅明看来，艺术作为具有韵味的存在，在世俗社会即是对美的崇拜，而在资本主义社会，则成为所谓的为艺术而艺术的艺术神学，这种艺术神学实际上否定了艺术的社会功能。

随着大众社会与时代的到来，本雅明从有韵味的艺术和机械复制的艺术的对比表现中看到，在艺术生产方式上，有韵味的艺术是人的创造性的产物，它具有一种被神秘化了的内在永恒的价值，而机械复制技术则是集体创造的产物："电影演员与舞蹈演员不同，他的艺术成就存在复制出所依据的独特形式当中，并不是展现在随机的观众面前，而是展现在一个专

---

① ［德］本雅明.机械复制时代的艺术作品［M］.杭州：浙江摄影出版社，1993：3—4.

② Syyder. Joel. Benjamin on Reproductibiliby and Aura:A Rereading of "The Work of Art on the Age of its Technical Reproductibility." in the philosophiccal Forum . Volume XV, Nos . 1-2 , Fall-Winter. 1983，P.130.

家小组面前，这些专家作为制片主任、导演、摄影师……随时都能干涉他做出的艺术成就……"①电影创作和生产的集体性，使它与传统韵味艺术不同，前者是镜头剪辑的事物，它具有可修改性，而后者如希腊雕塑，它则是整体的、非装配的和不可更改的。而且在接受方式上，本雅明看到的韵味艺术所呈现出来的一种膜拜价值，这种价值要求人们隐匿艺术作品②。由此得知艺术的接受具有私密性，而非大众化的东西，正如有韵味的艺术生产陷入唯心主义的神秘创造之中一样，有韵味艺术的接受同样成为少数人的特权。这种膜拜价值意味着艺术品将隐匿自己的物质性。而机械复制技术正好与之相反。它展示自己，呈现为一种展示价值。这种展示可以从两方面来理解：（一）展示价值意味着机械复制艺术展示自己的物质性和机械构成性，（二）展示意味着向更多的接受大众开放。如本雅明强调电影的集体性："电影院中的主要特点在于，没有何处比得上在电影院那样，个人的反应会从一开始就是以眼前直接的密集化反应为条件的，个人反应的总和就组成了观众的强烈反响。"③有韵味的艺术与机械复制艺术的对立还表现在，前者否定了艺术的社会功能，或者说，起着掩饰和维护现存社会的同一性的关系的功能，而后者却具有强烈的政治性和功能性，"艺术的整个社会功能……不再建立在礼仪的基础上，而是建立在另一种实践上，即建立在政治的根基上"。④显然，本雅明把复制技术看作是建立在政治根基上的艺术，并且由于大众成为艺术的主体，艺术从此不再是"审美的幻象"，不再是社会的逃避。复制品可以广泛地传播，因而原则上任何人都可以走进接受欣赏的活动中，这使复制艺术成为公众产品。更为重要的是，它取缔了精英和权贵对艺术创造和接受的垄断，使越来越多的人参与到艺术生产中来，而不再像传统艺术那样只局限于少数人。大众既可以成为艺术表现的主体（例如每个人都可以通过唱片欣赏莫扎特的小夜曲，每个人都可以通过摄影欣赏达·芬奇的画作），也可以成为艺术生产的主体（例如每个人都可以自己或让人拍照），这样就密切了大众与艺术之间的关系。

---

① ［德］本雅明.机械复制时代的艺术作品［M］.杭州：浙江摄影出版社，1993：20.
② ［德］本雅明.机械复制时代的艺术作品［M］.杭州：浙江摄影出版社，1993：13.
③ ［德］本雅明.机械复制时代的艺术作品［M］.杭州：浙江摄影出版社，1993：33.
④ ［德］本雅明.机械复制时代的艺术作品［M］.杭州：浙江摄影出版社，1993：33.

　　本雅明的机械复制理论是在富克斯的直接影响和启发下，通过总结技术文明的最新发展成果而形成的。在本雅明之前，富克斯开创了对复制的技术、大众文化的研究，正如本雅明自己所说："对大众艺术的观察和对复制技术的研究，富克斯的作品的这些部分是最有开拓性的"。①富克斯认为每个时代都有与之相应的特定复制技术，"这些技术代表了该时期的技术能力，而且是……相应的时代需要的结果。因此，无须惊讶，每次重大变革……通常也会造成图像复制技术的变化。这一点尤需阐明"②。富克斯对大众艺术、复制技术的研究直接启发了本雅明，但本雅明并没有亦步亦趋地在富克斯的圈子里打转，而是对其理论有所深入拓展。两人虽都讲"复制"，但研究对象不同，含义也有所不同。富克斯以木刻、版画、漫画为研究对象，他所讲的复制主要是手工技术的复制，而本雅明以摄影技术、电影为研究对象，侧重于对机械复制技术的探究。很显然，在富克斯的基础上，本雅明对复制问题的研究更深入、更复杂，把复制问题推向了理论高度。尤其是复制活动给艺术创造带来的技术化和扩大化，改变了艺术作为手中加工的传统关系，具有革命性的意义。这一点在本雅明关于大众和大众接受理论中阐发得比较深刻和全面。

　　第一，本雅明看到艺术作品存在的最重要的意义，就在于它必须服务于数目众多的大众群体，这显然是受马克思主义历史唯物论的影响。在本雅明看来，卓别林式的喜剧电影是群体性的共时接受对象，它代替了只具有某一个人或某一些人观察和膜拜的毕加索式的立体主义的抽象绘画原作，这本身就是受众与艺术关系的进步。在本雅明眼里，技术使万物平等，使任何人都可以领略到艺术作品的内蕴和震撼。艺术作品不再是贵族的专利，而成了共享，它带来了受众群体的急剧扩张，使得更多的人能够有机会、有能力接触甚至接受原本只为少数人准备的作品。正是科学技术的兴盛，才使得这一公共性意义成为可能。第二，复制技术使艺术品成为受众广泛接受的丰富资源。随着受众认知内容的日益复杂，在现实中无法看到、无法展示或者不愿展示、不好展示的内容，都可以利用现代复制技术在艺术作品中加以表现。本雅明以摄影和电影艺术来说明这一点："摄影

---

① ［德］本雅明.经验与贫乏［M］.天津：百花文艺出版社，1999：309.
② ［法］贝尔纳·斯蒂格勒.技术与时间：爱比米修斯的过失［M］.南京：译林出版社，2000：334—335.

机凭借一些辅助手段，例如通过下降和提升，通过分割和孤立处理，通过对过程的延长和压缩，通过放大和缩小进行介入。我们只有通过摄影机才能了解到视觉无意识，就像通过精神分析了解本能无意识一样"。①和摄影机一样，电影艺术展示的客观事物，也已经将客观事物的科学价值和艺术价值融为一体，这便于人们对客观事物进行科学价值和艺术价值两方面的认知，这种进步同样是无可置疑的。第三，复制艺术强化了受众对作品的主动解读。因为受众在作品的传播过程中，他们并非只是作品的一个被动的接收器，而是作为主体要有自己的思想。"大众是促使所有现今面对艺术作品的惯常态度获得新生的母体"。②关于受众对作品的主动解读方式，本雅明揭示了现代大众更多的是寻求一种轻松的愉悦观赏，以便使自己从紧张的压力中至少暂时地脱离出来。"消遣性接受随着日益在所有艺术领域中得到推崇而引人注目，而且它成了知觉发生深刻变化的迹象"。③现代电影、新兴的达达主义绘画追随和适应的就是受众的这种解读方式变化，它创造出一种官能上的震惊和审美效应。这种审美效应是让受众在瞬间顿悟。第四，受众不再是被动的接受者，还可以参与艺术作品的制作过程。本雅明认为在传播技术取得突破性进展之后，它不但扩大了艺术品的生产方式和传播范围，也颠覆了传统作者的观点，读者或受众在身份上与作者可以互换，生产者和消费者的角色也处于随时变化的状态。本雅明以出版社和电影制作为例来说明这个观点："随着新闻出版业的日益发展，新闻出版业不断地给读者提供新的政治、宗教、科学、职业和地方的喉舌，越来越多的读者——首先是个别的——变成了作者"。④在现代电影中同样也是如此。既然每个观众都有希望自己被复现的正当要求，而电影的价值也在于观众的参与，因此电影的发展正朝着逐步满足观众自己的要求的方向演变。在当代电影的创作中，观众随时可能成为演员，演员扮演的也就是生

---

① ［德］本雅明.机械复制时代的艺术作品［M］.王才勇译.北京：中国城市出版社，2002：120.

② ［德］本雅明.机械复制时代的艺术作品［M］.王才勇译.北京：中国城市出版社，2002：124.

③ ［德］本雅明.机械复制时代的艺术作品［M］.王才勇译.北京：中国城市出版社，2002：128，109.

④ ［德］本雅明.机械复制时代的艺术作品［M］.王才勇译.南京：江苏人民出版社，2002：59—60.

活和劳动过程中的观众，现代受众在艺术接受活动中已越来越多地获得了主动权。他们正充分享受着机械复制技术带来的诸多好处。

本雅明看到了大众的作用在不断地增长，传统时代使人与艺术保持着一定距离的膜拜价值已开始被机械复制艺术所摧毁，艺术活动开始从礼仪的母腹中解放出来，获得了展示的机会。本雅明以照相摄影为例，指出："在照相摄影中，展示价值开始整个地抑制了膜拜价值①"。本雅明从艺术内部矛盾运动的角度，分析了有韵味艺术的向机械复制艺术转化的内在机制，对当代文艺理论无疑有许多启发之处。回顾人类艺术活动的历程，艺术史的发展过程（以文艺复兴时期为界）的确经历了一个以对宗教礼仪内容的推崇到对世俗世界的关注这样一个大转变。本雅明敏锐地发现：复制艺术使艺术价值被展示价值所抑制。这的确说明了人类艺术史上出现的"转型"或"裂变"（尽管他本人并不赞成艺术史的分法和描述方式）。他对机械复制艺术的赞美和欢呼，是因为他看到这种新型艺术更符合现代人的要求，"其优点在于它能把原作的摹本带到原作本身无法到达的地方"②，从而为接受者在其自身的环境中提供欣赏的条件和方便。但本雅明的偏颇之处也十分明显：机械复制艺术作为一种新的艺术生产力的作品，肯定符合时代的发展和需要，也具有优于传统灵韵艺术的地方，但反过来，有韵味的艺术，同样也有胜过这种新的机械复制艺术的地方，不可截然分开。如灵韵艺术的独一无二性和若即若离的古典品格，同样以审美的特质吸引大众，并非与机械复制艺术水火不容、互不共存，而是互补促进的关系。本雅明片面地褒此抑彼，显然是不科学的，有时候也难以让人心口折服。

三、复制艺术的"去神秘化"与奇迹：告别原作的中心霸权

本雅明在现代艺术活动所发生的"裂变"过程中，看到了与此相应的人类对艺术品接受方式的"转型"，这对现代艺术理论与美学思想的建设具有重要的借鉴作用。比如，他以电影的出现为例，阐明了人类对艺术品的接受方式由凝神专注式向消遣性的接受转变。现代人早已觉察到：随着人类艺术活动的不断发展，加上复制技术的突飞猛进的影响，不只是电影

---

① ［德］本雅明.机械复制时代的艺术作品［M］.王才勇译.南京：江苏人民出版社，2002：65—66.

② ［德］本雅明.机械复制时代的艺术作品［M］.杭州：浙江摄影出版社，1993：12.

的出现，而且其他新类型的艺术如流行音乐、通俗小说、CD唱片等通俗文化艺术的出现，使本雅明的复制技术对消遣性接受、艺术的展示价值、大众与电影等独创性理论范畴日益显现出其预见的合理性，而且已发展到当代美学艺术，我们似乎再也无法忽视，并必须作出回应（当然我们并非说本雅明的理论就无可挑剔）。本雅明从复制技术为艺术所带来的新的生产力中看到了革命性的希望和文艺的政治功能的存在，因为复制可以独立于原作，使大范围和远距离的传播成为可能，这无疑有利于唤醒和武装普通的大众。因此他得出一个结论："当代艺术越是投入可复制性，即越是不把原作放在中心地位，就越是可以期待较大的作用"。"复制艺术品越来越成了着眼于对可复制艺术品的复制……然而，当艺术创作的原真性标准消失时，艺术的整个社会功能就得到了改变。它不再建立在礼仪的根基上，而是建立在另一种实践上，即建立在政治的根基上"。①

　　显而易见，本雅明从机械复制艺术所带来革命的政治力量里，看到了复制艺术使原作的中心霸权地位日益消失，传统的具有礼仪的膜拜价值的灵韵艺术遮挡的神秘面纱也被现代新的艺术所揭开。首先，艺术由本真的独一无二性转向可大规模复制性，这种转变使艺术品的原创性、权威性和神圣性被复制品的无差别性所取代，艺术的时空传播范围被扩展了。其次，当艺术膜拜价值开始转向展示价值时，对艺术品自身的关注也就开始转向了艺术品和接受大众之间的互动关系。而且，展示价值不再像传统艺术那样服务于巫术或宗教功能，而是注重被观照，例如风景摄影的出现。再次，如果说膜拜价值会必然导致人们对艺术品有一种崇敬感和神秘感的话，那么展示价值则是会打破这种氛围，摧毁了这种灵韵，使一切都去神秘化了。而且传统艺术与复制艺术的观照方式也发生了较大的变化，其差别在于：前者是一种有距离的专注的欣赏和闲适而优雅的凝视，是一种视觉的享受，比如面对自然风景和希腊雕塑；后者则是另一种形式的观照，由于以复制品的拥有来满足占有对象的欲望占了上风，审美主体与审美对象的距离消失了。艺术品像一颗射出的子弹击中了观赏者，视觉特质转变为触觉特质。本雅明这个天才的分析，成为后来的后现代理论或后工业社会文化理论的先声。另外，机械复制把传统艺术的个人品味方式，转化为

　　① ［德］本雅明.机械复制时代的艺术作品［M］.杭州：浙江摄影出版社，1993：17.

集体或者公共的大众互动方式。其分析以电影为特例,揭示了这种群体性的共时的接受模式。最后,本雅明指出当代复制艺术与传统艺术追求永恒价值的模式的对立,后者具有可复制性和可修改性,不像灵韵艺术那样是一次性的和不可复制的。这种情况典型地体现在电影艺术品之中,本雅明认为:"电影的这种可修正性则与它彻底抛弃永恒性有关。而希腊人的艺术则是对永恒价值的创造,在这些希腊人看来,站在艺术巅峰上是那些最不可修改的艺术,即雕塑,它的作品确实是一整块构成的。而艺术品的可装配时代,雕塑艺术的衰亡是不言而喻的。"①

本雅明对技术复制艺术在美学上产生的本质变化所作的透视与解剖,无疑是新颖独到而富有启发性的。他从对复制艺术发展史的回顾出发,考察了从古代艺术向现代艺术的变迁与转型,明确地揭示了可复制时代的艺术品的美学特质。虽然,他作为一位倾向于经典马克思主义的学者,本雅明密切地关注着艺术与大众的关系及其社会功能。他反对把艺术与生活完全分离的"为艺术而艺术"的"艺术神学",并严肃地批判了这一理论的极端形式——法西斯主义的战争美学。他以乐观向上的态度肯定了技术复制艺术的社会价值。他细致地观察了以电影为代表的技术复制艺术的创作特征,他对于人为何在机器面前表现自己以及运用机器表现客观世界的分析是十分符合艺术实践的。例如,他对1900年所具有的复制技术对公众接受方式产生的影响和引起的深刻变化作了历史性的具体描述和生动分析,他告诉读者复制艺术是如何在艺术创作中为自己获得一席之地的。

> 随着石印术的出现,复制技术进入了一个全新阶段。这种简单得多的复制方法不同于在一个木头上镌刻或在一片铜板上蚀刻,它是按设计方案在一块石头上打样。这种复制方法不仅第一次使它的产品批量销入市场,而且以日新月异的形式造型投放到市场上。石印术的出现使得刻印艺术富于解释性地表现日常生活,并使之开始和印刷术并驾齐驱。可是在石印术发明方法开始与印刷术并驾齐驱不到几十年的光景中,照相摄影便超过了石印术。随着照相摄影的诞生,原来在形

---

① 陈学明等.社会水泥——阿多诺、马尔库塞、本杰明论大众文化[M].昆明:云南人民出版社,1998:180.

象复制中最关键的手便获得了解放，从此以后，代之而起的便是观照对象的眼睛。由于眼看比手画快得多，因而，形象复制过程就获得了巨大的进展，以致它能跟得上讲话的速度。在电影摄影棚中，对准一场戏的摄影师就以跟演员的讲话同样快的速度摄下了一系列的形象。如果说石印术可能孕育着画报的诞生，那么照相摄影可能孕育了有声电影的问世，它在20世纪末就已经解决了对声音技术的复制问题。①

从这段描述中可以看出，本雅明对复制技术产生的神奇速度和效果十分感兴趣，尤其是复制技术对艺术产生的促进和改观颇让他兴奋而感叹。复制使艺术产品"批量销入市场"，而且"以日新月异的形式造型投放到市场上"，它对日常生活和大众传统审美的无疑带来了许多刺激和新鲜感。尤其是照相摄影的出现，都是以眼睛观照的对象为对象，在一瞬间就会将对象的所有外表风貌与周围的环境逼真地记录在机器里面，然后随时随地可以完美准确地呈现在观众的眼前，让人叹为观止。本雅明看到"由于眼看比手画快得多"，而且，"形象复制过程就获得了巨大的进展，以致它能跟得上讲话的速度"。当摄影与讲话对白以同样速度进行时，有声电影就此诞生了。这样，复制技术就可以把我们生活中发生的一切事件与活动，绘声绘色、随时随地地呈现在观者的面前，其声音和画面感让人不得不折服复制技术所具有的神奇魅力。本雅明引用了保罗·瓦莱里的一段描述，来说明电影这种复制技术的艺术在当时给人的视觉冲击："就像我们显眼地按一下某个东西就能把水、煤气和电从遥远的地方引进我们的住宅以满足我们的需要那样，我们也将能安置一些视觉形象或音响效果，为此我们只需要做一个简单的动作，就能使这些形象或效果出现或消失。"②在本雅明的时代，现代化程度已经很高，机械化、自动化和电器已开始使当世人们的日常生活发生了奇异的变化（比如汽车、电话、摄影等技术文明的出现），只要用手一触某个机关或按钮，音乐唱片就可以放出自己最爱听的名家演奏或歌曲，屏幕上就会出现放大到与真人比例相差不大的男女主

①　陈学明等.社会水泥——阿多诺、马尔库塞、本杰明论大众文化［M］.云南出版社，1998：181.
②　陈学明等.社会水泥——阿多诺、马尔库塞、本杰明论大众文化［M］.云南出版社，1998：181.

人公又说又笑的形象画面，因此，本雅明对复制技术的奇迹十分赞叹："在1900年，技术复制达到了这样一种程度，它不仅能复制一切传世的艺术品，还能对公众施以影响并引起最深刻的变化，而且它还在艺术创作中为自己获得了一席之地。在研究这一阶段时，最具有启发意义的是，它的两种不同表现形式——对艺术品的复制和电影艺术——都反过来对传统艺术形式产生了影响"。①本雅明认为电影的社会意义之一就在于它能够铲除文化遗产中的传统价值，并且他的预见性判断在后来越来越证实其正确性。考虑一下消遣性、娱乐性的艺术在今天的电视、网络、手机等媒体中的作用，以及技术复制艺术的不同凡响与所占的绝对优势地位，都会对他预言式的理论颇感信服。

当然，本雅明的理论也不是没有偏颇与不足，其夸大复制技术的倾向也十分明显。例如，他过分夸大了复制技术对艺术及其功能的影响，被一些学者批评为"技术决定论者"。如博恩斯在《理解本雅明》中写道："本雅明冲淡了艺术作为一种商品的新地位，并且没有足够地强调资本主义制度同化和利用机械的、大规模的复制技术以服务于自己利益的程度。他对工具、技术与形式的强调潜在地瓦解了媒介与信息、形式与内容、艺术与政治的关系。"②此外，本雅明把艺术的膜拜价值机械地与灵韵艺术相对立，把艺术的展示价值与机械复制艺术相对立，也有过于绝对之嫌，从而忽视了各类艺术互相交错影响和互补的复杂关系，已成为明显的不足。此外，本雅明所说的机械复制艺术，主要多指电影、摄影艺术等，它很少包括绘画、文学和戏剧，而恰恰绘画、文学、戏剧等领域之中艺术的展示价值占主导地位的作品有时也并非少数。鉴于艺术的展示价值并非作为机械复制艺术所固有，本雅明把艺术的展示价值与复制艺术相对立，也显得有点缺乏说服力。当然，本雅明在现代美学史上最早对凝神观照式接受与消遣性接受这两种接受方式进行描述，对现代艺术理论和美学建设都有着不可低估的意义。只是他在进行具体论述时也略显得过于绝对和机械，例如，他将凝神观照式接受与绘画对立，将消遣性接受总是与建筑艺术，尤其是电影艺术相对立，同样也有值得商榷之处。我们也承认艺术活动中这两种接

---

① 王鲁湘等.西方学者眼中的西方现代美学［M］.北京：北京大学出版社，1987：128.
② ［德］本雅明.作为生产者的作家.［A］.胡经之，张首映编.西方二十世纪文论选（第四卷）.北京：中国社会科学出版社，1989：249—251.

受方式的客观存在，但并非像本雅明那样机械地将它们分别与某种艺术相对立。其实，在具体的艺术欣赏（比如绘画）中，凝神观赏式的接受固然较多，但也并不能排除消遣性接受在其中的重要作用。同样，在电影观看中，尽管消遣性接受占主导地位，但凝神形式接受方式也会发生，观赏对人类的生存环境的沉思和深刻领悟也会油然而生，有时甚至还会对消遣性接受起到一种补偿作用。

四、本雅明的电影理论：复制艺术带来的"震惊"

本雅明生活的时代，技术革命已突飞猛进地影响到社会生活的多个领域，尤其是摄像机、录音设备等机械性的东西开始介入艺术，将艺术的呈现带入了一个崭新的时代。机械复制时期新诞生的一种艺术样式——电影，就是其中的一例。本雅明敏锐地感受到了艺术步入现代化的步伐，并把这个时代称之为技术复制时代。他写下《作为生产者的作家》《摄影小史》《机械复制时代的艺术作品》《讲故事的人》等具有文艺美学价值的文字，集中探讨了艺术的现代性问题。其中的《机械复制时代的艺术作品》最具有代表性，他从自己的艺术生产理论出发，将这种由艺术生产力革命而带来的新艺术样式——电影投注了极大的热情，并把电影这种新样式的艺术与戏剧、绘画艺术相比较，从而勾画出了电影自身的艺术特点、审美价值和独特的时代意义与政治潜能。

早在1934年4月27日，本雅明在巴黎法西斯主义研究学院做过一次题为《作为生产者的作家》的著名讲话，那是因为马克思主义社会生产理论的启发，他创造性地提出了艺术领域里的生产理论（前文已有所论述，这里不再展开）。根据这一理论，本雅明认为艺术形式总是同一定的生产力水平相适应，艺术的产生和发展不可能远离科学技术及相应的实践的影响，科学的革新必然会影响艺术的存在以致改变整个艺术观念，因此可以说，"技术是某种特定的艺术形式的先声"[1]。不过本雅明所提到的"技术"并不完全等同于我们今天日常生活中所谈到的"科学技术"，它不仅包括物质技术的内容，即艺术创作所必须的纯粹的客观物质条件，如笔墨

① ［法］法郎·朱利欧.合成的影像——从技术到美学［M］.郭冒京译，巫明明校译.北京：中国电影出版社，2008：70—71.

纸张、印刷、摄影等，甚至还包括作家主观的创作技巧和思想倾向。可以把本雅明这次讲话看作是他思考和探索电影产生发展问题的理论准备。到1936年本雅明撰写《机械复制时代的艺术作品》这一著名论文，他抓住了电影产生并获得长足发展的原因在于技术，而电影的产生同现代科技不可分开，也正是由摄影机等机械设备及现代化光电技术的发明直接催生了电影这种崭新的艺术样式。因为在世界电影史上，电影的确是机械和近代科学技术的产物，到今天为止，电影与模拟、数字和混合影像等高技术的要求更是分不开的。正如法国当代电影研究专家法郎·朱利欧所说："电影是19世纪的一项发明。看一台运转的电影放映机相当于看台蒸汽机车，在机械零件的穿梭和工作效力上，有些东西一清二楚。另外，把经济方面的事情放在一边，在模拟与数字之间的图解性的等级的竞争中，阻碍电影技术进步（I-max系统）的是普通的机械问题，典型的工业文明，而不是信息文明：胶片是沉重的，放映机里是发热的……""电影从一开始就有针对混合影像的种种方法——先锋派的镂花模板的火焰，弗莱休的混合了印记、图画的《柯柯》《泰坦尼克号》……于是实现了八十年的一个梦想。尽管这里是数字的合成，那也只是一个枝节问题。照相写实主义的合成影像一旦被纳入一部电影的胶片，被行迹影像'吸收'，它的创作方法就只有广告和技术史家感兴趣了——它只不过是一部精巧的动画片。计算出来的泰坦尼克号和画出来的卢西塔尼亚号之间，只是前者更像一只船的照片，再没有别的什么了。"[1]正是技术的催生了电影这位"机械化的文艺女神"，使人类艺术史在文学、电影、舞蹈、美术、建筑和戏剧之外，又增添了一种全新的艺术样式——电影。本雅明在当时人们尚未对电影予以重视的情形下，探究和描述了电影的产生、制作过程，以及与技术的关系，这种首创性真是难能可贵。

本雅明在许多文章中高度推崇电影这门新艺术样式，他指出，"要把电影归结为艺术，因为面对电影的成就，就连最反动的作者也同样不是在宗教方面就是在超自然方面去寻找电影的意义，"并不得不承认"电影在艺术王国中的崛起"[2]。在《机械复制时代的艺术品》中，本雅明首先分析

① ［德］本雅明.技术复制时代的艺术作品［M］.胡不适译.杭州：浙江文艺出版社，2005：118.
② ［德］本雅明.技术复制时代的艺术作品［M］.胡不适译.杭州：浙江文艺出版社，2005：117.

了电影的制作过程，他指出，电影是通过摄影机、录音机等机械设备对图像和声音进行复制、剪辑、加工的产物，可技术复制性是其本质特征。并且借助于复制技术，使原著与摹本之间的区别消失了，接受者可以在各自的环境中欣赏复制品，而且传统艺术品的"此时此刻性"也消失殆尽，也即"灵韵"遭到了某种摧毁。接着本雅明把传统艺术样式作为参照物与电影进行对照分析。其一，是对电影与戏剧的比较。本雅明认为，对电影而言，重要的不是演员在观众面前的表演，而是展现自己；而与此相对，电影演员的艺术成就则是通过一部机器展现给观众①。这就是说，电影演员面对机器表演，而戏剧演员则是直接面对观众，他能根据观众的反应及时作出表演上的调整，以实现与观众的双向交流，从而有效地激起观众的共鸣。而电影演员则无法与观众做直接交流，并且由于机器取代观众成为演员直接表演的对象，所以，演员的表演没有了戏剧表现的此时此刻性，丧失了"灵韵"。其二，是演员与角色的关系不同。戏剧演员的表演是一个整体，所以戏剧演员可以与他所扮演的角色认同，进入角色、体验角色的心理，达到与角色的统一。而电影则不同，在电影制作过程中，灯光设备和蒙太奇手法等因素要求将演员的表演分解为一系列可剪辑的镜头或片花。因此，电影演员的表演是割裂的、碎片的，甚至是颠倒的、虚假的，演员也就根本无法沉入角色与角色认同。这实际上也涉及到演员与角色的异化问题。其三，是演员与自身的关系不同。由于电影最彻底地被置于商品世界中，不仅是表演，电影演员的肉身、爱好、性格等全方位成了商品，而且这种商品化的过程也难以为演员所直接把握，"观众就构成市场的买主，电影演员不仅用他的劳动力，而且用他的肌肤和毛发，用他的心灵和肾脏进入到这个市场中，这个市场在电影演员为其作出努力的瞬间很少能为他所把握，就像它很少为企业中制造出的某种物品所把握一样"②。这种将演员商品化的结果，往往会使演员产生一种面对自身的陌生感和无法把握自己的空虚感和焦虑感。关于这种感觉，本雅明引用了皮兰德鲁的话对此进行描述：

---

① ［德］本雅明.技术复制时代的艺术作品［M］.胡不适译.杭州，浙江文艺出版社，2005：125.
② ［德］本雅明.技术复制时代的艺术作品［M］.胡不适译.杭州：浙江文艺出版社，2005：120.

　　电影演员感觉像在流亡，他不仅在舞台上，而且还从他自身流亡出来。随着隐约的不适，他感到难以名状的空虚，因为他的身体分解了，他就像被挥发掉了一般：他的存在、他的生命、他的声音与他所发出的声响都被剥夺，只变成一个沉默无言的画面，在银幕上晃动片刻，然后消失得无声无息……小小的机器通过他的影子在观众面前表演：他不得不满足在机器面前来表演。①

　　本雅明借这段话想指出电影演员与自身的异化问题，他侧重于从演员的角度来比较电影与戏剧，指出了前者已失去戏剧表演的"灵韵"，并且出现了电影演员与角色、自身的异化问题。接着，本雅明又将电影与传统艺术中绘画相比较，他发现了电影的动态性、消遣性的接受方式及其产生的审美效应——"震惊"。首先，是电影不同于绘画的外部显著特征：区别于静止的绘画画面，而电影的画面是运动的。"幕布上的形象会活动，而画布上的形象则是凝固不动的"。②这实际上涉及到电影的动态性描绘的特征。从美学角度看，电影正是一种通过活动的画布来塑造影像而呈现于时间的动态艺术。其次，从两者的接受方式来看，本雅明发现：在面对绘画作品时，人们往往独自一个人凝神静气、细观慢赏，采用的是一种静观玄想式的接受方式，而电影艺术是群体大众聚集在一起的场合中被观赏的，并且由于电影画面的活动性，"一个画面还未看清就已经过去，不可能紧盯着它仔细观看"。因而观众总是用一种心神涣散而不必凝神观照的消遣式接受方式。接着，本雅明将两种不同的接受方式进行比较和分析，"消遣和凝神专注作为两种对立的态度可表述如下：面对艺术作品而凝神专注的人，沉入到了该作品中，他进入了这幅作品中，就像传说中一位中国画家去凝视自己的杰作时一样；与此相反，进行娱乐消遣式的大众则超然于艺术作品而沉浸在自我中。"③消遣式接受不像凝神专注式接受那样，有丰富的联想和想象，它在刹那间完成，不需要去对电影画面的主题

---

　　① ［德］本雅明.技术复制时代的艺术作品［M］.胡不适译.杭州：浙江文艺出版社，2005：148.
　　② ［德］本雅明.技术复制时代的艺术作品［M］.胡不适译.杭州：浙江文艺出版社，2005：150.
　　③ ［德］本雅明.技术复制时代的艺术作品［M］.胡不适译.杭州：浙江文艺出版社，2005：157.

去作长久的沉思，而是随镜头与画面的流动去做走马观花式的接受："人们可以把放映电影的幕布与绘画驻足于其中的画布进行一下比较，后者使观者凝神观照。面对画布，观赏者沉浸于他的联想。观赏者很难对电影画面进行思索。他意欲进行这种思索时，银幕画布就变掉了。"细想起来，本雅明的这种现身说法不无道理。在面对绘画等传统艺术时，人们总是凝神静气、细观慢赏，中国古典艺术时代的所谓"把玩涵咏""迁想妙得"也许就是指这种接受方式。而观看电影就不需要这样，人们只需要在随意放松和休闲安然的心态下去完成对那一个个画面的欣赏。在世界电影理论史上，本雅明可以说是对电影艺术的接受方式进行探索和描述的先驱者，其首创之功不可埋没。此外，本雅明还关注到了绘画、电影与现实距离的不同。在他看来，绘画与其描写的对象是相互外在的，它们之间始终保持着距离，而且是从整体全貌视角去表现对象；而电影则不同，它能够将镜头对准或深入到事物的内部，做穷形尽相的了解，然后再把这各个细部打碎，运用蒙太奇的手法，按照摄像师的主体性原则予以重新组合。本雅明看到："画家在他的工作中与对象保持着天然距离，而电影摄影师则相反地深深沉入到给定物的组织中"。①这样一来，就使得电影与现实对象之间没有了一定的审美距离，结果导致电影失却了传统艺术的朦胧性、距离感和神秘性，无法像传统艺术如绘画那样有一种只可意会不可言传的"灵韵"，而是带给人们一种"震惊"的现代体验与技术进步带来的审美享受。

当然，从现代艺术理论发展的角度来看，对电影与绘画艺术比较中所涉及的问题不止这些，例如，电影画面的变动性和绘画画面的凝固性等都是不可忽略的方面。虽然本雅明不可能面面俱到，但他毕竟抓住了电影的某些本质特征，如在对电影摄影师和画家所面对的表现对象的不同态度，从而揭示了电影所特有的那种主体性，也即先打碎所表现对象的各种关联，然后按照电影家主体心目中的原则进行重新组合。在本雅明看来，由于电影是一切由"机器做主"的新艺术样式，从演员表演接受方式到审美效果，都与传统艺术有显著的区别。电影是一种通过复制技术以影像反映现实并给人带来"震惊"的审美感受，而且是已丧失了传统艺术的"灵韵"的动态艺术。总的来说，本雅明对电影的主要特征的把握比较到位，

① ［德］本雅明.技术复制时代的艺术作品［M］.胡不适译.杭州：浙江文艺出版社，2005：134.

因为电影确实是"在现代科技基础上，吸收其他传统艺术的精髓汇聚、交融而产生的一门年轻的综合艺术。它以画面和声音为手段来反映现实，具有逼真性、动态性、综合性等审美特征"。①本雅明对电影具有诸不同理解点的论述，也深入到了电影较之其他艺术更具不确定性和丰富意味的特点，这种带有赞赏色彩的电影评价，尤其在电影艺术刚刚出现而电影理论尚属萌芽的阶段，能抓住其中一些特点来描述，已经显得十分可贵了。

五、本雅明的平民立场与大众接受理论

工业化和城市化的发展不仅导致了大众的流动性，同时也造成了大众的"原子化"（atomization），使人与人之间特别是大众之间的关系疏离，完全不同于早期社会的那种相对紧密的关系，就像物理或化学混合物中的原子一般②。在理解大众的"流动性"特征时，当代文化理论家约翰·费斯克有一个命名，他把大众称为"游牧式主体"（nomadic subjectivities），它已不再是一个固定的社会学范畴，也无法成为经验研究的对象，因为它并不以客观实体的形式存在，"形形色色的个人在不同的时间内，都可以属于不同的大众层理（formation of the mass），并不断在各层理之间频繁流动"。③随着工业化的发展，社会内部的分工发生了变化，大量的资本和大批的工人从一个生产部门投向另一个生产部门，大工业的本性就决定了劳动的变换、职能的更动和工人的全面的流动性。与此同时，资本主义生产方式也在不断地强化加快着大众的日常生活节奏的流动——"流水线上的节奏成为整个社会生活的节奏，它在大街和大众中得到应和"。④在大众社会中，个人与周围社会秩序关系是通过媒介的中介作用来确定的。在一个专业分工日益发达的大众社会中，个人看起来好像比较自由，不受非正式的社会义务的约束，但个人在心理上与他人隔绝的孤独状态成为一种常规现象，所以很多社会学家也这样认为，今天的西方社会已经成为由孤独和孤立的人组成的"原子化"社会⑤。再用恩格斯对18世纪后期英国工人阶级

---

① 徐飙主编.艺术欣赏［M］.中国文联出版社，1999：320—330.
② Dominic Stinati, *An Intrduction to The theories of Popular Culture*, London:Routledge,1995：6.
③ ［美］约翰·费斯克.理解大众文化［M］.王晓珏等译，北京：中央编译出版社，2001：29.
④ ［德］本雅明.发达资本主义时代的抒情诗人［M］.张旭东译.北京：三联书店，1989：19.
⑤ 杨伯溆.全球化［M］.北京：人民出版社，2002：29.

的生存状况时生动的描述，也许会使我们对那个时代的"原子化"个人与人群的冷漠关系更容易理解："好像他们彼此毫不相干，只有在一点上建立了默契，就是行人必须在人行道上靠右边走，以免阻碍迎面走来的人，谁对谁连看一眼都没有想到。所有这些人越是聚集在一个小小的空间里，每个人在追逐私人利益时的这种可怕的冷漠，这种不近人情的孤僻就越使人难堪，越使人可怕"。①另外，由于城市里的广告、宣传主题和时尚追逐日益使大众个体的个性被不断消解，且表现出一致性或相似性，也即"同质性"（人们个性中的这种同质性，实际上就是阿多诺批判的"同一性"和马尔库塞所指的"单向度的人"身上的特征）。这些大众已经失去了个性和思考的能力，或者说拥有着共同的欲望、共同的趣味和共同的生活方式，也即海德格尔（Martin Heideger）所谓的"常人"（comon man）（不是指任何特定的人，而是指一切人的日常生存方式）②。

　　然而，与加塞特、阿多诺等人对大众社会和大众文化的充满悲观、失望、反感和担忧的情况相反，本雅明以另一个角度来满怀希望地观察和描述着他所看到的资本主义现存世界。首先，从他对波德莱尔的诗歌评论时所描述的"游手好闲者"（城市大众，或译为"游荡者"）来看，他对大众的理解就与加塞特、阿多诺所持责备、批判的态度相距甚远。在本雅明的视野里，虽然"游手好闲者"是资本主义社会唯一没有被人群淹没的一类人，他们日常行走于社会的边缘，但却依然保持着独立的生存方式和自由的思考方式，清醒而冷静地观察和审视着现存社会。这些现代都市的孤独者，既与主流意识形态的文化保持距离，又与大众文化保持着不同的认知方式，因为他们地位低贱，捡拾垃圾，生活毫无保障，过着波希米亚人式的生活（包括文人和职业密谋家），但他们却执着于自己的行当——在废墟中寻找着自以为有价值的东西，因而他们是城市精神的守护者，他们是城市历史的编撰者，他们用自己特有的姿态不断地拒绝着资本主义社会的编码并给予解码。他们处于社会边缘，没有职业和居所（没有生存的基本空间），不会被社会承认和认可，然而他们却对社会保持清醒的认识，时而密谋反叛社会，时而又向社会妥协。作为城市大众的游手好闲者，他

　　① ［德］恩格斯.英国工人阶级的现状［A］.马克思恩格斯全集（中文第1版第2卷）［M］.北京：人民出版社，1978：304.
　　② ［德］海德格尔.存在与时间［M］.陈嘉映译.北京：三联书店，1987：156.

们以游荡的方式捕捉着城市中断裂的空间想象，以张望的思维方式思考着城市空间中断裂的能指符号，对资本主义文化的虚幻景观保持着清醒的认识，从而对现代都市所产生的震惊体验进行着有意识的回应。游手好闲者作为大众话语权利的确立者，他们是被剥夺了所属空间的人，正因为他们脱离了现实的环境（异化的和梦幻的），他们才能清醒地认识现实社会和人群大众的生存现状，观察大众、移情于大众、启蒙和唤醒大众，才能以先锋者的身份引导大众走出现存的困境，从而走向救赎之途。当然本雅明看这些游手好闲者所保持的独立思考和行为方式，主要代表了文人、知识分子、政治家的一种"闲暇绅士"式的身份（古怪而与众不同），他们将大众置于文化、历史的主体地位，以独立的姿态进行研究，他们既是平庸的小民，又是城市中的英雄。大众觉醒与启蒙的希望就寄托在他们身上。

　　与对大众平民持批判立场的加塞特、阿多诺等人相比，本雅明可以说算是一个"平民主义"立场的大众文化学者了。他在1936年发表的《机械复制时代的艺术作品》（The work of Art in the Age of Mechanicl Reproduction，有时简称为《机械复制》）一文，被世人公认为是"20世纪有关流行艺术的最有影响力的文章"[①]。本雅明在此文中率先表明了20世纪二三十年代出现的一种新的文化现象：因收音机、留声机、电影的出现而带来的文化形态的许多变化。他指出，是复制技术使文学艺术作品出现了质的变化，艺术作品不再是一次性存在，而是可批量生产的。在他看来，复制技术满足了现代人渴望贴近但在过去却只有少数贵族精英才能享有的对象，通过占有对象的复制品来满足与拥有对象本身的欲望。所以，艺术作品才可能从少数人（上层统治者贵族或精英阶层）垄断性的欣赏中解放出来，为大多数人（大众）所共享。就此而言，传统文化形态在大众文化冲击下的大崩溃也是势在必然的，而这正是文化自身的革命解放的结果，它将唤醒和启蒙大众重新认识自己的生存处境，从而获得政治上的觉醒。本雅明反复强调，技术的进步直接关系到艺术的进步（见第四章有关"艺术生产理论"内容），技术促进艺术直接参与阶级斗争，成为政治斗争工具的各种手段、媒介、形式和技巧。在这个意义上，在作为生产者的艺术家那里，技术进步也就等于是政治进步的基础。

---

① Dominic Stinati, *An Intrduction to The theories* of Popular Culture, London: Routledge, 1995, P.82.

本雅明看到，现代艺术作为机械复制时代的产物，日益成为供人观赏之物，这就使其成为一种大众文化的新形式——不再具有神圣性和神秘性，越来越接近日常生活，满足于大众展示和观看自身形象的需要。其中，照相和电影就是典型的事例。本雅明是从艺术的政治化的角度来看待摄影和电影的，因为摄影以其不同寻常的精确，清晰地再现了现实的一切细节，尤其是超现实主义摄影"在人与环境之间建立了一种健康的异化为政治性、经过教育的眼光开启了的世界"。①虽然单纯复制现实有可能会使摄影有沦为实用艺术的危险，但它毕竟改变了大众与传统艺术的关系，使大众和接受者从传统的膜拜观赏中解放出来，因而具有隐含的政治潜能。至于电影，它比摄影更是对传统美学造成了剧烈的冲击。首先由于电影能深入到事物的组织中，"灵韵"概念的核心——"距离"，也随之消失了。而且，"对当代人来说，电影对现实的表现较之绘画更为重要，因为，正是借助机械装置最为猛烈地渗透于现实，它才提供给我们一个不受机器影响的现实方面。人们向艺术提出的这一要求乃是合情合理的"。②很明显，本雅明在摄影和电影中发现了超现实主义的特征，并将其视为复制艺术的本质（也即政治潜能）。而且本雅明关于复制艺术实现其政治潜能的心理批判的运作，是同现代社会中人们的经验的萎缩，以及弗洛伊德意识功能——心理刺激的理论有关，这为本雅明解释大众主体习惯对震惊刺激的接受与体验提供了前提。他指出这种震惊体验可以通过技术复制时代的电影来实现，因为"电影就是这样一种艺术形式：它与当代人所面临的较为强烈的生命危险相对应，去感受震惊效果的需要是人对其面临的危险的一种适应"③。而且，这也是本雅明强调消遣是现代艺术的主要接受方式的原因，因为消遣的心态使人们更容易习惯接受震惊："在消遣中接受，在电影中找到了真正的练习手段。电影通过震惊效果来迎合这种接受方式"。④

本雅明的"大众"概念是在大众与艺术、大众与大众文化的消遣式活动的关系中展开的，从而成为理解他的大众文化理论的关键。他认为，大

---

① ［德］本雅明.技术复制时代的艺术作品［M］.胡不适译.杭州：浙江文艺出版社，2005：55.
② ［德］本雅明.技术复制时代的艺术作品［M］.胡不适译.杭州：浙江文艺出版社，2005：133.
③ ［德］本雅明.技术复制时代的艺术作品［M］.胡不适译.杭州：浙江文艺出版社，2005：151.
④ ［德］本雅明.技术复制时代的艺术作品［M］.胡不适译.杭州：浙江文艺出版社，2005：160.

众是以自己的方式参与到艺术活动中去的，而且这一过程受制于大众与艺术的关系。他说："大众是温床，当今对待艺术作品的所有惯常态度都在此重新滋生"。[①]这就意味着我们不能再用传统的观念和方式来理解大众文化现实；研究大众文化的关键在于揭示各种司空见惯的文化现实所隐藏的新本质，而不是满足于传统观念的已有的解释。消遣性地参与艺术或文化活动是人们评判大众文化的重要特征，这一观点显然来自本雅明，因为他认为："大众找消遣，艺术则要求观者定心凝神"。[②]所以，消遣方式在解构艺术对象的同时也解构了艺术活动的主体，也即否定了大众作为审美主体的身份，大众文化的性质也因此遭到质疑。为此，本雅明作了进一步辩解，他认为，从大众与艺术的关系来看，"消遣"并不意味着审美的消极性，就像定心凝神并非唯一的审美方式一样；从接受者与艺术的关系来看，"在艺术作品前，定心凝神者沉入了作品之中，他走进了作品"，"与此相反，心神涣散的大众让艺术作品沉入自身中"。[③]这实际上不仅是对两种欣赏活动的区分，而且阐明了大众与艺术的关系，以及接受方式与审美心态的问题。不难看出，本雅明从机械复制对艺术生产方式的影响中，从大众与艺术关系的变化中，揭示了这个特定时代的大众的地位和时代特征。

六、电影的革命功能：艺术与大众的关系

在本雅明所处的时代，电影作为一种新艺术样式刚刚崛起，人们对它的认识还不够清楚，关于它的价值和意义也存在不少怀疑和争论。本雅明当时明确地对其大加赞赏，他甚至认为电影艺术展示视觉无意识，实际上使电影艺术整个地成了现代派的艺术，他甚至称电影的出现是人类艺术活动中的一次革命，因为它打破了现实的日常意义，展现现实世界未曾呈现出来的异样意义，对电影所具有的强烈现代派特点的揭示，也是本雅明现代美学思想中比较独具慧眼的地方。不过，当时也有人认为电影是一种肤浅的艺术，是大众用来消遣的休闲物，并没有多少艺术价值可言，它算不

① ［德］本雅明.可技术复制时代的艺术作品［A］.经验与贫乏［M］.王炳钧等译.天津：百花文艺出版社，1999：288.

② ［德］本雅明.可技术复制时代的艺术作品［A］.经验与贫乏［M］.王炳钧等译.天津：百花文艺出版社，1999：288.

③ ［德］本雅明.可技术复制时代的艺术作品［A］.经验与贫乏［M］.王炳钧等译.天津：百花文艺出版社，1999：289.

上是什么艺术，如20世纪20年代艺术理论家迪阿梅尔就持如是说，他认为："电影乃是受压迫者打发时间的活动，没文化，穷困潦倒，劳累不堪，受尽忧患的可怜虫的消遣……一场戏，它根本不需要全神贯注，根本不需要以理解为前提……它不会点燃人们心跳的火焰，它所唤起的希望不过是可笑的梦想，梦想有朝一日会成为洛杉矶的明星"。[①]本雅明对这种看法进行了驳斥，他认为虽然在电影的观赏过程中，大众处于心神涣散状态，与接受传统艺术时的聚精会神的态度不同，但是，这并不能说明电影不具备艺术价值，除了提供精神消遣之外，没有其他意义。因为在欣赏建筑艺术时，人们往往也会处于心神涣散的状态。本雅明注意到人们对于建筑艺术的接受，是通过视觉和触觉来完成的。在这一过程中，"触觉上的接受不是以全神贯注而是以习惯为途径完成的……视觉接受方式原本也很少是专注的凝视，而多是随意的观察。而在转折时期，以纯粹的视觉——凝视——为途径根本无法完成人的感官所面临的任务；它必须在触觉的引导下，通过养成习惯逐渐完成的。心神涣散者，亦可养成习惯"。既然建筑与电影的接受方式是类似的，那么好的建筑是艺术，好的电影更是艺术。只不过是，消遣和专注是两种不同的接受方式，两者的区别在于："面对艺术作品，聚精会神者沉入了作品其中，他走进了作品，就像传说中审视自己杰作的中国画家一般。与之相反，心神涣散的大众吸取了艺术作品"。[②]所以，不能根据电影的心神涣散的消遣式接受方式就来贬低、攻击电影。并且，即使电影在供给人们消遣的同时，也可以通过调动大众的知觉，使大众在消遣中接受某些东西，发挥动员大众的积极参与作用。

还有一些人过分夸大电影的膜拜价值和技术手段产生的神奇魔力，为把电影当作艺术到处寻找证据，仅仅是为了说明电影只是一种披着新颖外衣的古典艺术新版本。例如，20世纪上半叶的法国导演阿贝尔·冈斯，就是把电影与象形文字相提并论，认为电影和象形文字一样，其中有一种难以言明的膜拜价值。另一种是文艺评论家瑟维林·马尔斯谈论电影就像谈论名画一样，语气中有一种压抑不住的崇拜心理。他对电影赞美道："何种艺术曾赐予了……这种富于诗意又富于现实的梦幻！由此看来，电影乃是

① ［德］本雅明.技术复制时代的艺术品［M］.胡不适译.杭州：浙江文艺出版社，2005：159.
② ［德］本雅明.技术复制时代的艺术品［M］.胡不适译.杭州：浙江文艺出版社，2005：159—160.

一种不可比拟的表达手段，唯有那些具有最高之思想的人在其生命旅程最为完美、最为神秘的时刻才能活跃在它的气氛之中"。①而弗朗茨·维弗尔评论莱因哈特所拍摄的《仲夏夜之梦》时，对电影艺术价值和意义做出了前途无量的预测："（虽然日前）电影尚未认识到其真正意义与它的真正可能性……即唯有它能够以自然的手段，以无可匹敌的说服力表达所有精灵般的、奇妙的与超自然的事物。这一点是其他艺术所无法企及的"。②这几位电影理论先驱都对当时新崛起的电影这种新艺术形式作了较高的评价，甚至不但将它看作艺术，而且还赋予它一种宗教性乃至超自然性的魅力。对于这种观点，本雅明同样也不赞同，他认为这些理论家为了给电影挂上一块艺术的牌子，而无端地从电影里硬生生地阐释膜拜的因素。③因为在本雅明看来，与绘画、传统艺术不同，人们对于电影的接受更多地侧重于展览价值，而非膜拜价值。因为电影的可技术复制性，打破了传统艺术的神秘性与不可接近性，使其膜拜价值退居其后，所以，忽视电影的大众性，一味地沿着电影的膜拜价值去寻求电影的意义，只会离电影真正的意义，与其价值越来越远，是不可取的。

对于这两种截然相反的观点，本雅明结合电影的可技术复制性、被接受的方式等特征，给予了一定的反驳和清理，然后富于远见地分析了电影的意义和价值。首先，他认为电影利用多种手段丰富了我们的感知世界，通过拍摄、剪辑、放映等独特的技术手段，深入到人们的视觉无意识领域，拓宽了人们的视觉世界。"电影通过对周遭事物的特写镜头，通过对家常物件隐藏细节的聚焦，通过在摄像机指导之下对平凡背景的挖掘，电影一方面使我们更深入地认识到主宰着我们的生存的强制性机制，却又同时为我们保证了巨大的、意想不到的空间……特写镜头延伸了空间，慢镜头则延伸了运动"。④大意是说电影镜头为我们展现出在日常生活中看不到的空间和以往来不及细看的运动，扩大了人们的视觉世界。并且，"电影摄影机凭借它的丰富手段，俯拍与上升、打断与孤立、延伸与加速、放大与缩小，引导我们知晓了视觉无意识，就如同精神分析使我们了解本能无

---

① ［德］本雅明.技术复制时代的艺术品［M］.胡不适译.杭州：浙江文艺出版社，2005：113.
② ［德］本雅明.技术复制时代的艺术品［M］.胡不适译.杭州：浙江文艺出版社，2005：115.
③ ［德］本雅明.技术复制时代的艺术品［M］.胡不适译.杭州：浙江文艺出版社，2005：113.
④ ［德］本雅明.技术复制时代的艺术品［M］.胡不适译.杭州：浙江文艺出版社，2005：142.

意识一样"。①这些都是其他艺术样式难以企及的。在这里，本雅明仿照弗洛伊德"无意识"概念，创造了"视觉无意识"这一术语来说明电影艺术的意义。其次，来雅明也指出，电影还具有超越日常现实的平庸、呆板、机械的一面，有时还赋予现实某种诗意。通过对现实图像的剪辑、分割与重组，创造出富于意义与生命情怀的"非技术"的一面。这就是电影所独具的"技术"手段所创造"非技术"世界的价值。"电影的现实表现，在现代人看来就是无与伦比的富有意义的表现，因为，这种表现正是通过最强烈的技术手段，实现了现实中非技术的方面，现代人要求艺术品战胜现实中的这种非技术的方面"。②电影中所展现的那些非技术方面的现实，已成为日渐技术化的世界中富有诗意的方面。人们将今天的电影公司称为"造梦工厂"，也许就是从电影的这一层含义上来说的。

另外，电影利用科技手段促进了艺术与科学的相互渗透。电影利用了一些新的科技成果，继续推进了文艺复兴以来艺术和科学相互渗透的趋势，因为在电影中，摄影技术本身就融合了艺术与科学。而且，电影的产生发展还将照相术和摄影术这两门技术相结合，继续发挥后者固有的科学价值，进一步发掘其艺术价值，使摄影术实现了艺术价值与科学价值的统一。所以，本雅明指出："电影的革命功能之一，就是使照相的艺术价值和科学价值合为一体，而在此以前，两者一直是彼此分离的"。③最后，本雅明指出电影还促进了艺术的民主化与大众化。现代技术使电影可以得到大规模的复制，大众可以在电影院或自己的私人空间里随心所欲地欣赏，这就使得艺术作品摆脱了只被少数人所鉴赏的局面，促进了艺术的大众化与民主化。正如本雅明所说："艺术作品的技术复制性改变了大众对艺术的关系。这一关系从最落后的状态——如面对毕加索的作品，一跃成为最进步的作品——例如面对卓别林的电影。在这里，进步状态的标志是，观赏和经历的乐趣以及专业评判者的态度直接而紧密地结合起来，这一结合是一个重要的社会标志"。④许多传统以来只被专业人士所熟悉的和欣赏的宗教、文艺、音乐、绘画作品等，一旦被技术复制之后就可以直接走进普

① ［德］本雅明.技术复制时代的艺术品［M］.胡不适译.杭州：浙江文艺出版社，2005：140—145.
② ［德］本雅明.技术复制时代的艺术品［M］.胡不适译.杭州：浙江文艺出版社，2005：145.
③ 本雅明.技术复制时代的艺术品［M］.胡不适译.杭州：浙江文艺出版社，2005：142—142.
④ 本雅明.技术复制时代的艺术品［M］.胡不适译.杭州：浙江文艺出版社，2005：135.

通大众欣赏的视野。这一点早就被法国电影导演阿贝尔·冈斯所发现，他满怀信心地指出："莎士比亚、伦勃朗、贝多芬都将拍成电影……所有的宗教传说、所有的神话和所有的传说，所有的宗教创始人甚至所有的宗教都在等待着从曝光中复活，英雄们已你推我挤地拥在门口"。①时至今日，这些预见大都变成了现实，以往许多对大众来说遥不可及的神圣的艺术品，如莎士比亚的戏剧、伦勃朗的绘画、贝多芬的音乐等艺术，正伴随着影视艺术的技术完善与广泛传播而成为大众文化的一个主要组成部分，一个艺术大众化、民主化的文化繁荣时代已经到来。现代影视艺术一日千里的发展和大众文化的盛行无不准确地证实本雅明对未来艺术的预言的前瞻性和合理性。

当然，我们应当看到本雅明电影理论中不足的一面，如他过高地估计了电影对大众的启蒙作用和大众对技术复制艺术品批判反思的能力。观众并不一定总是能保持将批评与欣赏融为一体的态度。正如阿多诺指出的那样，电影作为大众艺术总是与商品拜物联系在一起，并常常充当大众的娱乐工具而把人们引向虚渺的乌托邦世界。②因此，本雅明对电影和大众的描述有时未免过于理想化。在当今社会中，人们常常面对视觉文化的冲击而不由自主地放弃思考和批判思维，而一味地被动接受，这已成为不争的事实。再进一步来看，本雅明有时对现代机械复制艺术也并非在内心深处完成认同，有时尚处于矛盾状态，因为，他对传统艺术的魅力仍然保持着一种亲近感，即使他对自己最为推崇的电影艺术，也不能不说没有任何微词。他在谈到电影演员表演时指出："演员为一种机械"而"进行表演"，并且他以赞同的态度在谈到这种表演时，引用了电影理论家皮安德鲁的话，认为电影演员在表演时有一种"被流放""身体似乎被分解""本人似乎被蒸发掉了"的感觉，指出电影最终"能够展现他活生生的整个人体，但这必须以放弃他的韵味为条件"，③即放弃传统艺术的"此时此地"的独特性，必须以在拍摄过程中付出自身被肢解分割的代价。本雅明这种对电影演员所受到机械主义支配和异化的状态的反思和批判，正是他与法兰克福学派其他成员有着一致和共同的地方。

---

① 本雅明.技术复制时代的艺术品［M］.胡不适译.杭州：浙江文艺出版社，2005：92—94.
② 朱立元.现代西方美学史［M］.上海：上海文艺出版社，1997：888.
③ ［德］本雅明.发达资本主义时代的抒情诗人［M］.张旭东译.北京：三联书店，1989：146.

第三节　复制时代的艺术与大众文化的语境

伴随着机械复制的发展，艺术就不再仅仅是少数个人创造的精神产物，从而使艺术的神话地位受到强烈的动摇，也改变了艺术自身的观念。艺术品在复制时代已变成流通的商品和日常消费品，成为平民大众娱乐消遣、无须深度崇拜的后审美艺术，因而不再具有往日神圣的"灵韵"气息，而变成大众体验"震惊"感受和"展示"价值的世俗之物。传统的艺术的个性化特征在逐渐消失，艺术接受的平民化、世俗化和娱乐化特征也日益凸显。尤其是复制技术产生的电影，它在技术和现代权力的操控下，呈现出仿真的超现实性，成为一种大众惊颤体验的游戏。艺术审美的神圣地位遭到了质疑，艺术与大众关系的改变催促了艺术的"后审美时代"的到来。

一、后审美艺术与电影的超现实主义特征

依照本雅明的电影理论，我们可以得知电影可以深入到物的组织之中，其真实性在于对多个现实片断的剪辑组合而成，从而使传统艺术的"灵韵"概念的核心——"距离"，也随之消失。由于电影中的蒙太奇表现为一种人利用机器技术来摆脱机器控制的一种努力，而且这样才能表现出真正的现实，所以本雅明宣称："对当代人来说，电影对现实的表现较之绘画更为重要，因为它是借助于机械装置最猛烈地渗透了现实，它才提供给我们一个不受机器影响的现实方面。人们向艺术提出的这一要求乃是合情合理的，因而使电影成为适合当代人接受的后审美方式。又由于电影再现客观世界的精确性和可分析性，使其具备了某种超现实主义的特征。"[1]

本雅明看到电影对大众接受方式的改变是有目共睹的，由于它以视觉无意识的方式来表现现实，其认知功能引起感官上的革命，"电影运用了多种手段丰富了我们的感知世界……电影在视觉感知世界的整个领域——后来还包括听觉感知世界——深化了统觉"。[2]本雅明看到电影的高度精确性与不可分析性促进艺术与科学的相互渗透，尤其是科学技术的功能使电

---

① ［德］本雅明.技术复制时代的艺术作品［M］.胡不适译.杭州：浙江文艺出版社，2005：133.
② ［德］本雅明.技术复制时代的艺术作品［M］.胡不适译.杭州：浙江文艺出版社，2005：144—145.

影这种"后审美"的表达形式扣人心弦，对大众的视觉感受和审美习惯带来巨大的影响。他指出："电影的革命功能之一，即为摄影艺术与科学功用——这两者以前往往被分离开来——作为一个整体认识"。本雅明从电影比摄影更进一步地深入和生动地再现了现实生活的方面分析，他强调了"大众接受"过程的社会意义，尤其是在电影院里，大众观赏和经历的乐趣和专业批评者的态度而紧密结合起来，因为"个人的反应——其总和即观众的群体反应——从一开始就是最深地受制于其中的群体化。个人的反应在被表达的同时，又在进行自我的监督"。①因为在观赏电影和一起经历屏幕上的震惊体验中，大众的反应是个人化的，也是群体性的兴奋震惊和自由评价这种感受体验，使电影真正成为集体性的共时接受对象，从而使艺术与大众的关系更为密切。

本雅明把摄影和电影中的超现实主义特征看作是复制技术的本质，并从这种本质中发现了其中的政治潜能。他在对超现实主义代表人布勒东的作品进行评论时，将它与复制艺术的相似之处作了生动的比较和描述："在布勒东描写的这些段落里，往往匪夷所思地用到摄影技术。城市的街道、大门以及广场变成了一部垃圾小说中的插图，抽去了建筑中的那些陈腐的东西，有力地注入清新质朴的事件描述，就像旧式的女佣读物，一字不漏的引文都注明页码出处。"②因为在超现实主义作家的眼里，想象力是外在世界所不能剥夺的人的最后力量，是世界发展和完善的动力和源泉，这种表现方式在许多超现实主义作品占主要地位。他们的创作充分调动各种形式的想象因素，比如自由联想、潜意识思维，甚至"集体联句游戏"，目的是从各个方面接近世界的本质。这一点就像摄影和电影能事无巨细地将任何一个场景、细节、表情用蒙太奇手段联结起来，从而给接受者提供"震惊"体验。而且超现实主义的自动写作（又称"下意识写作"）所掀起的反传统文学艺术观念的举动本身就含有"文学革命""艺术革命"的因素。这样的创作本身是在精神不受控制的状态下进行的，由于潜能意识在指挥着作家们的文笔，书写出来的文字或作品虽然缺乏条理性，结构也兼松散，但是他们认为这种作品才是最自然、最直接的真实流露，没有

---

① ［德］本雅明.技术复制时代的艺术作品［M］.胡不适译.杭州：浙江文艺出版社，2005：141.
② ［德］本雅明.超现实主义—欧洲知识界之最后一景［A］.陈永国等编.本雅明文选［C］.北京：中国社会科学出版社，1999：194.

被作家的刻意构思所损害，也保持了精神活动的本来面目，其创造性与反传统的革新追求也可见一斑。本雅明因此也十分赞赏布勒东的小说，认为它能像摄影一样，将画里面的一切细节都清晰地展示出来，没有任何主次之分。超现实主义所反映的日常事物大多与回忆、过去相关的形象相关，"布勒东为自己的无与伦比的发现而自豪。从已经过时的东西中，从第一批钢铁建筑里，从最早的工厂厂房里，从最早的照片里，从已经灭绝的物品里，他第一个看到了革命的力量……布勒东和娜佳把我们在火车旅途中的凄惨见闻，被上帝遗忘的礼拜日在大城市的无产阶级居住区的观睹，以及穿过新公寓雨意朦胧的窗户的向外一瞥，都转变成革命的体验，甚至革命的行动"。①

　　在本雅明看来，布勒东小说中所描绘的那种革命的体验在超现实主义的早期，不仅只是一种带有无政府主义色彩的"革命虚无主义"，而且是一种"贪婪的否定"和叛逆的体验。"它们使埋藏在这些事物中的'气韵'的巨大能量达到爆破的顶点"。②这里所谓的"埋藏的'气韵'"只有通过陶醉的体验才能将其表现出来。超现实主义作家们借助大麻、鸦片进入这种新的体验，尝试自动记录式的写作。所以在阿拉贡的《巴黎城市的乡巴佬》和布勒东的《娜佳》中，巴黎的街道被描绘成突然出现的梦幻世界。他们的目的不仅是对传统理论的矫枉过正，也是对资产阶级心安理得的态度的批判，因为梦幻的意象给了人们一种不同的视角。在本雅明看来，超现实主义能否成功，全在于他们是否能将叛逆和陶醉的经验变成革命的实际，如果像早期超现实主义那样把重点放在叛逆和追求陶醉本身，那将是对革命所做的方法论和训练的准备，完全服从于一种介于健康锻炼和提前庆贺之间的实践了。也就是说"把醉的能量用于革命"这一超现实主义的"最特殊的任务"就变成了一种获得智力乐趣的思想体操，或一种"诗学政治"。从另一方面来说，即使超现实主义有意这样，对于神秘的强调也不会带给我们更多的东西。能将醉的能量用于革命的秘诀就在于：我们对神秘的探索程度应止于在日常世界中发现神秘，借助一种辩证的目光，把

---

① ［德］本雅明.超现实主义—欧洲知识界之最后一景［A］.陈永国等编.本雅明文选［C］.北京：中国社会科学出版社，1999：192-193.

② OWS.p.229/walter Benjamin, *One-Way Street and other writings*, trans .Edmund Jephcott, kingsleyshorter, NLB，1979，P.225-239.

日常的看作不可渗透的，把不可渗透的看作日常的。这使本雅明从形而上学的思辨和玄妙体验中走出来，进入对生活的哲学批判，目的是为透过历史表象来揭示真理内容。

复制技术使电影对日常生活的呈现具备了许多超现实主义的特征，它能在日常事物和破碎的细节中蕴含着深邃的、不可知的力量，通过有意识地揭示和建构，能够将这些被遗忘的、处于意识状态中的潜能激发出来。而接受者面对这种形象的建构，产生出一种集体性的震惊体验，摄影和电影却因其对事物和生活细节的捕捉与描述的十分精确而乐于让观众接受，这种"后审美"时代的艺术，既是一种大众消遣娱乐式的大众文化形式，又是一种具有超现实主义制造梦幻场景和自由想象的现代艺术风格。本雅明强调说："它（电影）与当代人面临的较为强烈的生命危险相对立，去感受震惊效果的需要是人对其面临的危险的一种适应。"本雅明看到在艺术"裂变"后，电影这种具有现代艺术的表达方式拉近了主体与客体距离，使艺术日益走近大众，而且大众的心态在消遣娱乐中越来越习惯"震惊"："在消遣中接受，在电影中找到了真正的练习手段。电影通过震惊效果来迎合了这种接受方式"。①本雅明认为电影艺术的出现使人类对艺术品的接受方式由凝神专注转向消遣式的随意观赏，而消遣性接受借助于电影便获得了特有的实验工具。电影的颠覆性功能不仅在于它抑制了膜拜价值，而且使观众在广场或电影院里采取一种鉴赏态度，成为某种意义上的消遣行为的主考官，从而使艺术从纳粹的"暴力美学"中获救，并释放它所蕴含的革命潜能。因此本雅明认为，对古典艺术品的凝神观照总是容易让观者沉湎其中，被作品所吸收和征服，容易迷失自我，从而导致精神自我的丧失，而复制技术带来的这种接受方式的改变，会导致艺术社会功能的改变。

二、本雅明对技术复制的反思性批判

在前面的章节中，我们已经论及本雅明的艺术生产理论，其中也关涉技术与文学艺术的质量以及政治倾向性问题，实际上这个问题关系到艺术

---

① 本雅明.技术复制时代的艺术作品［M］.胡不适译.杭州：浙江文艺出版社，2005：151（1），160.

作品的政治意义，因为当代艺术在技术复制时代和媒体日益发达的今天，所发挥的社会作用更加受到重视，但如何看待艺术质量与政治倾向的关系呢？本雅明反对直接把政治的正确性看作是评价艺术质量的标准，认为政治倾向的概念在政治性的文学批评中是一种完全无用的手段。一部文学作品的倾向只有首先在文学上是正确的，才可能在政治上是正确的。所以本雅明把文学创作的技巧放在第一位，这对如何处理政治革命与文学艺术的关系是一个非常有意义的提示。在《机械复制》（简称）一文中，本雅明告诉我们，电影是现代技术高度发达背景下的艺术类型，是资本主义社会艺术存在的客观事实，它并非天生的好与坏，而只是一种被用来为正义或邪恶服务的工具。电影正是以其技术手段，在前所未有的程度和层面上提示人类生活中应有之意，使观众面对一连串打破习惯认知的丰富画面感到目瞪口呆，在鉴赏中获得瞬间的顿悟——电影所引起的"震惊"，恰恰是其政治上激励大众的革命意义之所在。艺术走出传统的神圣化、贵族化，进入技术化、大众化的现代社会，本雅明提供给后人一种通俗的诗学，也是一部内含政治意蕴的哲理化的诗学。这也标志着本雅明在经典马克思主义历史唯物论的影响下，其文艺批评观的日益深刻和成熟。

由于本雅明生活在德国纳粹出现的年代，就在他写作《机械复制》一文时，西方社会政界的激进的左派和右派都把艺术当作政治宣传和服务的政治工具。在当时的苏联，政治对文艺的控制空前加强，以致艺术家们相信他们的艺术是政治革命的先锋。在德国，1933年以后，艺术一直被用来为政治目的服务，纳粹主义提出了美学民主主义，通过反对左派和右派这两种极端的思想所提供的观点和思想体系，而本雅明试图提出与此两者不同的观点。[①]本雅明在《机械复制》一文的第一、二稿的开端，直言不讳地引入了马克思的资本主义生产方式理论，认为马克思"揭示了资本主义生产的基本状况，并通过对这种基本状况的描述使人们由此看到资本主义未来发展的情况。于是人们看到资本主义不仅越来越增强了对无产者的剥夺，而且最终还创造出消灭资本主义本身的条件"。[②]不像法兰克福学派中的猛将马尔库塞那样，对资本主义异化现实的批判时剑拔弩张，本雅明只

① ［美］林塞·沃特斯.美学权威主义批判——保尔·德曼，瓦尔特·本雅明，萨义德新论［M］.北京：北京大学出版社，2000：260.
② ［德］本雅明.机械复制时代的艺术作品［M］.北京：中国城市出版社，2002：3.

是冷静客观地梳理艺术发展史上的生产方式的变迁过程，从而让人们看到复制技术带来的艺术品、接受方式和审美体验的深刻变化。

在古典的"韵味"艺术走向现代艺术的"裂变"与"转型"过程中，复制技术把艺术直接推向大众，本雅明把这个时期的艺术（包括大众文化）看作是启蒙大众的革命方式。尤其是电影，它体现了现代艺术的神奇转换：从艺术生产方式、艺术品的存在方式、接受方式到审美价值等的典型形式，这和戏剧表演中的演员与观众的直接交流不同，电影演员是在机械面前的自我表演，而不是在观者面前直面观众，因而"在人被机械的再现中，人的自我异化经历了一种高级的创造性的运用"。①电影制作中的这种大众的不可见性，使大众获得拥有主宰地位的权威性，但本雅明提醒人们：电影资本的运作同样会使大众被不自觉地收买而使其主宰性中的"革命可能性"发生变异，"在电影的诸社会功能中，最重要的功能就是建立人与机器之间的平衡"。②电影并不是由上帝创造出来的，而是人与机器相结合的产物——"混血儿"所创造出来的。电影制作工作的一个最重要产品就是社会关系的改建，这正是本雅明所要提醒我们的地方。当然，他的描述和分析也暗含了他有关美学思想、政治诉求和宗教救赎等多层次性和复杂性的因素。

在对机械复制的艺术品所制造的震惊体验和效果的描绘中，本雅明也提供了一个政治、美学与技术相互关联的、存在于现代社会的极端反向的例证，那就是他通过对法西斯主义审美化的政治分析和对战争美学的评述来展开的。很难想象本雅明能在自身遭受法西斯主义迫害的严酷环境下，来反思技术在与政治结合后产生的战争的畸形怪胎，从学术意义上理智地解剖技术文明这一充满荒诞悖谬的现实后果。"战争用它摧毁一切表明，社会并没有充分地成熟到使技术成为它的手段。而技术也没有充分地把握社会方面的自然力……技术并没有把人力投入到发电厂去，而是——以军队的形式——把人类投入到了战场上；技术并没有给航空事业带来便利，而是导致了空中的枪弹飞行并在毒气战争中发现了一个用新方式消灭光晕的手段"③。

---

① ［德］本雅明.机械复制时代的艺术作品［M］.北京：中国城市出版社，2002：35.
② ［德］本雅明.机械复制时代的艺术作品［M］.北京：中国城市出版社，2002：54.
③ ［德］本雅明.机械复制时代的艺术作品［M］.北京：中国城市出版社，2002：69—70.

在本雅明看来，法西斯主义阻断了审美的现代主义与通俗现代主义之间、先锋派艺术与工业化之间的辩证法，它将前现代的独裁专制思想与现代武器结合起来，以便挫败大众的民主权利，最终消除与现代进步力量相关的一切潜在的颠覆性因素①。法西斯主义所谋求的政治审美化把人的自我异化推向极端，达到了人可以把自我否定作为第一流的审美享受去体验这样令人发指的程度。"崇尚艺术——摧毁世界，法西斯主义说道，像马里内蒂所承认的那样，从战争中期待那种由技术改变之意义所感受到的艺术满足"。②在本雅明文章的第一、二稿中均有大量引用意大利未来主义者马里内蒂（1876—1944）的文字描绘，因为此人是宣扬"战争是美的"这一美学原则的宣布者，其字里行间无不回荡着法西斯主义的灵魂。本雅明把帝国主义战争称作"技术所发动的一次奴隶起义"③，这反映出人类聪明才智的技术文明成果反过来成为戕害人类自身的武器，而法西斯主义竟然将这种人类自戕的举动加以美化，这是政治与美学联姻的最可悲最可耻的历史事例。本雅明本人一生短暂却经历过两次世界大战，他对于政治被审美化或者说被妖魔化的可悲现实以及由此而生的残酷结果，无疑有着痛心的体验和感受，因而也决定着他对技术的政治分析和批判的清醒立场。

与本雅明的法兰克福学派中的理论战友马尔库塞的"大拒绝"式的批判有所不同，或更加深入的是，本雅明将自己的批判理论指向那种旨在把艺术与毁灭自然、艺术与战争相结合的视为"进步"的意识形态，并且在批判和否定之后以企图达到拯救的目的。本雅明从马克思主义立场来看待资本主义社会的技术进步，在亲历法西斯主义的技术政治统治之后，他认识到在某种程度上技术的进步反而意味着社会的倒退，资本主义对技术的使用，以对大自然和对无产阶级同样的掠夺和统治为前提，因而只能产生文明的废墟。资本主义的技术进步与社会异化并举的现实悖论，是法兰克福学派所有批判理论家所共同面对的真实境遇，本雅明身陷其中，体验更深，但他与他的其他理论战友一样苛刻的是，他能够运用马克思主义辩证法正视并剖析这种现实的悖论，而且在理论的解决方案中也始终坚

① Critical Theory, *Current State and Future Prospects*, Edited by Peter Uwe Hohendah & Jaimey Fisher, New York & Oxford:Berghahn Books，2001，P.95.

② ［德］本雅明.机械复制时代的艺术作品［M］.北京：中国城市出版社，2002：70.

③ ［德］本雅明.机械复制时代的艺术作品［M］.北京：中国城市出版社，2002：70.

守了法兰克福学派批判理论的传统，使批判与救赎成为他自己的独特的理论主题。正像本雅明在他的《历史哲学论纲》（1940）中所说的那样："任何一部记录文明的史册无不同时又是一部记录着残暴的史册，正如同这样的史册不可能免除残暴一样，文化财富从一个主人手里转到另一个主人手里的方式同样沾染着残暴的气息。因此，历史唯物主义者尽可能对它避而远之，在他看来，他的任务就是要逆向梳理历史"。[1]本雅明认为对于以启蒙为思想基础所建立的资本主义社会，在陶醉于技术文明成果的同时，更应当进行"逆向梳理"，以发现隐藏在繁荣背后的虚假与文明背后的残暴。不难看出，本雅明复杂的思想结构中，不仅包括了马克思主义的革命意识、象征主义的艺术反叛，而且还融入了犹太教的末世主义以及救赎观念。这样一来，他的理论中的马克思主义思想就与其他形形色色的非马克思主义观点神秘地混杂在一起，成为他的技术批判理论的典型特色。

三、复制与本雅明的大众文化理论的历史语境

从历史发展的角度来看，任何艺术作品无一不是复制而成的。然而以机械手法来复制艺术品却是新近时代特有的现象。机械复制技术的发展在历史上是持续跃进的，而且一次比一次强度更大。19世纪以来，机械复制技术进入了一个突飞猛进的阶段，石版印刷术、摄影术和声音复制技术相继产生。到了20世纪，复制技术又发生了天翻地覆的变化，不仅能复制一切传统的艺术作品，以其深度方式改造其影响模式，而且这些复制技术本身也是面目一新的艺术形式出现在人们面前，其中对艺术作品的复制和电影艺术就是典型的显现。因此，机械复制时代的到来和现代感知媒介的变化，对传统艺术的原真性、灵韵气息的冲击是有目共睹的。比如，电影，它将我们周遭的事物用特写的镜头放大，对准那些隐藏于熟悉事物中的细节。电影一方面让观众更了解支配我们生活的一切日常必需品，另一方面，也开拓了我们意想不到的视觉活动空间。摄影机以无意识行为的空间取代了自觉行动的空间，有史以来第一次为我们打开了无意识的经验世界。尤其是具有消遣性的电影因不断变幻的场景和道具给人带来震惊的体验，从而影响着大众的意识和思想，扩大了人们的行动领域，它不仅是集

---

① ［德］本雅明.本雅明文选［M］.陈永国等译.北京：中国社会科学出版社，1999：407.

体活动的产物，而且能够造成集体性的接受，因而成为启蒙、解放和唤醒大众的工具和手段。

本雅明的美学艺术思想中的"复制艺术"，实际上就是宽泛意义上的大众文化，而且"机械复制"是从生产技术上对大众文化的强调。从前文的论述中，我们可以得知本雅明十分乐观地预言了复制技术手段在大众文化生产中的运用带来了文化上的深刻变革，赋予了大众文化以社会否定和解放的功能，并给文化的普及提供了新的可能性。因为复制技术毕竟把艺术从传统上对它的膜拜礼仪中和对其他（艺术）在生活领域的独特性中解放了出来，成为世俗社会的一种生产方式，成为一种大众都可以参与的日常行为。本雅明指出："当艺术作品的原真性丧失之时，艺术的整个社会功能就得到了改变，它不再建立在礼仪的基础上，而是建立在另一种政治根基上"。① 在他看来，复制技术作为一种政治艺术，首先由于大众成为艺术的主体而导致了独立的艺术的扬弃，艺术从此不再是审美的幻想。复制文艺可以广泛传播，因而在原则上任何人都可以欣赏，更重要的是它取缔了精英和权益对艺术创作和消费的垄断，使越来越多的人参与到艺术的生产和消费中来。复制艺术，使大众成为艺术表现的主体，从而也成为艺术生产和消费的主体。

本雅明以"电影"为例，深入分析了"复制艺术"对当代社会的全新效应。首先，它塑造了全新的感知方式，构筑了一个新奇的世界，而传统艺术仅仅以一种美的外观把常物划分为人们应该对之膜拜和静观的对象，这样一来，就规范、束缚乃至囚禁了人们的感知和想象。而电影以其特殊的技术手段发现了不同于传统的审美习惯和感知世界的方式，例如，通过对过程的延长和压缩，通过放大和缩小而介入，从而解放了人的感觉，展现出日常状态下人们习焉不察或视而不见的东西。其次，复制技术协调了人与机械的平衡，为技术时代的焦虑提供了宣泄性的治疗。西方近现代的许多哲人思想家都对技术的异化作了许多揭示和分析，本雅明也是接着去思考，既然技术世界已在噩梦中降临，问题是怎样在适应中去把握它。如果技术工具成为人类神经的延伸和发展，比如电影的机械化使技术艺术化，使人在机械面前保持人性。本雅明认为，复制艺术启发了人们要建

---

① ［德］本雅明.机械复制时代的艺术作品［M］.杭州：浙江摄影出版社，1993：12.

立人与机械之间的平衡，因此复制技术的暂时性、可重复性的时间结构模式也代替了古典艺术的唯一的持续性时间结构，事物、现实在艺术中一次性的显现变为可以无数次的重复，从而产生了改变事态、改变现实的革命愿望。从这个意义上来看，本雅明所谓的复制艺术实际上是一种革命的艺术，它与现代社会的群众政治运动密切相关，因而可以作为鼓励、宣传革命的政治手段和中介。这种复制技术性的艺术也就是本雅明所谈到的大众文化。

本雅明认为，正是这种复制性的大众文化把文化从少数有教养、有财产的精英阶层的垄断中解放出来，使其成为大众享受的对象，这样也带来了文化的接受方式和功能的改变。复制技术使文化艺术与大众的世俗生活发生了直接、密切的联系，现实的日常生活经验成为大众感知艺术作品、判断艺术价值的基础，因而在某种程度上来说，大众文化对现代社会的影响甚至比精英文化广泛得多，也深刻得多。本雅明对大众文化的研究并非停留在经验和现象的层面上，而是挖掘隐藏在大众感知方式所规定的人与艺术的关系之中的文化特质，以及其潜在的革命意义。没有这种思想做铺垫，本雅明关于大众文化的许多命题，就容易被误读为盲目乐观情绪支配的浅薄之见。在这一点上，甚至包括阿多诺在内的诸多文化研究者，正是在忽略了本雅明的深层分析的情况下，来谈论和评价其大众文化学说的。所以否定者一味责备本雅明对大众文化作了乐观的估价，肯定者则相当肤浅地把复制品对艺术垄断权的颠覆，看作是本雅明肯定大众文化的主要依据；其实两者都忽略了本雅明对问题的符合时代现实的深层思考（关于阿多诺与本雅明对大众文化的争议与分歧，笔者将在后面一节专门展开，这里不多赘述）。在本雅明看来，把握大众与艺术的关系是理解大众文化的关键，这也是他的大众文化理论方法论所具有的现实意义所在。因为他认为，大众在这种消遣性的文化活动中首先是用自己的方式来参与艺术活动的，而这一过程恰恰决定了大众与艺术的关系。这种立场在提示我们：不能总是以传统的观念和方式来理解大众文化现象；研究大众文化的关键就在于揭示各种司空见惯了的文化现象所隐藏的新质，而不能仅仅满足于传统观念对于这些现象已有的解释。

毫无疑问，大众文化的主要特征就在于它是以消遣的方式来参与各种艺术或文化活动，把艺术作品看作是打发时间的消遣方式，已越来越成为大众社会中人们的共识，因此消遣性也同样成为许多文化研究者批评大众文化的根据，"大众寻找消遣，艺术则要求观者定心凝神"，[①]所以消遣方式在解构艺术对象的同时，也就解构了艺术活动的主体，也即否定了大众作为审美主体的身份，大众文化的性质也因此遭到质疑。然而，本雅明并不同意这种对"消遣性"艺术的看法。他解释并提醒人们注意，从大众与艺术两者之间的关系上看，消遣并不意味着审美的消极性，就像定心凝神并不是唯一的审美方式一样。从当代社会发展来看，本雅明的大众文化理论中的平民化、大众化立场也有其可取之处。不难看到，由于市场经济的成熟发展并向文化领域不断渗透，导致了文化在一定程度上的商品化、文化的广泛市场化和文化产品的商品化，成为摧毁过去认为排斥和垄断的一种力量，这些无疑促进了大众文化的民主化，也促进了广大民众享有文化活动的参与、创造、生产和消费的权利。大众文化的平民化、民主化的基本动力首先来自市场的平等交换的法则。其次，技术的进步和大众传媒的广泛传播，使得过去被少数人所把持的文化活动开始对大众开放，使大众有了参与的机会。从这个意义上来看，大众文化的确推进了文化平民化、民主化进程，消解了传统中限制人们接近文化、参与文化的各种禁忌和束缚。我们在肯定大众文化推进文化民主化的同时，也要进一步思考，当大众接近文化时，他们是否真正拥有和享受到了文化的生产和消费？文化的民主化是消解贵族特权和专家垄断的过程，它保证了大众具有文化参与和创造的权利，但文化的民主化的实现也不是一件容易的事，即使大众获得了文化参与权也不一定完全代表了文化民主化，因为文化的民主化与文化的多样化关系十分复杂，也与主流意识形态或政治统治所提供的精神空间有关。

总的来看，本雅明从历史发展和文化演变的角度，从艺术生产的社会性和物质性出发，肯定了复制艺术和大众文化存在的合理性和历史必然性，尤其是他从艺术自身发展的角度观察，看到机械复制艺术也符合艺术生产的目的——就是为了被更多的人所观赏和接受的内在要求。而且任何艺术类型都不是一成不变的，机械复制艺术和大众文化的这种新艺术形式

---

① ［德］本雅明.机械复制时代的艺术作品［A］.经验与贫乏［M］.王炳军等译.天津：百花文艺出版社，1999：288.

符合历史和艺术自身的发展规律。本雅明主要从四个方面为复制艺术和大众文化的到来做出了不同于阿多诺一味抨击的乐观评判：首先，复制技术为艺术形式的革新带来了许多机遇；其次，复制技术以震惊的新形式改变了人们日常惯有的艺术感知方式；再次，复制技术扩展了接受者的层次和数量，电影带来的狂欢和解放就是典型；最后，复制技术本身就具有否定性的颠覆功能，不断更新变化和吸取新成果来改造自身是技术发展的必备条件，因此复制技术也会为政治上进步的群众艺术的创新创造提供可能性。这些观点都表明了本雅明作为一个马克思主义者，始终在艺术文化与大众启蒙之间寻找政治革命的出路。

四、本雅明、阿多诺对大众文化的论争、分歧与启示

作为法兰克福学派的代表人物，阿多诺和他的理论伙伴本雅明就如何看待复制时代的大众艺术与文化的问题，两人的立场出现了尖锐的对抗。二人争论的核心问题是复制技术（作为大众传媒或工具）对艺术的介入，以及作为消遣娱乐的大众文化的评判。诚如马丁·杰所描述的那样：两人就《机械复制》（简称）一文的观点的争论遐迩闻名，"本雅明当时已乐观地表明，由技术复制创造出来的美学作品的侵入，已经为政治上进步的群众创造了可能性"。[①]阿多诺对本雅明的反驳，最早是在其《美学理论》以及1938年3月18日致本雅明的信件中，他批评本雅明对大众文化不加分析的接受态度，后来阿多诺在与霍克海默合著的《启蒙辩证法》一书中，则集中而鲜明地表达了他对技术时代的文化艺术的激烈批判的立场。阿多诺这样认为："双方的立场是完全的自由被撕裂成两半，尽管它并不等于两者相加"。这就意味着，虽然双方的论点各有不足，但二者的相加并不能使问题得到解决，这是因为双方的立场一开始就处于同一问题的不同维度之中，因此造成了他们理论隔阂的起点在于双方的方法论的差异之上。

本雅明乐观地赞美机械复制时代的艺术所带来的震惊体验和大众狂欢，他把这种艺术发生的"裂变"之后出现的文化现象视为必然的"客观存在"，他正视和承认了这一客观存在和它符合历史发展的情状，这就成为对大众文化展开论证的前提。而阿多诺却是站在新古典主义立场上，抨

---

① ［美］马丁·杰.阿多诺［M］.北京：中国社会科学出版社，1992：193.

击大众文化背叛了古典主义艺术自律的原则，使传统的审美准则失去了评定的效力，他将此作为批判的起点。阿多诺所推崇的艺术是在精英文化传统中发展起来的艺术，而拒绝表现世俗生活、追求理想的精神境界，构成了这种艺术的显著特征。因此在阿多诺看来，艺术不应该美化人生与现实，而是把揭露、批判人生与现实的荒诞和弊端作为自己的唯一责任，用阿多诺自己的话来说，也即艺术是"表现苦难的语言"。只有了解阿多诺和本雅明论争中的批判的立场不同，才能准确地把握和理解本雅明的大众文化理论的真正内涵。

不难看出，阿多诺对文化产业的分析，是从对启蒙理性的批判开始的。西方文明史的"启蒙"之目的，就是为了"使世界清醒"，让人们从虚幻的思维和对神秘的恐惧中解放出来，成为自然界的主人。因此，启蒙试图"取消神话，以知识来代替想象"[①]，然而，这种启蒙理性在被抽象为工具理性时，又走向了自身的对立面，使人类反过来成为它们控制和束缚的对象。技术正是启蒙理性抽象化的表征。阿多诺认为，在机械复制时代，技术对艺术的介入和侵略，使艺术失去了它一贯的个人的技巧化的痕迹，大批复制的效果使得艺术遭遇到了灭顶之灾。启蒙理性所具有的知识化和系统化的特质带来了不可避免的抽象化的后果，这样，质的多样性和丰富性就被抽离为量的等同，使之成为可以比较和整合的同一。而这种"同一"的原则（把不同的事物还原为抽象的量）实际上是虚假的和不真实的。质的多样性和非同一性被量的虚假同一所吞噬，这就会与交换原则发生关系。根据交换原则，每一事物在交换原则中被归之为与另外的事物抽象的等值关系，它具体地体现在文化产业中，那就是商品拜物教原则的渗透。在这里，阿多诺借用和发挥了卢卡奇的物化概念，认为在大众文化时代，艺术的使用价值从艺术的存在自身中抽离出来，而代之以抽象的交换价值，这样，交换价值作为一般等价物的衡量标准成为艺术生产的唯一原则，相应的艺术欣赏就演变为群体化的消费行为，艺术完全沦为商品，它内在的神圣化和精神化的品格消散并崩溃于大众的日常生活之中。这在本雅明看来，则正好与之相反，因为本雅明相信一切艺术作品在原则上总是可以复制的，艺术品具有被更多人所欣赏的内在要求，而且任何艺术形

① ［德］阿多诺，霍克海默.启蒙辩证法［M］.重庆：重庆出版社，1990：1.

式的出现都是历史形成的和不可遏止的，复制技术带来的艺术中的威力和震惊效果也是如此。

阿多诺对大众文化的批判主要着眼在它的庸俗社会学的一面，如将技术仅仅看作是外在于艺术本体的操纵工具。在某种意义上，我们可以说阿多诺所批判的只是隐藏在技术之后的体制，而不是技术本身；本雅明则是从本体论意义上分析技术带来的变化，如技术对艺术的内化，它如何改变了艺术的形式，以及由此带来的使"韵味"崩溃的后果。在《启蒙辩证法》一书中，阿多诺对大众文化从整体上加以分析描述（即指作为整体生活方式的文化），他对文化产业的批判只是作为他对社会意识形态批判的理论支点：作为社会现实的组成部分，文化工业领域不可避免地投射了社会总体意识形态的支配和控制，并从中辐射出了社会体制的罪恶。文化产业对大众意识形态的操纵得以实现，首先便是因为文化的统一状态（也即文化的同一性）。复制时代的文化带有千篇一律的面貌，这种面貌将普遍性和特殊性整合为同一，使之达到虚假的一致性。而这种虚假的同一性便是源自于被启蒙精神所赞同的社会的强迫手段，在文化的抽象化和格式化的背后，隐藏着的是社会机制的强制性的支配力量，这种力量使艺术的模仿最终绝对化、模式化。当本雅明为复制技术所带来的神奇效力鼓舞时，阿多诺却一再提醒本雅明别太盲目乐观，这种可以用作革命手段的技术，在服务于正义的同时，也会同样服务于统治者，成为被统治阶级操纵和利用的工具。

阿多诺反对本雅明抬高和美化大众文化而贬低传统文艺作品，并将两者对立起来的观点。阿多诺认为，以适应大众趣味为出发点的可复制的大众文化把文艺降低为一种消费娱乐活动，它貌似给人们以某种快乐，实际上人们得到的仅仅是虚假的满足，而非精神的解放和升华。阿多诺指责本雅明过分强调可复制的大众文化的积极方面，却忽视了它的消极方面。如，其一，大众文化消灭了创作者的个性风格，它所提供的仅仅是可复制的标准产品。其二，大众文化复制了生活的经验性存在，仅仅记录了资本统治下的日常现象，从而完全迎合了统治阶级的需要。它把现实描绘成真实合理的，从而起到一种调和欺骗的作用，为资本主义制度制造出合法化的根据。其三，大众文化代表的并非大众自身的真实需要，而是一种被操纵的、强加给大众的虚假需求。其四，大众文化是资产阶级对大众实行意识形态控制的工具，它骗取了大众的信任，并使大众产生了一种依赖性。大众文化不断地灌输给人们一种虚假的快乐和意识形态的谎言，使他们对丑恶的现实丧失了辨别的能力和批判能力，从而成为资本主义统治下的顺民。

另外，阿多诺批评本雅明受布莱希特的影响太深，过分注重批量生产的大众文化的消费性质，从而美化了这种从真正的文化中异化出来，并丧失了使用价值的，而且完全商品化的文化产品。当本雅明认为复制技术性的大众文化会把文化从少数有教养的精英垄断下解放出来，并成为大众享受的对象时，阿多诺却严厉地指出：大众文化的日益扩张，只会带来文化接受者审美趣味的下降和欣赏能力的退化，因为所谓的大众的接受也只是一种幼稚的接受，在本质上是大众迎合社会上庸俗的欣赏趣味的结果。阿多诺认为，大众趣味与文化的审美价值不相容，迎合大众趣味必然会导致审美格调的降低和真理内涵的丧失。而复制技术手段制造出来的大众文化在大众接受的借口下玷污文化以至于毁灭文化。因此真正的文化必须超越社会的普遍审美的趣味，抗议社会的虚假要求，与追求功利的大众划清界线。真正的文化不会屈从于大众接受的压力和社会功利的要求，才能捍卫其纯洁性，以避免成为统治阶级的帮凶。最后，阿多诺指出所谓的大众文化是资产阶级控制和支配大众的意识形态的工具。因为大众文化的大众意识恰恰是这种文化的操纵者预先设计并规定好的，其功用在于给大众灌输虚假的满足和意识形态谎言，在其产品中，资产阶级统治下的现实被当作真实而被掩盖，并获得一种合法的假象，日益强大的社会统治与个人追求精神自由的矛盾被抹杀，大众在消费大众文化时，得到的其实是精神压抑，它所带来的后果仅仅是大众对这个被统治的社会的认识功能的日益衰退。在这种文化的熏陶下，消费者最后会成为资本主义制度下彻底丧失了批判和反抗能力的顺民。

显而易见，阿多诺并没有看到机械复制技术带来的变化和社会进步，只不过是他更多地从负面影响来评价大众文化。对此，维尔默的分析比较到位，"在技术化的大众文化中，本雅明看到了一种抗毒素，它抵御着工业社会在精神上摧毁人类的进程；而阿多诺则将大众文化更多地理解为进行心理操纵和调控的媒介"。①在本雅明眼中，具有批判精神、可以否定和

① ［德］阿尔布莱希特·维尔默.论现代的和后现代的辩证法——遵循阿多诺的理性批判［M］.钦文译.北京：商务印书馆，2003：43.

颠覆社会的 "革命" 大众主体就成了阿多诺眼中的时刻有可能被同化的、从而与集权主义同流合污的大众群体。由于这样的大众已呈颓势，所以面对统治阶级的强大的文化机器时，他们已经不再反抗。他们所能做的只能是接受整编，然后享受虐待的欢乐，获得一种变态的满足。而心神涣散这个在本雅明看来颇具革命动力性的东西，在阿多诺那里却变成了一种统治的策略和整合的技巧。虽然阿多诺也强调艺术对现实的批判，从而使他所推崇的艺术不同于纯粹的形式主义和唯美主义，但是阿多诺所说的批判却含有彻底否定现实人生、具有审美价值的意义。因为艺术的本能、社会功能及其重要性，就在于它与这个世界是对立的。正是基于对艺术的这种理解，阿多诺极其反感大众文化的 "媚俗" 性（包括艺术关注现实的策略），他非常强调艺术的 "实体化" 和 "自律性"，反对艺术承担娱乐、消遣的功能，拉开艺术与日常生活的距离，坚持艺术与世俗的对立，如他对娱乐消遣性艺术进行严厉抨击，认为大众社会 "整合、操纵和引起质变的庸俗艺术与娱乐活动。娱乐活动从未纳入纯艺术的概念。……娱乐活动通常作为文化衰败的活证在文化领域有着突出的表现。事实上，它时常就像幽默或滑稽那样，决意促成文化衰败"。[①]这就是他为什么要 "将批判进行到底" 的深层原因。可以看出，本雅明与阿多诺的根本分歧就在于艺术、审美、文化能否融入日常的世俗生活，而这也正是大众文化与精英文化的区别所在。本雅明看到了复制技术和大众文化在历史现实中的影响和威力，以历史发展的眼光期待这种充满技术含量的新型艺术来启蒙和解放大众，而阿多诺所洞察的只是隐藏在机械复制技术和文化工业背后的体制，而并非技术和文化工业本身。本雅明看到的是大众文化积极的一面，阿多诺却指出了其中的负面影响，两人论述的是同一个问题，好像一枚硬币的两面，视觉不同，故有错位的感觉。

虽然本雅明和阿多诺两人的观点各有不同，但有一点不容忽视，那就是大众文化的日益崛起，技术对艺术的渗透，已经成为人人目睹的事实，甚至还愈演愈烈，而批判的进行曲只能在现实的土壤上奏响，所以本雅明所倡导的内在批判的构想也许更具可行性和有效性。晚期的阿多诺也似乎承认了这一点，他说："文化工业的意识形态本身，在其意欲控制群体时，

---

① ［德］阿多诺.美学理论［M］.王柯平译.成都：四川人民出版社，1988：30.

变得正如它旨在控制的那个社会那样，内在地具有反抗性了。文化工业的意识形态包含着对自己的谎言的矫正方法"。①文化的大众化、市场化毕竟也摧毁了过去认为排斥和垄断的单一性文化，促进了文化的平民化、民主化的进程，结束了过去被少数人所把持的文化活动，而现在对大众开放，使大众有了参与和消费文化的机会，这样会促进文化的多样化发展，也能满足大众的许多日常审美娱乐活动。值得令人反思的是，虽然大众文化从形式到内容十分复杂，甚至许多方面也是单一性文化不可比拟的，但如果我们深入剖析大众文化的特征，就会发现有时它也并非实际上的文化多元化。虽然它可能会表现出形式多样、内容繁复，但在其纷繁复杂的表象下面，却呈现出一种同质性的文化构成。而且大多数大众文化产品却具有相同或相似的内容与形式，表面上看人们在消费不同的文化产品，实质上却是在消费同质的产品，并非实现真正的文化多元化和民主化。因此，我们又必须正视本雅明的观点中的先天不足：在捍卫复制艺术和大众文化的政治效用的同时，也可能因为同样的技术原因而伤及自身。本雅明也许曾意识到这一点，他在《映象》一文中心怀忧虑地写道："当代社会的技术是不受束缚的，可是这种独立的技术作为一种第二自然与当代社会却是对峙着，就像经济危机和战争所表明的那样。当代社会的技术与原始社会的技术具有同样强烈的社会效果。人们虽然创造了这种第二自然，但是，对它早就无法驾驭了"。②因此，我们一方面要认可本雅明理论的现实意义和当代价值，另一方面，也要重视阿多诺的批判理论中所发出的警示性的告诫，两者之间最好保持一种必要的张力。

第四节　本雅明大众文化理论在当代的反响与回声

从某种程度上来看，本雅明的美学思想与大众文化理论准确地预见了现代主义艺术发展到巅峰之后的走向，尤其是复制技术导致的艺术产业化，以及艺术作品的大量复制，使艺术开始走向大众并与大众握手言欢，

---

① ［美］马丁·杰.阿多诺［M］.北京：社会科学出版社，1992：191.
② 周宪.20世纪西方美学［M］.南京：南京大学出版社，1997：138.

艺术大众化、世俗化和平民化的趋势似乎不可避免，过去长期被精英所把持的文化艺术舞台唱独角戏的时代似乎结束了。今天的娱乐与消遣式的大众文化与艺术不断地在翻新出奇，令人目不暇接。从这一点上来说，本雅明的文化理论似乎比别的批判理论家的讨伐之声更符合文化发展的自身规律，因为他顺应了文化发展的历史走向，虽然其理论中也不乏清醒的反思和批判。必须承认，复制技术的出现颠覆了传统的审美关系和审美模式，同时也颠覆了传统的文化形态，这一点完全可以从当代网络技术的发展与网络文化中的文学艺术现象来理解。本雅明认为，任何一种作品的形式都是在与其存在相对立的技术条件和社会背景下产生的，艺术作品的形态也是随着时代的变化而变化。如今网络文化成为大众文化的发展形态之一，它就是以大众文化为母体，保持了大众文化接受的群体性，同时也扩大了创造者的范围，从而体现了它对传统文化的突破和发展。另外，我们也可以看到，伴随着现代技术的发展，"震惊"的体验取代了传统的"共鸣"，这不仅存在于社会生活的各个方面，也体现在现代艺术作品中。这些新的技术形式也会激发人们认识资本主义社会的本质，从而具有了对资本主义潜在的颠覆功能。从发展的眼光来看，艺术中新技术的出现，一方面为新的生产领域提供了必要条件，另一方面也提高了原有生产领域的生产水平。这样一来，艺术的消费群体才可能得以扩大，文化才可能会走向大众化、民主化，也才能扩大成为一种工业或产业。

一、复制技术与当代语境中的大众传媒和文艺大众化

当人类文明史经历了漫长的农牧业社会、工业社会之后，科学技术的迅猛发展又带领人们进入了一个更为广阔和便捷的信息社会。高科技在为我们带来丰富的物质生活的同时，也以一种不可抵挡的气势渗透进人类精神和文化领域。而且，随着社会经济的发展以及大众阶层的形成，大众文化开始崛起并以蓬勃的姿态展现在当代人的眼前。可以说，大众文化的产生、崛起和发展，是人类文化史上一个崭新的现象，也是文化发展中具有重大转折意义的事件，它一方面使传统文化的发生和生存方式发生了根本性的改变，另一方面也使人类的存在方式出现根本性的变化。大众文化和艺术逐渐成为这个时代的主流文化，文学艺术也更多地从庙堂走向百姓家，从贵族精英走向平民大众，这已经成为不可扭转的趋势，而且加上传播媒介的迅

速发展，使当代的大众艺术如虎添翼，更加使文化艺术接近平民大众。

　　要研究大众文化与大众艺术的发展，就必须先从传播媒介或文化媒介开始，因为文化媒介对艺术生产起着重要的塑造和规范作用。"媒介"的英语为media，又称媒体，原指一种使双方发生关系的中介物，后来在不同的语境中具有不同的含义。广义上的媒介是指承载、传递、交流符号与信息的工具和手段，诸如说话、写作、姿势、表情、服饰、音乐、表演、舞蹈等都可以被视为媒介。①在现代传媒学中，媒介是指传播信息的物质实体以及与之相应的媒介组织，如广播、电视报纸、杂志以及网络都是传播信息的媒介。长期以来人们总是只把语言看作是艺术的媒介，其实这是不全面的，因为读者在解读文学的文本时，最先接触到的不是它的语言，而是语言得以存在的具体的物质形态——媒介。因为语言是抽象的，并不是最先被读者直接接触到的物质，所以可以这样讲，没有媒介就没有文化艺术。无论这种媒介是最早的竹简、印刷的书籍，还是后来的电子书籍（网上读物），其精神、意义最终还是要通过具体物质的东西才能得到显现和接受，也正是这种物质性的媒介载体才能使文学艺术的文本之精神意蕴得以呈现和传播成为可能。艺术媒介对艺术作品的内容、风格特征、生产与接受方式，乃至艺术的自身特征和功能，都起着规定和塑造的作用。不同的艺术种类需要的传达媒介也有所不同，文学、音乐、舞蹈、戏剧、美术、建筑等不同艺术式样，正是以不同的媒介手段来呈现和相互区别，争奇斗艳。远古时代的口头媒介造就了史诗、民间传说等艺术形式，因而也显示出亲切自然和通俗易懂的风格；近代的文字媒介的艺术相对显得委婉简洁、典雅精致；现代大众传媒下的新兴艺术，如影视、网络艺术则具有仿真性特点。尤其是近现代的文化传媒的迅猛发展，给以文字和印刷媒介为主的传统艺术带来了巨大的冲击力。

　　有时候我们完全可以这样断定，人类文化发展的历史也就是一部不断发现和创造新的媒介、不断使社会信息系统走向发达和完善的历史。如果稍稍追溯人类文艺发展的文化媒介的过程，就可以看出文化媒介对文化传播所起的重要作用。当代文艺媒介是科技与文艺相遇之后的直接产物，因而有强烈的大众文化倾向，因此也成为学术界争论的热点问题。由于长期

---

　　① 陆扬.文化研究导论［M］.上海：复旦大学出版社，2008：229.

以来人们对文艺有助于社会治理、道德完善的政治功能的强调，精英意识一直占主流地位，绝大多数知识分子或专家对复制技术下的文艺民主化和大众化的倾向持拒斥立场。法兰克福学派的代表人物阿多诺、马尔库塞就是如此，他们抨击大众文化或文化工业（包括巨大的影像事业）的商品化，以及对大众的欺骗性质。如马尔库塞对文化与艺术的技术化倾向的批判性分析："艺术的异化，像它在其中演出的新剧院和音乐厅的建筑一样，成了从技术角度来设计的——文化中心正在成为销售中心、市政中心或管理中心的一个合适部分。……在这种普及中，优美艺术成了一种翻新优美艺术内容及文化其上的齿轮。艺术的异化，连同其他的否定方式，都屈从于技术合理性的进程"。① 可以说，本雅明的法兰克福学派的理论伙伴对文化艺术的技术化倾向的批判是十分尖锐的。但时代不同了，阿多诺所处的机械时代又被今天的电子时代和信息时代所代替，科技对文化的影响更加深入，艺术技术化的趋势也锐不可当。如果我们只是一味地去批判这种新出现的文化艺术现象，就显得太学究气或不符实际，而是应当历史地客观地去看待这个问题。仅仅以新传媒对当代中国的流行文艺的影响为例，就可以看出，书籍、杂志、报纸、电视、广播、互联网等新老媒体，对今天流行文学传媒仍然起着重要的推进作用，虽然杂志、互联网、手机等开始成为进入大众流行文学和艺术的新传播渠道。而且，由于传播科技的革新和生活节奏的变化，人们的阅读习惯也发生了较大的变化。报纸这种媒介上的连载小说虽然继续存在，但影响力大不如以前；报纸副刊上的"文学版"的小说，其文学色彩已开始淡化，情节故事也日益世俗化、大众化，专门以轻松、搞笑、曲折、有趣的新手段来制造一种"快餐化"的效果。在电影不断地将原著搬上舞台，变成图像视觉作品的时候，依赖于视听的电视和广播也将文学变得视觉化、听觉化，如电视散文、电影戏剧、广播散文、广播剧、唱片评书联播等。因而，本雅明对大众文化与文化工业生产的反思，在今天看来，似乎更能作为我们对文艺技术化的现象进行辩解，以及理解当代大众化、世俗化文艺的重要理论资源。

因为在本雅明看来，现代大众传播媒介使得大众文化产品的生产者

---

① 陈学明等编：社会水泥——阿多诺、马尔库塞、本杰明论大众文化［M］.云南出版社，1998：70—71.

能够通过作品去寻找和调动他们的观众的兴趣所在，才能使文艺作品走进人群去启蒙、唤醒和解放大众，而不是沉浸在个体化的自我感觉中。本雅明看到，现代艺术品经过复制和技术化的改进之后，才彻底改变了艺术与大众的关系，消解了传统艺术中的"韵味"和膜拜价值，才将艺术作品从"独一无二"的神圣状态中解放出来，使它彻底走向芸芸众生皆可领略的"大批复制"时代。这里仅以当代的文学杂志类型的增多和流行为例，我们也许才会觉得本雅明的预言具有超越时代的合理性。当下中国的文学杂志在激烈的生存竞争中越来越多元化，并想方设法去迎合特定读者群的阅读需要，过去一些专登高雅作品的文学刊物也不得不低下高贵的头，也开始选入一些情节惊险、怪异、恐怖的作品来吸引读者群。其中，如《传奇文学选刊》就是一种十分流行的大型通俗文学周刊，《知音》杂志则成为中国目前具有很高知名度和影响力的大众刊物之一，月发行量为五百万册，专门以讲述名人和普通老百姓的传奇故事为特色，主要包括社会纪实稿件，追求感情表达的细腻独到。另一本发行量极大的杂志《读者》则以刊登小智慧文章见长，已成为知识性读物的领头羊，被誉为一代青少年读者的"精神盒饭"。

艺术生产和艺术消费本来就是文化、文学艺术发展的重要规律，不能仅仅凭我们的主观臆断去干涉和反对它的存在或成长。本雅明在他未完成的《旅途笔记》中，就开始反思这个问题，他看到工业化时期的艺术经过复制之后，艺术的神圣性和权威性的确是被文化工业生产破坏了，现代传媒与技术参阅了传统艺术的仿真能力，这时艺术的认识功能和社会功能也发生了改观，艺术再也不是由少数文化贵族和艺术精英来垄断和操持了，传统的艺术形式不得不寻求新的出路。而且本雅明运用马克思的艺术生产理论中的"生产——消费"理论来阐释了现代大众文化的生产和接受活动，他写道："艺术是人类的一种实践活动，艺术家的创造活动就是生产者，艺术品就是商品或产品，读者观众就是消费者，艺术创作就是生产，艺术欣赏就是消费。而艺术创作的'技术'，即技巧，代表着一定的艺术发展水平；同物质生产中的科学技术是生产力一样，艺术技巧也构成了艺术生产力"。[①] 今天的文学市场中，"为市场而写作"已成为一种文化艺术

---

① ［德］本雅明.作为生产者的作家［A］.胡经之，张首映编.西方二十世纪文论选第四卷［M］.北京：中国社会科学出版社，1989：249.

求生存的重要法则，因为通俗化、大众化的大众文学艺术已经开始占据了大规模的文化市场，消费导向也决定了文学的自身生存。

经济的发展、技术的革命必然会带来文化的大众化、民主化倾向；艺术和文化的民主化也必然会反过来促进大众对各种文化产品的自由选择，从而也会繁荣文化艺术的发展。英国的文化理论家雷蒙德·威廉斯也这样认为："新的技术具有经济关系，其实际作用因而带有极端复杂的社会性。技术的改变必然会使资本的总额与集中程度增加，从报纸和电视的经营可以最为清楚地看到，这种增加的曲线至今仍然在上升"。[①]显然大众文化的迅猛发展，也会促进经济的发展，这是因为"大众社会提倡并增强了个体性。个体性的特征是对经验的开放，以及感觉和感觉能力的发展……在生活的很多方面，人们可以更自由地作出选择，这些选择并不一定由传统、权威或稀缺性来指定……"[②]当代中国著名作家余华也看到网络技术对文学创作的影响，他自己承认网络在以开放的姿态使所有的人都成了参与者，人人都可以成为作家，或者说，人人都将作者和读者集于一身。毫无疑问，网络媒介使文化艺术进一步大众化，不仅提供了广阔的文艺欣赏空间，而且也赋予了人类文艺创造的极大自由空间。

随着文化图书市场的发育，网络新兴文学的传播平台也日益涌现，流行的通俗文学艺术的生态几乎在全球化的趋势下逐渐形成，普通的大众读者获取大众文化与通俗文艺欣赏的渠道越来越便捷，除了传统的图书营销的渠道——书店之外，还有超级市场、报刊亭、网上书店（如当当网、贝塔斯曼）等渠道。最具颠覆性的是，网络博客、网上图书馆、免费电子书、万学网络等的出现，为大众读者开辟了免费而且更加易得的阅读空间，也回避了传统图书市场售价昂贵的局面。因此，当代的电子影像媒介和网络互动媒介正全面走进大众生活，带来的是人类历史上最大规模的一次大众文化——每一个人都可以在当代文化媒介为自己提供的时空里寻找到适合自己口味的文化艺术品，并为之陶醉、欢呼，甚至疯狂。尽管媒介文化以其巨大的力量的形象复制，摧毁了传统的灵韵，商业化、产业化的

---

① ［英］雷蒙德·威廉斯.文化与社会［M］.吴松江等译.北京：北京大学出版社，1991：389.

② Shills, Eward, 1967, *Mass Society and Its Culture*, pp.1—3 in Norman Jacobs, ed., *Culture for the Millions*? Boston，［美］约翰·R.霍尔，玛丽·乔·尼兹.文化：社会学的视野［M］.北京：商务印书馆，2002：145—146.

侵入使得文学艺术再也不会变得那么"纯粹"，它抹掉了艺术与生活的边界，使日常生活越来越审美化，这样也容易走向同质化、类型化，不得不引起我们对阿多诺告诫的重新思考和关注。

二、复制艺术与大众参与的主动性

大众媒介与复制技术的发展给大众的日常精神生活带来许多深刻的变化，首先是大众的阅读习惯被改变了，大众读者的接受群体日渐壮大。且从16—19世纪的"报纸"这种印刷传播体的发展就可以了解到这点：大众媒介的发展步步为营，复制印刷文化在民主化的道路上在艰难地挺进。在西方，近代报纸作为阶级斗争的舆论机关，在贵族与新兴的资产阶级的拉锯式的斗争中成长，最初是作为早期的商业精英的信息载体和知识精英的舆论利器，为资产者及其知识阶层积累最初的经济资本和文化资本提供服务，并扎实地壮大了阶层的力量，继而它又成为动员社会中底层民众的舆论机关，把社会底层的力量纳入资本主义体系和民主政治的园地里，经过反印花税和检查制度的斗争，最后将报纸打造成工人阶级的必要生活资料，如据一位1720年访问过伦敦的瑞士人记载说，"大多数工匠每天的第一件事情就是到咖啡店去读报。我也经常看到擦皮鞋的人同他们一类的其他人每天用一个利阿德合买份报纸，共同阅读"①。阅读大众报纸的诞生，无疑增加了大众接受群体的队伍数量，也使大众进入了一个有资格有权利分享阅读的民主空间。

我们再回过头来看看18世纪欧洲文学发展的情况，从文学的类型、接受者的构成、创作者的地位以及文学生产的制度来看，文学开始从社会精英的垄断向下移动，首先进入了中产阶级阅读公众的圈子，随后更进一步进入了城市底层的阅读大众的接受领地，使得大众能共享文学文化阅读的自由狂欢，这个过程也可以看作是文学民主化和商业化的后果。从当时的接受群体来看，中产阶级读者的队伍日益壮大。据有关记载，大众读者的规模在18世纪晚期到达了8万人（英国总人口600万），流行书籍的购买群众也达数万人，书籍主要包括时事和宗教的小册子等②。尽管如此，教育的

第四章 复制技术与大众文化

---

① ［英］彼得·伯克.欧洲近代早期的大众文化［M］.杨豫等译.上海：上海人民出版社，2005：321.

② ［美］伊恩·P.瓦特.小说的兴起［M］.北京：三联书店，1992：34.

普及程度仍然很低，读者大众的规模和素质水平也还是不高，四分之三的穷人依然不具备阅读能力，能够抓住罕见的受教育机会而且掌握了基本读写能力的仍然主要是从事中产阶级职业的人，劳动阶层中只有很少的人比较注重提升自己的读写能力，从而也成为阅读接受的实际成员。因而，当时的中产阶级队伍的稳定扩大是18世纪文学大众化的主要特征。再看看文学类型的世俗化发展，在18世纪之前，欧洲的传统文学领地由贵族阶层垄断，形成了稳定的艺术传统，如英雄史诗、骑士传奇、古典戏剧以及学术读物等。在中产阶级进军阅读市场之后，他们的阅读偏好主导了文学出版的新趋势，文学内容逐步告别了贵族文学和宗教文学的传统，而更多地涉及世俗化的题材和体裁。小说作为一种文学样式开始受到普遍欢迎，以满足中产阶级的世俗情趣，消遣成为阅读的一个重要目的。因此这种文学具有世俗化、娱乐化和消遣性的大众文化品质。另外，文学生产的机制也发生了相应的变化。在传统文学的创作和传播体制里，创作者是由宫廷和贵族提供庇护的，作者只不过是那些御用文人和贵族的文学奴仆而已。在后来日益民主化、世俗化的过程中，贵族的势力衰微使得这种文学体制走向分崩离析。再加上面向中产阶级的阅读市场的不断扩张，原来的生产机制已经不可能适应和满足阅读市场的需要，于是导致了文学商业化、大众化进程的开始。在作者与读者、印刷商与读者之间出现了一个中间人——书商，他开始成为书籍的总制造商、雇主，作家成为雇用劳动者，文学也开始成了纯粹的市场商品。这一市场机制的变更甚至让作为中产阶级阅读趣味的代言人的笛福、菲尔丁都感到莫名惊诧，当书商以200英镑的高价购买菲尔丁的小说手稿和一些更短的故事时，他也不禁为此异常惊讶，并开始为了追求经济效应而故意创作篇幅冗长而又浅显易懂的散文作品。在菲尔丁看来，18世纪的文学界正在变成"一个民主世界"，或者说文学世界正陷入彻头彻尾的"无政府状态"①。文学商业化、大众化的成功标志着中产阶级阅读公众的大量扩张和中产阶级的自信心的膨胀，也宣告了英国文学的古典标准正在让位给文学市场的经济法则。同样的过程也先后在法国、德国、美国等主要资本主义国家上演，只不过因各国的政治民主化进程和社会经济发展的程度不同，其文学的大众化转型的历程也就有早有

---

① ［美］伊恩·P.瓦特.小说的兴起［M］.北京：三联书店，1992：56.

迟，但毫无疑问，它们都是在朝着民主化、大众化、世俗化和商业化的方向迈进，最终形成了近代的大众文学市场。

到了20世纪，文学在复制技术条件的催促下产生了大批的接受群体，同时也改变了大众接受的习惯。按照西方的接受理论主张，认为整个文学活动主要包括三个环节，即作者（生产者）—作品（文本）—读者（接受者，也即批评者）。这三个环节是一个动态的过程，其中介是文学作品（即文本），作品的潜能与价值在读者的接受活动中逐步得以实现，整个文学活动是这两个阶段的辩证统一。它主张把"创作—作品—接受"作为一个整体系统来研究，也就是在三者关系中来考察文学艺术的意义，把文学艺术看作是作者和读者共同完成的结果。关于这一点，在作为文学批评家的本雅明所强调的艺术接受者，也就是生产者的理论早有预言。本雅明在他的《暴力批判》一文中提出过"内在批判"①概念。在本雅明看来，艺术品的意义由两部分组成，一部分为作品本身固有，由作品的内在结构决定，另一部分为潜在性的，需要读者去阅读。作品写作完成以后，意义还并不完整，其中有残缺的部分，它得由接受者来完成。接受者通过对作品的解读，不但可以展示作品的内在意义，而且还能够挖掘出作品所隐藏的意义，并在作品本身意义的基础上完成对作品超越性的理解和阐释。因此，艺术生产不只是生产者一方就能够完成，其中也有接受者能动的参与。并且正是因为有了接受者的存在和参与，才使作品有了新的意义，因而接受者本身就是作品生成的不可缺少的一部分。同时，本雅明还强调要在历史的具体过程中来接受和理解文学作品，如他在《爱德华·福克斯：收藏家和历史学家》一文中指出："对于历史唯物主义来说，过去的作品总是未完成的，作品是由读者在历史中实现的"。②他认为，艺术作品的功能在于超出了它们的作者，并把作者的意向抛在后面，而且必须是在历史的具体过程中由具体时代的读者去实现。作品同它们以前和以后的历史联系在一起，以后的历史把它们以前的历史照亮了。而后来的人对艺术作品的接受和理解依赖于以前的人对艺术作品的接受和理解，而这种接受和理解

---

① ［德］本雅明.暴力批判［A］.本雅明文选［M］.陈永国等译.北京：中国社会科学出版社，1999：374.

② ［德］本雅明.爱德华·福克斯.收藏家和历史学家［A］.经验与贫乏［C］.王炳军等译.天津：百花文艺出版社，1999：303.

不仅要依赖于同艺术作品的接触，而且还要依赖于同那个让作品流传到我们时代的历史接触，因此，按照本雅明的理论来看，对艺术作品的理解和接受永远是历史的和不可终结的。

从传统观念来看，艺术创造中只强调作者和作品的决定作用，而不重视读者接受的创造性参与，本雅明的这种接受理论无疑是十分先进的和具有创见性的发现，也是后来接受美学理论的先声。如接受美学的代表人物姚斯就这样认为："一部文学作品并不是独立存在的，对每个时代的每一位读者都是提供同样图景的客体。它并不是一座独自式地宣告其超时代性质的纪念碑，而更像是一本管线乐谱，不断在它的读者中激起新的回响，使本文从词的物质形态中解放出来，成为一种当代的存在"。①姚斯分析了读者大众在艺术文本的参与和接受中的作用，他认为："在这个作者、作品和大众的三角关系之中，大众并不是被动的部分，并不仅仅作为一种反应，相反，它自身就是历史的一个能动构成。一部文学作品的历史生命如果没有接受者的积极参与是不可思议的"。②这一说法无疑是把读者从过去不被重视的角落请到了前台，使读者接受成为文本意义的建构过程中一个不可或缺的重要因素，发挥了接受者主动参与到作品自身的创造中去的能动性。在本雅明生活的后期，科技迅猛发展已经深入影响到社会生活的各个领域，文化艺术也开始进入技术复制时代而被批量生产和消费。随着大众文化的涌现，人们有机会接受到各式各样的文化，读者观众也可以更进一步走进作品的制作过程之中，其接受方式发生了惊人的变化。本雅明从艺术的历史性本源及其演变过程中人们接受方式的视角，考察了古典艺术和现代艺术各自的特性，认为前者具有膜拜功价值，后者具有展示价值。随着社会生活和生产技术的进一步改进，展示价值已日益成为艺术的主导价值，对接受者而言，艺术的膜拜性已失去吸引力，重要的是它所展示的意义。接受者越来越放弃传统的以虔诚、凝神的个体式的观照方式，而是采取玩赏的、娱乐的、消遣的态度去接受它，包括以展示价值为主的现代艺术的欣赏过程也是如此。艺术的工业化动摇了艺术的神圣地位，复制使人人都有可能得到或占有艺术品的机会，从而也促使了艺术和审美的大

---

① 朱立元.现代西方美学流派述评［M］.上海：上海人民出版社，1988：97.
② 朱立元.现代西方美学流派述评［M］.上海：上海人民出版社，1988：99.

众化。

当今随着大众文化在社会领域的大规模的蔓延，以及文化产业在整个文化发展中的地位的凸显，大众文化也在逐渐影响着主流文化的面貌，同时也保存了自身的某种独立性。如在文化工业的机制下，大众文化也会形成自身的文化逻辑，既包括流行偶像崇拜、消费主义意识形态，也包括对主导文化和精英文化的质疑、戏拟、反讽和消解。因为大众文化毕竟是以向人们最大限度地提供娱乐与消遣（这一点受到阿多诺、马尔库塞等人的抨击，此处姑且不论），所以在艺术作品的生产制作中，过去那种只按作者的审美标准进行创意的做法已经过时了。相反，必须考虑作品的消费需求是什么，如何才能满足这种需求，并且这一点也成为衡量作品成功与否的关键。这时候，我们看到，艺术作品的制作和效果（接受者是否买账），在很大程度上也是由大众决定的，也即必须以大众需要为中心，这样一来，文学艺术制作日趋商品化的趋向就不可避免了。本雅明看到在技术复制时代，科技发展导致了读者大众和接受内容的不断增大，大众也日益成为主要艺术的主体，艺术从此不再是"审美的幻象"，而是人人可参与的群体性、共时性的审美创造活动。大众的地位由被动变成了主动，不再成为工业时代的技术理性和工具理性的奴役对象。即使在大众文化创造的虚拟世界里，本雅明认为，这种大众创造的虚拟空间，并不仅仅是生产者和媒体运作的结果，而是大众积极参与的结果。因此，大众传媒时代改变了大众的政治地位和身份，大众并非像阿多诺一味谴责的那样被动地接受某种政治灌输，在文化工业制造的虚假空间中享得一种虚假的满足，而是可以主动地有所选择地加入大众娱乐和大众狂欢的共时性审美活动中，以及从作者的权威和控制中解放出来。

三、本雅明的文化美学理论在当代中国学界的反响和启示

整个法兰克福学派的社会批判理论传入中国学界，是从20世纪80年代开始的，因当时正好是"文革"的结束，人们对动乱年代的反思以及学界的思想解放，法兰克福学派的文化批判理论才被陆续介绍到中国，并引起我国学界的关注。一方面，因为该理论在当代西方社会有着广泛而深远的影响，能够成为我国学界了解西方当代学术乃至西方当代社会和文化的窗口；另一方面，该理论与经典马克思主义有着某种程度的亲缘关系。但

在当时的中国20世纪80年代，这个学派的理论家中，只有马尔库塞为我国学界所熟悉和重视。当时其著作《爱欲与文明》《单向度的人》《审美之维》等被翻译成为中文。霍克海默和阿多诺的论著翻译得很少，并且这两位关于大众文化方面的理论也并未引起重视。对本雅明最早的翻译和介绍是在20世纪80年代末，年轻学者张旭东将本雅明的《发达资本主义时代的抒情诗人》的汉文版推荐给中国读者，当时的文艺批评界为其新鲜、怪僻的文风和众多的概念如"灵韵""震惊"所吸引，但影响仍不算太大。法兰克福学派的大众文化理论真正受到中国学界重视是在20世纪90年代之后的事情。因为20世纪90年代市场经济时候是我国大众文化迅速发展的时期，加上本土的大众文化批评理论的缺失也是其在中国开始走红的原因。随着大陆改革开放的进行和港台流行文化的涌入，到20世纪90年代时，我国社会商业化、世俗化程度日益加深，商业性的大众文化渐成规模，我国大陆自身生产的本土的大众文化受港台和海外流行文化的影响，开始形成了自己的大众文化。这种崛起必然会引起理论界对它的回应，然而我国理论界又缺乏成熟的理论来阐释它，一时"失语"之际，法兰克福学派的文化批判理论就自然地填补了这个空白，成为我国学界反思"文革"伤痕和批评大众文化的重要理论资源。

1990年时，阿多诺和霍克海默合著的《启蒙辩证法》被译成中文，阿多诺的《电视和大众文化模式》的中文译文发表在《外国美学》第9辑上。这两部著作的观点被我国当时众多学者反复征引。可以说，在20世纪90年代较长的一段时间内，我国不少学者对该派理论缺乏辩证的分析和必要的论证分析，一味对不同于阿多诺时代的本土语境的大众文化大加批判：大众文化是机械复制的、平面的、缺乏深度的、缺乏创造性的；大众对大众文化文本的阅读是被动的、消极的和缺乏选择性的；而且大众文化的生产总是以市场运作与商业利润为最高原则，结果生产代替了创造，模仿与复制代替了想象与灵感，大众"日益失去自己的头脑和判断能力，成为纯粹被动的文化受众和消费者"①，等等，当时持此观点者有陶东风、金元浦、张汝伦、尹鸿、王彬彬等，这种坚持法兰克福式的批判姿态持续了很久，直到本雅明的有关"机械复制""灵韵""艺术生产""震惊"等新的肯定

---

① 张汝伦.论大众文化［A］.复旦学刊（社会科学版）［J］.1994（3）：19.

式的理论被译介过来之后，中国学界才开始对阿多诺等人的理论局限有所反思，甚至有人提出"走出阿多诺模式"的口号。这时候，本雅明对大众文化的乐观支持的理论又成了捍卫大众文化生存者的重要理论依据。

不像早期的其他法兰克福学派成员那样，对刚刚兴起的大众文化进行激烈的批判，本雅明并没有对它大肆讨伐，相反他却是超越同时代知识分子坚守的精英审美观念和文化立场，他敏锐地发现了现代艺术之后出现的大众文化所造成的艺术世俗化、大众化、平民化所蕴含的革命意义。本雅明的论著中从头到尾没有明确地使用过"文化工业"或"大众文化"的概念，也没有专门论述它的文章，然而，他却成为法兰克福学派中大众文化理论"肯定性话语"的始作俑者。也正因为如此，作为法兰克福学派的"编外人士"的本雅明才会受到后世学者（包括中国当代学界）的许多关注和推崇。本雅明顺应科技与历史发展的变化，并没有把工业文明悲观地看作是危害人类的罪魁祸首。作为一个西方马克思主义者，他基本是采取一种辩证法的态度来看待技术进步与艺术生产的关系。他相信，任何艺术形式都是一种自然力量，它是历史形成的，它的出现具有不可回避甚至难以遏制的威力。从机械复制对艺术生存方式的影响，以及大众接受与艺术生产的关系变化出发，本雅明为我们揭示出：大众文化的发生和发展是一个艺术世俗化、大众化、平民化的过程，其革命意义就在于使艺术回归"此岸"（平民大众的生存世界），彰显大众人生的审美价值。正因为本雅明的复制理论和文化批评中的乐观精神，中国有学者才认为它"不但是批判理论的现代主义美学之外的后现代主义的话语，而且启迪后来的批判理论对大众文化采取不同于'阿多诺主义'的新视点"。[①]因为本雅明主张"艺术就是要提供消遣"，消遣可以"使大众让艺术作品沉入自身中"，这种观点对我们理解20世纪艺术和消遣式的大众文化有重要的启迪作用。

不过，中国学界在20世纪80年代前后的文化研究者因受法兰克福学派的影响，当时的批判之声不绝于耳，加上大多数学者笼统地将大众文化与晚期资本主义文化相等同，于是不加分析地将商业化、平面化、鄙俗化都强加在大众文化的头上。而且，一谈到"复制"就将它等同于电影或大众文化，其实两者之间还是有差距的，虽然本雅明理论中阐明了两者之间

① 周宪.20世纪西方美学［M］.南京：南京大学出版社，1997：148.

的密切关系。中国学界较早研究本雅明的年轻学者杨小滨，在1989年就已认为本雅明的电影理论是"最早出现的对大众文化和大众传播媒介的重要理论探讨之一"。也正因为较早关注电影这一现代艺术，本雅明的理论与大众文化的关系就更加凸现在中国当代学者的视野中。20世纪90年代以来，许多学者试图借用本雅明的理论来阐释中国本土的大众文化现象，然而看法却并不一致。关于"复制"，一部分学者认为正是因为电影艺术的复制技巧才宣告了"原作"的消失，随之而来的是艺术独一无二性的神圣性的瓦解，另一部分人比较认同阿多诺对文化产业的批判。于是，在这些学者的眼中，凡是无深度的、千篇一律的、缺乏历史感的大众文化，都是借助于现代工业的大规模复制而依存的，这样一来，便得出：当代文化产业的大规模复制是"对艺术的屠戮"的结论，因为电影拷贝、录音带、照片等现代复制技术丧失了古典艺术品的"灵韵"。这一观点与后来传入中国的后殖民理论交互融会，使得中国学者很容易认同大众文化是资本主义意识形态的编码，是"西方中心论"或者说"美国霸权理论"在后殖民时代的隐性表达，就好像美国好莱坞电影在不断地将美国的"民主""自由"与"个人奋斗"等观念企图撒播在世界各个角落一样。这种"精英情结"甚至在当代中国一些学者身上也相当普遍，他们大多数居高临下而且忧心忡忡地在随意指斥大众文化，一则提醒人们留意隐身于其中的资本主义的政治图谋，二则全力以赴地试图以高雅艺术来拯救已经沉沦于复制文化所营造的鄙俗氛围中的"大众"。也有相当一部分学者肯定了本雅明的"复制"理论和电影的创造性功能，他们相信"复制活动是艺术创造活动的技术化和扩大化，它大大地增加了艺术作品流布的范围和影响"。[1]一些赞赏本雅明的平民主义立场的研究者更希望看到的是传统艺术圣坛的倒塌和以艺术普及为中介的政治民主化进程大大加快。这些研究者立足于平民文化和大众艺术捍卫者的立场，试图将法兰克福学派批判视野中的"大众文化"改变为毛泽东倡导的"大众的文化"，使大众文化能对中国本土的现代化建设起到良性的促进作用。甚至一些学者以"古为今用"的方法来拒绝外来资源在中国本土大众文化发展中挪用移植，借此以抵抗"洋为中用"，这

---

① 张清民.机械复制时代的艺术创造——本雅明美学思想的当代意义［J］.河北师范大学学报，1998（1）.

些学者撰写的论文，如《清代公案狭义小说与清代中后期大众文化心理》《唐人小说与大众文化》《试论中国年画的艺术韵味——兼析瓦尔特·本雅明的艺术理论》等，十分诗意化地挖掘中国传统文化艺术中的大众化、平民化的演变过程及其特征，试图以中国自己传统文化中市民文化、民间文化与通俗文化的研究来矫正当代大众文化研究中过于浓厚的意识形态意味，在变化了的语境中用更为符合时代现实的精神来应对"西学"的强势话语。

从当代中国文化艺术发展的情形来看，在"解放思想"和"改革开放"的大背景下，20世纪80年代的中国大陆进入了文化再启蒙阶段，国人开始审视和反思中华人民共和国成立以来的社会历史进程。在西方学术典籍以及西方思想的影响下，知识分子在20世纪80年代初期掀起了一股"文化热"，重新调整文化定位和审美定位。经济改革的举措、意识形态的转型、与国外交往的日益密切，以及外来流行文化产品的相继涌入，为多元文化发展提供了契机。正是在这种背景下，城市民众开始积极寻求新的文化表达方式，直面人性、人情关怀的港台文化迅即进入内地市场，包括流行音乐、电影、电视剧和武侠小说等，一时间成了国人孜孜以求的精神替代品，在这一波政治经济转型的大语境的掩饰下，大众文化开始从社会中下层走向复苏。在这种喧嚣的躁动之中，大众文化一直在饱受争议中发展，其合法性不断受到学界和社会其他各部门的非议和挑战。到了20世纪90年代，随着各种争议的出现，主导意识形态和文化似乎同时走到了一个交叉路口，需要重新确认其方向。

随着1992年国家对改革开放的思路的再次确认，为流行文化的继续发展提供了政治保证。这时，中国学界的大众文化研究开始触及到知识分子在艺术发展以及社会历史进程中的立场和使命问题。20世纪90年代中期的人文精神大讨论，实际上就是面对中国社会生活和文化艺术在市场大潮中急速商业化、世俗化，而且与人文精神背道而驰，一些学者从中看到了中国知识分子所面临的精神危机，并将这种"人文精神的失落"归根于"市场经济社会重实利、重技术、重工具理性的偏向"，从而使社会生活领域充满功利意识和商业意识。一些学者在中国自己的文化语境中以本雅明的理论视角开始思考和研究知识分子在文化市场的地位问题，进而拓展到知识分子的现代焦虑问题。因为，与知识分子使命相关的问题是：本雅明的艺术生产理论中将作家看作是生产者，而不去探求作品与时代的生产关系问题，而是直接以作品在一个时代的生产关系中的重要作用为目标，这时技术（或艺术技巧）这个概念就成为分析问题的出发点，因为"文学的倾向性可以存在于文学技术的进步或者倒退之中"[①]。这时本雅明的寓言理论及其对波德莱尔的分析，也逐渐引起中国文化研究者的更多兴趣。而且，本雅明之所以将作家视为生产者，正是为了强调作家在文学战斗乃至政治斗争中的立场问题，艺术生产者所选择的艺术形式或所运用的技巧是否正确，也反映其政治倾向上是否正确。因为在本雅明看来，无论是文学生产者还是文学批评家，都担负着文学战斗的使命。正是因为当代中国社会的商业化、世俗化过程带来了文化世俗化问题，文学担当道义的使命在此时开始出现了"不能承受之轻"，文学艺术屈从世俗，讨好媚俗，因而也引起了人文知识分子深深的忧虑。阿多诺对大众文化负面影响的批判又一次提醒人们切勿盲目乐观，而这正好弥补了本雅明的大众文化理论中的缺憾和不足，这里恕不展开论述。

---

① ［德］本雅明.作为生产者的作家［A］.胡经之，张首映编.西方二十世纪文论选第四卷［M］.北京：中国社会科学出版社，1989：250.

第五章　诗学政治与救赎美学

从犹太教的弥赛亚主义的救世信仰来看，它把现实的苦难看作是弥赛亚到来的必经之路，而且坚信弥赛亚必将到来。弥赛亚的救赎发生的起点就是世俗世界，一个充满苦难、缺乏精神支柱的世界。弥赛亚主义对犹太民族的意义不仅在于它所承诺的"家园回归"和"远离苦难"，更重要的是，它提供了一种如何在苦难中继续生存下去的精神寄托，从而摆脱彻底绝望，而救赎的信仰总是会使人们在灾难中依然保持希望的曙光。如果我们以宗教式的弥赛亚精神来思考本雅明的文艺批评观念和文化美学思想，也许才是理解他独具风格的写作方式，甚至他的整个学术理论建构的一把钥匙。首先是"德国犹太人"的身份促使本雅明不得不面对自己内心深处的犹太信仰和救世精神，尽管他并未对自己的犹太血统获得了深刻的认识。本雅明的学术"起源"和"目标"，在许多时候放弃了单纯精神层面的"概念思维"和抽象的"理论研究"，而是更多地关注尘世，关注实在的、可以触摸到的自然历史本身，并对资本主义的异化现实以文学批评的方式进行了揭露和抨击，这一点是同他接受马克思主义历史唯物论和阶级革命论的影响分不开的，因而也就构成了他的诗学政治和神学美学的革命目标所在。

第一节　本雅明的弥赛亚立场与神学美学

在《圣经·旧约》的记载中，弥赛亚被一直看作是以色列人盼望的救世主，而这种弥赛亚的信仰也叫作救赎主义或救世主义。弥赛亚信仰当初的宗教本质是犹太人与上帝"承诺式"的契约，也即是犹太民族终有一天会在救世主的带领下回归故土，结束流离失所的苦难历程。本雅明用弥赛亚立场的神学思考方式来确立自己认识论的模式和诗学政治追求，因为处于“一战”后废墟的十字路口的本雅明看到，历史变化迫使他不得不采取全新的立场，而且在当时精神信仰要比政治运动更具号召力和治疗民众的功效，这就使得本雅明的学术思想和文化美学理论夹杂着神学的信仰，也体现了他怪异独特的文风形成的思考方式。

一、犹太民族的苦难与弥赛亚的救赎信仰

由于本雅明对超越性精神的追求，因而他很容易对宗教产生某种共鸣。虽然他始终没有完全接受犹太教，但是犹太教，尤其是弥赛亚观念，却对他产生过深刻的影响，从而也塑造了他的救赎的历史观念和神学美学思想。虽然本雅明在年轻时也接触过一些犹太复国主义者，也对他们持批评态度，但他已经开始注意到自己的犹太身份，开始承认犹太教文化意义：“我是一个犹太人。如果我活得像一个自觉的人，那么就要像一个犹太人”。[①]这里我们不妨先了解一下整个犹太民族的宗教历史、所遭遇的苦难以及形成的神秘主义的弥赛亚的救赎信仰。

从犹太民族的生存发展的历史来看，它是长期生活在强大的异族统治之下，经历过许多苦难。犹太人要生存下去，就必须有一种非常强大的精神信仰来盼望和支撑他们自己的精神世界。在各种苦难遭遇中，犹太人也形成了他们独特的盼望，也正是这种盼望才使他们自强不息，成为今天世界上少有的具有世界性影响的民族。犹太民族的这种盼望，就是从以色列，也即从异教的统治下解放出来，享有自己的独立、尊严和荣耀，这样美好的日子也就是上帝向他所喜爱的人民彰显他的祝福的时候，这种盼望也被称为末世盼望，也即希望迎接的是民族的命运改变和将要到来的好时代，因为犹太人认为他们是上帝的选民，是上帝特别宠爱的。每当民族苦难严重的时候，犹太人就呼吁上帝向他们伸出拯救的手，并严惩他们的敌人，那么在这种盼望的实现过程中，弥赛亚到底扮演着一种什么样的角色呢？这也是我们必须要搞清楚的问题。

犹太教教义中的每一个传说和情节的丰富和发展，都是伴随着这个民

---

① J.McCole. *Walter Benjamin and the Antinomies of Tradition*, P.50. 刘北城. 本雅明思想肖像 [M]. 上海：上海人民出版社，1998：28.

族的兴与衰、存与亡、喜悦与痛苦的漫长历程。前面章节中已涉及到这个问题，但并没有展开，这里不妨从犹太民族历史的传说和源头开始挖掘。

"弥赛亚"一词译自希伯来文Māshīah，希腊文写作Christos，译为基督，"弥赛亚"的原意是"受膏者"或"受上帝祝福的人"。这个称呼源于古代以色列传统。古代以色列人的国王即位时要举行一个仪式，由大祭司代表上帝将橄榄膏油涂抹在国王的前额上，表示上帝的祝福，所以国王也被称为"受膏者"，即"弥赛亚"。在《圣经·旧约》中，弥赛亚也用来称呼国王、祭司，有时也喻指先知，因为用橄榄油抹在一个人的额头，就意味着这个人是上帝为了某种特殊使命而挑选出来的一个他所喜爱的对象。有时弥赛亚也指在一个特定的历史时刻出现的某个特别的个人。旧约本身并没有把弥赛亚这个词同对未来解放的盼望联系在一起，甚至在两约之间的文献中，弥赛亚也不是一个特别突出的概念。有时，上帝本身直接进行干预，而不需要通过任何人类的中介或代表。①

在亚历山大大帝统治下的希腊化过程中，犹太人的身份的认同、民族和宗教信仰的危机愈加严重，他们对期待中的新时代的降临的盼望也愈加强烈。在这一时期，犹太人发展出了多种不同的对新时代的盼望，弥赛亚的盼望只是其中的一种，持有这种盼望的犹太人期待着一个救世主把他们从异族的压迫下解放出来。在耶稣的时代，弥赛亚的信条和死人复活以及末日审判的思想是当时极其流行的犹太信仰的重要组成部分。在这一期间，犹太先知们进一步发展了弥赛亚的观念，他们宣称弥赛亚的降临是要结束当代腐朽的世界，取而代之的是永恒的天堂，他让死人复活，审判他们生前的行为，作恶的将要受到惩罚，行义的将要获得永生。②在这种背景下，一些预言弥赛亚降临细节的作品不断出现。如公元前2世纪时，《但以理书》的作者提出"人子"的国度即将到来，"人子"在这里就是弥赛亚的意思。到了公元前1世纪中叶，一部名为《以诺书》的伪经又把"人子"描绘成一个超自然的人物，认为"人子"就是上帝派来对世界实行末日审判并创造新天地的弥赛亚。又如在公元前48年，犹太人中流传着一首《所罗门赞美诗》，诗中预言：上帝将派遣弥赛亚——大卫的一个子孙，来

① Everett Ferguson, *Backgrounds of Early Christianity*, Grand Rapids, MI:Willanm B. Eerdmans Pubishing Company, 1993: 517-518.

② ［德］布鲁斯·雪莱.基督教史［M］.北京：北京大学出版社，2004: 5.

铲除异族统治者，让流亡各地的犹太人重返家园，到那时世上万民都将皈依犹太教，并到耶路撒冷来瞻仰弥赛亚的光荣。

不难看出，弥赛亚的真正内涵无不与希伯来民族历史的发展密切联系，也可以知道这个充满艰辛、苦难和不幸的民族在精神领域里的苦苦诉求，显然这是一个尊重知识、强调智慧、崇尚信仰的民族。从早期的希伯来民族的两个国家——以色列和犹太国被亚述和新巴比伦先后灭亡之后，被掳到巴比伦的犹太人就开始赋予了"弥赛亚"以新的内涵和意义。那些先知们认为，"弥赛亚"不仅是民族宗教精神的救主，更是犹太国家复兴的救主。在他们看来，犹太国之所以灭亡，是因为犹太人得罪了上帝，才借外邦诸国对他们加以惩罚。但是，上帝不会永远忘记他的子民，一定还会拯救他们。在适当的时候，上帝将派他所膏立的"弥赛亚"降生，来复兴犹太国，主持犹太政权，给国民带来福音，因为希伯来民族坚信在弥赛亚的国度里，弥赛亚——犹太人的救主，一定会凭借着上帝赋予无穷的智慧和聪明来审判一切，使正义得到伸张、邪恶得到惩罚。根据上面这些描述，我们可以得知在基督诞生之前，犹太人所盼望的"弥赛亚"大致具有这样一些形象特征：一是从天而降的超自然的人物；二是一位普通的君王，是大卫的后裔；三是一位特殊的受难领袖，虽然被处死，但仍再临人间施行审判[1]。在本雅明跟比他小五岁的朋友索勒姆开始接触后，深受朋友的宗教观念的影响，犹太教在本雅明的思想中越来越占有重要的位置。他曾经在与朋友的通信中声称："犹太精神问题是我思考中最重要和最持久的问题之一。"[2]本雅明承认自己实际上对犹太教一无所知，只不过是应朋友索勒姆的邀请，他参加了"青年犹太"的一次会议，但他感兴趣的是犹太教文化，而不是当时青年热衷讨论的犹太复国主义问题。另一方面，索勒姆的著述也对本雅明产生很重要的影响，因为本雅明总是把索勒姆当作自己的顾问，经常向他请教有关犹太教与宗教史问题。

这里仅举一例来说明本雅明对哈拉卡（Halacha）[3]与哈加达（Haggadah）[4]

---

① 王美秀等.基督教史［M］.南京：江苏人民出版社，2006：13—14.

② 刘北城.本雅明思想肖像［M］.上海：上海人民出版社，1998：32.

③ 这里指来自《圣经》纪事年代以来逐步形成的有关犹太人宗教礼仪、日常生活和为人行事的全部法律和典章。

④ 广义上是指犹太教拉比文学的一种形式，包括传说、箴言等，不具备法律效力；狭义上指犹太人出埃及的故事。

之间关系的认识，有一部分就取材于由索勒姆于1919年翻译成德文的论文，本雅明在20世纪30年代论述卡夫卡的随笔时也提到过这篇论文。本雅明与索勒姆多次就犹太教和犹太复国主义问题展开长时间的讨论。当时在这方面有影响的思想家是阿哈德（Anad Ha'am, 1856—1927），他著有《此非正路》一书，批评政治犹太复国主义，认为它必定失败，因为大多数犹太人也不会或不可能移居巴勒斯坦。他强调的犹太民族运动的首要任务是恢复和确立民族文化和民族精神，在这种意义上，他不完全否定政治犹太复国主义，他认为使以色列的犹太人成为居民中的多数，是建立民族精神的必要条件。另一位著名的思想家是马丁·布伯（Martin Buber，1878—1965），他在1911年发表了《犹太教三论》，提出"成为人，并且以犹太人的方式成为人"的口号，在当时犹太知识青年中产生了极大影响。在他看来，犹太民族的使命不是犹太民族主义，而是人道主义，是一种真正的超民族的任务，犹太民族注定要担负起这种使命，因为它是一个不同于其他民族的民族。但本雅明对上述两位思想家的犹太复国主义并非全盘接受，而是有所保留地作了分析和批判。

二、本雅明的诗学政治与神学色彩

本雅明在1934年5月，在致他的朋友索勒姆的一封信的草稿中提到：构成他的全部信念的是一个充满矛盾、动荡不安的整体，因为在他的思想里，马克思主义与弥赛亚主义神秘地结合在一起。他思想中流露出的对神学的态度，可以用他在《拱廊街计划》中的话来做一个形象的概括："我的思想对待神学，就像吸墨纸对墨汁一样，它吸满了墨汁，而吸完了之后，写下的东西便不复存在了"。[①]在本雅明的语言理论中，上帝的言辞与亚当的名称是本雅明的思想所必需的范畴，因为它们确证了语言的内在关联性。同样在其他理论领域内，他也没有放弃那种与神学有关的思考，只不过是在他早期的著述中，这种关注是坦然公开的，而在后期的著述中，它是以否定性的观点，隐秘地发挥作用的。

本雅明从犹太文化中获得了灵感，他把犹太教的救世主义——弥赛亚

---

① ［德］斯文·克拉默（Sven Kramer）.本雅明［M］.鲁路译.北京：中国人民大学出版社，2008：39.

精神看作是人类真理和正义实现的现实可能性。这里弥赛亚性的事物已超出了犹太教和弥赛亚主义，它不是确定的历史性拯救的记忆和某个相对明确的弥赛亚形象，不属于新的王国和神的王国，相反，"它是一种不同的结构，一种生存结构……这种生存更少地参照宗教传统"。①"弥赛亚性"是内在于人类历史的不可解构的正义，本雅明把人类存在的每一秒时间都看作是一道弥赛亚可能从中进来的狭窄的门，他不再把人的解放和正义的实现看成是建立在确定的知识基础上的，而是强调它同现存的资本主义自由、民主、法律和所谓的正义绝对不同的另一种民主与正义。在《暴力批判》一文中，本雅明表明了他的神学政治：暴力存在于手段王国而不是目的王国，只要它进入道德关系，就会变成地地道道的暴力。如果暴力乍看上去那样纯粹，是为了直接攫取眼前的一切而采取的手段，那么它就仅仅是一种掠夺式的暴力，完全不足以成为支撑相对稳定状况的基础和调节。"手段的正当性和目的的正义性从来不是由理性决定的：命运强加的暴力决定前者，上帝决定后者"。②只有神圣暴力才是实现正义的途径，正如马克思所阐述的那样，只有在阶级和国家消亡的基础上理解共产主义"自由人的联合体"，才为人的全面发展和解放的实现提供可能。本雅明试图用非决定论的政治革命、解放诺言和随时来临的民主、正义来实现人的本质的复归和历史统一性的恢复，这是与他的神学性的诗学政治相一致的。

对本雅明来说，救赎人类的弥赛亚的力量并不是历史进步论允诺的遥不可及的世俗乌托邦，也不是教士们期待的虚无缥缈的对来世的向往，这种弥赛亚的力量内在于人类历史中，作为一种不可解构的正义力量随时可能来临。本雅明在人类破碎的生存中挖掘真理的单子，也即弥赛亚的力量，这种历史的辩证意象既不是对人类理性的绝对肯定，也不是对理性的绝对否定，而是把理性放在真理的框架中，让理性在真理的范围内发挥作用。弥赛亚力量是一种生存同构，同时也是一种记忆，是人对自然原初和谐存在状态的一种回忆，"它不是对过去的定格，而是心灵再现时的震动，它使现时融入了历史。正因为有了回忆，整个现代哲学才得以与科学体系区别开来"。③在犹太文化中，历史和记忆有着特殊的联系，记忆不是单纯

---

① ［法］德里达.解构与思想的未来［M］.长春：吉林人民出版社，2006：541.
② ［德］本雅明.本雅明文选［M］.北京：中国社会科学出版社，1999：338.
③ ［法］居伊·帕蒂德芒热.20世纪德哲学与哲学家［M］.南京：江苏教育出版社，2007：58.

的编年史意义或记录历史史实意义上的，而是具有道德与神学的含义，因为上帝参加这种历史并且能够被认识。

在整个犹太文化中，历史属于神圣活动的领域。这种通过命令、叙述和礼仪而保存下来的记忆是有选择的，它记录和唤起的是上帝的行动和人类的回应。这样的历史被认为比国家的兴起和衰亡这种历史事实还要更为真实，这样的历史也和现代的历史学有很大的差异。正如本雅明所说："过去带着时间的索引，把过去指向救赎。在过去的每一代人和现代这一代人之间都有一种秘密协定。我们来到世上都是如期而至，如同先于我们的每一代人一样，我们是被赋予些微的弥赛亚式的力量。这种力量是过去赋予我们，因而对我们有所要求的"。①在本雅明看来，历史正是由发生在过去、现在和未来的带有弥赛亚力量的重要事件来呈现的，相对于资本主义的史前史，这样的历史才是真正人的存在的历史。本雅明在《神学—政治学片断》（*Theologisch-politisches Fragments*）中写道："俗人的秩序要以幸福观念为准……如果一支箭矢指向给俗人带来活力这一目标，另一支箭矢指向弥赛亚的深刻思想，那么自由的人类追求幸福，自然是沿着那条弥赛亚的方向努力的。但是，正像一股力量可以激发相反的力量一样，俗人的世俗秩序也可以激发弥赛亚王国的形成。……在幸福之中，一切尘世之人都在追求自身的沉沦，只有在幸福之中，他才有把握寻找到自身的沉沦"。②如果说本雅明在这里瞄准的是人类幸福问题，那么他在20世纪30年代则是将弥赛亚状态同无阶级社会都做过一些比较，他两度将在生活实践中以唯物主义的方式实现某种更为美好的乌托邦社会与救赎史的思辨联系起来，但他总是拒绝去召唤和描绘那种应当作为历史过程之目标来追求或可作为彼岸之超越者来预期的完善状态。对他来说，任何瞬间毋宁说都是蕴含着转向幸福的可能性。

另外，在《神学—政治学片断》中，本雅明描述了弥赛亚精神和人类理性在历史发展中的辩证关系。他认为从历史的观点看，神的王国不是历史的目标，而是历史的结束。因此，世俗的秩序不能建立在神的王国的观

---

① ［德］本雅明.本雅明文选［M］.陈永国，马海良译.北京：中国社会科学出版社，1998：404.
② ［德］斯文·克拉默（Sven Kramer）.本雅明［M］.鲁路译.北京：中国人民大学出版社，2008：40.

念基础上，神学不具有政治的意义而只有宗教的意味。世俗王国的秩序必须建立在希望的原则上，以希望为特征的世俗秩序和弥赛亚的联系是历史哲学重要的教义之一。正如本雅明所描述的那样，如果一支箭指向世俗的目标，另一支指向弥赛亚的深刻思想，那么自由的人类希望的要求一定会反对弥赛亚的方向。但是作为一种力量，借助它所通过的路径，人类的希望能够增强相反道路上的力量，所以世俗的秩序能够促使弥赛亚王国的来临。世俗王国在本质上虽然不是神的王国，但它是一种不引人注目的、决定性的达到神的王国的力量，因为只有在希望中，人们急切地寻求并发现人的堕落。希望使神的王国到来，希望对应于永久的堕落、短暂的世界存在的恢复，这是弥赛亚的节律。由于人类永久的和总体的暂存的性质，因而人类身上自然就具有弥赛亚的性质。政治的任务是指向这种短暂的、偶然的人类生存做斗争。

本雅明身上的弥赛亚式的马克思主义是十分浓厚的，在某种程度上是发扬了马克思主义中最有活力的、非决定的解放诺言和即将来临的民主、正义的批判思想，共产主义不再是未来某个时刻才有的，而是生存结构、正义精神、以及随时可能到来的一种伴随着历史的人类生存方式。这是理解马克思主义的未来社会理想的现实性所不可或缺的。政治概念本身就不可完全实证和技术化，它本身具有可能性的维度，这种可能性不只是评判现实实践活动的尺度，也是实践活动的可能性的基础。弥赛亚的真理、正义不是遥远的事情，压迫中绝望地期待着的奇迹、正义、乌托邦——随时可能会降临，我们随时可能跃入这个未来。本雅明克服了现代西方哲学中尼采等人对理性主义的批判，不认为人类历史就是永恒轮回的虚无主义，同时他也摆脱了"教士的懦弱的算计"的指责，把弥赛亚精神从幻想变成了正义的现实斗争精神。本雅明把历史与政治结合起来，把在历史的过去、现在和将来发现弥赛亚力量看作是政治美学的最终任务，是为了这种短暂的、偶然的人类生存做永久的斗争。

三、内在批评、真理内容与救赎美学

本雅明在1919年写作的博士论文《德国浪漫派的艺术批评概念》中，提出了"内在批评方法"，这种批评的原则就是："对作品的批评……就是

对作品的反思，它自然只能催生作品所蕴含的萌芽"。①在本雅明看来，德国早期浪漫派的艺术批评是建设性的，因为它释放出了作品的意蕴。他主张从作品自身蕴含的"真理内容"出发对其进行分析和阐释。这种批评有两大步骤：首先，瓦解作品的"物质内容"，救赎出作品中隐含着的"真理内容"；然后对其进行阐释，使这个被救赎出来的真理成为世俗的启迪。这种文学批评先要"拆毁作品"，在拆毁作品的过程中，作品的"真理内容"通过艺术审美和批评，从它所附属的"物质内容"中得以升华，得以表征，得以救赎。本雅明在研究大量不同的作品与作家时，始终遵循批评所要求的内在性。在其早期作品中，最具代表性的就是他写的文艺批评的论文《论歌德的〈亲和力〉》。②

　　《论歌德的〈亲和力〉》这篇评论性文章写于1922年，本雅明想借此集中阐述他的文学批评思想，其中包含了对真理、美、爱情、救赎与希望等重大问题的思考。由于本雅明出身于柏林的一个同化于基督教的犹太教家庭，其文学批评观念和救赎美学思想（跟他的语言翻译理论、历史哲学和经验哲学一样）总是散发出一种神学光晕。歌德的小说《亲和力》出版于1809年，小说围绕着爱德华和夏绿蒂夫妇以及他们的情人展开。从表面上看，这只是一个美丽而凄凉的爱情悲剧，然而本雅明却在其中挖掘出了弥赛亚救赎的真理内容，指出最后的救赎才是对绝对无望的人间爱情的最后希望。本雅明在评论中为批评家提出的任务就是挖掘救赎真理。因为对本雅明而言，真理的概念是和上帝创世时的"道"密不可分的。也正如本雅明在《德国悲剧的起源》中的"认识论—批判序言"里所言："没有神学，真理是不可想象的"。③因为本雅明认为，一旦脱离了上帝创世时的"道"，所谓的真理也就成了理性认识主体在各种哲学体系中任意建构起来的东西，而真正意义的真理则是独立于种种哲学体系的客观终极存在。在本雅明看来，真理在本质上是与神学分不开的，而神学的真理乃是全部哲学、文学批评、语言翻译以及美学观念的终极目标。

---

① ［德］斯文·克拉默（Sven Kramer）.本雅明［M］.鲁路译.北京：中国人民大学出版社，2008：55.

② 《亲和力》是德国作家歌德写的一部关于牺牲的小说。小说中的人物不是婚姻的牺牲品，而是婚姻解体的牺牲品。本雅明.本雅明文选［M］.北京：中国社会科学出版社，1998：48.

③ ［德］本雅明.德国悲剧的起源［M］.陈永国等译.北京：文化艺术出版社，2001：92.

第五章　诗学政治与救赎美学

值得指出的是，我们必须了解本雅明写作这篇评价歌德小说的论文和提出"内在批评"的现实针对性在哪里，搞清楚了他的写作目的和指向，就不难理解本雅明的批评观念和救赎美学思想了。当时在德国格奥尔格学术圈子里流行着歌德神话，这种神话抛开了作品内容而大肆鼓吹作者的天才，将作品与作者本身的生活经历和巨大声望联系起来，实际上制造了一种个人神话和崇拜。当时本雅明写作此文时，贡多尔夫（Friendrich Gundolf, 1880—1930）是德国很有影响的批评家，他的《歌德传》是一部"外在批评"式的标本。早在1917年时，本雅明就在《贡多尔夫的歌德》一文中质疑和反对贡多尔夫以歌德生平传记为依据而从事的批评，同时也抨击了他所制造的个人崇拜式的歌德神话。对贡多尔夫的方法论的质疑和批判，同样也贯穿在《论歌德的〈亲和力〉》一文之中。本雅明透过婚姻的毁灭和解体，揭示了人的自然生命在法律和传统神话力量面前的脆弱和无力，直至最后被神话的力量所摧毁的必然结局。他想指出的是，在历史过程中的人的生存状态和婚姻状态，并尖锐地指出：当人的自然生命割断了与超自然生命——神的关联时，必然会受制于本然的自然生命中的原罪的束缚和掌控，而有罪个体的自然生命最终和唯一的希望在于弥赛亚的救赎。通过对作品的"拆毁"和批评，本雅明的《论歌德的〈亲和力〉》一文，最终揭示给人们的"真理内容"就是：弥赛亚对个体生命的救赎和由此而来的希望。

小说《亲和力》的整个情节发展是在古典式的命运悲剧的氛围中进行的，这使得整个作品都被遍布在死亡的神秘象征和对它的恐惧之中。男女主人公爱德华（Eduard）和夏绿蒂（Karlotte）夫妇在相爱中各自思念着自己的情人，带着不忠和罪恶的烙印出生的孩子死在水里，爱德华的情人奥蒂丽（Ottilite）也在水中自杀，小说充满了命运的悖论和原罪的惩罚。本雅明将这部小说看成是有机的统一体，试图通过小说本身的题材内容挖掘体现在小说中的"救赎内容中的明亮内核"。在整部作品中，救赎的真理以其明朗的色彩与神话力量统辖下的黑暗命运，自然魔力与诅咒及死亡的种种象征形成鲜明的对照，充满了救赎的希望、新生活的召唤和真正爱情的巨大力量。这个救赎的真理是通过小说的故事套故事的"篇中故事"来呈现的。歌德在小说的第二部分中插入了一个篇中故事：两个由父母包办与别人订婚的青年，随着年龄的增长，意识到他们之间的爱情面临着重重阻力和障碍。男青年参军离家前夕，她决定以死示爱，年轻人弃船跳水将她救起，上岸后来到一对新婚不久的年轻人家里。那对新婚夫妇把自己的新婚衣服给这对恋人穿上。当船最后靠岸时，这对新人对他们的亲人和社团宣布了他们的爱情，他们不惜以死的代价来成全爱情的行为，证明了他们爱情的力量，这爱情感动了大家，他们也从而获得了家人和社团的祝福。本雅明认为："这个篇中故事在《亲和力》的结构中具有决定性意义，即是说只有在主体故事的框架内，才能理解篇中的细节含义，通过上面的讨论也可以肯定地说，长篇的神话主题与篇中的主题相对应的，是救赎的主题"。①

本雅明通过对《亲和力》中的插入的篇中故事的主人公的真正爱情与奥蒂丽与爱德华之间的激情做了对比，指出："当激情企图与资产阶级富裕平安的生活签订和约时，它就会丧失所有的权利和幸福……无声的约束把这些人封闭在人类习俗即资产阶级习俗的圈子里，希望以此来拯救他们的激情生活，这其中包含着隐秘的僭越，它要求得到隐秘的救赎。法则仍然是统治他们的力量，但是总的来看，他们躲过了法则的判决。从外表来看，他们免于判决，但实际上只有牺牲才能拯救他们"。②与篇中的主人公不同，小说中的人物不能冲破束缚他们生活的资产阶级文明秩序和习俗，而是屈从于既有的一切社会伦理道德和个人生活常规的约束，因而在歌德的笔下，精心刻画的奥蒂丽与爱德华之间的情感并非真正的爱情，而只不过是一种爱欲的冲动激情。激情是自然生命中的本性和冲动，而爱情是对人的自然天性中不完美的激情的一种升华。真正的爱情不会屈从于社会生活中的一切习俗和束缚，只有它才能得到上帝的认同和救赎。篇中故事里的主人公以死的决断来成全爱情的行为，表明了这种爱情超越世俗、超越秩序、超越死亡的巨大力量，正是在这种"同生死或超自然地存在的婚恋"中，爱战胜了死亡，爱的双方获得了新生，而社会团体的秩序、旧有习俗的各种力量在这种真爱的巨大力量面前失去了原有的效力和作用。篇中故事里的男女双方的爱情得到了救赎，而且婚姻本身也在为这种真正的

---

① ［德］本雅明.本雅明文选［M］.陈永国，马海良译.北京：中国社会科学出版社，1999：333.
② ［德］本雅明.本雅明文选［M］.陈永国，马海良译.北京：中国社会科学出版社，1999：343.

爱情提供了保障意义上的救赎。这个镶嵌进去的"篇中故事",看起来与小说的主要情节似乎毫无关系,但在本雅明看来,恰恰是它成了理解整部小说的关键之处。

《亲和力》中的篇中故事看起来貌似与小说主体毫不相干的另一段故事,但这个篇中故事里的世界却是真实的,人尚且是与人类共同体乃至与神有关联的世界,其中所有的东西都与小说中表达形成对比,映照出小说中的人物的空洞和无意义。但只有凭借作者高超的技艺,才能使两者有机地结合成一体。对爱情和婚姻的双重救赎成了歌德阴郁的小说中一道明亮的救赎之光,照亮了整个故事。本雅明在《亲和力》中认为的"篇中故事可以比作为教堂黑暗中的一个形象,描绘了教堂本身,因而成为教堂里面的图景,否则就无法接近这个地方。它也以此方式把白日光亮及清新之气带入教堂。这股清新之光仿佛是神光,是神的照耀……"①本雅明以此来提醒读者:在黑暗的世俗世界中神光的照耀来自上帝的救赎,没有这一道神光,就没有救赎的启示,人也就没有希望和盼望,只能生活在自然本能和原罪的束缚之下而任凭命运的摆弄。篇中故事的主人公的爱情之所以战胜了爱厄斯的激情,恰恰在于这种爱情被救赎和提升到自然本性之上,一种对生命中"最辉煌之物的渴求胜过了对情人结合的愿望"。②使他们之间这种对真爱的渴求胜过了求生意志,超越了人间世俗的一切落网与神圣的爱关联。在本雅明看来,歌德用篇中故事主人公的"真爱的表征"与小说中陷于人类文明死胡同中的受到修养、风俗、秩序所左右的激情相比,前者产生决断和选择,后者产生忧郁和拖延;前者反抗命运而获得了祝福和自由,后者却受命运的牵引走向悲剧与毁灭。歌德希望通过在个人理性主义中与宇宙、上帝和共同体失去联系的被物化、被诅咒的人,首先恢复和其他人即共同体的联系,来获得人的救赎。篇中故事结束时主人公所说的"把你们的祝福给我们吧",正是歌德在这里埋下的救赎的呼求。

① [德]本雅明.本雅明文选[M].陈永国,马海良译.北京:中国社会科学出版社,1999:352.
② [德]本雅明.本雅明文选[M].陈永国,马海良译.北京:中国社会科学出版社,1999:345.

第二节　本雅明的诗学政治与文化批判立场

对本雅明来说，弥赛亚的理念就是政治革命的动力。他认为无产阶级的社会并不是历史进步的最终目的，弥赛亚的希望只是渴求能从不幸的政治情景中走出去，使社会不再出现不幸的人。本雅明用自己的救赎美学和政治诗学的写作，目的无非是想从资本主义腐朽的地方着手，用文学批评和经验回忆的创作方式来给人以耳目一新的震撼，以此来激发社会的道德力量。同时，他对纯粹的审美现代主义给予了质疑和拒斥，在某种程度上也可以说体现了他与法兰克福学派同仁一致的批判立场。

一、把写作当成一种弥赛亚式的救赎和美学诉求

在20世纪30年代以后，本雅明的许多作品，如《单行道》《拱廊街计划》等，太多浸润了马克思主义历史唯物论的影响，除了对历史进展、人类理性和现代文明作了一定的分析和批判外，还传达了一种弥赛亚式的美学救赎和诗学政治的诉求。他在1929年开始动工但终未完成的宏大写作工程《拱廊街计划》，是一部探寻现代性问题的历史巨著，作品让我们看到了本雅明所不同于其他资产阶级历史编撰学家的书写历史的那个时代。1928年出版的《单行道》则是六十篇精练的短文组成，看起来更像一些随感或格言，但比杂感和格言更丰富，因为它是一种用文学语言来表达的哲学意境的"体裁"，用简洁和片断的文学回忆，代替烦琐和严密的哲学概念，让哲学返回其自身的具体事物中，所以《单行道》更像一座经验哲学的陈列馆。而本雅明去世前留下的最后一部像谜一般的作品《历史哲学论纲》，则是"作为本雅明主要激情转折的征兆性标记，可以当之无愧地被称为一种遗训"，①这篇十分浓缩的寓言式的短文，用本雅明自己的话来说，是他一生思想的深刻总结。本雅明用历史的例外、弥赛亚穿透"当下"瞬间的这些辩证意象来承担起爆破历史连续统一体的任务，力图刹住驶向无限未来的历史进步这列失去控制、把人类引向灾难的火车。本雅明分析了资本主义无限美好的虚假承诺，认为历史是在人的理性进步基础上由连续客观事件组成的链条的观念。本雅明未完成的巨著《拱廊街计划》一书，

① ［法］居伊·帕蒂德芒热.20世纪德哲学与哲学家［M］.南京：江苏教育出版社，2007：63.

其初步规划所要达到的目的之一，实施安装和拆卸当下。他正是有意要辟列表象，彰显隐蔽之物，让人们看到重复和它幼稚的否定，指出其中的制动因素，“以便让当下爆发出来，让不连续或随之而来的另外一种当下产生的可能性突现出来”。[①]本雅明试图用自己的写作来让另一种弥赛亚来临的“当下”时刻，担当起对历史与现代社会的批判和救赎的任务。

我们先从本雅明颇具尼采式写作风格[②]的《单行道》说起。这本书的各章节自1925年先后在德国报纸上发表，1928年出版单行本，文笔十分简练，接近随笔与格言，实践了作者后来在哲学上具象表达的写作风格。本雅明本想用“单行道”来表达他对拉西斯——一个“来自拉脱维亚的女布尔什维克”和“来自里加的俄罗斯女革命家”的爱慕之情和理念。本雅明在1924年和1930年期间受拉西斯的影响很大（据本雅明的好友索勒姆的回忆记载），他这样评价拉西斯：“她是我认识的最杰出的女人。”恰好是在1924年，本雅明开始研究和接受马克思主义理论，从犹太教和基督教神秘的救世主义开始转向共产主义的救世理论。这很难说是一种巧合，抑或是由于拉西斯的影响和吸引。在1928年出版的《单行道》开章前页，本雅明简短地写了一句话：“这条街（我）叫它为阿斯亚·拉西斯街。她作为工程师打通了这条街，使它穿向作者”。[③]显然拉西斯在此是双重性的代表：既是情感的寄托，也是理念的表征。“拉西斯街”在这里寓意着救世理念的单行道。本雅明虽然当时接受了马克思主义救世理论，但他却并未从弥赛亚的思维中走出来。马克思的救世主义与弥赛亚主义都是单行道上行驶的客车，只有搭乘的客人来自不同阶层而已。我们知道，城市中的单行道对汽车驾驶者有一定的限制，但对于行人并没有约束力。对于迷恋都市景色的游人，单行道并没有特殊意义。但本雅明是一个喜爱游荡的人，同时也是一个在游荡中赶路的人。放弃信念，沿着命运的指向继续前行，还是下车赶路，这是一个两难处境。但在理念的单行道中，本雅明并未放弃弥赛亚主义的理念。他的诗学政治和美

---

①　［法］居伊·帕蒂德芒热.20世纪德哲学与哲学家［M］.南京：江苏教育出版社，2007：70.

②　此为布莱希特对本雅明《单行道》的评价，认为本雅明的写作是受到了尼采文风的影响。刘北城.本雅明思想肖像［M］.上海：上海人民出版社，1998：116.

③　Walter Benjamin, 1991:*Gesammelte Schriften*, Bd. ⅠV-1, Frankurf am Main: Suhrkamp Verlag, S.83.

学出路就自然在于，他把共产主义当成一种未来革命的方法，在实践中可以使之代替无政府主义。

《单行道》既是本雅明把自己的政治和社会体验转化为"思想文学"的一种尝试[①]，又是他对资本主义社会批判的开端。现代大都市具有使人安心和获得认同的能力，城市完全有力量使身处其间的人和睦相处，开阔人的视野，但是狭隘的利益观念，四处破坏城市的和谐使其成为斗争的场所。即使身处繁华，也会感到烦躁不安、孤独寂寞，加上现代人贪得无厌，总是不停地向大自然无尽地索取。为了获得更高利润，不惜将未成熟的果实摘下，在市场上销售，这使得大自然变得贫乏，大地收成不良[②]。在《单行道》中，本雅明抨击了资本主义的虚伪与堕落。在他看来，资本主义王国是一个私人活动的王国，政治信念、财产关系、宗教信仰、爱情生活都在寻找自己的藏身之处。家庭变成了一座腐朽的建筑。平庸的世俗生活用色情征服了个人隐私。在广告的魅力下，爱情变成了无声的两人竞赛的关系，一本正经地进行交易。私下的求爱变成了商品。切断了责任关系，成为一种全新的调情方式[③]。而且在资本主义社会关系中，金钱处于生命旨趣的核心，金钱同时也是破坏人际关系的媒介。金钱的存在，使自然和道德领域中，单纯的信任、安宁和健康消逝。社会中的人在行动时，头脑中充满了狭隘的个人利益，因此在行动中，比之以往更易受群众自觉的支配。在追求利益时，这些直觉是混乱、盲目和远离生活的。每个成员只关心自己的低级享受，使得洞见危险性的动物本能丧失殆尽。即使在使人最可怕的险境中，也无法运用自己的理智和远见。1923年，本雅明开始写作《单行道》，当时德国的通货膨胀已发展到无可挽救的地步，这是导致希特勒上台的主要原因。本雅明认为德国市民愚蠢、懦弱，无视即将到来的灾难，总是认为"事情不会继续这样下去"。由于市民习惯于数十年来的安全和财产观念，把失去财产的状况都视为不稳定的灾难。一般人无法觉察出"即将到来的一种全新的和极为值得关注的稳定"[④]。显然，本雅明这里所指的这种"稳定"，实际上是

---

① 刘北城.本雅明思想肖像［M］.上海：上海人民出版社，1998：117.

② *Kaiserpanorama XIV*（Benjamin 1991，GSIV-1.S，101）.

③ ［德］本雅明.单行道·赌博，Wettananhme（Benjamin 1991，GSIV-1，S.144）.

④ *Kaiserpanorama I*（Benjamin 1991，GSIV-1，S.101）.

指无产阶级革命所带来的社会稳定，因为《单行道》暗示了人类活动的方向，也表明了本雅明感情的执着，以及他的诗学政治和救赎理念的不可变更性。他虽然已经成为一个共产主义的信仰者，但却并没有因此从弥赛亚的救赎祈盼中脱身出来。

如果说《单行道》是本雅明对资本主义批判的开端，那么他未完成的著作《拱廊街计划》则是其对资本主义现代文明社会批判的结束。本雅明的《拱廊街计划》是专门为巴黎的19世纪的历史而设计出来的。从1927年到1940年，本雅明断断续续地写作这本书，但还只是一些片断。1940年这份手稿藏在国家图书馆，挺过了纳粹占领期的检查，直到1982年才首次问世。本雅明在主题上将拱廊街确定为中心，因为一些对他的历史观具有核心意义的因素典范性地汇集在拱廊中。拱廊是一种建筑形式，它充斥于19世纪的大都市中，就像今天的橱窗一样，它在当时是被店主用来在有屋顶和护围的场地来陈列商品使用的地方，场地对公众开放，却同城市其他部分相隔离，有装备好的玻璃屋顶，里外锃光瓦亮。陈列的商品令人驻足流连，诱人采购。这样，拱廊为掌权的市民阶层的特定生活形式圈定了合适的范围。至于这里的建筑艺术与生活进程融为一体，实质上与本雅明将拱廊街界定为体验空间是相吻合的。1933年本雅明因为德国政局混乱、纳粹主义兴起，以及他们仇视犹太人和共产主义，不得不被迫流亡，开始长期漂泊不定的生活。在漂泊中，除了把过经历的一切珍藏在记忆中之外，什么也没有，因此温暖的生活只能在于一种对过去的捕捉，写作也就成了一种从记忆中"寻找失落的时间"的最佳方式。

本雅明曾认为，记忆不是勘查过去的工具，而是过去的舞台。记忆是尚能见到的媒介，就像土地是媒介一样，无生命的城市就会倒塌在土地上或被掩埋。谁想接近自己被掩埋的过去，就必须像一个男人一样随时准备向地下深层次地挖掘。拱廊作为19世纪的残存物为人们开辟了类似历史的观察视角，有关拱廊的经历除了具有建筑和空间维度之外，还具备时间维度。除了个人经历外，从拱廊上还可以解读出心满意足的市民阶层的集体性历史。把感性的记忆作为研究城市的历史媒介，作为写作手段，是法国作家普鲁斯特（Marcel Proust，1871—1922）提出的理念和方法。本雅明把马克思的辩证历史唯物主义和普鲁斯特的"深层记忆挖掘理论"①融合在一起，作为自己研究和批判历史的方法。普鲁斯特认为只有通过感性的回忆，才能赋予已经消逝了的东西一种新的生命力。他特别厌恶为了作品的需要而去虚构情节，他的作品所要表达的是人的内心世界和生活真实，然而这种真实却在拜物主义盛行的商品世界中早已消逝。同样，本雅明把"拱廊"看作是代表城市生活的转型，它使城市开始进入了一个新的消费阶段：奢侈商品市场的兴起。拱廊在当时成为商品资本的寺宇（Temle des Warenkapitls）②，在这里资本主义已经变成宗教。在《巴黎拱廊街》中，本雅明分析了商品形态如何蔓延，以及对人身和社会关系的侵袭。自从1820年以来，欧洲各大城市纷纷开始建造拱廊，作为18世纪以来欧洲的政治、经济和文化中心的巴黎，在1822年后建造了许多拱廊③。本雅明指出：拱廊的出现代表着一种新的消费文化的兴起和城市建筑风格的转变，它主要为奢侈的商品贸易服务，在这里艺术也被用来服务于商品。

本雅明曾经在写作中描述过莫斯科、柏林、巴黎和欧洲的其他许多城市，其写作方式有别于一般传统的方法。由于城市中的许多事物以及观察的角度和方法是无法用统计学或城市绘画的理论来概括清楚的，正因为如此，本雅明这种研究都市的方法十分独特，甚至无法纳入其他研究城市的方法之中。显然，本雅明的这种研究方式深受犹太神秘主义、马克思唯物主义、普鲁斯特的记忆和描述理论、波德莱尔的象征方法，以及洛采（Rudolf Hermann Lotze，1817—1881）④的移情主义影响。本雅明关注的是人与环境之间的感性关系，因而他试图把环境中有可能看得到的，但并不为人们所留意的事物释放出来并加深认识它。他把可感知到的空间和事物

---

① 所谓的"深层记忆挖掘理论"，是指法国现代作家普鲁斯特创作《追忆逝水年华》这部小说的手法。普鲁斯特从1906年就开始写作，直到1913年小说才初具轮廓。这部小说共分为七个部分。第一部《万斯之家》由作者本人在1913年自费行印，最后三部是作者去世后才发行的。《追忆逝水年华》的布局与传统小说不同，它是在回忆中不断纵向深掘。为了开拓被遗忘的世界，作者采用了三个步骤：感性的回忆、分析和表达。这三个步骤能够使作者对人物的心理、经验和历史起到深度开掘的作用，故有此命名。

② *Kaiserpanorama I*（Benjamin 1991，GSV-1，S.86）.

③ 当时的巴黎已开始拥有众多的沙龙与咖啡馆，包括后来出现的许多拱廊。这些拱廊成为巴黎居民，乃至来自世界各地的商人、企业家、艺术家等聚集的地方，也为他们提供了日常消费的商品和奢侈品。

④ Benjamin 1991，*Ueber den Begriff der Geschichte*，GS1—2，S.693.

切成碎片，然后再把它们剪贴在一起，给读者一种震惊的感觉。从而使人们在震惊中唤起回忆，把过去的记忆植入现实的世界中，作为那种还未到来的世界的警惕，以免重复那些不必要的错误。本雅明研究巴黎都市的方法，在感知上是使用微观的生活感知方法，在分析上则运用了宏观的社会分析方法。他看到18世纪的巴黎，城市生活中到处都充塞着商品，拜物主义盛行，人在社会中只是货物交换的对象。诗人波德莱尔在这个商品化的世界中找不到自己的家园。本雅明以从波德莱尔的诗文描绘中，看到了法国大革命中知识分子被边缘化，无工作能力的无产阶级被社会所抛弃。显而易见，对本雅明来说，只有弥赛亚才能给人类带来幸福，马克思的无产阶级革命论是另一种弥赛亚式的救赎理念。本雅明指出马克思的历史唯物主义理念存在着两个环节：关于无阶级社会的理念和弥赛亚时代的理念。但是，在马克思主义强调无阶级的共产主义社会时，将弥赛亚时代的理念边缘化了。马克思认为无产阶级只有在解放了自己以后，才能解放全人类，这种理念实际上就是把无产阶级作为拯救这个世界的主体，也就相当于一种犹太教式的救世理念，只不过马克思用无产阶级这个主体代替了救世主弥赛亚（Messias）的理念而已。

对于本雅明来说，弥赛亚的理念就是政治革命的动力。本雅明认为无产阶级的社会并不是历史进步的最终目的，弥赛亚的希望只渴求能从不幸的政治情景中走出，使社会不再重复出现不幸的人。这种与不幸生活的决裂，追求幸福空间的行动，都脱离不了政治行动，也必然引导出弥赛亚的理念。有关无产阶级社会的理念，必须重新给予弥赛亚理念的一个真实的面貌。本雅明的这种看法是想要表明：在阶级的社会后面将是一个弥赛亚式的仁慈社会。他的救赎美学思想始终把历史与政治结合起来，把在历史的过去、现在和将来发现弥赛亚力量看作是政治的任务，这显然是受马克思历史唯物主义论和社会革命论的影响所致。也正如英国文化理论家特里·伊格尔顿所言："20世纪的马克思主义包含着一种历史主义的理论，这种理论，像本雅明一样，涉及把古老的形式与更当代的形式相糅合的问题；这个理论把历史发展不是理解为直线进化，而是理解为各个不同时代的令人震惊的集合体。这一假说被普遍化为永远革命的理论，今天对社会主义战略依然有着极其重要的意义。永远革命的理论从侧面切入了历史同质性，在资本主义民主斗争时代发现了把它推向将来出生的社会主义太阳的'虚弱弥赛亚动力'"。①本雅明试图以真正的人的关系来批判资本主义现实的人的关系，这是本雅明的诗学政治中对马克思的革命精神的继承。其弥赛亚主义式的马克思主义同时也开启了马克思关于人的全面发展的理想维度的新的阐释空间，共产主义也不再是未来某个时刻才有的，而是生存结构，是弥赛亚正义的精神，也即与现实资本主义不同，并且与之对抗的另一种可能性。

本雅明用自己的救赎美学和政治诗学的写作，目的无非是想从资本主义腐朽的一面着手，以文学创作与经验回忆的震撼方式来激发社会的道德力量，从而揭露资本主义社会的黑暗现实。显然，他的方法深受布莱希特的影响。布莱希特曾经说过："不要以旧的、美好的事物为开端，而要以丑恶的、新的事物为出发点"。②对本雅明来说，文学写作本身就是一种美学与神学意义上的救赎，写作就是为了向现实发出警告，并使之发挥作用，而不是其他。在《单行道》的整个创作过程中，本雅明也就是这样实践的。在《拱廊街计划》的整个建构过程中，本雅明以揭露资本主义的丑恶为起点，为的是等待美好的弥赛亚时代的来临，为的是无阶级社会的美好时光的到来。

二、本雅明的弥赛亚立场与批判精神

由于深受德国古典传统美学的熏陶和犹太教的救世学说的影响，本雅明的现代美学思想和文化批评理论显得十分复杂和扑朔迷离。本雅明的总体历史研究立场决定了他游离于哲学家、美学家、神学家之间，其理论思想涉及语言、历史、哲学、宗教、文学、艺术、文化等各个领域，这种没有特定立场的立场反映了他对于完成思想"回归"的探索从来没有停止过，包括他的美学思想和文化理论中的"弥赛亚立场"。本雅明本人也认为自己是属于"土星性格"的人，它是"距离日常生活最高和最远的行星，是一切深邃思辨的创始者，从外部把灵魂招至内部世界，使其上升到最高的位置，最后赋予其终极知识和预言的天才"。③这一自我体认的强烈

① ［英］特里·伊格尔顿.瓦尔特·本雅明：或走向革命批评［M］.南京：译林出版社，2005：236.

② Benjamin, Walter, 1971:*Versuche ueber Brecht. Frankurf am Main:Suhrkamp Verlag*, S.135.

③ ［德］本雅明.德国悲剧的起源［M］.北京：文化艺术出版社，2001：16.

角色归属成为挥之不去的意识，使他一生都没有摆脱过具有神秘宗教色彩的直觉的偏爱和与现实中任何世俗立场的"距离感"，因为他从自己的直觉中总能发现太多的可能性，他不愿意使自己只投入一种而丧失选择其他种的自由，正是这一立场的暧昧和游移导致了其思想的复杂晦涩，也使得后世评价他的人仅从某一种立场上去理解他，或给他贴上标签，似乎都不免偏颇。这也使得本雅明的文化美学思想具有巨大的张力之所在。

本雅明对"灵韵"艺术的描绘，表明了现代艺术在其寓言性的根基上不言而喻地隐含着对原始人性的向往。感应的能力在人的集体无意识中积淀，成为被艺术从现代生活的废墟中召唤回来的史前的遥远声音。由于人对自然的日益加剧的操纵和控制反过来又使人异化于自然，对感应的召唤作为对现代社会物化状态的否定，便是一种在人与自然之间重构和谐的努力。这种努力也是本雅明语言理论中对"纯粹语言"的寻找，并且发掘被现代理性所压制的自然和宇宙的神话意象。就在本雅明把古典艺术中的"灵韵"氛围看作是一个完整世界的显示，且其魅力已在技术复制发展史上遭到遗弃的时候，本雅明的文化美学理论充满了文化怀旧的色彩。因为他在对"灵韵"的观照中，想要揭示的是"灵韵"艺术中所包含的那种和谐、交流的诗意状态与幸福感，并幻想让这种幸福普及到大众中去，重新启动锁闭在里面的社会现实生活关系，让人类在对更高的理想生活的向往中，在对自己的真实需要和真实愿望有了更深刻的认识了解之后，获得在现实中重建合理生活的希望与信心，而要做到这一点，只有通过把原来凝结在"灵韵"艺术中的现实生活关系打破，让它"转换"到类似电影的大众化艺术之中，才能发挥普及和启蒙大众的作用。而且，艺术只有依靠此途才能让大众通过审美来有效地转过身来改造现实生活，从而将一种美学上的努力转化为政治上的拯救力量。因此，本雅明立足于对现代主义艺术（普鲁斯特、卡夫卡、波德莱尔、超现实主义等）的考察和批评，反复思考着这些问题：传统的宗教神话、故事、灵韵性的艺术是否还能融入现代性的审美体验之中？发达资本主义社会中的艺术家的生存境遇以及现代艺术所呈现出的审美经验和情感价值能否使现代人获得某种启迪？从机械复制艺术到大众文化的勃兴，能否使处于危机与异化状态中的现代社会获得救赎？等等，由此可以看到，用政治诗学来代替审美救赎不得不成为马克思主义革命家本雅明的最终选择。

从本雅明的传记和回忆之类的文章中，我们得知本雅明笔下的1990年前后的现代化的大都市——柏林的繁华背后的危机之所在。技术与经济飞速发展，浮华的城市外表掩盖了城市贫民的悲惨生活，工人平民白天在工厂里拼命地像机器一样工作，晚上租住在狭窄、简陋的公寓中，他们沦为城市的奴隶。城市的发展和技术的进步对人们的心理空间和日常生活所造成的影响，真实地反映出现代性矛盾冲突以及人类精神所面临的危机。这是当时包括本雅明在内的许多思想家不得不面对的现代性问题。这种现代性冲突主要体现在：一方面是自从启蒙以来思想界所重视的理性、知识带来的科技经济上的巨大变化，改善和提高了人们的社会生活，改变了人们的生活方式和思维方式；另一方面又造成了社会灾难。如两次世界大战将最先进的科学技术运用于毁灭人类的战争，战争又使西方的现代文明与文化进步重新受到人们的质疑，人类陷入了经验的贫乏和精神的危机之中。人的精神在战争的摧残和理性的控制下陷入了不知所措的困境。因此，这时的启蒙理性与技术控制受到了许多思想家的怀疑和批判。一些理论家纷纷提出解决方案，一些思想家借助于启蒙理性的批判，把希望寄托在审美救赎的企图上。他们希望通过审美来恢复人类的原始生命力，通过审美来实现自我价值，通过审美达到否定现实，通过审美来激发人的感性认识。然而，由于他们夸大了审美救赎在社会革命中的作用，不但没有解决现实中的人类精神问题，还使艺术审美走向了狭窄的自律空间。正是在这种强大的审美乌托邦的建构中，出现了一位"他者"形象，也即本雅明。

本雅明不仅对启蒙理性给予了强烈的抨击，同时还对当时纯粹的审美现代主义给予质疑和拒斥，这也体现了他与其他法兰克福学派同仁的一致立场。首先，本雅明对于启蒙理性的批判是贯穿于他的作品的始终。例如，本雅明认为所有伟大的文学作品中总是包含着"真理内容"的火种，这是作品永恒的生命力之所在。早期的本雅明对歌德的《亲和力》的评论，就是对现存婚姻、道德秩序的强烈抨击。他认为小说中，救赎的真理以其明朗的色彩与神话力量统辖下的黑暗命运，自然魔力与诅咒及死亡的种种象征形成了鲜明的对照，充满了救赎的希望、新生活的召唤和真正爱情的巨大力量。小说故事中的主人公以死的决断成全爱情的行为，表明了这种爱情超越世俗、超越秩序、超越死亡的巨大力量，正是在这种"同生共死或超自然地存在的婚恋"中，爱终于战胜了死亡，爱的双方获得了新生，而社会团体的秩序、旧有习俗的各种力量在这种真爱的巨大力量面前丧失了原有的效力和作用。整个故事中不仅是男女双方的爱情得到了救赎，而且婚姻本身也在为这种真正的爱情提供保障的意义上得到了救赎。本雅明曾指出："以至于一个人的生活而言，重要的不是悲剧英雄之死带来的自由，而是永恒生活带来的救赎"。①永恒的生活带来的对人的自然生命的救赎，正是本雅明在《亲和力》中挖掘出来的真理内容。阿多诺在谈到本雅明的批评立场时，指出了他的神学救赎的企图："把世俗文本当作《圣经》文本来审查，是通过对神学世俗化来挽救神学的重要操作之一"。②阿多诺认为本雅明一生所从事的文学批评实践，实际上就是一种使神学世俗化的努力。③

此外，对本雅明启蒙理性的批判和技术现代化的反思也反映在其他作品中，如《一九〇〇年前后柏林的童年：驼背小人》描述了新技术对个体造成的种种恐惧心理；在《摄影小史》和《机械复制时代的艺术作品》中，论述了技术现代化发展过程中所付出的代价（如传统经验的丧失、艺术韵味的消逝）。至此，本雅明已经看到技术对社会生活和艺术创造带来的冲击力，而且这种事实是无法改变和不可遏止的。为此他只能从积极方面来分析和论证这种艺术发展的必然趋势。当然，他的这种选择显得有点无可奈何，但却体现出他作为理论家的远见卓识。尤其在他的作品《拱廊街计划》中，他对艺术和文化的发展的趋势给了客观而准确的预言。该作品通过对资料的汇集，使我们能够看出资本主义消费文化的日趋形成的模式。面对资本主义的工具理性地批判问题，本雅明选取了一种与审美现代性理论思想不同的解决方式，即直面现实，希望用审美来唤醒民众和拯救现实，使审美走向生活大众；而后者（审美现代性理论）则是逃避现实、否定现实，用审美来拒绝现实，使审美走向学院与精英。本雅明选择的理性思路正是今天后现代理论家们所走的道路，他对于艺术和文化发展的趋势的预言，在当今已成为不争的事实。德国神学家马克思主义者恩斯

① 陈永国，马海良.本雅明文选［M］.北京：中国社科出版社，1999：320.
② Theodor W Adorno. *Introduction to Benjamin in's Sshrifton*, on Walter Bejamin in, Gray Smith［M］. Massachusetts. institute of Technology, 1988.P.9.
③ 本雅明的文学批评实践和卡夫卡的文学创作实践一样，其终极目的都是通过文学这一特殊艺术形式将神学来证实，神学真理和世俗文本的关系是一种互相渗透、互相融合的关系，没有批评家的分析和批评，真理的内容就不能明晰地显现出来。

特·布洛赫也曾预言道："不是所有的人都存在于同样的现在，他们在今天可以看到的这一事实而不仅外在于现在，但这并不意味着他们与别人正生活在同样的时代"。①由此可见，本雅明的思想一直处在思想界的先驱地位。

三、对本雅明救赎美学思想的不同解读和当代影响

法兰克福学派的第三代领袖人物尤金·哈贝马斯，在《瓦尔特·本雅明：提高觉悟抑或拯救的批评》一文中，曾把本雅明的理论批评称为救赎的批评，是因为本雅明深受犹太教的神秘主义影响，而犹太思想中最高最深刻的真理的神秘主义形式就是回归原初世界，也即返回到人类从天堂堕落之前的一种世界和睦的原初状态，甚至更早的天地浑然一体的前天堂的时候。救赎的第一层含义是指传统的归复，也即让被打碎的传统从现代性中被拯救，使原初的整体性在历史的碎片中被寻找回来。对本雅明来说，碎片指向整体，是昭示真理的象征。犹太神秘主义最为人所熟知的名称就是"喀巴拉"，其字面含义是"传统"，即对传统的尊敬深深根植于犹太教之中。对传统的原状以及破碎的起因最完整的阐述可见于本雅明的《论本体语言与人的语言》《翻译者的任务》等文章中。救赎的第二个含义是指对传统的修复和拯救。受犹太教回归传统范式的影响，弥赛亚意识决定了本雅明的救赎理论和救世主义历史意识的形成，因而对他来说，"弥赛亚"有时指救世主，有时指人类最初生活的那个天堂，也即天人合一、万物平等的原初状态，历史上有着无数次实现弥赛亚的契机，但却都没有实现。在本雅明看来，历史与救赎是一对相反的概念，历史是一场灾难，是历史天使所见到的场景。救赎则意味着历史的结束，对历史的救赎力量必须来自超越历史的灾难性循环的他者力量，而这个他者的降归就是历史否认结束，历史没有目的，只有末日。当本雅明把弥赛亚意识与革命的远景结合起来之后，他便为传统的复归开辟出一条新的道路，为传统的修复和拯救找到了救赎的工具。在本雅明的视野里，革命者和政治家的角色正在历史的救赎中"点燃大火，宣布弥赛亚的到来"。本雅明意义上的革命渗透着根深蒂固的神秘主义色彩，是逃向历史中的那个始终没有实现的弥赛亚转

---

① 王治河.扑朔迷离的游戏——后现代哲学思潮研究［M］.北京：社会科学文献出版社，1998：4.

折时刻。所谓"进步"也是指灾难永恒的重复,进步的概念必须以灾难的观念为基础,它是一种风景,正携带着历史的天使穿过时空,但这种风景违背了历史天使的意愿,只有用暴力截止。"这样没完没了发生"的灾难性历史,才能开始弥赛亚的新纪元,在这个如傅立叶所描绘的乌托邦远景中,人类将在世俗中恢复失落的天堂,所以救世必须以"灾难中的一个小小的跳跃"为依据。在"一战"后纳粹统治的黑暗年代,本雅明寻求着一种被现代性所忘却的传统,用喀巴拉阐述了他的乌托邦思想,并以建构为最终的视野,以此达到对历史的救赎。

将本雅明归入"法兰克福学派"主要是侧重于他们之间在对资本主义社会文化的批判上,这往往忽略了他们在立场、方法和精神方面的差异。即使不考虑政治形势、生存危机等因素所造成的被迫性,在本雅明一生的整个批评实践中与法兰克福之间的关系以及批评的后果也不占主导地位,在合作过程中也一直存在思想观念上的分歧和争论。在批评立场上,本雅明更多的是从个体和人类的精神困境出发而更侧重个体,而法兰克福学派更多的是采用一种阶级的抽象的人类整体立场;在对社会认识的方法上,本雅明是用思辨和经验的方法互相交叉但更注重经验的直接具体性,而法兰克福学派强调社会学的实证和科学分析;在批判的精神姿态上,本雅明有着浓厚的理想主义色彩,法兰克福学派则是现实主义和悲观主义的;在批评的目的上,本雅明是个体的和人类精神意义上的寻找和救赎,而法兰克福学派则是对资本主义现实的弊端的改革或探索社会变革的条件和可能性;尽管他们都反对合理化的教条的马克思主义,但在本雅明那里,马克思主义更多的是给其思想上提供了一种靠近经验和现实的维度,他所理解的"唯物辩证法"也只不过是"更实际""更具体""更接近现实"而已。①在历史观上,本雅明更多的是将尼采的反历史精神、宗教文化的精神救赎和马克思的现实使命融合到一种"自然的历史意象"中去,这一点与法兰克福学派更是大相径庭。本雅明的学术研究活动打破了现代理性主义和社会分工所造成的学科分类与思想划域的研究现状,走向多学科相互融合的文化研究,这也使他的思想涉及的学科领域甚广。他这种非单一视觉的研究,打破了传统和现代建立的神话或权威,从而达到对现代文明发展问题

---

① [德]毛姆·布罗德森.本雅明传[M].兰州:敦煌文艺出版社,2000:226.

也即人类精神危机的整体思考。

本雅明的思想深处始终有一个不可动摇的精神依托，就是由研读马恩有关原著而来的对现代性的批判精神，即凭借理智的力量来为现代性指明方向。但是，本雅明又是在资本主义新发展的历史条件下承续了由马恩开启的现代性批判，这就使得他与马恩又有所不同，主要体现在对资本主义现实的根本态度上。在马恩那里，伦敦街头的工人是一个肩负着革命潜能的那个新兴阶级；而在本雅明那里，巴黎街头的"人群"则是一个没有阶层和阶级区别的"大众"。因而，社会没有了"掘墓人"，现代主义的弊病只能通过医治才能得到解决。本雅明承袭了马恩的批判精神，即使在新的历史条件下还是对现代主义展开了一针见血的批判。当今西方马克思主义文艺理论批评家，像特里·伊格尔顿、弗里德里克·詹姆逊等之所以推崇本雅明，并非因为他对现实主义的容貌作了入情入理的刻画，而是因为他有效地将经典马克思主义的现代性批判运用到了资本主义现实之中。这个批判不仅从马恩角度考量现代主义的价值指标，从资本主义的物性效率转到了甚至以人为本的人性指数上，从而弘扬了马恩以人为本的价值尺度，而且还出于社会良知地试图为现代主义的发展寻找出一条更合理的道路。本雅明的这种批判精神，体现在他的语言哲学上显得错综复杂，有时让后人难以得出一个共性的结论。阿多诺曾对那些简化和误读本雅明的人提出过批评，他说："本雅明的哲学鼓励误读：他看读者是否有胆量将其耗尽并还原为一系列心血来潮和灵感突发所制约的零散见解。这点应予以否定，不仅是由于他的见解更具浓厚的、完全不同于甚至最感性的对象中一切软体动物般的反应的精神特征，而且由于他的每一个见解都在哲学意识非凡的统一中有着自己的地位"。①

然而，对于本雅明的作品中的语言历史哲学与文化美学思想的重新阐释从来没有停止过，以后也将不会停止。哈贝马斯承认在本雅明的语言哲学中曾经获得启迪，他发现了建立交往理论基础的可公共理解的语言领域；伊格尔顿则从本雅明的"星座化"的概念中悟出了一种特殊性对抗总体性的力量、一种把概念和经验结合起来的道路，以便"修复语言中已经

① 郭军，曹雷雨.论瓦尔特·本雅明：现代性、寓言和语言的种子［M］.长春：吉林大学出版社，2003：115—116.

被堵塞的丰富的象征，把它从枯竭的状态中挽救出来"。①詹姆逊从本雅明对艺术作品解读出的讽喻、震惊中获得了分析和重新接受艺术的途径，他说："我历来主张从政治、社会、历史的角度阅读艺术作品，但我绝不认为这是着手点。相反，人们应从审美开始，关注纯粹美的、形式的问题，然后在这些分析的终点与政治相遇"。②这正是本雅明从艺术中阐释和理解社会现实的批评策略，只不过本雅明并未停止在政治相遇的终点上，而且这些理解缺少了本雅明在那个忧郁、动荡和多灾多难的时代的精神关切和"仿佛镌刻着一种痛苦的勉强"③的思想维度。从语言学或话语沟通的角度来看，本雅明救赎式的批评模式，十分关注话语潜能的注入，以及从文本的社会效果去分析文本结构，他赋予了话语以革命性的救赎功能，并将其视为翻译者的任务。所谓翻译者不仅是本雅明本人、革命者和唯物主义者，真正的政治家都是把世俗语言译成救赎语言的翻译者。这种救赎式的批评也打通了美学与神学的界限，贯通两者并最终由此进入到史学，其意义就在于批评本身的政治性和战斗性，以及为了救赎的目标所做的追求和努力。

虽然本雅明思想产生的那个时代及其文化早已逝去，但对本雅明的阐释和解读却还在继续，因为尽管"文化将变成一堆瓦砾，最后变成一堆灰土，但精神将萦绕着灰土"。④在当代中国学术界和批评界，对本雅明的引进和研究大多仍停留在"知识"层面，而凸现其政治身份的阐释和误读的结果，使得本雅明文化美学思想的批判力度和精神维度在本土化的过程中被稀释甚至过滤掉，当然这与中国学术思想的背景有关。这样一来，阐释的偏差和造成的误读，有时会造成远离这种批评理论资源的真正所指。从学术批评的立场来看，由于有感于长期的传统文化中主导意识形态文化束缚思想导致中国的学术不昌或价值过多干预学术，又受西方理性精神和实证主义影响，一种追求"纯学术"的思想立场成为学界的主流观念，反管有其积极的一面，但从导致的后果来看，却会使人文学术研究日益知识化和枝蔓化，从而丧失了批判现实的参与能力，缺乏一针见血的批判深度和

---

① ［英］特里·伊格尔顿.美学意识形态［M］.桂林：广西师范大学出版社，1997：333—337.
② ［美］詹姆逊.晚期资本主义的文化逻辑［M］.上海：三联书店，1997：315—317.
③ ［德］本雅明.德国悲剧的起源［M］.北京：文化艺术出版社，2001：34.
④ ［德］本雅明.德国悲剧的起源［M］.北京：文化艺术出版社，2001：193.

思想延展性。在这种境况下，本雅明的文化美学思想就批评理论的方法、立场和人文精神的关怀，作为一种思想资源显得尤为重要，对其内在精神的理解、阐释还有待学界进一步深入挖掘。

第三节　犹太精神影响下的救赎时间观

由于对尼采虚无主义学说和永恒轮回说十分迷恋，犹太喀巴拉神秘主义教义就对本雅明思想的影响很大，他的朋友索勒姆对其中的一些问题做了十分重要的分析。研究法兰克福学派的著名理论家理查德·沃林在其研究专著《瓦尔特·本雅明——救赎美学》一书中，分析本雅明的救赎时间观且时常会以索勒姆观点为基础："在本雅明的著作中有两个范畴——特别是它的希伯来语形式——占据了中心位置：一个是启示，《妥拉》和一般意义上的圣书的理念；另一个是弥赛亚观念和救赎。作为统辖其思想的规范性观念，它们的重要性怎么估价都不过分"。[①]

救赎时间与历史世界之间的对立，使本雅明的历史哲学与艺术批评显得十分独特。索勒姆指出本雅明的写作首先体现了犹太圣书的精神，这是本雅明的总体的精神特点；本雅明的犹太精神特别体现了犹太弥赛亚的观念和救赎。索勒姆在纪念本雅明的《犹太教神秘主义主流》中主要研究的是犹太喀巴拉神秘主义教义的发展史，本雅明的犹太精神主要的表现形态是喀巴拉神秘主义的救赎观念。沃林在《瓦尔特·本雅明——救赎美学》中认为，本雅明的德国浪漫派研究、歌德《亲和力》研究、德国巴洛克悲悼剧的研究、波德莱尔研究、机械复制时代的灵韵观，一直到最后的影响深远的《历史哲学论纲》，均可以看到本雅明清晰的喀巴拉弥赛亚救赎观念。在阅读本雅明的过程中，其实可以看到另外一条清晰的道路，本雅明潜在地对尼采的相同者永恒复返的时间观念的接受，本雅明在对歌德、德国浪漫派、德国巴洛克悲悼剧、波德莱尔诗学及最后的《历史哲学论纲》中均可以看到与尼采对话的清晰印迹。这样，本雅明有两条几乎平行的融

---

① ［美］理查德·沃林.瓦尔特·本雅明——救赎美学［M］.吴勇立，张亮译.南京：江苏人民出版社，2008：48.

合在一起的时间观：一条是犹太喀巴拉神秘主义的救赎时间观；另一条是尼采的谱系学的永恒复返的时间观。这一时间观代表了从希腊精神发展出来的时间观。按索勒姆和沃林的观点，本雅明主要表现出来的是犹太教弥赛亚救赎时间观，这一点自然没有什么疑问，但仔细感受本雅明的审美精神的时候，其实可以发现本雅明受尼采的永恒复返的希腊时间观的影响也非常深远。本雅明这样的两种时间观还原为精神谱系就是：本雅明既受犹太精神的影响很深，也受希腊化精神影响很深；本雅明的主要精神气质偏向犹太精神，但希腊化精神也独立存在于本雅明的精神之中；二者是并存的关系。本雅明并不是一位自觉的喀巴拉教义的实践者，也不是一位自觉的希腊精神的实践者，犹太精神潜在地限制了本雅明的完整的希腊式个体性精神的建立，但也可见到，本雅明对希腊精神的审美式接受也弱化了本雅明对犹太救赎教义的实践。应该说，本雅明首先是一位美的崇拜者，他并没有一定要成为思想家的想法，他一生并没有刻意去建立什么完整的思想体系，对美的迷恋却伴随本雅明的一生。本雅明对喀巴拉神秘教义的接受是从审美的角度进入的，本雅明对这样的美学幻境充满迷恋。从道德的实践的角度，本雅明并没有十分将其当真。在犹太精神欧化这样的问题面前，本雅明没有如海涅、门德尔松的欧化那样的自觉意识，也没有斯宾诺莎在犹太教内在启蒙的自觉意识。

一、神秘的救赎观念与绝望的毁灭

本雅明把"透入了弥赛亚式时间碎片"的当下和历史纪元的同质时间对立起来，后者在他看来等同于永恒轮回观念或神话，这些观念思考形成了他的历史哲学构想。1940年本雅明写下了最后的《历史哲学论纲》，这是本雅明的历史观的一个总结，两种时间观交融在这个文本中，本雅明实际上没有完全将两种时间观完全统一到喀巴拉弥赛亚救赎时间观中。本雅明在一定的意义上以尼采的相同者永恒复返的时间观扩大了喀巴拉神秘时间观的内涵。本雅明《历史哲学论纲》最后的第18节这样认为：

> 一位现代生物学家写道："与地球上有机生物的历史相比较，人类区区五万年的历史不过如同一天二十四小时最后的两秒钟。依照这样的比例，人类文明的历史则只是一天最后一小时的最后的五分之一

秒。"最为典型的弥赛亚式时间，现在包括着整个人类的历史，是整个人类历史的一个巨大的缩略物，它与人类历史在宇宙中的地位正好相仿佛。

甲：历史主义满足于在历史上不同的时刻之间建立因果关系，但任何事实都并不仅仅因为构成原因就具有了历史意义。可以这样说，这一事实是在事后，跨越可能与它相距千百年的诸多事件之后才具有了历史意义的。一个以此作为出发点的历史学家便不再把一系列的事件当作成串的念珠去讲述。相反，他把握的是他自己的时代和一个明确的、早先的时代所形成的结合体。这样，他所建立的关于现在的概念是把一个看作透入了弥赛亚式时间的碎片的"当下时间"的概念。

乙：卜卦人从时间中找出它所蕴藏的东西。在他们的经验中，时间肯定不是匀质的、空洞的东西。任何人如果记住这一点，或许就能领会人是如何在记忆中体验过去的——也就是说以与卜卦人完全相同的方式体验的。我们知道，犹太人是被禁止探索未来的。然而，摩西五经和祷告却教他们记忆。这就剥夺了未来的魔力——所有到卜卦人那里去寻求启示的人全都是屈从于这样的魔力。然而，这并不意味着对犹太人来说，未来就成了匀质的、空洞的时间。因为每一秒的时间都是一道弥赛亚可能从中进来的狭窄的门。①

对于本雅明来说，历史哲学就是救世史、救度史，而批评家的使命（也即历史唯物主义者的使命）就是把作为历史的连续体、当下的先验形象，从始终威胁其存在的被遗忘的宿命中拯救出来。本雅明这种历史观充分体现在他的救赎时间观念中。本雅明的弥赛亚救赎时间观有这样的特点：（1）弥赛亚时间是流溢和回溯的双向时间，流溢是神从一无所有中创世，神的创世是在罪性中向外创造，将万物的根系在死亡之中，死亡是救赎的转换形式，在毁灭中救赎；（2）神在万物中留下了救赎的可能，万物中存在没有罪性的部分，在毁灭中这些成分得以爆破出来；（3）弥赛亚救赎时间是已经完成的时间，没有未来的流溢形态，宇宙的创造已经完成，未来只是建立在过去创造的时间中才具有意义，未来等待救赎，未来在神的

---

① 陈永国，马海良.本雅明文选［M］.张耀平译.北京：中国社会科学出版社，1999：415—416.

回溯的救赎之瞬间才具有历史意义；（4）神在毁灭创造物时时间回溯到一点，神秘的瞬间，救赎的时间点；（5）历史呈现瞬间、碎片的形态，每一瞬间都可能是通向神秘的救赎的一扇门，从这神秘的门后可能会传来救赎之光。

　　本雅明受犹太教神秘主义救赎观的影响，也可以从他的好友的写作纪念回忆中看到一些端倪。索勒姆《犹太教神秘主义主流》研究犹太教神秘主义，主要是喀巴拉教义，喀巴拉是诺斯替教影响下的犹太神秘主义体系。喀巴拉教义体系的逻辑体系来源于柏拉图主义，这也很好理解。对神秘主义来说，没有比柏拉图主义更好的逻辑体系，普罗克诺的《柏拉图的神学》很好地揭示了柏拉图哲学怎样转化成神学神秘主义的体系。索勒姆在纪念本雅明的《犹太教神秘主义主流》的研究中可以看到，喀巴拉神秘主义的体系与普罗克诺叙述的柏拉图神学体系几乎相同，只是这里犹太的上帝代替了柏拉图的理念神。阅读《犹太教神秘主义主流》后，可以看到本雅明对喀巴拉神秘主义的理解接近于1492年西班牙驱逐犹太人的苦难事件后，由卢里亚发展了的喀巴拉的末世论和轮回观念。1492年的西班牙驱逐之难，犹太人卢里亚在喀巴拉教义中强化了末世论，这样的末世论认为上帝创世和救赎是流溢和回溯的双向时间，把向神的创始点的回归与作为催进最终的救赎渴望联系起来，救赎意味着尘世毁灭和从毁灭中获得救赎这两者的意识，这样的末世论的救赎观主宰了当时的犹太人生活。在卢里亚的末世论喀巴拉教义中，上帝的形象是在回归、集中、缩小、后退、退却中体现，上帝在一种收缩过程中使宇宙的存在成为可能，上帝退出是为了在创造和启示的行动中再回来。宇宙进程是双重的，每一个阶段是双重的，每一阶段都承受双重张力，也就是流回上帝的光和从上帝流出的光①。

　　在本雅明看来，典型的弥赛亚式时间包含着整个人类的历史，是整个人类历史的缩略物。本雅明《历史哲学论纲》最后的救赎时间观显现出卢里亚喀巴拉教义的末世论色彩，如果从毁灭和救赎的关系角度来审视本雅明的《历史哲学论纲》第18节的历史观，本雅明强化了卢里亚式的末世论。本雅明对外界一向具有强烈的依赖性，本雅明具有强烈的受虐倾向，阿多诺指出过本雅明与强有力对象之间的施虐和受虐的关系，本雅明和布

---

① ［德］索勒姆.犹太教神秘主义主流［M］.涂笑非译.成都：四川人民出版社，2000：245—248.

莱希特的关系就是受虐和施虐的关系。神是所有这些关系中最强有力的对象，纳粹强有力的压迫无疑驱使本雅明对神在毁灭中救赎信念的依赖更加强烈。但可以看到，在毁灭中获得救赎这样的一种实践并不是本雅明有意识积极争取得来的实践，本雅明在绝望中接受历史的冲击，在绝望中寻求解脱。本雅明应该接近卢里亚在喀巴拉教义中发展出来的一种绝对渎神的毁灭与救赎的观念，绝望中的毁灭并不是践行一种积极的救赎实践，而是以毁灭生命接受救赎和拒绝救赎。没有比绝望的摩菲斯特更绝望的了，在一定意义上，本雅明与克尔凯郭尔的思考相通。对生命的舍弃并不是一件轻松的事，本雅明舍弃生命更多的是一种绝望的行动，本雅明最后对末世论喀巴拉教义的接受，更多的只能是绝望。纳粹对犹太人的行动与西班牙驱逐犹太人的事件是相同性质的行为，相同性质的行动也激发了相似的毁灭和救赎的情感，这种情感会激发没有获救的救赎观念，双重的绝望。本雅明为什么自杀？本雅明完全可以度过1940年西班牙边境自杀的那个同质的、虚无的时刻，将弥赛亚的救赎时间放在另一个瞬间。本雅明也留恋生命，但本雅明死于绝望，弥赛亚的救赎是本雅明的自我解嘲。因为在他看来，幸福是与救赎密不可分的，来到世间和离开人世，都是弥赛亚式的力量赋予人的使命。

二、尼采时间观的启迪与审美的文化态度

本雅明的自杀，也意味着他的历史意念的停止和整个个人生平的删去。在《历史哲学论纲》第18节中，本雅明表白自己的喀巴拉弥赛亚的救赎时间观，这样的时间观是完整的自我封闭的体系，是否本雅明最后放弃了尼采式的永恒复返的时间认识？本雅明在《历史哲学论纲》第18节将尼采式的永恒复返的时间观纳入到弥赛亚救赎时间观中来，就是说本雅明最后放弃了对生命的许多的留恋，从希望投向了彻底的绝望。从《历史哲学论纲》最后的第18节往前读，可以看到本雅明的心灵史。本雅明在《历史哲学论纲》第17节提出了"单子"的概念，这个单子结构是本雅明的心灵的一个矛盾体：

> 每当思维在一个充满张力的构型中突然停止，这一构型就会受到冲击，通过这样的冲击，构型就会结晶为一个单子。历史唯物主义者

只有在一个历史问题以单子的形式出现的时候才去研究它。他从这一结构中看到了弥赛亚式的事件停止的迹象——换句话说，他看出了为受压迫的过去而斗争的革命机会。他之所以注意这样的机会，是为了把一个特定的时代从连续统一的历史过程中爆破出来，把一个特定的人的生平事迹从一个时代中爆破出来，把一件特定的事情从他的整个生平事迹中爆破出来。这一方法的结果是，这一特定的事情既保存着又删除（aufheben）去这个人整个的生平事迹；这一特定的事情同时既保存着又删削去这一特定时代；这一时代同时既保存着又删削整个历史过程。①

本雅明这里以自己的喀巴拉教义诠释历史唯物主义，将社会实践放在灵魂内面去进行。黑格尔分析斯宾诺莎与莱布尼兹的关系，莱布尼兹的单子只有内在性、个体性，斯宾诺莎只有外在性和总体性，本雅明有莱布尼兹的内在性，但并不具有莱布尼兹式单子的个体性，本雅明的单子经历的是神回溯的时间的救赎的瞬间点，既不是莱布尼兹的单子，也不是斯宾诺莎的外在的总体性，本雅明的单子是弥赛亚来临的一扇窄小的门。本雅明将欧洲历史纳入到这扇窄小的门的单子中来理解。本雅明的单子需要迎接神秘的救赎的瞬间，在这一瞬间，历史的本真意义爆破出来，潜在于事物内面将无罪性的内核爆破出来。爆破出来的是希腊式的生命，又是喀巴拉教义后面的伊甸园式的无罪性的生命，两者应该共存于本雅明的救赎希望之中。从《历史哲学论纲》的第12至16节就可以看到本雅明对一种希腊化精神元素的关注。《历史哲学论纲》的第12至16节是本雅明对尼采的永恒复返的时间的理解，第12节本雅明引用了尼采的《历史对人生的利弊》，同时提到了布朗基。本雅明将尼采和布朗基并提，他以布朗基的历史观来诠释尼采的历史观。关于这一点可以参看本雅明的《巴黎，19世纪的首都》1939年提纲的最后的结论，本雅明在这里谈到：布朗基早尼采10年分析了宇宙的永恒复返的观念。1872年，布朗基在巴黎公社期间，被关在托罗要塞，并在那里写下《星体永恒论》，本雅明在这个提纲的结论中引用了《星体永恒论》的一些段落："19世纪的人们，我们幽灵的时辰是

① 本雅明.本雅明文选［M］.陈永国，马海良译.北京：中国社会科学出版社，1999：414.

永恒固定不变的，而且总是带我们回到同一时刻。""每一个人在他的存在的每一时刻都是永恒的。我在托罗要塞的这间牢房的这个时刻写下我过去和将来自始至终写的东西——在一张桌子上、用一支笔、像我现在这样裹覆着衣服，在类似的情景中……在地球这个竞技场上，时时处处都是同样的戏剧、同样的背景、同样狭小的舞台——喧嚣的人类沉醉于自身的宏伟辉煌，相信自己就是宇宙，生活在自己的监狱里却自以为生活在无限的天地里……宇宙无限地重复着自身，随时随地刨着脚下的地面。永恒在无限中——不动声色地——展现着同样的常规程序"。① 本雅明在文中对布朗基作了分析："根据从他机械的自然科学中提炼的基本前提，布朗基在这部著作提出一种宇宙观，这种宇宙观是一种地狱观念。而且，它就是那个社会的补充因素。布朗基在生命的尽头承认自己被那个社会击败了……布朗基的这部著作比尼采的《查拉图斯特拉如是说》早10年提出了'永恒复返'的思想——以几乎与尼采一样的动人方式，以及其令人梦幻的力量。……布朗基在这里竭力追溯一种进步观念：（时间久远的古代性是以与时俱进的新奇性的面孔阔步前进）进步最终不过是历史本身的幻境。……布朗基的视野中包含了整个以现代性为中心的宇宙，而波德莱尔的七个老头子就是这种现代性的信使。归根结底，布朗基把新奇视为被诅咒的那一切的一个属性"。②

怎样理解本雅明对尼采的相同者永恒复返的时间观的分析？本雅明肯定很早就读到了尼采对永恒复返的时间观的论述，后来才读到了布朗基《星体永恒论》中永恒复返的时间观，这样对布朗基充满敬意。尼采和布朗基的时间观，本雅明自己怎样理解？在《历史哲学论纲》第14节可以看得比较清晰：

> 史学是这样一门学科，其结构不是建筑在匀质的、空洞的时间之上，而是建筑在充满着"当下"（Jetztzeit）的时间之上。因此，对罗伯斯庇尔来说，古罗马是一个他从连续统一的历史过程中爆破出来的一个填注着当下时间的过去。法国大革命的领袖们把法国大革命看

---

① ［德］本雅明.巴黎，19世纪的首都［M］.刘北成译.上海：上海人民出版社，2006：57.
② ［德］本雅明.巴黎，19世纪的首都［M］.刘北成译.上海：上海人民出版社，2006：56—57.

作古罗马再世,它让人想起古罗马,就如服装令人想起过去的服装一样。无论时装是在哪一片久远岁月的丛林中飘动,它所体现的还是时下的风尚;它是倒着跃向过去的。然而,这样的跳跃是发生在由统治阶级发号施令的舞台上,发生在历史的旷野中的同样的跳跃是一种辩证的跳跃,马克思就是这样看待革命的。①

从本雅明《历史哲学论纲》的这些引文中可以清晰地看到两种时间观交融在本雅明的时间观中,本雅明的永恒复返的时间观既不是纯粹的喀巴拉教义的,也不纯粹是尼采式的。本雅明将尼采的相同者永恒复返的时间以布朗基的宇宙循环的观念来诠释,本雅明是否看到了尼采时间观的本质?至少有一点本雅明与尼采的永恒复返的理解接近,本雅明看到布朗基的永恒复返的瞬间时间是现代性虚无的时间,时间具有同质的、空洞的无意义性,尼采的永恒复返观念也建立在现代性虚无主义之上。本雅明理解的永恒复返的时间对尼采的诠释存在怎样的问题?从时间的量的延续来说,时间就是过去、当下、未来的三个延展的向度,现象界就是这样发生的,没有什么时间观可以违背这样的现象规律,这不是对时间理解的关键部分,这样的时间其实是空间。理解时间的关键是对现象的延续的意义设定,尼采崇拜的是前苏格拉底的希腊诸神,在量的同质的时间中设定的是希腊酒神精神的提升,永恒复返是希腊诸神的力量的复返。永恒复返这样的时间观并不是尼采的首创,赫拉克利特早就提出了相同者永恒复返的时间观,尼采的永恒复返这样的时间观是尼采对自己超越德意志精神的内在性的一种体悟的总结,尼采相同者永恒复返的观念的本质落在谱系学这样的一种透视方法之上,尼采感到自己悟到这样的一个道理就是获得了对欧洲精神类型的总体透视能力,自己不再局限在一种精神的限制中,既能进去观察每种精神谱系的内部形态,也能自由从中出来,在外部整体直观其格式塔构型。尼采的谱系学只是区分精神品质的方法,为了更高地提升精神谱系。尼采的相同者永恒复返建立在彻底的虚无主义的基础之上,一切价值均需要彻底虚无化,尼采将现代的主体性推到了极限,尼采这里没有任何不言自明的前提,美国实用主义哲学家将尼采纳入到自己的阵营中来

① 本雅明.本雅明文选[M].陈永国,马海良译.北京:中国社会科学出版社,1999:415.

有一定的道理。本雅明总有一个封闭的自我意象，他总存在一些不言自明的前提，弗洛伊德的潜意识、荣格的集体无意识、喀巴拉的神秘主义，等等，而这些本质的力量在尼采的世界中是不存在的。尼采的永恒复返时间中不存在不可透视的区域，尼采的世界中只有人的有限性这样一个观念存在，尼采的现象世界就是本体世界，本雅明的现象世界是本体世界的反射。

喀巴拉教义的逻辑来自于柏拉图主义，就是说喀巴拉的逻辑结构与尼采的永恒复返的时间结构是相同的逻辑形式，尼采拒绝了人是首先完美的这样一个形而上学的预设，尼采将完美这样的一个概念转化为高的和低的这样一个源起的谱系学概念，尼采批判了原罪性的形而上学预设，肉身的质料中没有一个形而上学的原罪性同质，尤其是原罪这样的元素，肉身的质料只是人的有限性的表征，质料本来没有罪。本雅明对喀巴拉的接受是从审美进去的，本雅明接受了柏拉图的本体的完美到现象的不完美，本体拯救现象这样的一个模式，本雅明在观念上没有对这样一个模式作过根本的怀疑，这个完美是什么样的实质内涵，本雅明也多从审美的角度去感受，布莱希特说本雅明是一位审美时尚物的陈列馆，这其实道出了本雅明生活的态度，本雅明对待文化的态度就是审美的态度。

三、忧郁的悲剧观念与爆破历史

在分析德国浪漫派的博士论文中，本雅明将德国浪漫派与歌德作为对比作为理论的框架，本雅明主要分析的浪漫派是弗·施莱格尔和奥·施莱格尔兄弟和诺瓦利斯，从浪漫派到歌德的中介是费希特，浪漫派的另一位参照人物为荷尔德林。歌德和荷尔德林均是寂静派，一位趋向欧化，一位趋向德国乡土，奥·施莱格尔和诺瓦利斯在德国天主教中寻求内在无限性。从本雅明这样的立论构架可以看到尼采的谱系学的影子。本雅明在《德国悲剧的起源》中开始就谈尼采的《悲剧的诞生》的希腊悲剧观念，相对于尼采的希腊悲剧的诞生，本雅明谈德国悲悼剧的起源，本雅明的起源（Ursprung）观念是对悲悼剧的精神类型的分析，接近尼采的谱系学分析。尼采在道德的谱系中区分起源（Ursprung）和渊源（Herkunft），福柯在《尼采、谱系学、历史》中分析尼采用词的意义，尼采将形而上学的起源（Ursprung）与道德类型的历史渊源（Herkunft）区别开来，Herkunft 是根源、来源，就是属于同一族群的古老归属，在同样高贵和同样卑贱者中结成的共血脉、共传统的族群，Herkunft会牵扯到种族或社会类型①。

本雅明的悲悼剧的起源（Ursprung）就是分析德国巴洛克戏剧的共血脉、共传统的族群审美类型，本雅明将德国巴洛克戏剧与亚里士多德的古希腊悲剧的定义区别开来。本雅明的德国悲悼剧类型分析至少有这样的几个维度：（1）希腊对德国本土的影响，通过天主教的形式，德国17世纪戏剧已经不可能没有这样的影响。（2）德国的新教传统，通过马丁·路德的典型化，代表精神就是与路德同时代的丢勒的绘画反映出来的。本雅明喜爱丢勒的版画《忧郁》，"忧郁"成为本雅明分析德国悲悼剧的情感类型的基石，本雅明在"忧郁"的观念中将犹太精神和德国的新教精神统一起来。在《德国悲剧的起源》中，本雅明相对明晰的分析就是关于丢勒的分析，可以看作本雅明这本专论的一个纲要。当然，本雅明的分析是值得怀疑的，丢勒体现出来的忧郁精神被本雅明过于犹太化了，本雅明一定程度上忽略了丢勒的死神背后的德意志的顽强生命力，尼采从丢勒的死神中看到了德意志的顽强的生命力，死神体现了生命的坚韧，本雅明趋向了死神的外在性，与喀巴拉精神相连了。丢勒版画中的物的散乱的弃置是德国的民俗性，也并不一定是本雅明诠释的破碎的精神，德国人在那个时代还没有获得意大利和法国的贵族化的审美。（3）哲学家门德尔松认为犹太精神西化的道路就是新教的虔信主义的形式，斯宾诺莎就是这样的虔信主义的最成功的范例。本雅明并不是走在这条道上，本雅明趋向喀巴拉神秘主义一开始就与毁灭中得到救赎这样的观念相联系，本雅明对犹太精神怎样在德国立足没有使命感。《德国悲剧的起源》分析德国巴洛克精神时采用的是喀巴拉教义的视角，没有采用斯宾诺莎的视角。（4）本雅明分析，德国悲悼剧的精神通过德国浪漫派、歌德的浮士德和莎士比亚的喜剧得到延续，死亡和救赎的主题是德国巴洛克戏剧的主题，歌德的浮士德、莎士比亚的哈姆雷特的死亡与救赎是希腊罗马悲剧的北方形式，还是犹太精神激发出来的精神形态？尼采的谱系学能够提供清晰的说明。本雅明对尼采的相同者永恒复返的理解也与对尼采的谱系学理解结合起来，本雅明早期的研究接受尼采的谱系学是非常清晰的。尼采看到米开朗琪罗的后期绘画是

---

① 杜小真.福柯集［M］.王简译.上海：上海远东出版社，1998：150.

巴洛克绘画的古典形式，基督教需要夸张的情感形式，米开朗琪罗是古典的理性精神，外观是基督教的形式，当古典的理性精神需要突破自身的有限性时，米开朗琪罗发展出了巴洛克的形式，以后的基督教绘画的形式主要是巴洛克形式，肉身需要达到超过限度的完美必须夸张，必须有一种不自然的虚幻的形式，巴洛克艺术是柏拉图主义的第二次表现形态。德国巴洛克悲悼剧不可能完全脱离希腊戏剧的影响，德国已经基督教化了，德国巴洛克戏剧只是基督教戏剧的德国变种。本雅明喜爱丢勒和克利，从丢勒的绘画到克利的表现主义的绘画，可以看到清晰的德意志的内在精神的延续，其精神特质既是德国本土的，也是基督教的。

本雅明对德国巴洛克悲悼剧、德国浪漫派和歌德的研究可以看到本雅明是完全的犹太喀巴拉教义的实践者，也不是完全的歌德、尼采精神的实践者，本雅明并没有穿透这样的两个精神向度，但可以看到，喀巴拉的弥赛亚的救赎观念和尼采的相同者永恒复返观念是本雅明理解历史时间的两个向度。相对来说，本雅明是犹太喀巴拉精神的体现者，用尼采的永恒复返的时间观来补充喀巴拉教义的瞬间的永恒的教义。在本雅明的审美体验中这两种时间观是怎样结合在一起？本雅明与尼采的对话说明什么样的问题？可以看到，本雅明并不是一位虔诚的喀巴拉神秘教义的实践者，本雅明也不是如尼采一样的希腊精神的实践者。在犹太人的西化派意义上，本雅明对希腊精神的接受没有音乐家门德尔松和诗人海涅来得自觉，本雅明对希腊精神的接受没有清晰的向度，本雅明不刻意追求深度，本雅明偏向外在的观察，本雅明没有在希腊精神中找到自己的根。本雅明对喀巴拉教义也不是十分自觉有意识地去实践，是纳粹时代的整体历史语境迫使本雅明从喀巴拉教义中寻求历史的解释原因。虽然本雅明整体的审美倾向于喀巴拉教义的精神特质，但希腊精神作为一方面也影响本雅明很深。本雅明其实无意识中逃避历史的深度模式，不愿意去直观现象后面的深渊。本雅明乐于在一个封闭的空间欣赏周围的神秘之光，本雅明的情感依赖于记忆，记忆具有神秘的深度，本雅明在这里获得温馨的依赖，当苦难来临时，本雅明希望在毁灭中将神秘记忆爆破出来，看到记忆的本质。门后面是什么，本雅明其实早已在那里放置了许多意义，深度其实是本雅明自己设置出来的。

从其内涵来看，本雅明的救赎理论真正的价值正在于他将救赎视为人类必须置身其中的活动，这种活动不是与现实世界无关的主观意向，而是意味着人类在不断的突破自己为自己设定的边界时，必须与之连接的存在的神秘。而救赎之于法兰克福其他人来讲，不仅表现在他们对审美救赎的借用，更根本的问题在于他们将自己置身于无法挣脱的悖论语境中的不自觉性，这从另一方面也揭示了救赎之于他们的现代性反思之必然。本雅明的救赎思想所具有的"神学"性质也使其思想充满了复杂性，这种复杂性一方面体现为：本雅明在一个理性主义的时代重拾宗教的救赎概念，使其总免不了要面对各种的指责。但他的救赎又基于一种文本的客体，以寓言的方式向人们昭示着历史和现实的碎片之拯救的可能性。蒂德曼在讨论本雅明哲学中"唯物主义"与"政治弥赛亚主义"的关系时这样说："本雅明的论纲完全符合马克思关于历史的具体性的要求……正如真正的神学指向历史唯物主义，正是真正的历史唯物主义第一次更清楚地解释了神学。有时历史唯物主义必须从神学那里得知，救赎要么是完成的，要么就是没有"①。也因此本雅明的救赎就成为现代废墟之后更新的契机，他的弥赛亚时间成为变动的历史中人类保持的理想，即使他也哀叹"一项文明的文献无不同时又是一项野蛮的文献"。②但是弥赛亚的时间成为一切思辨之后的终点，它能够为本雅明在历史循环中找到开启的希望。

---

① Hegel, 1966, Einleitungindie Geschichteder Philosophie Ber-lin:Akademie-Verlag.S.43.
② 马丁·杰.法兰克福学派的宗师——阿多尔诺［M］.胡湘译.长沙：湖南人民出版社，1988：13.

第六章　认识本雅明：后现代文化
的源头与回声

　　本雅明虽然生活在现代主义极盛时期，但他的思想却超越了时代，呈现出鲜明的后现代主义特征，他一方面批判和颠覆现存文化模式，另一方面又试图为建构合理的文化形态而寻找出路。这使他成为各个流派的后现代理论家比较关注的焦点，同时也将他称之为后现代主义的先驱或预言家。国内当代学者周宪在他的《20世纪西方美学》一书中指出："毫无疑问，本雅明的著作是最适合作后现代解读的。晚近批判理论特别关注从后现代角度来理解本雅明"。①接着，周宪引用了英国社会学家拉什的观点来分析和阐释本雅明美学思想中的后现代意味以及与阿多诺美学思想的差异："本雅明至少在三个方面不同于阿多诺式的现代主义美学"（拉什语）。首先，他的新康德主义和阿多诺的黑格尔主义有很大距离。其次，他对大众文化的立场和阿多诺（也包括霍克海默、马尔库塞，甚至哈贝马斯等）等人的观点有很大差别。而且在法兰克福学派中，只有本雅明坚决主张大众文化存在，并认为其中包含了许多值得挖掘的政治潜能。相反，他对那种带有韵味特征的现代主义艺术似乎不感兴趣。接着，拉什指出了本雅明不同于批判理论主流的差别之处："这第二个差异构成了本雅明的审美判断标准和其他法兰克福分析家（马尔库塞、阿多诺、霍克海默和哈贝马斯）的根本区别。对那些和社会分离的高雅文化艺术品的评价，它从整合于社会因素的审美维度中来营造批判，却是和后现代主义美学相一致的"。②无论是本雅明的《机械复制时代的艺术品》，还是未完成的"论波德莱尔笔

---

① 周宪.20世纪西方美学［J］.南京：南京大学出版社，1997：146.
② Lash, S. *Sociology of Postmodernism*, London:routledge，1990：150. 周宪.二十世纪西方美学［J］.南京：南京大学出版社，1997：154.

下的巴黎"的主题,都突出了本雅明与后现代主义相一致的思路。他突出强调艺术的政治功能和艺术参与现实的倾向,是"从整合于社会因素的审美维度"(拉什语)来营造自己的批判理论的。

本雅明一方面批判了资本主义自主性的文化,另一方面建构民主性的大众文化的开放的文化模式,可以从中看到文化的自主性,文化的混杂形式构成了开放的对话性的文化系统,因此建构的可能和空间比较大。鲍曼在其著作《现代性与矛盾性》中指出:"现代性的历史是社会存在与其文化间充满张力的历史。现代存在迫使其文化成为自己的对立面"。①本雅明的文本充分体现了这种张力及其对立,并且也正是在这一点上,本雅明形成了自己独特的两种文化批判理论,即解构性的文化批判理论和建构性的文化批判理论,并对当今时代的理论建构产生了深远的影响。本雅明的这种批判意识是基于现代主义批判精神之上的,既形成了具有鲜明的时代特征,又体现出独特的个体色彩的批判意识。这种批判精神与整个法兰克福学派理论的倾向有十分默契的地方,因为它既构成了对现存现实的一切权威的颠覆,又是对虚伪现实的一种揭露和拒绝,同时也蕴含着一种超越并改造现实的社会革命精神。正因为他继续了西美尔、卡尔·马克思等人的批判思想的成果,同时也契合了卢卡奇、马克斯·韦伯等为代表的欧洲"浪漫主义的反资本主义"的潮流,因此,他与同时代的许多理论家一样,对现代的资本主义文化秩序提出了质疑和反思,而且本雅明的这种批判视野,不仅局限于现存一切,而是更加深入到人类社会历史总体当中,对几千年来所形成的形而上学理论体系也给予了颠覆。

第一节　本雅明思想中的批判性题旨与后现代转向

本雅明的一生是对传统和现实权威不断批判和否定的一生。他的一生经历了以下三个阶段:从儿时对父辈权威的反叛,到青年时对家庭、学校的反抗,再到后来对整个社会历史文化的颠覆。他对现存的一切都提出质疑和发难,同时还以自己的微薄力量对此给予反击。1892年7月15日,本

---

① 汪安民,陈永国,张云鹏.现代性基本读本(下)[M].开封:河南大学出版社,2008:785.

雅明出生在柏林西部一个富贵的犹太人家，虽然童年时期物质生活很富裕、悠闲，但是生活环境的闭塞和缺乏交流的孤独，使他对于现实充满了不满情绪，本雅明对于封闭环境的不满和对于外在世界的向往之情，孕育了反叛的种子。这充分地体现在他童年的回忆散文集《一九〇〇年前后柏林的童年：驼背小人》中，如对于被困于西区保守、封闭的且带有优越感的富人们给予了嘲讽，而对于外祖母在旅途中寄来的明信片却很痴迷[①]。同时，这种不满的情绪还体现在对保姆的描述上，他把保姆看作是"富有的市民阶层的孩子"最初的向导，可他们却抹杀了纯真质朴孩童心灵中的爱，成了冷酷形象的化身。保姆作为现实形象的代表，既成为扼杀人类本真属性的代表力量，又成为反抗的直接所指对象。因此，童年对于本雅明来说并不是无忧无虑的，而是在对现实环境的反感中形成的不满和反叛情绪中度过的。如果说童年时期作为扼杀者形象的最初向导保姆，是作为富家子弟的本雅明无从选择的结果，那么青年时期的本雅明在豪宾达学校虽然接受的是枯燥的教育，但是他却能够选择自己的向导或导师。于是维内肯就成了本雅明哲学和文学的启蒙教育者，也是他参与学校改革运动的领导者，更是他成为一位独立思考者的精神导师。正是在那里，本雅明学会了独立思考，形成了哲学思维方式。也正是在维内肯的引导下，本雅明非常积极热情地投身于青年运动，致力于学校改革运动，直至第一次世界大战爆发。虽然此时他对社会、人生的认识还比较肤浅，他只是幼稚地从自己生活感受出发，对学校教育提出改革的呼声。虽然他对社会人生还是缺乏足够的认识和体验，但他毕竟开始关心并且独立思考社会和历史问题。本雅明在1914年5月4日，出任学生会长时讲演的《学生的生活》中就已经显露出他对传统和现实的独立思考能力。在这篇文章中，他反对历史的连续性，提倡静止的历史观，以此来批判自由主义的进步思想。这是他对历史哲学的初步思考，具有了反传统和现实的强烈倾向。[②]

　　柏林在1900年前后已经是一座现代性的大都市，经济技术飞速发展。浮华的城市外表掩盖了城市贫民的悲惨生活，他们白天在工厂里机器般地工作，晚上租住在狭窄、简陋的公寓中，他们是城市的奴隶。城市的发展

---

　　① ［德］瓦尔特·本雅明.一九〇〇年前后柏林的童年：驼背小人［M］.徐小青译.上海：上海文艺出版社，2003：89—97.

　　② Walter Benjamin. *Selected Writings*. Cambridge:Harvard University Press，2002，P.37-47.

和技术的进步对城市人们心理空间和生活所造成的影响，真实地反映出现代性矛盾冲突及其在此冲突中人类精神所面临的危机。这个问题成为本雅明后期思考的核心问题。现代性矛盾冲突日益尖锐，一方面是自启蒙理性以来所重视的理性、知识带来了科学技术的迅猛发展，改善了人们社会生活面貌，改变了人们的生活方式和思维方式；另一方面又造成了社会的灾难。如在两次世界大战中，先进的技术被运用于战争，战争致使西方文化崩溃，人类陷入了经验的贫乏和精神的危机中，人的精神在战争的摧残和理性的控制下陷入了严重的危机。因此，此时启蒙理性与技术控制受到了严重的威胁和抨击。对此，许多理论家纷纷提出解决的方案，一些理论家在批判启蒙理性的基础上，把希望寄托在审美救赎上，他们希望通过审美恢复人类的原始生命力、通过审美实现自我的价值、通过审美达到否定现实、通过审美激发人的感性认识。因此，这种审美现代性在当时社会成为了主流思潮。然而，由于他们夸大了审美救赎在社会中的作用，不但没有解决现实人类精神危机的问题，还使艺术审美走向了狭窄的自律空间。

正是在强大的审美乌托邦的建构中，出现了一位"他者"形象，即本雅明。他不仅对启蒙理性给予了强烈抨击，同时还对当时纯粹的审美现代主义给予了质疑和拒斥。首先，他对于启蒙理性的批判的精神贯穿于他的作品始终。如早期的对歌德《亲和力》的评论，就是对当时现存婚姻、道德秩序的强烈抨击；在《一九〇〇年前后柏林的童年：驼背小人》中对于新技术对个体所造成的恐惧心理进行了描述；在《摄影小史》和《机械复制时代的艺术作品》中论述了技术现代化发展进程中所付出的代价，由于技术的发展，带来了传统经验的丧失、传统艺术韵味的消逝。至此，本雅明已看到技术对社会生活和艺术的强大冲击力，这种事实是无法改变的。为此，他只能从积极的方面论述这种艺术发展的必然趋势，这虽然是本雅明的一种无可奈何的选择，但却体现出他作为理论家的高瞻远瞩的远见卓识。而这种见解又充分地体现在他的后期作品《拱廊街计划》中，他对艺术和文化发展必然趋势给予了客观而又准确的预言。该作品通过对资料的汇集，使我们已经能够看出资本主义消费文化的日趋形成的模式。可见面对资本主义的工具理性的批判问题，他选取了一种与审美现代性理论思想不同的解决方式，即本雅明直面现实，希望用审美来唤醒和解救现实，使审美走向生活、大众。而后者则是逃避现实、否定现实，用审美来拒绝现实，使审美走向了学院、精英。本雅明走的道路正是今天后现代理论家走的道路，他对于艺术和文化发展趋势的预言，在我们当今时代已成为了不争的事实。德国神学马克思主义者恩斯特·布洛赫说："不是所有人都存在于同样的现在，他们凭借他们在今天可以被看到这一事实而仅仅外在于现实，但这并不意味着他们与别人正生活在同样的时代"。①可见，本雅明在反思西方艺术和文化方面，始终是走在时代前面的先锋者。

1992年，为纪念本雅明诞辰100周年，在德国奥斯纳布吕克市举行的一次规模空前的国际学术大会，收到的会议论文汇集出版后虽有两千多页（大开本），但其中却没有一篇是专论本雅明思想批判性维度的。这应该由两方面原因所致，一方面，本雅明思想本身的这一深层题旨，与马克思主义有着紧密关联，本雅明本人对他所受到的马克思主义影响也一再如实坦陈，这就使得对此问题的关注，在资本主义意识形态依然占主导地位的西方无法轻易获得论题本身的话语优势；另一方面，即便这一批判性题旨本身在本雅明思想中，也不是直截了当地直陈于外的，而是非概念地经由意象手段暗含于内的。比如，他对马克思主义的接受决不是教条式而是被活生生地融入到了思维方法和立场原则中，以至于无须沿用马克思主义概念，更不要说引经据典了。这就使得对本雅明思想中这一深层题旨的揭示具有了难度，即无法凭借概念分析和思想比照，而必须对之具有深入内里的领会，尤其必须对其崇尚的意象思维具有准确的把握。

进一步看，迄今国外相关本雅明研究，总体上之所以没有内在地从其思想题旨，而是外在地从当今社会面临和关注的问题出发，从中找寻富有现实意义的思想方面，还有其更深层的社会根源：战后西方自20世纪70年代末始在意识形态上越来越呈现出一个共有特征，即对现代性或后现代主义普遍失落了的批判精神。消费文化的出现，虽然拓展了文化享受的界面和空间，但同时也将精神生活程式化地纳入到了特定的范型中，哪怕再个体性、再私人性的东西也都被文化消费的特定群体共同消费着。许多自以为是个人追求、个性宣泄的东西，其实都被纳入到了与其他个体、其他个性共有的程式中。这样的社会已无须什么基于个体自由或个性解放的革

第六章　认识本雅明：后现代文化的源头与回声

---

① 王冶河.扑朔迷离的游戏——后现代哲学思潮研究［M］.北京：社会科学文献出版社，1998：4.

命了，日常生活中已经有了那么多展示"自我"的途径，而且还不断地有新的"自我"被创制出来。虽然这个"自我"已经带上了虚拟特性，已经由于共享和类同而不再是严格意义上的自我了，但它不管怎样就个体而言是出于自身的需求。消费文化已经将这种个体的东西变成了大家共有的，同时又将这共有的注入到了个体需求中，以致个性、自我等能被不断生产出来，能不断被付诸消费。在这样的一个"后现代"社会中，已经几乎很少有人会再有变革的渴求，"批判"几乎成了不合时宜的不和谐音。战后西方社会批判性精神的失落，自然成了对本雅明思想批判维度之回避或无视的深层根源所在。换句话说，这是当今西方意识形态的共有特征在本雅明研究上的具体体现。

国内相关本雅明研究肇始于20世纪80年代末，90年代中期走向展开的"本雅明热"自然源起于对西方学术潮流的跟踪，而西方的本雅明研究总体上的先天不足，带有如上所述的诸多偏误，这就使得国内的本雅明热往往给人"只见译介，不见研究"的印象。"不见研究"并不是没有研究，而是对于本雅明讲不清、说不透。本雅明的著作虽然已大量被译成汉语出版，但是，由于他著述中不断使用基于西方文化的隐喻式表达，这就使得华语读书界难以深入到其内在的题旨。而国外二手资料所带有的特有视界（从西方当下社会面临的问题出发去解读本雅明）又是生活于中国的许多读者无法全然理会的，这在某种程度上影响着中国读者去看清本雅明思想的本来面目，尤其是深含于其间的批判性题旨。因此，"不见研究"主要的并不是指国内迄今出现的为数不多的本雅明研究都程度不等地依循着如上所述国外学者的调子，而是指没有深入挖掘出本雅明思想内在的批判性题旨。此说并不是指无须顾及本雅明思想中对现代性或"后现代主义"特征的披露，更不是指可以将当代社会面临的问题置于脑后，而是指要进一步看到本雅明深藏于此披露中的批判性题旨。换言之，要将当代社会面临的现代主义及其"后现代"转向放在文化批判的维度上去看，不仅本雅明在这么做，而且当今社会在现代性或"后现代主义"问题上的迷茫、失语，表面看似乎来自认识的匮乏，实际上更深层地来自批判精神的失落。

第二节　隐喻与意象思维：主体性消解

　　不管怎样，本雅明承袭了马恩的批判性精神，即便在新历史条件下还是对现代主义展开了一针见血的批判。当今西方像特里·伊格尔顿、弗里特里克·詹姆逊这样的马克思主义文艺批评家之所以推崇本雅明，主要并不是因为他对现代主义容貌做了入理的刻画，而是因为他有效地将经典马克思主义的现代性批判运用到变化了的资本主义现实中。这个批判不仅从马恩角度将考量现代主义的价值指标，从资本主义的物性效率转到了甚于以人为本的人性指数上，从而弘扬了马恩以人为本的价值尺度，而且还出于社会良知，试图为现代主义的发展寻找出一条更合理的道路。

　　西方20世纪以来有两股潮流主宰了整个人文学术景观：其一，推重人文的自然发生机制。这就往往使一切具有存在可能或依据的东西都具有了意义，在现代解释学那里，甚至旧的东西都具有了生命力，具有了存在的依据。其二，推重人文发生的价值选择。在这股思潮中并非一切具有存在依据的都应该存在，而是只有进步的东西才具有存在的价值。这就使得面对新的东西首要的并不是去看其是否具有存在依据，而是去看其是否具有进步意义、是否代表进步理念。本雅明在20世纪初，面对现代主义的批判精神，使得他不仅成了此后批判理论的最早先驱之一，而且也使他成了这一注重人文价值选择的开启者之一。在资本主义发展到大众文化的时代，文化消费的出现使得具有批判精神的个体越来越难以诞生。二次世界大战后，西方在现代性问题上曾出现的失语症，主要并不在于认知的失落，而在价值主导的缺失、在批判精神的退场。本雅明的现代性批判出于一个知识分子良知，为现代主义的进一步发展注入了一个趋于合理的"后现代转向"。

　　本雅明的现代性批判由两个鲜明的话语核心得到标识：衰亡和隐喻，无论是"德国悲剧研究""魏玛共和国批判"，还是此后的"巴黎拱廊街研究""柏林童年回忆"或艺术现代性研究，批判的锋芒直指现代主义那应该或必须走向衰亡的东西，"应该"或"必须"是因为它们是对自然人性的损毁。耶宁格曾就《单行道》一书的核心思想指出道："该书居于中心的意象是衰亡"。[①]处于衰亡或呈崩溃状态的恰是现代主义赖以成型的东西，

---

　　① Michael Jenninge:Trugbildder Stabilit? t-Weimarer Politikund Montage-Theoriein Benjamins Einbahnstrasse.In:global Benjamin, hrsg.v.Klaus Garberund LudgerRehm, Band1, Münchenn 1999, S.518.

它尽管使现代主义得以建起，但由于是对自然人性的损毁，是令人悲哀的，因而必然处于衰亡或崩溃中。在本雅明笔下，这样的东西就是越出边界的主体性精神。在本雅明著述中，字里行间或直接、或间接地无不贯彻着对主体性精神的反叛和抨击。早在《未来哲学纲领》中，他就把"经验认知意识"视为一种"发疯了的意识"，主张对之进行"大幅度的改造和修正"。①"经验认知意识"便是主体性精神在现代主义中的鲜明体现。现代主义之令人悲哀集中到一点上，也就是主体性精神越过了它的边界，异化成了对人自身的损害所在，所以，现代性批判在本雅明那里集中地体现在主体性批判上，他的思想核心也就由此体现在告别主体性上。如果说后现代主义较之于现代主义（弘扬主体性）的核心，体现在对主体的解构上，那么，本雅明就在20世纪初由他的主体性批判在现代主义中注入了一个医治其弊端的"后现代转向"，即转向对主体的消解。

同样，使本雅明显出特色的隐喻或意象思维，也是他由主体性批判在现代主义中注入的"后现代转向"所在。概念思维也是与现代主义相伴相生的，在概念思维中，主体凭借他的认知（对运动客体的静止截取），建立了超然于客体之上的思维世界。正是凭借这超然的自主世界，现代主义得到了构建。对这个世界的摒弃，让概念思维退场，也就是解放被抑制的面对客体本身进行思考的思维活动。隐喻或意象展示消除了任何凭借既存概念进行思考的可能，从而迫使人直接面对所展现的实事去进行判断。如此让一切既存概念退场，以及激活主体思维活动的意象展示，显然成了后现代主义在感知方式上的前奏，本雅明着力的意象阐释（Allegorie）直指主体性走过头的偏误，旨在矫枉过正地回复到专注客体本身的思维活动中，本雅明思想中的这一特色同样使他成了后现代话语所关注的对象，他之所以被接受，在很大程度上来自于这样的语境。正如德国学者劳勒（GerardRaulet）指出的："在'后现代'语境中，本雅明受到了广泛的关注，这个关注很重要就在于后现代主义可以被看成意象阐释（Allegorese），而且本雅明思想的核心——告别主体性、崩溃（Zer-fall）、废墟（Ruine）

---

① 保恩.远方的爱［M］. global Benjamin, hrsg.v.Klaus Garberund Ludger Rehm, Band1, München 1999，S.709.

等——在某种程度上指向的无疑就是这种意象阐释"。①本雅明在身后的走红、被关注，很大程度上来自于他通过现代性批判在现代主义中注入的"后现代转向"。批判是为了医治，为了使现代主义走向更合理。所以，研读本雅明不应外在地去看他对现代性或后现代主义的意义，而应从他旨在现代性批判的内在题旨出发，看到他的意义恰恰来自批判。正是他思想中这个批判性维度使得他不被既存概念所困，能够独到地深入到现代主义的内部，察觉到它的病症所在，从而为之开出切入实际的处方，使之得到更健康的发展。这就是本雅明思想赖以筑基的根本所在。

第三节　复制与后现代文化：影视娱乐文化的商品化

众所周知，20世纪五六十年代以来，随着后工业社会的降临，西方文化进入了迥异于古典文化和现代文化的后现代主义文化阶段，从而在哲学、美学、文学、艺术等方面呈现出一种斑驳陆离的色彩。主体的死亡、作者的消失、深度的铲平，平面化、零散化成为一时的思想潮流，几个世纪以来代表人类对真理追求的"堂皇叙述"被不断地解构和颠覆，生命的价值与世界的意义被语言本身所消解，并最终陷于话语的操作之中。艺术与生活的界限更趋于模糊，无数繁杂错乱的信息挟带着技术与商业逻辑，渗透在人们的日常生活中，"人们听强节拍通俗音乐，看西部片，午餐吃麦当劳的食品，晚餐吃当地菜肴，在东京洒上巴黎香水，在香港穿'过时'服装"。②大众沉醉于他们所复制出来的形象文化之中，复制想象已完全抹平了艺术与现实的距离，它使人们不再仅仅从对现实的认识和理解上来把握艺术，而是冷漠地认同于一种复制形象而已，这样一来，"所有其他媒介中所含有的与另一现实的距离感完全消失了，这是一个很奇特的过程，但这一过程可以说正是后现代主义的全部精粹。后现代主义的全部特征就是距离的消失"。③在本雅明生存的时代，大众文化的技术理性和商业

---

① Gerard Raulet:*Positive Barbarei-Kultur philosophieund Politikbei Walter Benjamin*, Mùnster 2004, S.21.

② ［美］詹姆逊.后现代主义与文化理论.西安：陕西师范大学出版社，1986：192.

③ 王岳川，尚水主编.后现代主义文化与美学［J］.北京：北京大学出版社，1992：46.

化已经开始使艺术与现实的关系混同，艺术家的个性风格完全泯灭于艳俗的形象文化之中。技术复制打破了旧有的独一无二的韵味，这促使现代艺术家用一种新的个人化的风格去表现现实生活中的异化感，艺术风格实际上以一种变形的方式内在地保存了韵味的某种神秘性，并以此作为抗拒技术侵蚀的基本手段。到了后现代主义时期，现代主义运动开始衰竭，并让位于不断崛起的大众文化，这时艺术家的个人风格也逐渐丧失，平面化的文化开始进入人们的日常生活，并成为众多消费品的一类。波谱艺术家理查德·汉密尔顿认为波谱艺术应该是"通俗的、短暂的、可消费的、便宜的、大批生产的、年轻的、机智诙谐的、性感的、诡秘狡诈的、有刺激性的和冒险的、大生意的……"①对此，詹姆逊一针见血地指出："在后现代主义中，由于广告，由于形象化，无意识以及美学领域完全渗透了资本和资本的逻辑，商品化的形式在文化、艺术、无意识等领域是无处不在的"。②由此看出，后现代主义文化的一切表现已完全逸出了"韵味"本身的范畴之外，艺术的中心已处于非整合状态，并游离于互文性的文本游戏之中。本雅明对韵味的散失的考察，源于他对历史衰变的寓言化的体验。这一体验过程，不仅是审美观照的充盈，更是试图从震惊的碎片中发现那些业已破碎不可复原的非整体性的本质。这最终使他将技术与政治的因素纳入到艺术文本的考察之中，并赋予其外在的革命性救赎功能。

电影艺术的一个重要特征是其与生俱来的机械复制性，它产生的基础是摄影术的发明。而摄影术在西方马克思主义法兰克福学派美学家、批评家本雅明看来，正是机械复制型艺术的典型代表。本雅明的艺术生产理论认为，现代工业社会中的艺术作品借助技术力量被源源不断地批量生产和复制，众多的摹本逐渐取代了真品，消解了传统艺术作品中代表独特性、本真性和距离感的光韵（也译作"灵光"或"韵味"）。机械复制取消了艺术作品的唯一性、即时性和神秘性，比如，人们可以用一张照相底片复制大量的相片，而鉴别其中哪张是真品则是毫无意义的。同样，一部电影的拷贝也不存在真品和摹本的区别，电影演员与舞台演员不同，他的艺术成就在复制所依据的独特形式之中，并不是展现在随机的观众面前，而是展

① ［美］罗伯特·休斯.新艺术的震撼［M］.上海：上海人民艺术出版社，1989：303.
② ［美］詹姆逊.后现代主义与文化理论［M］.西安：陕西师范大学出版社，1986：155.

现在一个专家小组面前。这些专家作为制片主任、导演、摄影师，随时都能干涉他做出的艺术成就。电影作品并不需要也不可能一次表演成功，而必须经过后期剪辑和加工。艺术起源于严肃庄重的宗教仪式和祭祀活动，是人给神的献礼，具有很强的特权性，正是这种膜拜价值在今天变得要求人们隐匿艺术作品：有些神像只有教堂中的神职人员才能接近，有些圣母像几乎全年被遮盖着，中世纪大教堂中的雕像无法为地上的观赏者所见。但摄影和电影大大增加了其可展示性，使传统艺术的膜拜价值变成了现代艺术的展示价值，以致艺术大众化潮流形成无法阻挡之势。机械复制时代的到来，使艺术审美的门槛大大降低，从形式到内容都发生了巨大的异化，具体表现为：艺术审美生活化、通俗化及政治化。电影最初只是以新兴技术的面貌出现在公众面前，人们只是怀着猎奇和消遣的心理去观看它。后来经过诸多电影大师的尝试与探索，才逐步建立起一套属于自己的独特的影像叙述语言及语法、章法、规范，长镜头与蒙太奇交相辉映，各种表达手段的综合运用使电影在表现形式和深度上都有了质的发展。

电影的两种基本类型：商业电影和艺术电影，分别承载着娱乐功用和教化功用，商业电影的视听冲击力不断增强，艺术电影对内心世界的表现和批判也更加逼真、细腻。商业电影比艺术电影更能体现机械复制时代艺术作品的特点，它最富有意义的价值在于解放了艺术，把艺术从权威的膜拜和禁锢中脱离出来，为电影的存在和发展开辟了广阔的土壤，然而这种异化的缺点也是显而易见的，商业电影虽然视听效果日新月异，却丧失了艺术独创性，是庞大的电影工业的产物。同时期另一法兰克福学派的代表人物本雅明的表兄弟特奥多尔·阿多诺，提出了对"文化工业"或"大众文化"的批判，他认为大众文化呈现出商品化的特征，受价值规律与资本的控制，进入到市场流通消费层面，它注重娱乐和消遣，推崇时尚与流行，它反映出社会没有严肃认真的信念，欢笑在娱乐工业中成了骗取幸福的工具，商业电影在某种程度上，正是这种机械复制时代中以利润为目标的文化工业的产物，给观众以虚假的满足，缺少对社会的批判意识，艺术上表现为模式化和庸俗化，其结果是大众通俗美学趣味的建立。本雅明注重艺术作品的政治功利性，他赞赏复制，把技术看成艺术生产力，甚至片面地认为技术对艺术有决定作用，这种观点明显忽视了艺术创作的主体性特征，本雅明的观点存在着只把电影当作被动审美对象的倾向，而忽视了电影或任何艺术品其实都必然包含着人，包括作者和欣赏者的审美意识与风格，而这种意识和风格，则恰恰是电影中最应被重视的内容。机械复制在传播学领域的意义毋庸置疑，但在传播过程中同时也损害了艺术主体性，用复制代替了创新。目前商业电影中，后现代主义元素诸如戏仿、拼贴、碎片化大行其道，正是其消解艺术的探索功能和批判功能的体现，然而凡是名垂青史的艺术作品，必然都蕴含着独一无二的原创性，单纯以重复模仿为特点的无风格作品绝无长久的生命力，这种审美的异化抑制了人的主观创造力，用浮躁、嬉戏代替了深度，用公式化代替了个性化，这显然是和艺术的自身规律相违背的。由此可见，机械复制带来的审美异化包括两个要素，一方面使得艺术作品从表现形式到传播方式都发生了质的变化，影响范围空前扩大；另一方面侵蚀了艺术审美的主体性，甚至使艺术成了附属于社会和政治的工具性对象，缺乏对真相和真理的揭露，减弱了其自身所具有的独创性的意义价值。电影，尤其是商业电影，作为机械复制时代艺术作品中的代表，非常鲜明地体现了以上两点特征。电影在后期传播过程中，无疑应该充分发挥机械复制强大的宣传作用，但是在前期创作过程中，则必须注重作品本身的创新价值与风格特征，才能在加强电影展示功能的同时，将艺术水平也提升到崭新的高度。

第四节　颠覆性批判：后现代思想的源头与回声

本雅明的批判意识是在继承现代主义的批判精神的基础上，形成了既具有鲜明的时代特征，又体现出独特的个体色彩的批判意识。这种批判精神在法兰克福学派看来，是对既存和现实的一切权威的颠覆，是对虚伪现实的一种揭露和拒绝，同时还蕴含着一种超越并改造现实的社会革命精神。本雅明继承了这种批判精神，与同时代的许多理论家一样对现存的资本主义文化秩序给予了批判，这种对资本主义的批判思想既是对西美尔、卡尔·马克思等批判思想的继承，同时又契合了以卢卡契、马克斯·韦伯等为代表的欧洲"浪漫主义的反资本主义"的潮流。并且本雅明的这种批判视野不仅局限于现存的一切，而且更加深入到人类社会历史总体当中，对几千年来所形成的形而上学理论体系也给予了颠覆。同时，本雅明的批判具有双重价值属性，如他对商品批判的同时，又寄予了乌托邦的解放思想，这既是本雅明批判理论的矛盾性，同时也体现出他思维的辩证一面。无论是他的《机械复制时代的艺术作品》，或未完成的"论波德莱尔的巴黎"的主题，都突出强调了艺术的政治功能，艺术参与现实的倾向。

本雅明最终所选择的道路是一条与后现代主义相契合的道路，他的思想具有后现代主义的批判和颠覆精神，充分体现出后现代主义的反理论、反体系、反权威、反知识的理论特征。因此，可以把他看作是后现代主义的先锋者或先驱者，并把其理论看作是后现代思想的源头。本雅明通过对社会存在与文化内在的张力的微观阐述，反映了文化在社会结构中的地位和作用。本雅明一方面批判了资本主义的自主性文化；另一方面建构民主、大众的开放的文化模式。从中可见，文化一方面具有自主性，有其自身的发展逻辑，所以能够颠覆性地批判；另一方面又具有非自主性，文化的混杂形式形成了开放的对话性的文化系统，因此建构的可能和空间非常大。鲍曼在《现代性与矛盾性》中说："现代性的历史是社会存在与其文化间充满张力的历史。现代存在迫使其文化成为自己的对立面"。[①]本雅明的文本就充分体现了这种张力及其对立，并且也正是在这点上，本雅明形成了独具特色的两种文化批判理论，即解构性的文化批判理论和建构性的文化批判理论，并对当今时代的理论建构产生了深远的影响。

本雅明看到古典艺术在走向现代艺术时出现了"裂变"，也即艺术形式发生了转型，韵味的消失、现代艺术带来的震惊体验，以及后现代时期复制艺术、大众文化带来的大众狂欢，使本雅明对未来的艺术功能充满了乐观的幻想，他用历史发展的目光打量着符合时代需要的文化艺术，同时又怀着一种浪漫伤感来告别"灵韵"的消失。所以，拉什认为本雅明对机械复制文化的乐观主义立场，他对集体接受活动的倡导，他对意义的贬低，对不同于有机同一的传统艺术作品的蒙太奇式组合的提倡，都表明了他和极盛的现代主义（high modernism）的决裂（詹姆逊语）。而本雅明对超现实主义"反韵味"风格的同情，拒绝把艺术视为生活的另一种形态，肯定审美具有的政治特性，这一切都表明"本雅明的美学完全是后现代主

① 汪民安，陈永国，张云鹏.现代性基本读本（下）[M].开封：河南大学出版社，2005：785.

义的美学"。①如果说韵味在现代主义时期还一息尚存的话，那么到了后现代主义时期已彻底散失了。它首先表现在艺术原作性上的彻底丧失，也即詹姆逊所说的"中心的非中心化"。无论是古典艺术所呈现出的宁静，还是现代艺术体现出的焦虑，都至少还反映出人们对艺术把握的一种主体性原则，它表现为人们对艺术形象典型、个性、趣味等因素的追求，并最终指向对艺术作品中所体现出的"独一无二"的真理的认同或反叛，它是围绕着艺术作品中的本源性存在而展开的。而在后现代主义艺术中，这种主体已经丧失了中心地位，并且呈现出一种完全"耗尽"的状态，人们对于真理的追求仅仅让位于一种无中心的平面感，让位于一种"文本"或"作品性"。正如詹姆逊为我们所描述的那样："古老的哲学经典、规范全消失不见了，取而代之的是不断升高的写满文字的纸堆，到处都是些理论作品。……他们只承认文字，只承认文本。没有只是现象的世界，现象后面也没有隐藏什么本质，整个世界就是一堆作品，文本、时髦、服装也是一种文本，人体和人体行动也是文本"。②艺术不再是自我封闭和自我参照的，而是多元化的开放的操作方式。

我们今天所处的时代，已经由本雅明所处的极盛现代主义时期进入到后现代主义时期。本雅明试图要解决的极盛现代主义的基本矛盾，即现存社会秩序、体制对人类精神的压制，以及由此导致的人类精神的危机。然而，这种矛盾到了后现代主义时期不仅没有得到解决，而且随着资本主义生产和消费模式的全球化形成，以及大众传媒技术的迅猛发展，它却以更加隐蔽的方式走向了极端化的发展道路。本雅明面对着现存社会采取两种相互对立的文化批判态势：在资本主义文化运行机制，诸如广告、时尚等符号的仿像下，他一方面否定了大众被编码的僵化的生存状态，这是虚幻的人生状态；另一方面他又肯定了大众的正当性文化生存方式，即以消遣享乐为主的自由生存体验，这是一种新的快感体验，并且在此基础上提出了建构新的文化批判模式，思考着如何寻求解决现实危机的出路，找到未来社会发展的趋势，他所面临的问题同样也是其他后现代理论家的任务。这些理论家们以不同的视角纷纷提出不同的解决矛盾的话语系统，形成了

① Lash, S. *Sociology of Postmodernism*, London:routledge，1990，P.169.
② ［美］詹姆逊.后现代主义与文化理论.西安：陕西师范大学出版社，1986：186.

多元化的话语体系结构，在这种结构中充满了对立，其至冲突的观点。然而正是在这种多元化的话语体系中，从本雅明对后现代主义理论的影响来看，他的两种文化批判思想，直接导向了多元后现代文化理论话语体系中具有主导倾向的两种文化批判思潮的形成：其一是以波德里亚、詹姆逊、福柯、德里达、利奥塔等为代表的否定和颠覆主义文化理论；其二是哈贝马斯为代表的合理建构主义文化理论。而在后现代理论家中，德勒兹与本雅明的思想较为接近，他在对资本主义文化批判的同时，又提出了游牧学的建构方式，这种批判和建构与本雅明的理论十分相似。只不过是前者更加概念化、系统化和理论化，而作为后者的本雅明则是感性化、碎片化和实践化。这表明本雅明美学理论中后现代意味得到了越来越多的思想家认同。在批判美学理论中，本雅明的文化美学思想除了不同于主流的批判理论之外，还在于他开创了另一种理论，它不但是批判理论的现代主义美学之外的后现代主义话语，而且还启迪了后来批判理论对大众文化采取的不同于"阿多诺主义"的新视点。批判理论后期的思想家，越来越多地开始分析大众文化可能具备的颠覆功能和政治潜力，并把它视为后现代条件下对抗资本主义的途径。这些都与本雅明的文化美学思想有着某种必然的渊源之关系，因为他最早描绘了一幅几十年以后被其他后现代理论家所确证的后现代图景。

参考文献

一、英文部分

［1］Benjamin, Walter, *Illuminations*, ed. by Hannah Arendt, trans. by Harry Zohn, Frankfurt:Suhrkamp Verlag, 1955.

［2］Benjamin, Walter, The Origin of German Tragic Drama, trans. by John Osborne, Manchester:Verso, 1977.Benjamin, Walter, *Selected* Writings, （Vol.1）, ed. by Michael W. Jennings, Cambridge:Harvard University Press, 1996.

［3］Benjamin, Walter, *Selected* Writings, （Vol.*2 1927—1934*）, ed. by Michael W. Jennings, trans. by Rodney Livingstone, Cambridge:Belknap Press of Harvard University Press, 1999.

［4］Benjamin, Walter, *Selected* Writings, （Vol.3 *1935—1938*）, ed. by Michael W. Jennings, Cambridge: HarvardUniversity Press，*2002.*

［5］Benjamin, Walter, *Selected* Writings, （Vol.4 *1938—1940*）, ed. by Michael W.Jennings, Cambridge:Harvard University Press, *2003.*

［6］Benjamin, Walter, *The Arcades Project* , ed. by Eiland, Howard and Mclanghin, trans. byKevin, Cambridge:The Belknap Press of Harvard University Press, 1999.

［7］Benjamin, Walter, *Reflections:Eessays, Aphorisms, Autobiographical Writings*, ed. by Peter Demets, trans. 7by Edmund Jephcott, New York:Harcourt Brace Jovanvich, inc., 1978.

［8］Benjamin, Walter, *Ursprung des Deutschen Trauerspiels, Gesammelte Schriften*（*Band* I（I））, unter Mitwirkung von Theodor W.Adorno & Gershom Scholem, Main:Suhrkamp Verlag Frankfurt, 1989.

［9］Ed. David S. Ferris, *The Cambridge Companion to Walter Benjamin,*

Cambridge University Press, 2004.

［10］Suan A. Handelman, *Frangments of Redemption*, Indiana Uniwersity Press, 1999.

［11］Scholem & Adorno, *Correspondence of Walter Benjamin*, The University of Chicago Press, 1994.

［12］Jameson, Fredric, *Aesthetics and Politics,* London:NLB, 1977.

［13］Scholem, Gershom, Walter Benjamin:*The Story of a friendship*, Frankfurt:Suhrkamp Verlag, 1975.

［14］Smith, Gary（ed.）, *On Walter Benjamin:Critical Essays and Recollections,* Cambridge:Massachusetts Institute of Technology, 1988.

［15］Arendt, Hannah, *Men in Dark Times,* San Diego:Harcourt Brace Jovanovich, Publishers, 1983.

［16］Eagleton, Terry, *Walter Benjamin or Towards a Revolutionary Criticism,* London:Verso Edtions andNLB, 1981.

［17］Wolin, Richad, *Walter Benjamin :an Aesthetic of Redemption,* New York:Columbia University Press, 1982.Caygill, Howard, Walter Benjamin:*The Colour of Experience, New York:Routledge, 1998.*

［18］Rochlitz, Rainer, *The Disenchantment of art:The Philosophy of Walter Benjamin,* trans. by Jane Marie Todd, New York:The Guilford Press, 1996.

［19］Buci–Glucksmann, Chritire, *Baroque Reason:The Aesthetics of Modernity,* trans. by Patrick Camiller, London: SAGE Publications. Ltd., 1984.

［20］Adorno, *The culture industry:Selected Essays on Mass Culture,* London:Roteledge, 1991.

［21］Adorno, *Culture and administration, in the culture industry:Selected Essays on Mass Culture,* London:Roteledge, 1991.

［22］Herbert Marcuse, *One-dimentional man:studies in the ideology of advanced industrial society,* Boston:Beacon Press, 1991.

［23］Raymond Williams, *Keyords, New* York:Oxford University Press, 1985.

［24］Gilman, Sander L. and Zipes, Jack（ed.）, *Yale Companion to Jewish Writing and Thought, and Power inGeman Culature* 1096—1996, New York:McGRAW Hill, 1998.

［25］Aristotle, *On Poetry and Style*, trans.by G.M.A. Grube, London:Macmillan Pubishing Company, 1958.

［26］L. Gilman, Sander and Zipes, Jack（ed.）, *Yale Companion to Jewish Writing and Thought:in 6Geman Culature*, 1096—1996, New Haven and London:Yale University Press, 1997.

［27］C. Beiser, Frederick, *Enlightenment, Revolution, and Romanticism:The Genesis of Modern German Political Thoughts（1790—1800）* Cambridge:Harvard University Press, 1992.

［28］Milne, Drew（ed.）, *Moden Critical Thought:An Anthology of Theorists Writing on Theorists*, Malden:Blackwell Publishing, 2003.

［29］Kaufmann, Walter, *Tragedy and Philosophy*, New York:Doubleday & Company.Inc., 1968.

［30］Rosenzweig, Franz, *The Star of Redemption*, London:University of Notre Dame Press, 1970.

［31］Simpson, David（ed.）, *The Origins of Modern Critical Thought:German Aesthetic Literary Criticism from Lessing to Hegel* Cambridge:Cambridge University Press, 1988.

［32］Deborah Cook, *The Culture Indurstry Revisited:Theodor W. Adorno on mass culture*, Lanham, Md., :Rowman & Littlefield Publishers, Ins., 1996.

［33］Dominic Strinati, *An introduction to theories of popular culture*, London:Routledge, 1995.

［34］Rissover, F. Birch, D.C.,（eds）, *Mass Media and the Popular arts,* New York: McGraw-Hill, 1983.

［35］Rosenberg, B. White, D.B.,（eds）, *Mass Culture*, New York:The Free Press of Glence, 1957.

［36］Bourdidu, *Artitie taste and cultural*, in Alexander, j.E.（ed）, Culture and Society, Cambridge University Press.

二、中文部分

［1］［德］本雅明.发达资本主义时代的抒情诗人［M］.张旭东，魏文生译.北京：三联书店，1989.

［2］［德］本雅明.本雅明：作品与画像［M］.孙冰编.上海：文汇出版社，1999.

［3］［德］本雅明.机械复制时代的艺术作品［M］.王才勇译.北京：中国城市出版社，2002.

［4］［德］本雅明.经验与贫乏［M］.王炳钧，杨劲译.天津：百花文艺出版社，1999.

［5］［德］本雅明.本雅明文选［M］.陈永国，马海良编.北京：中国社会科学出版社，1999.

［6］［德］本雅明.德国悲剧的起源［M］.陈永国译.北京：文化艺术出版社，2001.

［7］［德］本雅明.驼背小人——1900年前后柏林的童年［M］.徐小青，译.上海：上海文艺出版社，2003.

［8］［德］本雅明.迎向灵光消逝的年代——本雅明论艺术［M］.桂林：广西师范大学出版社，2005.

［9］［德］本雅明.莫斯科日记.柏林纪事［M］.潘小松，译.北京：东方出版社，2001.

［10］［德］本雅明.讲故事的人［A］.本雅明文选［M］.陈永国，马海良，编.北京：中国社会科学出版社，1999.

［11］［德］本雅明.单向街［A］.本雅明文选［M］.陈永国，马海良，编.北京：中国社会科学出版社，1999.

［12］刘北城.本雅明思想肖像［M］.上海：上海人民出版社，1998.

［13］郭军，曹雷雨，编.论瓦尔特·本雅明——现代性、寓言和语言的种子［M］.长春：吉林人民出版社，2003.

［14］［日］三岛宪一.本雅明：破坏·收藏·记忆，［M］.贾椋，译.石家庄：河北教育出版社，2001.

［15］［德］毛姆·布罗德森.本雅明传［M］.国容，等译.兰州：敦煌出版社，2002.

［16］何珊译.马克思主义文艺理论研究（第十卷）［M］.北京：文化艺术出版社，1989.

［17］陆梅林，选编.西方马克思主义美学文选［M］.桂林：漓江出版社，1988.

　　［18］董学文，等编.现代美学新维度——"西马"美学论文精选［M］.北京：北京大学出版社，1990.

　　［19］［英］特里·伊格尔顿.马克思主义与文学批评［M］.文宝，译.北京：人民文学出版社，1980.

　　［20］［英］特里·伊格尔顿.审美意识形态［M］.王杰，傅德根，麦永雄，译.桂林：广西师范大学出版社，2001.

　　［21］冯宪光.西方马克思主义美学研究［M］.重庆：重庆出版社，1997.

　　［22］王才勇.现代审美哲学新探索——法兰克福学派美学述评［M］.北京：中国人民大学出版社，1990.

　　［23］杨小滨.否定的美学——法兰克福学派的文艺理论和文化批评［M］.上海：三联书店.1999.

　　［24］朱立元.法兰克福学派美学思想论稿［M］.上海：复旦大学出版社，1997.

　　［25］周宪.20世纪西方美学［M］.北京：高等教育出版社，2001.

　　［26］陆扬.文化研究导论［M］.上海：复旦大学出版社，2006.

　　［27］张法.本雅明美学思想三题［A］.（蒲震元，杜寒风，主编）美学前沿［M］.北京：北京广播学院出版社，2002.

　　［28］陈学明，等.社会水泥——阿多诺、马尔库塞、本雅明论大众文化［M］.昆明：云南人民出版社，1998.

　　［29］［美］林赛·沃斯特.美学权威主义批判.昂智慧译.北京：北京大学出版社，2000.

　　［30］［美］梅·所罗门，编.马克思主义与艺术［M］.杜章智，王以铸等译.北京：文化艺术出版社，1989.

　　［31］秦露.文学形式与历史救赎：论本雅明《德国哀悼剧的起源》［M］.北京：华夏出版社，2005.

　　［32］张法.20世纪西方美学史［M］.成都：四川人民出版社，2003.

　　［33］［美］F.詹姆逊.后现代主义与文化理论［M］.唐小兵，译.西安：陕西师范大学出版社，1987.

　　［34］［美］F.詹姆逊.晚期资本主义的文化逻辑［M］.张旭东，编，陈清侨，等译.北京：三联书店，1997.

［35］刘小枫.人类困境中的审美精神［M］.上海：上海人民出版社，1998.

［36］［美］马丁·杰伊.法兰克福学派史［M］.单世联，译.广州：广东人民出版红，1996.

［37］［美］理查德·沃伦.文化批评的观念［M］.张国清，译.北京：商务印书馆，2001.

［38］俞吾金.国外马克思主义哲学流派新编［M］.上海：复旦大学出版社，1995.

［39］张一兵.无调式的辩证想象［M］.北京：三联书店，2001.

［40］周宪.现代性的张力［M］.北京：首都师范大学出版社，2001.

［41］［德］比格尔.先锋派理论［M］.高建平，译.北京：商务印书馆，2002.

［42］王鲁湘，等编译.西方学者眼中的西方现代美学［M］.北京：北京大学出版社，1987.

［43］衣俊卿.20世纪的文化批判［M］.北京：中央编译出版社，2003.

［44］张亮.“崩溃的逻辑”的历史建构［M］.北京：中央编译出版社，2003.

［45］［英］海姆·马克比.犹太教审判：中世纪犹太——基督教两大教论争［M］黄福武，译.济南：山东大学出版社，1996.

［46］［英］查尔斯·赖特·米尔斯.权力精英［M］.南京：南京大学出版社，2004.

［47］［德］霍克海默.现代艺术与大众文化［A］.霍克海默集［M］.上海：上海远东出版社，1997.

［48］［德］霍克海默.独裁主义国家［A］.法兰克福学派论著选辑（上）［M］.北京：商务印书馆，1998.

［49］［德］阿多诺.美学理论.［M］.成都：四川人民出版社，1997.

［50］［德］阿多诺.文化工业再思考［A］.文化研究（第1辑）［J］.天津：天津社会科学出版社，2000.

［51］［德］阿多诺.电视和大众文化模式［A］.外国美学（第9辑）［J］.商务印书馆，2000.

［52］［德］马尔库塞.审美层面/文化的肯定性质/作为现实形式的艺

术/审美之维［A］.李小兵编.审美之维——马尔塞美学论著集［M］.北京：三联书店2003.

［53］［德］马尔库塞.当代工业社会的攻击性［A］.法兰克福学派论著选辑（上）［M］.北京：商务印书馆，1998.

［54］［德］马尔库塞.哲学与社会批判理论［A］.李小兵，编.现代文明与人的困境——马尔库塞文集［M］.上海：三联书店，1989.

［55］［美］马丁·杰伊.法兰克福学派的宗师——阿道尔诺［M］.长沙：湖南人民出版社，1988.

［56］陈学明，等编.痛苦中的安乐——马尔库塞、弗洛姆论消费主义［M］.昆明：云南人民出版社，1998.

［57］陆扬，王毅.大众文化与传媒［M］.上海：三联书店，2000.

［58］［英］阿兰·斯威伍德.大众文化的神话［M］.冯建三，译.上海：三联书店2003.

［59］［英］雷蒙德·威廉斯.文化与社会［M］.吴松江，译.北京：北京大学出版社，1991.

［60］［西班牙］奥尔特加·加塞特，著，刘训练，冬德志，译.大众的反叛［M］.长春：吉林人民出版社，2000.

［61］［法］古斯塔夫·勒庞.乌合之众——大众心理研究［M］.冯克利，译.北京：中央编译出版社，2000.

［62］［美］约翰·菲斯克.理解大众文化［M］.王晓珏，等译.北京：中央编译出版社，2001.

［63］［俄］巴赫金，著.陀思妥耶夫斯基诗学问题［M］.白春仁，顾亚铃，译.上海：三联书店，1988.

［64］［俄］巴赫金.拉伯雷研究［M］.石家庄：河北教育出版社，1998.

［65］［德］阿尔布莱希特·维尔默.论现代的和后现代的辩证法——遵循阿多诺的理性批判［M］.钦文，译.北京：商务印书馆，2003.

三、其他文献参考资料

［1］"外国美学"编委会编.外国美学（第17辑）［J］.北京：商务印书馆，1999.

［2］［德］齐美尔.门与桥——齐美尔随笔集［M］.涯鸿，等译.北京：三联书店，1991.

［3］［德］霍克海默，阿多诺.启蒙辩证法［M］.渠敬东，等译.上海：上海人民出版社，2003.

［4］［美］理查德·沃伦.艺术与机械复制：阿多诺和本雅明的争论［A］.李瑞华，译.国外社会科学［J］.1998（2）.

［5］［英］R.比恩纳.瓦尔特·本雅明的历史哲学［A］.沈建平，译.国外社会科学［J］.1987（6）.

［6］张旭东.从"资产阶级世纪"中苏醒——本雅明与当代中国文化意识［A］.读书［J］1998（11）.

［7］张旭东.现代"文人"本雅明和他笔下的波德莱尔［A］.读书［J］1988（11）.

［8］张旭东.书房与革命：作为"历史学家"的"收藏家"本雅明［A］.读书［J］1988（12）.

［9］张旭东.性格与革命：本雅明与他的卡夫卡［A］.读书［J］1989（2）.

［10］张旭东.寓言批评——本雅明"辩证"批评理论的主题与形式［A］.文学评论［J］1988（4）.

［11］朱立元.寓言批评理论的创立与成熟——本雅明的文艺美学思想探讨之一［A］.外国文学研究［J］1996（1）.

［12］陶水平.激进变革与消极怀旧——本雅明文艺思想简论［A］.南昌大学学报（社会科学版）［J］1993（4）.

［13］罗如春.论本雅明的灵韵观［A］.湘潭大学报（社科版）［J］2003（5）.

［14］郭军."本原就是目标"——本雅明的思想地图［A］.华中师范大学学报（社科版）［J］2004（5）.

［15］吴永立，姚继冰.通向"救赎"的真理之路——青年本雅明的艺术－真理观［A］.福建论坛（人文社科版）［J］2001（1）.

［16］马生龙.艺术陌生化反叛现实的功能［A］.西北工业大学学报（社会科学版）［J］.2006（6）.

［17］曹雷雨.历史的观念：本雅明的批判之维［M］.北京：北京师范大学出版社，2006.

［18］刘志.思与诗的张力：本雅明批评思想研究［D］.（博士论文）杭州：浙江大学人文学院，2005.

［19］李志.本雅明大众文化思想研究［M］.（硕士论文）武汉：华中师范大学，2004.

［20］石天强.在破碎的世界中流浪——本雅明寓言思想评述［M］（硕士论文），北京：北京师范大学中系，2001.

［21］马友平.拯救与回归：本雅明现代艺术研究［M］（硕士论文）成都：四川大学文学院，2004.

［22］刘建茂.论本雅明的文艺思想［M］（硕士论文）.郑州：郑州大学文学院，2004.

［23］罗如春.经验与贫乏——论现代性语境下的本雅明［M］（硕士论文）.湘潭：湘潭大学文学院，2004.

［24］［古希腊］亚里士多德.诗学［M］.罗念生，译.北京：人民文学出版社，1962.

［25］［古希腊］柏拉图.文艺对话集［M］朱光潜，译.北京：人民文学出版社，1997.

［26］［法］让－皮埃尔.古希腊的神话与宗教［M］.杜小真，译.北京：商务印书馆，1999.

［27］［德］温克尔曼.希腊人的艺术［M］.邵大箴，译.桂林：广西师范大学出版，2001.

［28］［美］伊恩·P.瓦特.小说的兴起［M］.上海：三联书店，1992.

［29］［德］利奥·拜克.犹太教的本质［M］.傅永军，于健，译.济南：山东大学出版社，2003.

［30］王岳川，尚水，主编.后现代主义文化与美学［M］.北京：北京大学出版社，1992.

［31］［澳］罗伯特·休斯.新艺术的震撼［M］.上海：上海人民艺术出版社，1989.

［32］［俄］巴赫金.文本·对话与人文［M］.白春仁，等译.石家庄：河北教育出版社，1998.

［33］伍蠡甫主编.西方文论选［M］.上海：译文出版社，1979.

［34］［德］康德.判断力批判（上卷）［M］.北京：商务印书馆，1964.

［35］马奇，主编.西方美学史资料选编［M］.上卷，上海：上海人民出版社1987.

［36］［美］凯塞琳·埃弗雷特·吉尔伯特.第三章，亚里斯多德［A］.美学史［M］.［德国］赫尔穆特·库恩著，夏乾丰译.上海：上海译文出版社，1989.

［37］［英］J.ML里奇.纳粹德国文学史［M］.孟军译.上海：文汇出版社，2006.

［38］卞之琳.布莱希特戏剧印象记［M］.合肥：安徽教育出版社，2007.

［39］［法］罗贝尔·布列松.电影书写札记［M］.谭家雄，徐昌明，译.上海：三联书店，2001.

［40］［美］阿瑟·丹托.艺术的终结之后——当代艺术与历史的界限［M］.南京：江苏人民出版社，2007.

［41］［法］波德莱尔.1846年的沙龙：波德莱尔美学论文选［M］.郭宏安，译.桂林：广西师范大学出版社，2002.

［42］孟建，［德］Stefan Friedrich.图象时代：视觉文化传播的理论诠释［M］.上海：复旦大学出版社，2005.

［43］［美］理伯卡·E.卡拉奇.分裂的一代［M］.北京：社会科学文献出版社，2005.

［44］［英］约翰·斯托里.文化研究与大众文化研究（英文版/第二版）［M］.北京：北京大学出版社，2007.

［45］［英］安吉拉·默克罗比.后现代主义与大众文化［M］.田晓菲，译.北京：中央编译出版社，2001.

［46］［美］黛安娜·克兰.文化生产：媒体与都市艺术［M］.赵国新，译.上海：译林出版社，2001.

［47］［英］吉尔·布兰斯顿.电影与文化的现代性（英文版/第二版）［M］.北京：北京大学出版社，2006.

［48］［英］利萨·泰勒，安德鲁·维斯利.媒介研究：文本、机构与受众［M］.吴靖，黄佩，译.北京：北京大学出版社，2006.

［49］傅永军.控制与反抗——社会批判理论与当代资本主义［M］.济南：泰山出版社，1998.

［50］傅永军，等.批判的意义——马尔库塞、哈贝马斯与意识形态批判理论研究［M］.济南：山东大学出版社，1997.

［51］［法］贝尔纳·斯蒂格勒.技术与时间［M］.裴程，译.南京：译林出版社，2000.

［52］朱光庭，主编.法西斯体制研究［M］.上海：三联书店，1995.

［53］罗钢，刘象愚，主编.文化研究读本［M］.北京：中国社会科学出版社，2000.

［54］［英］特里·伊格尔顿.文化的观念［M］.南京：南京大学出版社，2003.

［55］［英］迈克·费瑟斯通.消费文化与后现代主义［M］.刘精明，译.译林出版社，2000.

［56］［英］弗兰克·模特.消费文化［M］.余宁平，译.南京：南京大学出版社，2001.

［57］［法］让·波德里亚.消费社会［M］.刘成富，译.南京：南京大学出版社，2001.

［58］陶东风，金元浦，主编.文化研究（第1辑）［J］.天津：天津社会科学出版社，2000.

［59］潘知常，林玮.大众传媒与大众文化［M］.上海：上海人民出版社，2002.

［60］刘士林.变徵之音：大众审美中的道德趣味［M］.武汉：湖北人民出版社，1998.

［61］李西建.重塑人性：大众审美中的人性嬗变［M］.武汉：湖北人民出版社，1998.

［62］陈刚.大众文化与当代乌托邦［M］.北京：作家出版社，1996.

［63］姚文放.当代审美文化批判［M］.济南：山东文艺出版社，1999.

［64］邹文广.当代中国大众文化论［M］.沈阳：辽宁大学出版社，1999.

［65］高小康.大众的梦［M］.北京：东方出版社，1993.

［66］高小康.世纪晚钟［M］.北京：东方出版社，1995.

［67］周宪.中国当代审美文化研究［M］.北京：北京大学出版社，1997.

［68］王一川.大众文化导论［M］.北京：高等教育出版社，2004.

［69］金丹元."后现代语境"与影视审美文化［M］.上海：学林出版社，2003.

后 记

　　这本书基本上是围绕博士论文建构的，因为论文撰写期间资料有限，时间也紧，加上本雅明的文章风格的晦涩难懂，想要理解透彻和挖掘出一些新的思想来并不容易。这次修改适当增加了一些材料，比原来的博士论文整体上多了两章，把原来的前言和结语去掉，融合在整本书的某些内容中了。不难看出，作为德国20世纪文艺批评家的瓦尔特·本雅明，以其敏锐的诗性思维和颇具文学色彩的哲学话语，对西方传统审美中的古典"灵韵"艺术在发生"裂变"后开始走向费解的现代艺术十分敏感，他进而看到当代复制技术下的具有狂欢性质的大众文化的转型，作出了一个理论家应有的回应和描述。他的许多原创性的概念，如"灵韵""震惊""寓言""复制""技巧"等，以全新的思维方式给西方艺术理论领域和美学界带来了许多震惊。因此，在写作中，笔者尽可能运用西方艺术发展的史料来旁证和阐释本雅明对不同艺术形式和风格的理解，阐释和分析不一定恰当，还望读者批评。

　　本雅明写于1933年的短文《经验与贫乏》至今值得玩味。读起来，除了能够感受到这位思想家的忧郁个性和深度思考之外，我们还会发现这些问题也许至今缠绕着当代人类自身的生活。随着经济与科技的迅猛发展，我们的日常物质生活越来越丰富和足以生存，新媒介传播的便捷使接收知识信息的广度也在无限延伸，但过去传统的审美趣味和唱歌谣、"讲故事"的经验需求，却变得日益贫乏。商业竞争与物欲诱惑使得现代人在精神追求上变得"缺乏教养"，本雅明的这个看法似乎不是指那个时代的人，而是道破了人类自身的惰性和习惯。当下人们越来越贪于享乐和舒适，图像泛滥和视觉盛宴充斥了一切，热衷思考和对问题的深入探究似乎被后现代的生存者不屑一顾。这种对精神世界探索和审美趣味培养的漠视与冷落，实际上就是本雅明所说的"一种新的无教养"，而且本雅明把这种现象看作是"人类经验自身的贫乏"，因为生活中喜欢唱歌谣、讲故事的人和有趣味的人越来越少，懂得财富积累甚至贪婪去追求物质享受的人越来越多，甚至后者越成为大家膜拜的对象，人们的物质生活日益丰富了，但人们的精神世界却变得越来越贫乏平庸了，也越来越看重功利而变得鼠目寸光，甚至俗不可耐。我们几乎失去了自己童年时代渴望的与艺术、自然靠近的"自我圆满的生存方式"（本雅明）以及自由的艺术精神，而把物质追求看得比什么都重要，似乎忘记了人毕竟还是文化与精神符号的动物，是会运用审美符号来建构自己生存方式的高级生命，而最后这一点才是人类与动物最大的区别。

写到这里已是深秋凌晨6点，天色微亮，窗外已经透进一股初冬的寒意。楼下校园马路上的法国梧桐树叶子落得满地都是，这时我的心绪依然难以平静。"往日崎岖尚记否"（苏轼），多年来的勤奋和不懈，虽然多少也算是改变了自身生存境况，但许多事情等你彻底懂了，等你开始悟透了，才知道世事如棋局局新，才明白有些事情你无可奈何。"往事莫空叹，来日方可追"。一想起当年在复旦求学深造的时光，转眼就7年过去了，不得不感叹："逝者如斯夫！"复旦校园的光华大道和北区公寓的草木池塘让人陶醉难忘，光华大楼和相辉堂前的一片片绿色草坪让人驻足流连！感谢博士论文答辩的朱立元教授、汪涌豪教授、陆扬教授等诸位导师的严谨和批评指正！复旦：从来不需要想起，永远也不会忘记！

在修改此书稿时，我的导师张德兴老师在得知我请求他为此书作序时就慷慨应允了，并且出手很快，说是怕耽搁出书时间，让我感动和鼓舞！中国文联出版社的张兰芳博士在整个出书过程中给了我很多建议和指正，没有她的细心指点和鼓励，此书也难以面世，在此深表感谢。挚友马峰、傅瑜、张兴贵、傅兴奎、雷应科、马晓军、党晨飞、赵继宁、许凤、傅奎经常通话问候和激励，人生能有如此众多好友知己，这会让你即使写作最疲倦时也不会轻易放弃！上海音乐学院的杨赛博士和上海戏剧学院教授黄意明教授经常电话切磋鼓励，幸甚至哉！

读书期间和工作后，同门张弓、饶静、支运波、朱玲玲、赵岩、张中几位大博士，以及同学王昌树、熊敬忠、王军君、吴凑春、杨为刚诸博士经常相互切磋学问，砥砺志向，也颇感荣幸！感谢昔日我的小学老师张成亮先生、中学班主任老师曹慧珍先生对我青春时代的启蒙和教导，没有他

后记

285

们的鞭策和鼓励，我也很难对文学艺术和审美有那么痴迷。还有昔日同事兼同乡好友豆晓马、杨鹏江、张兴财和马旺宁的支持和友谊，往事依稀难忘却！感谢工作后的同事张梅博士、韩霞教授的不吝赐教。

"平生知己者，屈指能几人？"（白居易）感谢家人亲友长期以来对我的期望、关怀和支持，没有他们的理解、宽容和付出，我也许会缺乏奋进的动力和勇气。而他们日常生活的健康和平安，将会成为我精神上最大的财富和安慰！妻子马兰在我撰写博士论文时，默默把各种家务都担当了，功莫大矣；女儿丹丹、青青在我深感疲惫时，她们常常会用许多校园中的夸张趣事和流行话题来逗笑我，乐莫大矣；书稿尚未出版，外甥女芳芳和贤弟涛涛总是抢着说出版后一定送他们一本，他们错把艰深枯燥、不忍卒读的学术著作要当成有趣耐读的小说故事来索要，这不禁让我哑然失笑。

古人将"立言"看作是读书人功业的"三不朽"之一，但说起来容易做起来难。修订书稿时，千辛万苦，改到深夜，方有此悟。因笔者能力和水平所限，时间仓促，论著难免有不足之处，还请各位方家指正。最后感谢中国文联出版社各位编辑，尤其是张兰芳女士，她与出版社同人为此书排版而不辞劳苦，使本书从编辑、校对、排版、设计到装帧都接近完美精致，为此不胜感激。

张文杰

写于滁州琅琊山下醉翁亭畔

2016 年 11 月 28 日